曹大志 著

贸易网络中的黄土丘陵（BC 1300—1050）

The Loess Highland in a Trading Network

北京大学出版社
PEKING UNIVERSITY PRESS

图书在版编目（CIP）数据

贸易网络中的黄土丘陵：BC1300–1050 / 曹大志著. —北京：北京大学出版社，2021.12
ISBN 978-7-301-32668-8

Ⅰ.①贸… Ⅱ.①曹… Ⅲ.①青铜器（考古）– 研究 – 中国 ②区域社会学 – 社会发展史 – 研究 – 中国 Ⅳ.① K876.414 ② C912.8

中国版本图书馆 CIP 数据核字 (2021) 第 221949 号

书　　名	贸易网络中的黄土丘陵（BC 1300—1050） MAOYI WANGLUO ZHONG DE HUANGTU QIULING（BC 1300—1050）
著作责任者	曹大志　著
责任编辑	翁雯婧
标准书号	ISBN 978-7-301-32668-8
出版发行	北京大学出版社
地　　址	北京市海淀区成府路 205 号　100871
网　　址	http://www.pup.cn　　新浪微博：@北京大学出版社
电子信箱	dianjiwenhua@163.com
电　　话	邮购部 010-62752015　发行部 010-62750672　编辑部 010-62756694
印 刷 者	北京宏伟双华印刷有限公司
经 销 者	新华书店
	787 毫米 × 1092 毫米　16 开本　28 印张　400 千字 2021 年 12 月第 1 版　2021 年 12 月第 1 次印刷
定　　价	98.00 元

未经许可，不得以任何方式复制或抄袭本书之部分或全部内容。
版权所有，侵权必究
举报电话：010-62752024　电子信箱：fd@pup.pku.edu.cn
图书如有印装质量问题，请与出版部联系，电话：010-62756370

国家社科基金后期资助项目
出版说明

　　后期资助项目是国家社科基金设立的一类重要项目,旨在鼓励广大社科研究者潜心治学,支持基础研究多出优秀成果。它是经过严格评审,从接近完成的科研成果中遴选立项的。为扩大后期资助项目的影响,更好地推动学术发展,促进成果转化,全国哲学社会科学工作办公室按照"统一设计、统一标识、统一版式、形成系列"的总体要求,组织出版国家社科基金后期资助项目成果。

全国哲学社会科学工作办公室

献给我的老师们

目　　录

第一章　绪言 …………………………………………………………………… 1

　一、未解之谜 ………………………………………………………………… 3

　二、田野和实验室工作 ……………………………………………………… 5

　三、地理背景 ………………………………………………………………… 8

　四、公元前2千纪的年代框架 ……………………………………………… 11

第二章　黄土丘陵 ……………………………………………………………… 15

　一、地貌、土壤、河流 ……………………………………………………… 17

　　（一）地貌 ………………………………………………………………… 17

　　（二）土壤 ………………………………………………………………… 18

　　（三）河流 ………………………………………………………………… 18

　二、气候和植被 ……………………………………………………………… 20

　　（一）气候 ………………………………………………………………… 20

　　（二）植被 ………………………………………………………………… 22

　三、生计和文化 ……………………………………………………………… 23

　　（一）文化 ………………………………………………………………… 24

　　（二）动、植物遗存记录 ………………………………………………… 36

　　（三）技术、产量和策略 ………………………………………………… 44

　四、聚落形态 ………………………………………………………………… 48

　　（一）数量、密度、分布 ………………………………………………… 48

　　（二）聚落、墓葬、墓地 ………………………………………………… 49

　　（三）规模、聚落选址和遗物分布 ……………………………………… 50

　五、社会组织和社会复杂性 ………………………………………………… 55

第三章　青铜器——区域间联系的证据 ……………………………………… 63

　一、类型与风格 ……………………………………………………………… 66

　　（一）资料、年代、可能的产地 ………………………………………… 66

　　（二）分组原则和结果 …………………………………………………… 67

　　　　（三）各器类的分析比较 …………………………………………… 72
　　二、铅同位素与合金成分 ………………………………………………… 102

第四章　贸易网络（一）：从黄土丘陵到安阳　111
　　一、反思"劫掠说" ………………………………………………………… 113
　　　　（一）交通路线 …………………………………………………… 114
　　　　（二）考古记录 …………………………………………………… 116
　　　　（三）文字记录 …………………………………………………… 126
　　二、与安阳交易 …………………………………………………………… 135
　　　　（一）可能交换的物品 …………………………………………… 137
　　　　（二）锶同位素证据 ……………………………………………… 146
　　　　（三）贸易的参与者——安阳的文字记录 ……………………… 152
　　　　（四）考古证据——遗存分布反映的贸易模式 ………………… 177

第五章　贸易网络（二）：从黄土丘陵到蒙古草原　185
　　一、克列克苏尔、鹿石、营地遗址 ……………………………………… 188
　　　　（一）克列克苏尔 ………………………………………………… 188
　　　　（二）鹿石 ………………………………………………………… 189
　　　　（三）营地遗址 …………………………………………………… 191
　　二、与中蒙联系相关的进展 ……………………………………………… 194
　　　　（一）年代学 ……………………………………………………… 194
　　　　（二）鹿石的含义 ………………………………………………… 197
　　　　（三）大规模驯马 ………………………………………………… 198
　　　　（四）社会分化 …………………………………………………… 200
　　三、蒙古与中国的联系：兽首风格器物的产地 ………………………… 200

第六章　贸易网络（三）：黄土丘陵与关中盆地　219
　　一、关中盆地的社会发展 ………………………………………………… 221
　　二、黄土丘陵与关中盆地的联系 ………………………………………… 225
　　三、贸易网络的崩溃 ……………………………………………………… 229

第七章　结语：理解北方边地社会　235
　　一、燕山地区 ……………………………………………………………… 237
　　二、贸易网络的作用 ……………………………………………………… 242
　　三、贸易网络的根本动力 ………………………………………………… 245

  四、贸易网络的机制和意义 …………………………………………… 246
参考文献 ……………………………………………………………………… 248
附录一 黄土丘陵出土青铜器的铅同位素比值和合金成分 ………… 289
附录二 黄土丘陵出土青铜器的图像资料 …………………………… 303
附录三 黄土丘陵出土青铜器的风格与产地 …………………………… 383

第一章

绪言

一、未解之谜

在吕梁山以西的黄土丘陵地区进行系统的田野工作直到近年才具备了可行性，而这里一系列的发现多年来一直让考古学家感到困惑。自20世纪50年代开始，山西西部和陕西北部已经出土了数百件晚商时期的珍贵青铜器。它们出自70多个分散的地点，均为生产活动中的偶然发现，随后由当地文物工作者收集并记录下来。当考古学家到达现场考察青铜器的出土环境时，他们发现自己面临着一个不熟悉的情况：除了伴存的人骨可以说明这些青铜器是墓葬中的随葬品之外，附近几乎没有古人的墓地或居址的迹象。

1980年以后，为数不多的考古工作在这个地区展开。当地的土著文化因其独特的陶器群很快得到认识和命名，即现在为人熟知的李家崖文化。在已经发掘的4个遗址中，3个都发现了大型的夯土建筑。同时，学者们通过类型学研究注意到这里发现的青铜器有中原、北方草原、本地等不同来源。根据这些情况，当地似乎存在一个高度复杂的社会，繁荣且与区域外保持着密切联系。但是自新石器时代以来，黄土丘陵一直是一个各种资源都很贫乏的地区，受降雨量、地形和土壤等条件限制，农业发展潜力也很有限。青铜器是晚商时期顶级的贵重物品，被认为指示着社会的复杂程度。当地贫困的生态与众多的铜器发现形成了强烈反差，为什么会出现这样的反差？这是一个更大、更重要的谜题。遗憾的是这个难解之谜还没有引起足够的注意。

以往关于这些青铜器的研究基本上遵循着两种途径。大多数研究者试图通过联系商代晚期的甲骨文（唯一的同时期文字材料）或更晚的传世文献，将黄土丘陵纳入历史记载的框架。然而，这种文献的研究路径在方法论上有以下几方面的问题：第一，黄土丘陵没有丰富的文献记录。甲骨文资料关于商的西北邻人的记载非常简略、模糊，对于他们的位置，我们无法得出具体可靠的结论，因而不能确定哪些甲骨文记录是有关黄土丘陵的。将甲骨文地名与黄土丘陵的考古遗存对应起来的提议已经有很多，但是还没有哪个得到了公认。即便某些地名的标注可能是正确的，甲骨文里的零星信息对我们理解黄土丘陵出土的青铜器也没有多大帮助。给考古遗存贴上某个方国的标签并不能自动解决我们试图理解的问题①。第二,也是更重要的,我们现有的文字材料有很大的局限性,它们不仅是从中原一方的视角对一个多边关系的描述,而且在内容方面也非常单一。传世文献几乎只谈论政治关系,甲骨文作为占卜记录包含了军事事件,两者都缺乏文化、社会和经济关系的记录(商王朝日常的经济文书很可能书写在便宜、易腐朽的材质上)。因此,仅仅建立在文字材料上的解读不可避免地只从单一的政治视角看问题②。

另一类研究采取的是文化史的路径,它重视黄土丘陵位于中国的北方地带这一情况,关注文化和环境的变迁。例如黄土丘陵发现有北方草原风格的青铜器,研究者将其视为半农半牧人群的遗存,代表着定居农业到完全游牧的过渡阶段,同时也把它们看作公元前2千纪游牧文化自西向东在欧亚草原传播的证据。这个研究框架强调了北方对中原的文化影响和长时段内经济形态及物质文化的变化。虽然这些观点很重要,但是在此框架下,黄土丘陵及其他位于北方地带和中原之间的地区容易被视为某种过渡的中间环节而丧失了主体性。除了少数例外,沿着这个路径的研究往往长于描述而短于阐释。一个经典的例子是林沄先生的"漩涡理论":

> 中央亚细亚的开阔草原地带,是一个奇妙的历史漩涡所在。它把不同起源的成分在这里逐渐融合成一种相当一致而稳定的综合体,又把这种综合体中的成分,像飞沫一样或先或后地溅湿着四周地区。(林沄,1987:148—149)

这是林沄先生在解释"北方系青铜器"在欧亚草原的传播时所做的比喻,尽管这是对长时段历史非常生动的描写,超越了对物质文化的单调叙述,但值得注意的是这个描述里没有具体的人类活动和社会变迁过程。文化史的研究很少关注人的行为、变化的动力和机制,经常讨论的只有民族迁徙和引起民族迁徙的气候恶化;由于对本地社会的理解尚是一片空白,黄土丘陵的内部发展和社会机制在这类研究中是缺失的。

在这两个研究路径以外,一些西方学者的研究对解释现象背后的机制给予了更多关注,但由于以往对黄土丘陵所知甚少,已有的解释只能停留在大胆推测层面。例如,苏芳淑和艾玛·邦克(So and Bunker,1995:38)假想了黄土丘陵人群季节性迁徙至燕山地区,用来解释黄土丘陵和燕山地区某些高度相似的青铜器(参看第五

---

① 在典型的"贴标签"式研究中,问题的预设和解答往往沿着以下模式:"为什么在甲地发现了商代的青铜器?""因为根据对甲骨文和传世文献的研究,甲地有一个商代的方国乙。"在这样的研究中,寻找"乙"这个名字仿佛能解答所有问题,一个"方国"理所当然地拥有青铜器,至于甲地为什么会形成"方国"乙,它是怎样的社会组织,它如何拥有了青铜器,都没有深入探究。对于真正理解黄土丘陵的古代社会,这样的研究并没有提供解释,难以令人满意。

② 文献路径的单一视角和政治取向体现在对青铜器发现的解读上。在中国青铜时代考古中,青铜器经常被断定包含着深刻的象征含义:它们代表着文明的生活方式、复杂的礼仪、文化认同,以及最重要的——政治的合法性。拥有中原青铜礼器的社会被认为与商王朝保持着很正式的政治关系。研究者多采取政治—军事的观点去解释铜器发现。每当一地发现了青铜礼器,这个地方必然存在一个政体,或臣属于商王朝或与之刀兵相向;青铜器或者是商王朝为了表示优越地位和维持政治秩序而做的赏赐,或者是异族通过战争获得的战利品。在这些解读中,经济关系是政治关系的基础,青铜器从根本上讲只是贵重物品、其他意义是附加的,这两个最重要的事情经常被忽视。

章)。林嘉琳(Linduff,2006:364—365)推测妇好是一位来自北方的公主,以政治婚姻来理解妇好墓中出土的北方草原风格的青铜器。她的全部证据是这几件铜器出土于"紧靠妇好身体"的位置,因此应该是妇好的个人物品。但是我们知道,妇好墓在发掘时由于地下水位太高,绝大多数器物,特别是小型器物的位置是完全不清楚的,因此这个推测实际上没有根据。

总之,以往研究的路径对于解释黄土丘陵不同寻常的青铜器发现是不成功的。它们或者完全依赖模糊、不平衡的文字记录去重建当地历史、判断区域间的关系,或者完全忽视黄土丘陵本地发展中社会经济层面的重要性。为什么黄土丘陵出土了如此众多的晚商时期青铜器,而在其后的西周时期不见此现象?除了本地铸造的,这些铜器来自哪里?它们以什么样的方式来到黄土丘陵?这些基本问题以往我们只是在对黄土丘陵没有真正了解的情况下做了仓促的回答。当然,由于考古资料的缺乏,在某种程度上这是不可避免的。

二、田野和实验室工作

本研究最初起因于我对黄土丘陵不同寻常的青铜器发现的好奇。与以往文献和文化史的研究路径不同,本研究将采取社会—经济的视角。在以往研究和前期调研的基础上,我建立了两个工作假设,来指导田野工作和实验室分析。

在第一个假设里,黄土丘陵是被一群游牧或半游牧人的小国家占据的地区。它们有很强的移动性和军事力量,青铜工业很发达,足以铸造非常精美的容器(例如出土于石楼桃花者的觥,图版五二、五三)。其中一些或许是商的盟友,另一些则是商凶猛的敌人。他们持续地攻击商的聚落,抢夺商的青铜器作为战利品。

在第二个假设里,居住在黄土丘陵的是一些分散、社会复杂程度有限的小社群。他们可能是经营粗放农业和动物畜养的农民,缺乏组织远征和攻击安阳的力量,只能铸造一些简单的青铜器,对于精美的外来铜器则十分喜爱;同时,由于遥远的距离和复杂的地理环境,安阳也无力控制黄土丘陵。在商王朝和当地的首领之间可能没有很正式的政治关系,但是黄土丘陵有安阳渴望得到的资源,双方乐于进行交易。

为了检验两个假设中哪一个更符合实际情况,我们需要尽可能多地取得研究资料。以往青铜器材料公布得不系统,有必要加以整理和重新审视;至今只有几个遗址经过发掘和调查,必须获取新的考古资料。有鉴于此,笔者进行了三方面工作:

1. 一个小型的区域调查。目的是收集生计方式和聚落形态的资料,并评估本地社群的社会复杂程度——我相信,要想最终解答黄土丘陵的谜题,对本地社会更深入的理解不可或缺。这个调查选择在山西省石楼县,区域面积1808平方千米,占整个黄土丘陵的2.7%,与黄土丘陵其他地方相比没有明显的地理或生态的特殊性。石楼县已经有22个地点出土了青铜器,这使它成为很好的研究样本。在两季的工作中,我们仔细调查和记录了30多个李家崖文化遗址,大约半数是过去不为人所知的(曹大志,2019b)。

2. 为了获得对黄土丘陵的完整认识,在人力物力有限、不可能扩大调查区域的情况下，我重新查验了考古机构以往两次大规模调查采集的陶片标本。第一次调查是陕西省于1988年、山西省于1995—1996年为准备各自的文物地图集进行的，由训练有素的技术工人完成。由于当年工作条件艰苦，调查的覆盖程度不佳，但标本选择得较好。虽然两省的文物地图集已经出版，但其中的信息是不准确的，因为陶片标本没有经专家鉴定。事实上，李家崖文化的陶器至今仍只有少数专家能够辨识，它们大多被归入了新石器时代或周代。第二次调查即国家第三次文物普查，在过去几年间由工作条件更好的准专业考古人员完成。与前次调查相比，这次普查由于各地投入的人力物力不平衡，结果的系统性不佳。工作开展好的县市新记录了大量遗址，也有县市的结果尚不如第一次调查①。尽管如此，这两批标本在认真的检视下仍能够透露丰富的信息。例如关于遗址数量和分布的信息，任何调查项目所获都因无法覆盖如此大的范围而不能与这两次普查比拟；它们的广泛性甚至可以帮助确立以前尚未认识的文化类型（如西㽚渠类型，参第二章），这些文化对了解连接着黄土丘陵和北方草原的社群至关重要。与全覆盖的系统性调查相比，这两次调查就好像数以百计的调查者在不同的工作条件下编织的两张网眼不均匀的筛子。笔者希望这两张筛子叠加在一起能够更细致地对黄土丘陵及相关的邻近地区进行筛查，以获得更完整的认识（由于某些县的标本无法看到，两次调查的标本还可以互补），因此竭尽所能翻检了各地的两次调查标本②。这项工作进行了近两个月，笔者翻检了山西、陕西两省64个县超过5000处遗址的采集标本，并对仰韶时期至汉代的遗址做了文字记录，对商代和西周的标本还做了照相记录（图1.1）。

3. 上述第二个假设中有一个关键——晚商时期存在一个涉及中国北部很大范围的交换网络。要验证这个假设，外来物品的示踪研究很重要，必须借助一系列的实验室分析。笔者选择了青铜器和动物遗骸（牲畜的牙齿、骨骼）两类样品进行分析，因为它们很可能是交换物品的一部分，也因为它们不易腐朽，是少数能有物质遗存的物品。研究工作中采集了180件青铜器的样本，分析其合金成分、范芯、铅同位素③；采集了出自黄土丘陵、汾渭谷地、安阳和其他相关区域的动物牙釉质和骨骼样品，用于锶同位素研究。所有分析工作都与相关领域的专家合作完成，目的是提供物品的来源、流动和消费的证据。尽管进行了这些工作，目前可用的资料对于系统的解释而言仍然非常零散而不全面。不过新旧资料加在一起已经足够做出一个初步阐释，本书就代表着这样一个尝试。

---

① 例如，山西省石楼县只有一人进行"三普"工作，所获结果很难超越前次普查；而陕西榆林地区投入了大量资金和人力，新记录到众多以往不知道的遗址。
② 山西、陕西两省为编写地图集调查的标本分别存放于曲沃县、榆林市和延安市，陕西第三次文物普查的标本也是集中存放的，在省、市文物部门的大力支持下，能够比较方便地观察。但是山西省第三次文物普查的标本分散存放于各县，在观察这批标本的过程中，笔者得到了21个县的文管所的帮助。
③ 取样主要是在笔者参加山西相关单位整理山西出土商代青铜器的工作中完成的。承蒙山西博物院和吕梁汉画像石博物馆慨允，笔者对183件组青铜器的风格、类型学、技术特征进行了仔细观察、记录，同时研究了共出的金、玉、海贝等器物。感谢陕西历史博物馆的帮助，笔者观摩研究了40件收藏于该馆的青铜器。

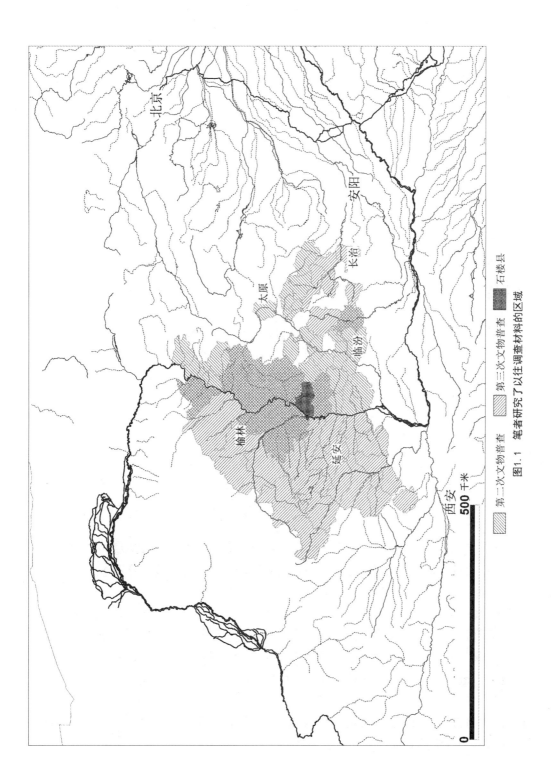

图1.1 笔者研究了以往调查材料的区域

本书的结构如下：在介绍地理背景和年代框架后，第二章致力于更好地理解黄土丘陵本身，环境、气候、生计方式、聚落形态、社会复杂性将被逐一讨论。第三章是对黄土丘陵出土青铜器的一个详细的产地研究，通过分析风格、合金成分、铅同位素来判断铜器的产地。第四章至第六章检视黄土丘陵与外部世界的联系。黄土丘陵与安阳、北方草原、关中盆地之间都有互动，形成了一个以黄土丘陵为中枢的网络。结语部分通过黄土丘陵和燕山地区的比较，解释了上述网络形成的动力、运行的机制及影响。

三、地理背景

本研究的核心是黄土丘陵，但会涉及北中国和蒙古的广大地域，这个区域可以分为三大地理单元，即华北平原、蒙古高原、黄土高原（图1.2）。

华北平原是东亚最大的冲积平原，也是商文明的腹心地区。它在西面隔太行山脉与黄土高原相邻，在北面隔燕山山地与蒙古高原相邻。平原地势低平，大部分高程不足50米；其上河湖众多，土壤肥沃；受太平洋季风影响，这里属于典型的暖温带季风气候区。

蒙古高原海拔900—1500米，东南以燕山为界，南面隔阴山山脉与黄土高原为邻。蒙古高原的南部为戈壁荒漠，降水量只有100毫米；中北部有杭爱、肯特等古老山体，属于欧亚大草原的一部分。这里地处亚洲内陆，属于温带大陆性气候区。

黄土高原位于中国中北部。这里的海拔为1000—2000米，正像其名称所示，它的表面广泛覆盖着层层的黄土。黄土一般厚50—80米，但在一些地方可以超过200米。在东面，太行山脉将黄土高原与华北平原分隔开来。在北面，阴山充当着黄土高原与蒙古高原的边界。在南面，秦岭山脉屏障着黄土高原最南面的地理单元——关中盆地。在西面，虽然没有明显的地形变化，但日月山经常被当作黄土高原的边界。概言之，黄土高原包括了今天的山西和陕西全部以及甘肃、青海、宁夏和内蒙古的一部分。

与它的名字给人的印象不同，黄土高原的表面并不平坦，而是展现出复杂的地理形态，大致可以分为四个亚区：甘肃西部（在本研究涉及的范围之外）、甘肃东部至山西西部、关中盆地、山西中部和东部。

甘肃东部至山西西部海拔800—1200米，四周以山为界。东面为吕梁山，北面是白于山，西面是六盘山，南面为子午岭—黄龙山。极易受侵蚀的黄土及其下伏的崎岖地形共同塑造了这个地区无数的梁、峁、沟壑、溪谷，只在较大的河谷中有平坦的地形。地貌学中一般称这一区域为"黄土高原丘陵沟壑区"，我们将用"黄土丘陵"来称呼它（图1.3）。对于普通公众，这里是最典型的黄土高原，使人联想起贫瘠的土地、低矮的窑洞、农民饱经风霜的脸庞；对于考古学家，这里是众多青铜器被发现、其背景却所知甚少的地方。

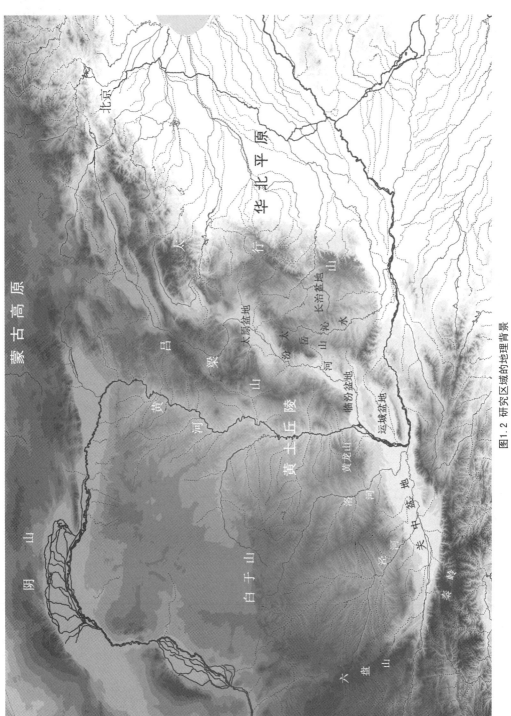

图1.2 研究区域的地理背景

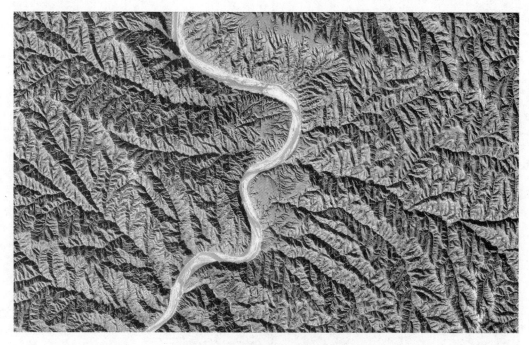

图 1.3 黄土丘陵地区的典型地貌

　　山西中部和东部是位于吕梁和太行两大山脉之间的多山地带,平均海拔 1000—1500 米,地表更多石质,更加起伏不平,黄土沉积也不均匀。吕梁和太行山脉都是断层山,呈平行走向,自东北向西南绵延 400 多千米,主峰海拔超过 2800 米。两山脉是东西向联系的巨大障碍,为古代交通留下了很有限的选择。两山之间的地区又被太岳山分成两部分,东部偏北多山地,偏南有长治盆地;西部由断层山之间 20—50 千米宽的地堑形成了一系列的盆地——忻定、太原、临汾、运城盆地。这里是山西高原最平坦、肥沃的地方,也是海拔最低的地带,高程 400—800 米。汾河自太原盆地进入地堑,西南流直至与黄河交汇。另一主要河流沁水则蜿蜒在长治盆地和汾河谷地之间的山地中。

　　关中盆地位于黄土丘陵以南,它实际上与山西中部的一系列盆地属于同一地理系统——汾渭地堑。汾渭地堑自西端的宝鸡延伸向东,在运城盆地转而向北。它自南向北发育,地质年龄越古老,地形越低而广阔。关中盆地正是如此,它长约 360 千米,宽 20—100 千米,平均海拔 400 米,面积超过 3 万平方千米。由于它很平坦,也被称为关中平原。渭河在盆地内自西向东流淌,它和它的主要支流两岸的阶地形成了黄土高原上特别富庶的地方——如此富庶以至于人们常会忘记它是黄土高原的一部分。北方南下的冷空气被黄土丘陵阻挡,形成了同纬度上更为温暖湿润的气候。盆地的自然环境不仅对发展农业有利,其周围的群山也为防御外敌和控制人口提供了战略优势("关中"得名于"四关之中")。初为商王朝竞争者、而后成为其终结者的周王朝在此建立。后来中国历史上的十余个王朝建都于此,除了传统与合法性,也是基于关中盆地各种有利于国家形成的条件。

把黄土高原分成几个亚区当然只是描述多样地理的简化办法,实际的情况可能更加复杂。例如,黄土丘陵越向西北地形越高亢平坦,唯变化是逐渐的,并没有明确的地理标志。然而,这种差异对文化、社会、经济可能很重要(见第二章),因此我们在考古学文化领域会看到一幅更加斑驳复杂的景象。

四、公元前 2 千纪的年代框架

本研究关注的社会发展发生于公元前 2 千纪的最后三个世纪。我们将把注意力集中在此阶段,但也会时常溯及这一千纪的初期来检视早先的情况,梳理长时段的变化。

公元前 2 千纪的年代学已有大量研究,遗憾的是各地区间很不均衡。在中原地区,二里头—二里岗—殷墟的年代序列在 20 世纪 60 年代就已经建立,随后进一步的年代划分变得越来越精细。在中原以外的其他地区,建立年代序列的任务在 20 世纪 80 年代仍处在学术前沿;而对于黄土丘陵来说,这项研究任务至今仍没有完成。这种失衡部分是因为在中原地区的考古工作更早、更多,其背后由学术界集体性的研究兴趣驱动。自诞生之日起,被视为中国文明源头的"三代"就是中国考古学关注的中心问题。不过这并不是中原地区的年表更加细致的唯一原因。首先,由于当地的堆积形态,在中原地区的发掘可以获得更多层位关系的信息,这是建立细致的年代学最关键的基础①。其次,中原地区拥有的甲骨文和青铜器铭文等文字材料非常有助于判断无声资料的绝对年代,验证年代序列。有了这些优势,加之投入的大量工作资源,中原地区自然率先建立了细致的年代学,而一旦建立,其他地区都会以它为参考。事实上,很多地区的编年都是借助与中原的跨文化交叉断代建立或修正的。但是,跨文化的比较断代有一个副作用——当研究者急切地寻找可用于交叉断代的特征时,他眼中看到的都是与中原相似或直接从中原输入的器物。这可能会导致对中原文化影响的高估和对本地文化独特性的忽视,这种情况常见于对考古新发现的初步研究中。由于直至 20 世纪 80 年代,大量研究都是关于文化编年,大多数跨文化比较都是为了断代,因此以中原为中心的编年体系实际上是中原中心偏见的重要贡献因素。这个因素仅次于文献取向的影响,而又不易为人察觉,显然它是我们在研究中应该注意避免的。

表 1.1 列出了黄土高原三个地区和中原年代学研究的现状,它们在以下两方面对比明显:

其一,中原地区的文化序列已经填满,关中盆地因为是西周的中心而成为"三代文明"的核心地区,自公元前 1600 年以后也有细致的序列;而黄土丘陵和汾河谷地

---

① 举例来说,中原和关中盆地的古人挖掘很多使用期短暂的窖穴,废弃后会被垃圾填满,新的窖穴打破旧的,如此往复可以提供一个细致的地层序列。与中原不同的是,由于潮湿和较高的地下水位,窖穴在南方很少使用。居住在黄土丘陵的古人只留下很少的垃圾坑和很薄的堆积,可能是由于他们居住在一地的时间较短,而且从当代的情况来看,当地习惯向近旁的山坡倾倒垃圾而不是倒入坑内。

还有明显的空白。上文提到的工作的不平衡还不能完全解释这些空白,因为学界注意到这个问题已有三十多年,且做出了很多努力去填补(刘绪,2015)。现在看来,至少在一些地区曾发生过明显的人口波动,这样的地方在人口很少的时期呈现出文化的中断[①]。这给术语体系带来了一定的麻烦,因为我们不得不借用中原地区年代学的术语来指称这些特别的时期,例如黄土丘陵的二里头和二里岗时期。本书在这样使用术语时仅指时间上的含义,不具文化上的含义。其他时候我们将坚持区域性的年代学术语。

其二,黄土丘陵和汾河谷地的文化分期比中原和关中盆地都要粗疏许多,这点无疑是由于发掘工作尚少、资料不足。我们没有理由认为这两个地方的陶器变化速率较慢。碳十四数据应该可以帮助细化这些地方的编年,但遗憾的是即便加上本研究中新测得的几个,数据仍十分零散(表1.2)。考虑到黄土丘陵的堆积形态(见第二章),一个更详细的年表无疑需要将来大量的辛勤工作,目前我们不得不使用这个较粗疏的时间表。

表1.1 研究区域的年代框架

绝对年代(BC)	黄土丘陵			关中盆地		汾河谷地		中原
1800					老牛坡远古文化		东下冯一期	二里头一期
						白燕四期	东下冯二期	二里头二期
							东下冯三期	二里头三期
							东下冯四期	二里头四期
1600						白燕五期	东下冯五期	二里岗下层
				京当一期	老牛坡一期		东下冯六期	二里岗上层
				京当二期	老牛坡二期			洹北时期
1300	李家崖	西岔	西㧑渠	先周一期	老牛坡三期	杏花	浮山桥北	殷墟二期
				先周二期	老牛坡四期		灵石旌介	殷墟三期
				先周三期	老牛坡五期		闻喜酒务头	殷墟四期

---

① 一些地区的文化序列有空白也是中原细致的编年不得不被参考的另一个原因。

表 1.2 李家崖文化的碳十四数据

实验室编号	样品	出土地点	碳十四年代(BP)	树轮校正后年代	
				1σ(68.2%)	2σ(95.4%)
	木炭	绥德薛家渠（引自徐天进,1988）		1030±80 BC(68.2%)	
	木炭	柳林高红（引自马昇、王京燕,2007）		1300BC(68.2%)1120BC	
BA110136	木屑	柳林高红锥首銎内	2995±40	1310BC（57.7%）1190BC 1180BC（5.6%）1160BC 1150BC（4.9%）1130BC	1390BC（95.4%）1110BC
BA110137	木屑	保德林遮峪铜管中	2905±30	1130BC（68.2%）1020BC	1220BC（95.4%）1000BC
BA190499	种子	马村 H2	2910±20	1126BC（68.2%）1049BC	1193BC（16.2%）1143BC 1131BC（79.2%）1019BC
BA190500	种子	寺湾	2945±20	1206BC（3.8%）1202BC 1196BC（64.4%）1121BC	1220BC（93.6%）1071BC 1066BC（1.8%）1056BC
BA190502	种子	马村 H3	2900±20	1119BC（68.2%）1046BC	1191BC（3.0%）1176BC 1160BC（3.1%）1144BC 1130BC（89.3%）1010BC
BA190503	种子	马村 H1	2895±25	1116BC（68.2%）1030BC	1193BC（8.7%）1143BC 1131BC（86.7%）1003BC
BA190505	种子	后兰家沟 H1	2870±20	1082BC（10.2%）1064BC 1058BC（58.0%）1004BC	1116BC（95.4%）976BC
BA190508	种子	孟家塌 H3	2910±20	1126BC（68.2%）1049BC	1193BC（16.2%）1143BC 1131BC（79.2%）1019BC

第二章

黄土丘陵

那些有过在黄土丘陵生活或旅行的经历、并亲身踏查过青铜器出土地点的人，都会不禁产生这样的疑问：为什么这样贫瘠的地方会成为如此贵重的物品的归宿？这个问题在目前的研究中鲜有提及，并不是因为我们已经参透了这片土地。我们对黄土丘陵的熟悉感只是错觉。大众感觉对黄土丘陵是熟悉的，因为它是革命的摇篮，有大量文学、影视作品涉及这里；青铜时代专家感觉黄土丘陵是熟悉的，除了和大众一样的原因，更多是因为这里的青铜器发现。如果在青铜时代专家中间做一个问卷调查，要求选择更加了解黄土丘陵还是云贵高原，主流答案将无疑是前者。事实上，我们对两个地区的了解同样贫乏。在本章里，我们将从基本问题开始，尝试对黄土丘陵本身做出更深入的理解，这些问题包括环境、气候、生计方式、文化及聚落。

一、地貌、土壤、河流

（一）地貌

地貌学经常能为解决考古学的难题提供线索，黄土丘陵的地貌就是案例之一。黄土丘陵经济、社会的特殊性与独特的地貌关系很大。我们可以从四种基本的黄土地貌开始认识它：

1.黄土残塬。塬特指黄土地区顶部平坦宽阔的高地。黄土丘陵地区缺少面积较大的黄土塬，只在其南部有一些经强烈侵蚀的破碎残塬。

2.黄土沟谷。沟谷地形在黄土丘陵特别发育，主要是因为黄土极易受水流侵蚀。小型的沟谷只有几十到几百米长，大型的可以达到数千米；大多数沟谷的截面呈 V 字形，宽度为数十到数百米。在长年有水的沟谷底部，基岩通常已被溪流切割出深达数米的沟槽。

3.黄土梁。梁是黄土沟谷间窄长的地形，长度为数百米至十几千米，而宽度只有数十到数百米。梁的顶面比较平坦，但是侧面边缘的坡度可达 20 到 30 度。

4.黄土峁。峁是圆形陡峭的小山，其顶部到周围沟谷底部的高差通常不足 200 米。有些黄土峁是在基岩上由黄土沉积直接形成的，但大多数是黄土梁经进一步侵蚀而成（陕西，1995）。

根据上述地形所占比重的不同，地貌学家将黄土丘陵分为五类亚区：黄土残塬、黄土梁、黄土梁峁、黄土峁梁、土石山区。总体来说，黄土残塬分布于黄土丘陵的南北两端，地形相对最平坦；土石山区因黄河支流下游的强烈侵蚀而成，因此呈带状分布于黄河两岸；黄土梁、黄土梁峁、黄土峁梁大致自南至北占据着黄土丘陵中部，在这三类亚区中,黄土梁和黄土峁实际上常混杂在一起,只是比重有所不同。更多的黄土峁意味着更严重的侵蚀和更崎岖的地形,地貌学家用沟壑密度来衡量这种差别。例如,在侵蚀最严重的黄土峁梁区,沟壑密度是 6—8 千米/平方千米,这意味着每平方千米的土地被 6 至 8 千米长的沟壑分割成许多块,沟壑之间的面积与沟壑本身的面积大致相等(沟间比 1∶1)。

这样的地形会造成联系、交通的奇特景象:峁梁顶上可以看到数不清的丘陵被沟壑分隔,沟谷内视野则被群山遮挡,即使相邻的村落也往往不能通视;当邻村的人在沟壑两侧的道路上偶遇,他们可以大声交谈,甚至看清彼此的表情,但是如果想递送什么东西给对方,他们需翻越深沟或绕路而行,可能要走上半个小时甚至更长;当一个人要去自己的耕地时,他需要沿着蜿蜒的沟谷跋涉,步行的实际距离比直线距离长得多。如果说黄土丘陵的地貌对社会生活产生了某些深刻影响的话,那么空间的隔离、交通的困难和联系的低效无疑应包括在内。

(二) 土壤

黄土是一种风成的粉沙质沉积物,对一个地方来说质地均一,但不同地方的黄土物质构成和粒径不同,土地生产力是有差别的。影响土地肥力的一个因素是与黄土最终物质来源的距离。一个地方距离中亚荒漠越近,黄土中的沙和粉沙成分就越多,粘土成分越少,越不利于成壤。这个因素对于相邻的区域可能不重要,但是对黄土丘陵的南北两端则有明显影响,如黄土丘陵北端的榆林等地多见粗粉砂,土地贫瘠。

另一个因素是坡度,它对黄土地区的农田质量有关键影响。在水土保持条件良好的情况下,黄土是优良的成壤母质,农田很肥沃。但是在黄土丘陵,坡地大量存在,黄土极易受水侵蚀,含有机质养分的表土在降雨时会被冲刷流失。土壤学的研究表明,在水土严重流失的陡坡上,缺乏养分的耕作层其实与生黄土无异(周德芳,1992)。

综合这两个因素,黄土丘陵的南部土质更佳,那里多黄土残塬和黄土梁,陡坡(大于 25 度的坡)较少,因此南部比北部的土地生产力更高,更利于种植业的发展。上文所述黄土地貌的差异不仅反映了侵蚀发展的程度,更重要的是,地貌的不同对土地生产力、土地利用方式和生计方式也会有影响。

(三) 河流

关于黄土丘陵,人们有几个常见的误解,考古学家或许也未能幸免。比如他们相信黄土丘陵的大部原本是平坦的塬,只是在经历长期的水土流失、特别是历史时期人类的过度开垦后,才变得沟壑纵横。因此,数千年前黄土丘陵的地貌、水系和今天都有很大的不同。

然而,这种观点已经被证明是有问题的。虽然过度开发加速了水土流失,但是黄土丘陵地区从来不是平坦的。地貌学研究表明,现今黄土丘陵的地貌是由黄土沉积前的下伏地形和沉积后的侵蚀力量共同塑造的。黄土沉积有夷平地形的作用,但并不能根本改变它,后来的地形在很大程度上继承自先前的情况。换句话说,早在黄土沉积以前,黄土丘陵就有着起伏不平的地表,主要的河流早已形成,大多数小泉小水的出现也早于新石器时代人类对黄土丘陵的开发。

黄河是本地区最大的河流,它接受着黄土丘陵几乎所有的地表径流,南流700余千米后折而向东。地壳的抬升和较软的基岩共同造就了这段黄河窄而深的河床(图2.1)。河谷只有200—400米宽,却有100—200米深,因其壮观景象也被称为黄河峡谷。这段黄河不能整段通航,因为两岸支流冲出的巨砾在与黄河交汇处形成了危险的浅滩。不过分段的通航是可行的,用于两岸横渡的渡口也很常见。

图 2.1 黄河峡谷(笔者摄于石楼砚瓦附近)

黄土丘陵其他主要河流是枝杈状分布在晋陕两侧的黄河支流,如东岸的屈产河、湫水河,西岸的无定河、清涧河。两岸的河流有一个重要差别,东岸支流更加短小、急促,因为它们发源的吕梁山增加了河流落差、限制了集水面积;西岸的支流更长,且有发育更好的阶地。在黄河两岸,这些支流的河谷都是最利于农业发展的地方,也是今天人口密度最高的地方;在历史上,西岸的陕北似乎比东岸的晋西北通常人烟更繁盛一些;陕北出土晚商时期青铜器的地点也比晋西北多,这背后或许有地形的因素。黄河支流的河谷同时也是交通的孔道。不过它们的下游末段河谷由于最严重的侵蚀变得又窄又深,不仅无法通行,周围的土地质量也是最差的。

虽然黄河的主要支流很重要,但是真正与日常生活紧密相关的是小泉水和溪流。这是因为黄土丘陵的河流通常很浑浊,只有泉水和以泉水为源头的小溪流是人和牲畜可饮用的水源。现代之前在巨厚的黄土层打井并不现实,今天的机井虽然能够从地下汲水,但是也仅限于河川地,广泛分布的泉水和溪流仍然是大多数人的水源。这类水源的流量很小(通常低于0.5吨/小时),只够满足基本的生活所需。此外,小水源也不稳定,春秋季可以得到融雪和雨水的补充,但是夏季有可能会枯竭。这些情况使得黄土丘陵成为当今中国缺水最严重的地区之一。

泉水不会从黄土层出露,而只能在其下部的基岩,也就是一些溪谷的底部找到。泉水的分布是现代村落选址的决定性因素之一,它很可能在青铜时代也扮演着重要角色。不过如果要检验公元前2千纪泉水和村落的分布是否有关联,古代水源和古代聚落的位置都必须被确定下来,这是一项需要大量工作方能完成的任务。从理论上来说,地下水受三个因素影响:1. 地质情况;2. 作为地下水最终来源的降水;3. 调节小气候和涵养水源的植被。过去的三千年中没有大的地质变动。下面我们即转向黄土丘陵古代气候和植被的研究成果。

二、气候和植被

(一) 气候

在进入相关的古代气候研究前,有必要对黄土丘陵的现代气候有一些基本了解,因为古气候研究通常讨论的是相对的气候变化,而现代气候是其比较的标准。

今天的黄土丘陵有着典型的暖温带—温带气候,其特征是冬季寒冷,夏季温热,春季干燥多风,秋季更加湿润,春秋两季都很短暂,气温变化快。由于黄土丘陵从北纬34°一直延伸到北纬40°,气候很自然地越向北越趋干凉,年均温度有2—4℃的差异。

黄土丘陵是干旱之地的普遍印象其实不太准确。它横跨着中国北方的半湿润到半干旱地带,年降水量350—600毫米,自东南至西北逐渐减少。但是,超过一半的降水量在夏季7、8月份随季风而来,过于集中而无法有效利用。降水量不仅年内不均匀,年际变化也很大,湿润年份和干旱年份可相差50%。这是中国北方受太平洋季风影响地区的共同问题,但由于黄土丘陵位于季风影响的边缘地带,降水的不稳定性更加突出。总的来说,当代黄土丘陵的气候是温和的,既不非常适宜,也不算很严酷。

在过去二三十年里,由于黄土高原位于气候和季风变化的敏感地带,全新世气候的研究在这里大量开展。通过各种替代指标研究气候变化的方法有很多,如孢粉分析可以揭示古代植被,非常适合于黄土高原北缘的小型封闭湖泊(许清海等,2003);土壤化学研究和磁化率分析可以反映堆积形成时的气候条件,被应用于黄土高原南部的黄土—古土壤序列(贾耀锋、庞奖励,2003)。冰积物的测量(杨志荣,1998)、湖泊演变研究(刘清泗、汪家兴、李华章,1990)等其他方法也被证明是有效的。所有研究都与某种测年方法相结合(通常是碳十四测年),以提供一个时间标尺。

关于公元前2千纪黄土高原的气候,大量独立的研究已经取得了一些一致意见:

1. 比今天更加温暖湿润的全新世大暖期在距今4000年左右已经结束,其后的晚全新世气候总体上趋向干冷,伴随着一些气候波动。

2. 一些研究提出在公元前3千纪的末段有过短暂的气候恶化,但是前2千纪的前半段气温和降水量都有回升。在黄土高原北缘的湖相沉积中,木本植物花粉的比例增加,草本植物花粉的比例降低(许清海等,2003);在黄土高原南缘则形成了最后一层古土壤(Head, Zhou, and Zhou, 1989)。

3. 公元前2千纪的后半出现了一个新的且更严重的干冷化趋势,它在公元前1千纪开始前的两三个世纪达到高峰(图2.2)。

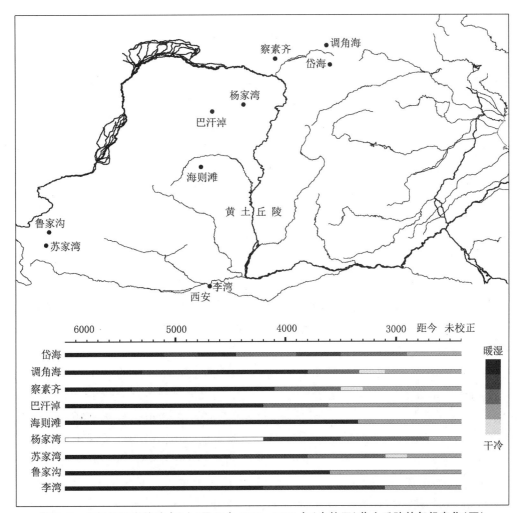

图 2.2　古气候研究的地点(上)及距今 6000—2500 年(未校正)黄土丘陵的气候变化(下)

说明:为了更好地评估整个黄土丘陵,也由于黄土地区不易开展孢粉分析,我们参照的研究地点都位于黄土丘陵外围,并尽量照顾到它的四周。李湾地点的研究基于磁化率、粒度等指标,其余地点的研究基于孢粉分析。气候变化的时间常有1—2个世纪的误差,有三类可能的原因:1. 气候的地区差异;2. 不同代用指标的敏感度;3. 碳十四测年和内插方法。

资料来源:岱海(许清海等,2003);调角海(杨志荣,1998);察素齐(王瑃瑜、孙湘君,1997);巴汗淖(黄昌庆等,2009);海则滩(苏志珠等,1999);杨家湾(许清海等,2002);苏家湾(孙爱芝等,2008);鲁家沟(李晓丽等,2010);李湾(贾耀锋、庞奖励,2003)。

一些学者在黄土高原北缘的气候变化最敏感地带做了量化的气候重建。杨志荣(1998)研究了沙楔的形成发展,提出气温最低阶段的年均温比现在要低1—3℃。许清海等(2003)根据孢粉响应面的研究得出相似的结论,认为干冷时期的七月平均气温比现在低2—3℃,年降水量少40—120毫米。由于开展这些研究的地点位于黄土丘陵的北面,黄土丘陵当地的气候变化可能略为温和。

总结起来,公元前2千纪最后几个世纪的黄土丘陵是比较干冷的,既比前期干冷,可能也比现在略为干冷。过去对安阳殷墟的研究认为殷商时期气候更加温暖湿润(竺可桢,1972),这与上述结论似乎存在矛盾。但早期的研究方法比较粗疏(例如动物标本的采集、鉴定过程不严格,一些喜温动物出自新石器地层,或者是外来的。参看石璋如,1953)。殷墟最新的研究应用现代方法,认为当时的气候与现在没有明显不同(王树芝、岳洪彬、岳占伟,2016),这样的认识与对黄土丘陵气候的认识显然更为吻合。两地的气候趋势仍存在一定差异,这可能是由于安阳位于华北平原,而黄土丘陵位于东亚季风区的边缘,对气候变化更为敏感。

今天的400毫米等降水量线呈东北—西南走向从黄土丘陵中部穿过,它不仅标志着半干旱地带的界线,也具有重要的文化和经济意义(图2.3)。400毫米降水量是种植粟所必需的,这条界限以北的地区需要种植更耐干冷的作物,更多地饲养食草动物,可能有着不同的生活方式。可以设想,这条重要的界线在当时干冷化的趋势下可能比今天更加偏南一些。

(二) 植被

黄土丘陵的原始植被是很多研究的主题,不仅因为植被是古气候研究主要的替代指标,也是因为黄土丘陵的水土流失严重,研究者希望通过复原自然植被为今天找到保持水土、保护脆弱环境的办法。

自20世纪50年代开始,黄土丘陵已经开展了几次大规模的人工植树造林运动,其理论基础来自一些历史地理研究。这些研究根据古代文人的游记、诗文,认为在中古时期的过度开发以前,黄土丘陵一直有茂密的森林作为自然植被(史念海,1981;朱志诚,1994)。考古学家也愿意相信这种观点,他们认为如果没有一个更适宜的环境(比如更高的森林覆盖率以阻止水土流失、调节气候),黄土丘陵繁荣的新石器文化就很难理解。然而古环境学研究通过检查土壤、孢粉、植硅石、有机碳同位素组成等证据,认为即使在中全新世气候最适宜期,草原景观也在黄土丘陵居于主导地位(刘东生等,1994)。通过收集不同地貌下的孢粉证据,学者发现草原从来都是塬面上的主体景观,同时在川地、沟谷和石质山地中有小片的树林,这也就解释了古代文人留下的文字记录——他们只是浪漫地描述了黄土丘陵的局部环境。张信宝、安芷生(1994)进一步研究了这种混合景观出现的原因。他们注意到两个相关的现象:1. 造林运动在塬面上种植的树木在经过一段时期的生长后,或者死亡或者停止生长,成为像灌木的"老头儿树",但是沟谷里的树木则生长良好;2. 黄土丘陵现代的树林只生长在石质山区和薄层黄土覆盖的地区(对应于50米黄土等厚度线)。

这两个现象表明植被类型和黄土厚度有明显的关联。由于黄土多孔隙、蒸发率高，降水无法渗入巨厚的黄土层，在塬和梁峁面上，有效土壤湿度不能满足树木生长需要，而只允许草本和灌木的生长；树林在沟谷里存在，因为树木根系可以穿透较薄的黄土层吸收地下水。

总而言之，黄土丘陵的古代植被是以草原景观为主，在沟谷中点缀着树林，这与当代的情况是相似的。晚商时期黄土丘陵的古代环境并不比今天更适宜，以此假设为基础对黄土丘陵的理解都需要修正。

三、生计和文化

生计方式是人类对生存环境的适应。上文已经检讨了黄土丘陵的气候和环境，下面我们就转入对黄土丘陵生计方式的研究。

正如狩猎采集者、农人、游牧人社会之间的差别所表明的，生计方式对很多经济、文化和社会变量都有决定性的意义。在依赖食物生产的社会中，种植哪些作物、畜养哪些动物，以及它们之间的比例都是经过了世代积累、调整逐渐形成的，可以揭示这个社会的生活方式和社会组织的某些方面。如果没有关于一个社会生计系统的知识，理解它的希望会变得很渺茫。

具体到黄土丘陵的案例，以往有些非常重要的结论却建立在完全不牢固的基础上。自汉代至20世纪末，大多数历史学家都把青铜时代的黄土丘陵想象为游牧人群占据的地方，当地人的形象被固化为对中原文明充满敌意的劫掠者。这种想象受司马迁《史记》的影响很大，他认为周代史料里提到的黄土丘陵人群是公元前1千纪后期匈奴人的祖先（《史记·匈奴列传》载："唐虞以上有山戎、猃狁、荤粥，居于北蛮，随畜牧而转移。"现在我们已经知道匈奴的中心实际上在更遥远的北方草原）。司马迁的认识鲜少受到严肃的挑战①，直到现代考古学提出了新的证据。1989年，李家崖遗址的发掘者吕智荣根据他发现的房址、石质收割工具和窖穴中的碳化粮食，提出黄土丘陵主要的经济应是农业（吕智荣，1989，1993）。但是他所主张的较高的农业定居程度并没有受到充分重视，其他学者只笼统地主张农牧混合经济，至于种植业和动物畜养的比重则不得而知。与此同时，游牧经济的旧观点依然有很大影响。例如苏芳淑和邦克（So and Bunker，1995:38）在解释黄土丘陵和燕山地区相似的北方风格青铜武器时，假想黄土丘陵的人群季节性地移牧至燕山地区。王明珂（1994：418）则相信北方风格的青铜武器说明黄土丘陵的人群变得越来越军事化和具有移动性；杨建华和Linduff（2008）、蒋刚（2008a）都进一步提出这些移动性很强的人群自北向南迁徙。

上述观点有两个缺陷。其一，除了吕智荣的意见以外，它们都是推测，缺乏坚实的证据，结论所依赖的北方草原风格铜器只是物质文化的一部分，而黄土丘陵也使用反映定居生活的青铜容器、陶器；最直接、有效的证据——动、植物考古的记录和

---

① 关于少数历史学家对这种认识的反驳，参见唐晓峰，2000，2003。

居址遗存——都没有经过研究。其二,它们大都认为黄土丘陵的生计方式是均一的,考虑到这个地区覆盖的纬度,这不太可能。当代黄土丘陵的生计方式从以农业为主过渡到不同水平的农牧混合,在历史时期,这里也一直是农牧交错地带,期待黄土丘陵有一致的生计方式过于简单化。

为了不再流于推测,而是根据脚踏实地的证据判断黄土丘陵早期的生计方式,我们将检视两类资料。第一类是黄土丘陵动物和植物考古的记录,包括披露不久的动物考古资料和通过两季调查首次获得的植物考古资料。我们会研究单个物种的生物特性和各物种组合的方式来推测生计方式;通过与文字记录完备时期的比较,尝试评估不同经济类型的比重以及它们是怎样被经营的。

另一类证据是相对间接的考古学文化。长期以来,考古学文化通常被用作建立年代学的原始材料,或者被视为特定族群的物质表现。在本研究中,我们将避免把"稳定出现的器物群"与特定的族群等同①;物质文化其他的意义与我们这里的研究目的也无关。由于考古学文化是对环境的适应,我们可以把公元前2千纪晚期的三个文化视作居住在黄土丘陵不同部分的人们创造的用具组合,通过用具组合来推测他们的生活方式。这样做已被证明在研究新石器时代生计方式的变化时是有效的(王明珂,1994)。由于动植物的资料还不多,我希望物质文化可以作为补充证据,结合这两类资料可以得出更完整的理解。

(一) 文化

公元前2千纪后半的黄土丘陵已经确认了三种文化,它们是李家崖、西岔、西坬渠,分别占据着黄土丘陵的南部、东北部、西北部(图2.3,表2.1)。这些文化是根据标准的考古学作业习惯,用经过发掘的典型遗址命名的,但是它们为人所知的程度相差很多。

陕西清涧李家崖遗址发掘于1983年,由于其区域内的青铜器发现,李家崖文化已经为人熟知;内蒙古清水河西岔遗址在1997年至2004年间发掘,目前在中国的青铜时代专家中,西岔文化的命名已被接受,但是由于资料发表的问题,它在中国以外仍鲜为人知(曹建恩、胡晓农,2001);陕西安塞西坬渠遗址的发掘至今仅有数年(吕智荣,2007),它作为又一个独立文化的典型遗址尚未被认识和讨论。在本研究工作中,我曾到西坬渠遗址进行调查,并且发现它独特的陶器群还出现于陕西西北部以往调查的103个遗址,因此完全符合一个考古学文化的定义(曹大志,2019b)②。下面我们将具体地检视这几个文化,首先是各类不同材质的器物,随后是它们的建筑遗存,最后是文化差异反映的问题。

---

① 在对黄土丘陵物质文化的研究中,有学者相信根据铜器的比较可以区分人群(曹玮,2009;蒋刚,2008a)。以李家崖和高红遗址的陶器差异来划分政治或种族的群体,也是一种常见的提议。
② 西坬渠遗址的发掘者吕智荣先生虽然没有以之命名一个文化,但是他早已认识到西坬渠的陶器群是一个稳定出现的器物群,并且称其为"后期朱开沟文化"(私人交流,2010)。

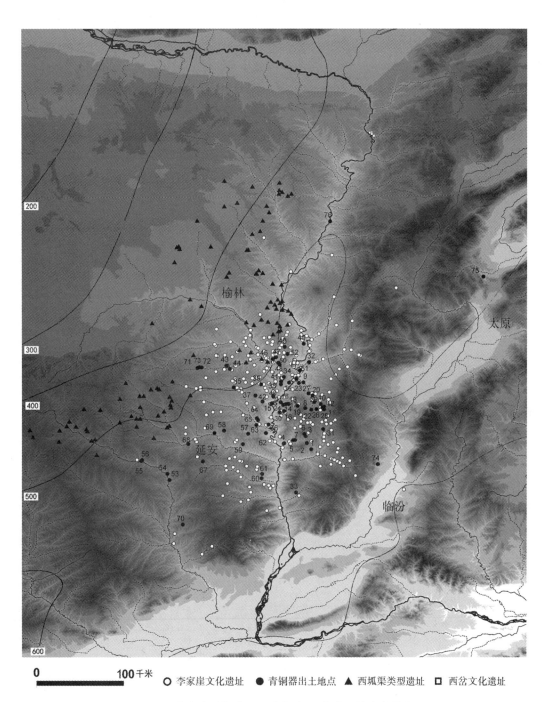

图 2.3 李家崖时期黄土丘陵的遗址(曲线为等降水量线)

○ 李家崖文化遗址　● 青铜器出土地点　▲ 西岔渠类型遗址　□ 西岔文化遗址

表 2.1　黄土丘陵出土青铜器的遗址

所在县	编号	遗址	所在县	编号	遗址	所在县	编号	遗址
大宁	1	太德村	柳林	32	八亩垣		63	去头村
永和	2	榆岭上	吉县	33	上东村		64	用斗
	3	郑家垣	清涧	34	寨沟		65	华家原
	4	下辛角		35	折家坪		66	刘家塬
	5	下可若九亩盖		36	张家圪	延安	67	松树林乡
	6	山坪里		37	惠家塬		68	常兴庄
	7	可托		38	寺墕		69	甘谷驿
石楼	8	肖家塌		39	樊家岔	洛川	70	东安宫
	9	外庄		40	李家崖	子长	71	康家坪
	10	指南		41	解家沟		72	宋家坪
	11	桃花者		42	双庙河小寨峁		73	李家塌
	12	曹村	子洲	43	尚家沟	洪洞	74	上村
	13	会坪		44	关王岔	忻州	75	连寺沟
	14	郝家畔	吴堡	45	冯家墕	保德	76	林遮峪
	15	砚瓦村	绥德	46	周家沟			
	16	和合		47	高家川			
	17	琵琶垣		48	黄家坡			
	18	圪堵坪		49	杨家峁			
	19	褚家峪		50	后任家沟			
	20	塌子上		51	沟口			
	21	下庄		52	墕头			
	22	谭庄	甘泉	53	安家坪			
	23	曹家垣		54	关家沟			
	24	张家河		55	寺峁			
	25	韩家畔		56	阎家沟			
	26	殿底峪	延长	57	南山梁			
	27	后兰家沟		58	前张罗沟			
	28	南沟		59	前河村			
	29	二郎坡	宜川	60	太吉村			
	30	圪叉吉		61	殿头村			
隰县	31	庞村	延川	62	土岗			

1. 陶器

使用和生产陶器是三个文化共同的现象(图 2.4)。李家崖和西岔的陶器群比较复杂,陶器种类较多,每类有专门的功能,而且每种功能由不只一类器物完成。例如,李家崖文化的陶器群包括 8 种以上器类,有炊煮的鬲、甗,盛食的簋、豆,盛水的盆、罐,储存粮食的三足瓮(灰陶),以及餐具钵。西岔文化的陶器群组成类似,只是以长颈大罐代替三足瓮。与此相对,西坬渠类型只有四种陶器,鬲、甗、罐、红陶三足瓮。在制造水平方面,三个文化的陶器质量均较好,李家崖的陶器优于西坬渠,而西坬渠的陶器又胜于西岔。在装饰方面,除了普遍的绳纹和常见的附加堆纹,李家崖的陶器还戳印有模仿自铜器的雷纹。

关于西坬渠陶器,有三点观察可以揭示一些有趣的问题。其一,西坬渠遗址曾发掘到制陶工具陶拍、陶垫(吕智荣,2007:图 5.10、5.12),说明西坬渠掌握制陶技术,不必依赖外部供给。其二,我在观察西坬渠类型遗址采集的陶器时,发现了很高频率的修补现象,即在陶器裂缝的两侧钻孔,再用某种线绳紧固。据我所知,如此高的修补频率在青铜时代的文化中是不寻常的,即便在新石器时代也属罕见。我们可以设想两种互不排斥的可能:1. 由于陶器少而不易获得(例如只有少数聚落在制作陶器),所以损坏的陶器不随便丢弃,而是尽量使用;2. 由于陶器的使用方式(比如经常随人移动),导致其损坏率高(西坬渠陶器的质量没有问题),修补旧陶器比制造新陶器更加容易和经济。其三,西坬渠类型的陶器种类非常少,这在青铜时代文化中是不常见的,很难设想西坬渠的制陶者没有能力制造更多的器类,更可能的是他们出于生活方式的需要,有意保持了最小数量的陶器种类(Cribb,1991:76)。

2. 石质工具

三个文化的石器群都很简单。长方形石刀在新石器时代已有数千年历史,也是李家崖和西岔最常见的石器。这种器物通常被认为是收割谷穗的工具,因为直到近代,华北的一些地方仍在使用类似形状的铁质工具(陈文华,1994:309)(在同时期的商文化里,尺寸更大的石镰更加常见,可能用于从茎干收割)。黄土丘陵公元前 3 千纪曾很流行的石斧此时明显减少,大型的石铲则完全消失,可能反映砍伐和农耕活动的强度减弱。

在石楼田野调查的过程中,我在李家崖文化的遗址上发现了少量燧石细石器和很多石英岩石片。这类材料的石器比以往所知的分布更加偏南,且年代更晚,通常认为它们反映着动物产品的加工。更有意义的是,燧石的细石器是西坬渠类型已知的唯一石器种类(图 2.4)。

李家崖陶器群和石质工具

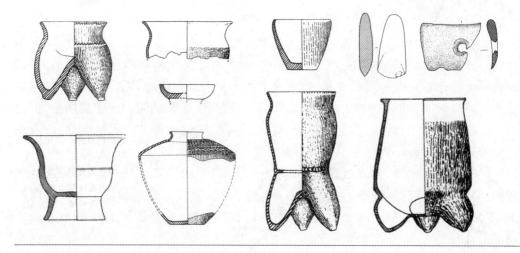

西岔陶器群和石质工具

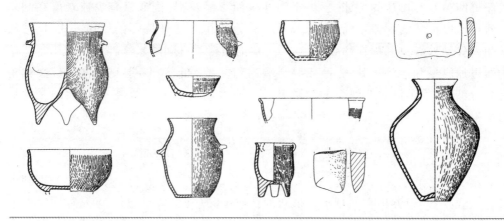

西坬渠陶器群和石质工具

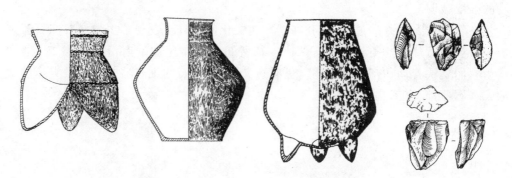

图 2.4　黄土丘陵各考古学文化的陶器和石器

3. 青铜器

这里讨论的"某个文化的青铜器"仅指这个文化使用的青铜器,与铜器的铸造地无关,很多铜器输入自其他地方(我们将在下一章讨论这个问题)。

由于黄土丘陵的铜器发现几乎没有伴出的陶器,以往对青铜器的文化背景一直存在怀疑,如林沄先生怀疑铜器可能是由不使用陶器的人群留下的(林沄,1987:150;2003:111—112)。经过本研究,我认为这个问题的答案已经很明朗。基于以下四个原因,主要的青铜器群都应属于李家崖文化:

其一,以往李家崖文化的断代比较粗略,现在更多的碳十四数据确认了李家崖文化相当于商代,与这些铜器是同时期的;

其二,以往仅知道几个李家崖文化的遗址,现在可以通过数百个李家崖文化的聚落确定这个文化的分布范围,此范围几乎覆盖了所有铜器出土地点(图 2.3),也就是说李家崖文化和青铜器发现在空间上是重合的;

其三,经过调查,在石楼可以确定的 14 个青铜器出土地点中,11 个在李家崖文化遗址上,或者紧邻遗址(参后文);

其四,我有机会观察了迄今唯一一件与铜器伴出的陶器,这是一个出自石楼琵琶垣铜器墓的陶钵(石楼,1972;现藏于吕梁汉画像石博物馆),具有鲜明的李家崖文化特征。李家崖遗址发掘的 40 座墓葬中,34 座没有随葬品,其余 6 座中,2 座随葬陶钵,4 座随葬青铜武器(陕西,2013)。我在石楼的调查中,有 3 件同类的陶钵发现于被盗墓葬。这说明李家崖文化存在不随葬陶器的习俗,如果随葬陶器的话,一般只有一件小陶钵。以往发现的铜器墓中不见共存的陶器,大概是由于这个原因。

解决了上述问题后,三个文化使用铜器的区别也就变得清楚了[①]:

西岔渠类型分布范围内发现的青铜器非常少,至今只有一件銎内戈(征集于米脂,见曹玮,2009:591)、一件管銎钺(征集于米脂,见刘建宇,2015)、和一件十字纹镈(征集于榆阳区,见曹玮,2009:420)。很可能西岔渠只是从邻近文化中偶然地获得青铜器。

西岔文化的大多数铜器都是考古发掘出土的,包括武器戈、管銎斧、短剑,工具刀和锥,饰品耳环和铃。西岔遗址发现的双合陶范与一些铜器器形匹配,说明西岔有能力铸造武器和工具,但没有证据表明西岔文化铸造或使用青铜容器。

与西岔渠和西岔形成鲜明对比的是,李家崖文化的分布范围内已经发现了超过 400 件青铜器,包括 16 种容器、8 种工具、7 种武器、7 种车马器、4 种装饰品,还有一些难以分类的小型铜器(参看第三章)。它们当中有很多是容器,有精美的纹饰,体量也较大,可能用于礼仪场合,具有展示身份等社会意义,而不仅是单纯的功能性器

[①] 忻州连寺沟、保德林遮峪共 3 组铜器的出土地位于三个文化的分布范围之外(图 2.3:75—76)。连寺沟的文化背景不明,根据最近忻州刘沟遗址的发现(材料尚未发表,感谢王力之先生安排笔者参观、学习),当地文化与李家崖文化既有共性,又有一定区别。林遮峪采集的陶片有李家崖文化特点,可能是李家崖在北面的一处据点。此外,承韩炳华先生惠告,右玉大川的一件乳钉纹簋是传世器物,实际出土地点不明。

具。一些独具特色又多次发现的铜器表明李家崖文化有用范铸法制造青铜容器的能力,而铸造容器比武器、工具要复杂得多。简言之,李家崖的青铜器不但在数量上大大超过西岔和西坬渠,也在铜器群的复杂程度、纹饰、技术、甚至金属的重量上令它们相形见绌。

4. 金饰品

李家崖文化的金饰品一般与主要的铜器群伴存,是上层人物身上佩戴的饰物,种类包括带状冠①、项圈、云朵状耳环(常附有绿松石珠)、长条形金箔片(图2.5)。西岔的金饰品有螺旋状耳环。这些金饰品具有独特的地方特征,例如金项圈和云朵状耳环只发现于李家崖文化分布区和外围边缘②。石楼桃花者、褚家峪、后兰家沟等李家崖文化地点还出土有金项圈的青铜仿制品,并镶嵌了绿松石;带状头冠也发现于延长岔口一个春秋时期的窖藏内(姬乃军、陈明德,1993),说明这种饰品在李家崖文化结束后仍被当地人使用。这些金饰品最初可能起源于远方(详后),但传播到中国后,各形式使用的地理范围明确,如云朵状耳环、螺旋状耳环、以及燕山南北的喇叭状耳环都有各自的分布范围。服饰是民族间相区分的重要标志,如果一定要用物质文化来窥测人群,比起黄土丘陵的陶器和青铜器,金饰品更能作为特定人群的指示物。

5. 建筑

青铜时代黄土丘陵的人们建造的建筑在这里是作为物质文化的一个方面来讨论的。这些建筑规模不同,大到聚落的围墙,小到普通家庭的住屋。在李家崖和西岔遗址都发现了土石混筑的防御墙体。李家崖的墙体超过300米长,1.1—1.75米宽、保存高度达3.1米(张映文、吕智荣,1988);西岔的墙体有352米长,1.2—1.5米宽,保存高度1.6米(曹建恩、孙金松,2004)。这些墙体没有环绕整个聚落,而是只修建在要害位置,其他位置利用自然陡坡。对比中原地区较厚的夯土城墙,较薄的石墙和对自然地形的利用都可以在本地的新石器时代找到传统。同样耗费大量人力的是大型的夯土建筑。如李家崖揭露的AF1,位于遗址内地势较高的地方,庭院长48.8、宽21.85米,有1.1—1.4米厚的夯土墙环绕。大门开向西南,两侧有门塾。庭院中部偏北为主体建筑,面阔7.3、进深6.58米(图2.6左)(吕智荣,1998)。又如黄河东岸的柳林高红遗址,20多块夯土基址共占地4000多平方米,最大的一座面积超过500平方米(46.8×11米),台基高于周围地面1米(图2.6右)(王京燕、高继平,2007)。

---

① 石楼桃花者的带状冠出土于墓主头部,原本功能不明,整理过程中发现两端有小孔,全长58厘米、宽5厘米,经试验正适合一般人环绕着戴在头上,在两个小孔处连接。这种头冠与中原服饰显然不同。

② 李家崖文化分布区内发现金耳环的地点有石楼桃花者、后兰家沟、圪叉吉(未报道)、永和下辛角、郑家垣、清涧寺墕;发现金项圈的地点有保德林遮峪、石楼圪叉吉、甘泉阎家沟、延川土岗村。外围边缘的地点有淳化黑豆嘴、洪洞上村、太谷白燕、华县野沃沟。

石楼桃花者的带状头冠

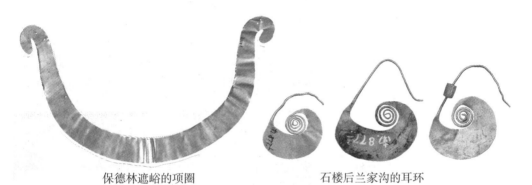

保德林遮峪的项圈　　　　　　　　石楼后兰家沟的耳环

石楼桃花者的耳环　　　　　　　　洪洞上村的耳环

淳化黑豆嘴的项圈　　　　　　　　淳化黑豆嘴的耳环

图 2.5　李家崖文化的金饰品

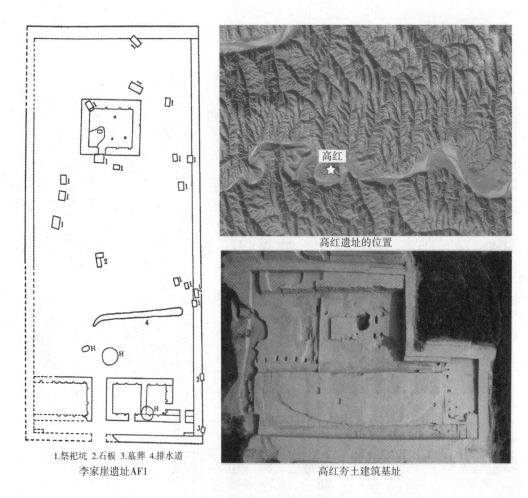

1.祭祀坑 2.石板 3.墓葬 4.排水道
李家崖遗址AF1　　　　　　　　高红夯土建筑基址

图2.6　李家崖文化的大型建筑

尽管发掘工作不多,但小型住屋却经常可以遇到。西岔文化最常见的房子是方形半地穴式的,外围有矮的夯土墙,屋内铺有石板(曹建恩、胡晓农,2001)。西坬渠遗址发掘了两座房子,据称是半地穴式的,但发表的材料只有只言片语,无法使我们有清晰的认识(吕智荣,2007)。李家崖文化除了李家崖遗址定性为半地穴式的几座小房子外,在薛家渠遗址发现的一座窑洞式房子最值得注意(徐天进,1988)。由于保存较差的窑洞房子经常被当作半地穴房子,窑洞房子的数量实际应该更多。从我在石楼调查的线索来看,窑洞式房子甚至可能是李家崖文化主要的住屋形式。窑洞的优势是冬暖夏凉,只需很少的木材。在冬季寒冷、夏季炎热、有无数黄土断面的黄土丘陵,窑洞是对环境非常成功的适应。根据发掘材料,窑洞在新石器时代已经广泛流行;宋代文献对历史时期陕西等地的窑洞民居有记载(谭刚毅,2008:35);从现存的近代建筑来看,窑洞一直是当地最普遍的民居形式。当代的窑洞比史前时期要大几倍;开凿一座讲究的窑洞需要一至二人使用铁质工具劳动半个月左右,其使用寿命约为两代人的时间。可以想见,在公元前2千纪,即使开凿一座简陋的窑洞也意味着可观的劳力投入。

6. 物质文化的差异性

造成李家崖、西岔、西坬渠物质文化差别的原因有几个。陶器的形式可能反映了各文化来源的不同,即各区域文化有不同的前身和传统;青铜器群与各文化的外部联系关系更大,每个文化掌握的铸造技术有简单复杂之分,获得外来青铜器成品的机会有多有少;石质工具、建筑则代表着生活方式和社会的复杂程度。

文化来源一直是中国考古研究的重点。当西岔文化刚发现时,它的来源是学者们首先探究的问题之一。王立新(2004)和马明志(2009)都指出,与西岔文化关系最紧密的是二里头至二里岗时期山西西北部的文化。这意味着西岔文化不是来源于西岔遗址层位上更早的朱开沟文化。王立新(2004)所做的比较暗示西岔文化与二里头—二里岗时期先行文化之间的年代差距没有多数学者想象的大。或者西岔的开始年代比现在认为的要早,或者其先行文化延续的时间较晚,由于两者都还没有绝对年代的数据,这个问题目前很难判断。

对于西坬渠类型,尽管还没有研究发表,但有机会观察其陶器的学者都同意把它与鄂尔多斯地区的朱开沟文化联系起来①。这种联系表现在西坬渠类型最具特色的蛇纹鬲上,它也是西坬渠最主要的器类,在陶器群中占绝大多数。由于联系紧密,延续性明显,吕智荣甚至将西坬渠类型直接称为"后期朱开沟文化"。然而值得注意的是,大多数朱开沟文化的器类在西坬渠都消失了。陶器群变得极为简单,这是一个需要解释的剧烈变化。

李家崖文化的来源是一个有争议的问题。李家崖、朱开沟两遗址的发掘者吕智荣(1991)和田广金(田广金、史培军,1997)都曾把朱开沟文化和李家崖文化看作源与流的关系。曾经有一段时间,标准的说法是朱开沟文化的人群在气候恶化的压力下南徙形成了李家崖文化(杨锡璋、高炜,2003:593)。然而近年来,两个文化之间的承接关系受到了越来越多的怀疑(林沄,2003:111)。随着西坬渠类型的发现,李家崖和朱开沟之间的不连续性变得更加明显,因为西坬渠占据着朱开沟和李家崖之间的地区,而且显然与朱开沟的继承关系更密切。在一定程度上,当年认为李家崖是朱开沟的后续文化是可以理解的,因为公元前2千纪前半的黄土丘陵人烟稀少(这与发现了成千上万聚落的公元前3千纪形成了鲜明对比),而位于黄土丘陵北端的朱开沟曾经是所知唯一持续到公元前2千纪中期的文化,它自然成为了李家崖来源的不二选择。

通过检视黄土丘陵的陶片标本,我们可以基本确认二里头至二里岗时期遗址很稀少,但是在山西一侧,可见这一时期的遗址50个左右,并且在石楼的实地调查中也发现了3个(图2.7;曹大志,2019b)。这些发现很重要:陶器标本一方面表现出李家崖文化的特征,如在陶质、陶色、纹饰等方面很难区分;另一方面又与吕梁山以东的白燕四期文化有明显的亲缘关系,如鬲的长颈、大袋足、高足跟带刻槽等特征。白燕四期文化在吕梁山以东的二里头时期特别发达,进入二里岗时期后在山西高原的

---

① 张天恩、吕智荣(私人交流,2010)。

大部分地方急剧衰落,在晋中的白燕等遗址则经历了二里岗文化的强烈影响(许伟、杨建华,1989)。根据这些情况,我倾向于认为李家崖文化的主要源头是向西移动的白燕四期文化(参看第四章),它在二里头时期开始出现于黄土丘陵,可能在二里岗时期得到了发展,在洹北至殷墟时期演变为李家崖文化。不过应当承认,目前仍很缺乏陶器资料,这是一个有待验证的假说。

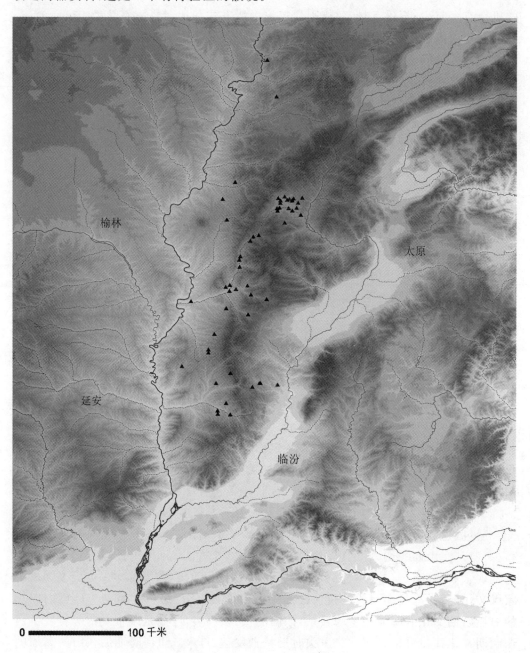

图 2.7　黄土丘陵二里头时期的遗址

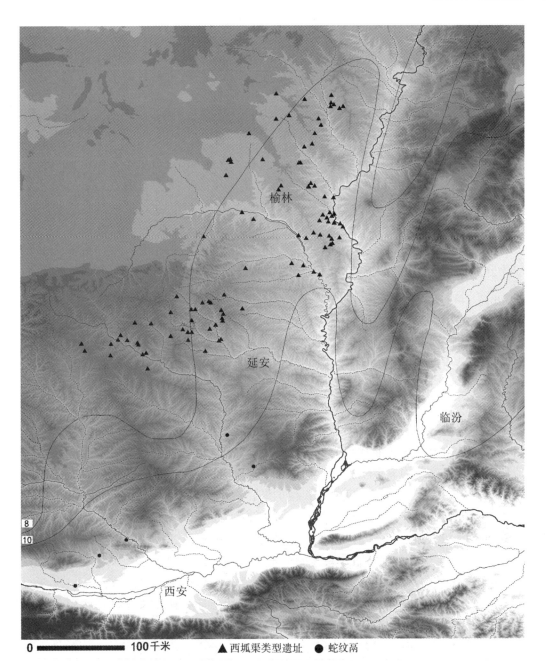

图 2.8　西坬渠类型遗址和蛇纹鬲的分布（曲线为等温线）

陶器形制的差异可以用文化来源不同解释，生产工具、居住形式、物质文化的复杂程度则反映了生活方式的深刻不同。李家崖文化有很多用于收割的磨制石刀，用于处理动物的燧石细石器则较少；西坬渠目前不见石刀等磨制石器，有大量的燧石细石器（但是西坬渠的三足瓮说明它肯定有渠道获得谷物）。李家崖的窑洞住屋需要大量劳力投入，西坬渠的半地穴房子建造起来更容易。李家崖的物质文化复杂，西坬渠的物质文化简单。这些差异可能反映了黄土丘陵自东南向西北定居程度的减弱。参考民族学材料,西㞍渠很简单的生活器具可能代表了在降水和气温不允许很多种植业的环境中更依赖动物畜养的非定居生活①(参看图 2.8 等温线和图 2.3 等降水量线)。相比之下,李家崖有复杂的陶器群,使用并铸造青铜容器,建造大型夯土建筑和城堡,这样的复杂性反映了很高的定居程度,不可能建立在游牧生活方式的基础上。虽然历史上也有游牧人群使用陶器,但他们使用的陶器种类比定居的农人要少得多(Cribb,1991:76);虽然游牧人也制造贵重物品,但他们不收集和搬运大量沉重的青铜容器;虽然游牧人也建造城堡和大型建筑,但那是在游牧帝国出现之后才发展出的事物。

总结起来,关于黄土丘陵的生计方式,物质文化能反映的有两点:其一,整个黄土丘陵的生计方式不是均一的,自东南到西北的定居程度不同,可能结合了不同比重的种植业和动物资源利用;其二,李家崖文化不可能是游牧人的文化。

虽然如此,物质文化无法提供更多关于农牧混合经济的信息。要研究农业和畜牧业分别占多大比重,以及它们是怎样混合的,我们必须使用另一类证据。

(二) 动、植物遗存记录

动、植物考古可以提供关于生计方式的更清晰视角。例如,王明珂(1994)曾经提出新石器时代的北方地带由于气候变化造成农业资源不足,所以增加了对动物资源的依赖。他以燧石工具比例的增长来支持这个想法,但是当时没有动物考古资料,他无法判断动物是野生的还是家养的。现在这个问题已经变得明朗,公元前 3 千纪食谱的一个重大变化就是从依赖狩猎的野生动物过渡到饲养的牛和羊。因此,王明珂所观察到的燧石工具的增加并不能直接反映对动物资源依赖的增长;这种现象也可能是因为肉食获取和行为方式的变化,比如从遗址外的屠宰野生动物转变为遗址内屠宰家养动物。事实上,王明珂也认识到动物考古的重要,并预计更详细的动物考古研究可能在很大程度上修正他的结论。

不幸的是,以往有限的发掘产生的动、植物考古资料并不多。虽然动物遗存在发掘中早已被常规性地收集,但是只有部分在近些年经过动物考古学家的详细研究;广泛开展浮选在中国考古中也是不久前才成为通则。由于这项关键证据的材料非常缺乏,我在设计工作时就把获取资料作为紧迫的任务,并在调查中第一次获得了李家崖文化的植物考古资料。尽管如此,我们仍然缺少西岔文化的植物资料以及西㞍渠类型的动、植物资料;而且我们应该注意,所有动物考古资料都来自设防的主要遗址,小遗址的动物群构成有可能不同。

1. 李家崖和西岔的动物考古记录

相关区域目前最早的动物考古记录属于公元前 5 千纪至 4 千纪晚期,来自位于黄土丘陵北缘的新石器时代聚落。在庙子沟、大坝沟、石虎山(黄蕴平,2001,2003)、五庄果墚(胡松梅、孙周勇,2005)等遗址,猪和狗是当时仅有的家养动物;狩猎应是

---

① 黄土丘陵中南部和关中盆地发现的零星的蛇纹鬲或许可以由此得到解释。这些蛇纹鬲在陶质和纹饰方面与当地文化的陶器大相径庭,无论是模仿还是成品流通,它们都代表着西㞍渠类型的因素;同时它们又不可能是输入的奢侈品,它们最容易使人想到是移动性较强的人留下的遗物(图 2.8)。

很重要的获取肉食的策略,因为野生动物鹿、兔、野牛、黄羊、小型食肉类和鸟类在总数量上明显超过了家猪和狗(图2.9)。

最重要的变化应该发生于公元前3千纪,很可惜我们现在没有这段时间的材料,但是到了公元前2000年前后,肉食获取的方式已经变得完全不同。来自新华、西岔等黄土丘陵北缘遗址的动物考古资料表明,猪和狗依然重要,而黄牛和羊也已经进入了家养动物的名单(薛祥煦、李永项、于学峰,2005;杨春,2007);在朱开沟和火石梁,山羊/绵羊已经超过了任何家养或野生动物。大多数野生动物从食谱中消失,只有鹿还是重要的猎物(黄蕴平,1996;胡松梅、张鹏程、袁明,2008)(图2.9)。

这种模式延续到了公元前2千纪的晚期。西岔和高红的材料显示杂食的猪、狗和草食的牛、羊等家养动物占据着统治地位;几种鹿科动物被狩猎以作为肉食补充(杨春,2007;罗运兵,2007)(图2.10)。猪在所有动物中占第一位,比重超过40%(最小个体数),这一点的意义十分重要,它说明了定居的程度和农业剩余的存在。相较于朱开沟和火石梁,李家崖和西岔家猪的比重较高、羊的比重较低,这或许是遗址所处的不同环境造成的。另一方面,代表畜牧经济的羊的比例大约为25%,明显高于同时期的华北平原。山羊/绵羊在华北平原的小遗址一般占5%左右(宋艳波,2009;宋艳波等,2009),在安阳这样依靠外部供应的都市最多占到15%。此外,黄土丘陵黄牛的比例大约为10%(图2.10)。

一般认为,依赖食草动物意味着农业的条件不稳定、土地只能用作草场;由于一只羊需要的草地超过15亩,羊群需要的草场面积很大,必须在一个广阔的范围内移动,所以照看大量的山羊/绵羊会导致非定居的生活(王明珂,2008)。韩茂莉(2003:91—92)把绵羊/山羊的数量超过猪的时刻作为一个重要的临界点,认为最终会导致游牧经济。这个看法低估了农业与动物饲养的相容程度,农牧混合经济不一定会发展为游牧经济。"'游牧'是一个二维的概念——移动-定居和种植-畜牧是逻辑上各自独立的两个维度,且每个维度都应视作连续体。"(Cribb,1991:16)换句话说,移动-定居和种植-畜牧都是在程度上的变化,而非截然不同质的两极。人类社会可以在不同程度上结合移动和定居;同样,种植和动物饲养也可以不同的比重互相配合,没有绝对的界线。

以往研究强调移动、畜牧多于定居、种植,但上述动物考古的资料似乎并不支持这种看法,只是这些数字的真正含义并不是不言自明的。要阐明它们的意义,我们必须以一个了解清楚的社会为参照。下面将以研究区域内的现代社会作为样本进行比较。改革开放前当地仍比较传统,我们对这些社会的生活方式和涉入现代商贸网络的程度有很好的了解。为了与动物考古资料有可比性,我将畜产调查的数字转换成了动物成为遗存后的最小个体数(假设所有畜产都留下了遗存,并且都被考古学家发现)。表2.2显示了传统农业社会一段时间内的畜产构成,从中可以看到山羊/绵羊越向西北比重越高,这是因为那里的环境更加干凉,不适宜种植业发展。如果与青铜时代比较,则可以发现以下问题:

第一,青铜时代牛的比例远高于传统农业社会。牛在青铜时代大约占动物群的10%,但是在20世纪只占2%—3%,这就是说,青铜时代的牛是以远超过传统农业需

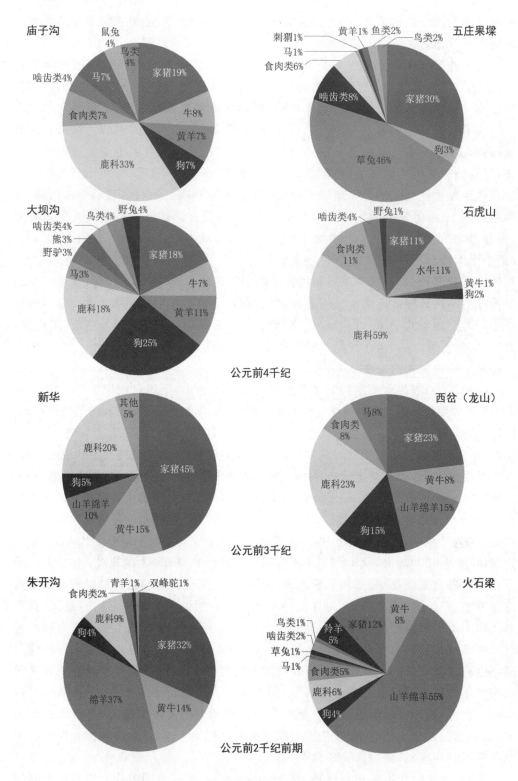

图 2.9 李家崖时期以前黄土丘陵的动物考古记录

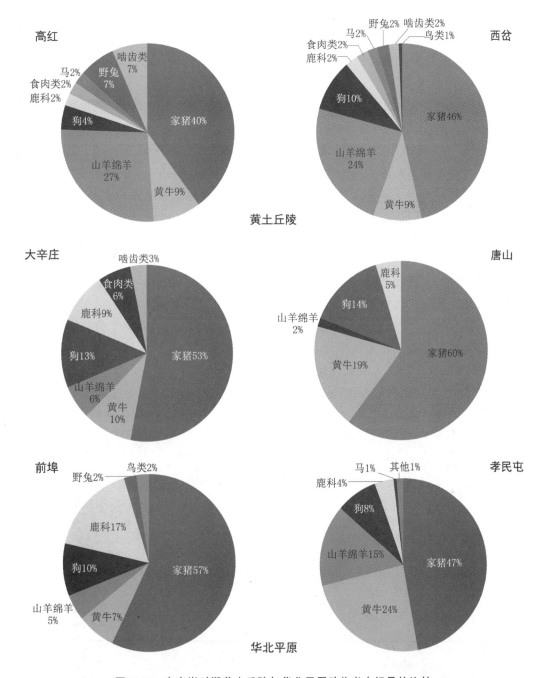

图 2.10 李家崖时期黄土丘陵与华北平原动物考古记录的比较

要的比例被饲养的。在传统农业社会中,牛和骡子基本只作为役畜,特别是用于耕地。西岔遗址牛的死亡年龄结构显示30%的牛在2岁以前被屠宰(杨春,2007:29),如果牛用作役畜或奶用,这将是极大的浪费,因此可以推测青铜时代养牛主要是为了肉食。在同时期的安阳,大多数牛都在4岁前被屠宰(李志鹏,2009:55),因此养牛业的肉食取向似乎是青铜时代普遍的特点①。

第二,青铜时代猪的比重更高,超过40%,传统农业社会中只有20%上下。在传统农业社会中,猪的比重低是因为黄土丘陵的农业产量低、剩余很有限;当年养猪的数量和前一年的收成关联度很高;普通的家庭平均无力饲养1头猪。青铜时代能够饲养如此多的猪,说明有相当的农业剩余;猪的迁徙能力差,说明当时的定居程度很高。

第三,青铜时代山羊/绵羊的比重低得多,只有25%左右,传统农业社会则普遍超过70%。羊与猪的比例在20世纪接近4∶1,在青铜时代则为0.6∶1。传统农业社会中,羊的比重高是因为黄土丘陵有丰富的草场资源,养羊不会与人争食,普通的家庭平均会饲养1—6只羊。除了获得肉和奶,羊的毛、皮还可成为商品,养羊因此受到市场需求的激励。

现代黄土丘陵的每个县(面积大多在1000—2000平方千米之间)都饲养几万至十几万、二十万只羊,或由农户散养,或每村有1—2个羊倌照看全村所有家庭的羊。羊倌通常是鳏夫、孤儿、外来人等社会关系松散的人,他们在秋冬草料稀少的时候需要离村到深山里放羊,可以算季节性的不定居(图2.11)。但全村其他人的生活方式都是村落定居的。这说明一种可能,种植业者可以通过家庭间的分工合作饲养大量的山羊、绵羊。在黄土丘陵传统社会中,羊的比重远高于青铜时代的水平。如果传统社会只需很少比例的人改变生活方式,那么青铜时代自然也能做到。理论上,对畜牧生产的强调和动物数量的增长需要更高水平的专业化动物管理和家庭组织结构的变化(例如村落或地区间的分工合作),并最终导致游牧经济(Cribb,1991:18),

图2.11　山西石楼东家头附近的羊群(羊倌是陕西人)

---

① 在安阳,大量的礼仪需要是养牛业的刺激因素,但是很显然牛肉在祭祀后还是被人类消费的。

表 2.2 黄土丘陵现代的畜产构成(1980年以前)

县	时段	年度	牛、驴、骡%	猪%	山羊、绵羊%	牛、驴/人	猪/人	羊/人	资料来源
大宁	1949—79	31	2.51	24.74	72.76	0.20	0.21	1.26	大宁,1990
吉县	1949—79	31	3.36	20.32	76.32	0.25	0.17	1.29	吉县,1992
延川	1956—79	5	2.69	21.98	75.34	0.22	0.19	1.38	延川,1999
永和	1936—80	33	2.06	17.86	80.08	0.19	0.18	1.66	永和,1999
清涧	1949—79	16	2.11	30.95	66.94	0.08	0.14	0.60	清涧,2001
蒲县	1949—80	32	3.12	21.86	75.02	0.21	0.17	1.18	蒲县,1992
安塞	1949—79	27	2.99	20.46	76.55	0.24	0.20	1.45	安塞,1993
子洲	1942—78	10	2.77	24.28	72.95	0.08	0.07	0.49	子洲,1993
子长	1949—79	7	2.68	27.31	70.02	0.12	0.15	0.77	子长,1993
府谷	1949—79	31	2.41	21.43	76.16	0.15	0.15	1.14	府谷,1994
偏关	1949—79	31	2.37	16.43	81.21	0.16	0.14	1.39	偏关,1994
志丹	1949—79	30	2.54	14.60	82.86	0.38	0.25	2.91	志丹,1996
吴旗	1942—80	8	2.99	14.36	82.65	0.40	0.22	2.82	吴旗,1991

说明:

表中数据来自地方政府的年度统计,每只活的家畜每年都被登记,直至其死亡。与此不同,动物考古学的最小个体数是指一个时期内动物最小的数量,每只动物只计算一次。必须指出的是,即便不考虑保存、鉴定因素和其他的误差,由于物种的寿命不同,最小个体数也不代表现实生活中的动物构成。我们可以用一个理想化的案例来说明这一点:一个经营传统旱作农业的家庭在其120年的历史中始终保有1头猪和1只牛。假定牛的平均寿命为15年,猪的寿命为1.5年,那么在这段时间内,实际存在过8只牛(120÷15)和80头猪(120÷1.5)。假定这些动物的遗骨都得以保存并被发现,在动物考古的记录中牛和猪的比例将为1∶10,而非现实中的1∶1。

为了使两套数据可以比较,我把畜产统计的数字转换成了最小个体数。相对最小个体数来说,畜产统计有重复计算的问题。例如,在30年的时间内,畜产统计总共记录了30只牛和60头猪(牛和猪的比例为0.5∶1),那么曾经存在过的牛有2只(30÷15),猪有40头(60÷1.5),最小个体数的比例为0.05∶1。因此,将畜产统计转化为最小个体数只需要扣除寿命因素。在本研究中,家猪的寿命被估计为1.5年,牛、驴、骡的寿命保守估计为猪的8倍,山羊、绵羊为猪的2倍。寿命的估计对结果有一定程度的影响,某种动物的估计寿命越长,它在动物构成中的比重就越低。如果山羊、绵羊的估计寿命与猪相当,那么羊将在动物构成中占90%以上;如果估计寿命是猪的2.5倍,那么羊将占80%左右。

但这个变化的门槛在以往研究中被低估了。事实上,真正的游牧者畜养的羊比种植者要多得多(Cribb,1991:35),每个家庭不是几只、而是几百只羊;畜群中羊的比重在99%以上,猪则几乎没有;游牧者系统地利用羊的可再生产品——奶和毛,而不是牲畜本身。关于最后这一点,杨春(2007:34-35)对西岔遗址羊死亡年龄结构的研究显示青铜时代养羊主要是为了肉食,不符合游牧经济的特征。

总之,养猪和养羊的情况说明青铜时代李家崖和西岔的生计都不是游牧,大多数人应该过着定居生活。

迄今的动物考古记录皆来自西岔和高红这样的主要遗址,李家崖文化和西岔文化小型遗址的材料目前仍是空白。理论上讲,它们的动物群构成既可能与主要遗址相似,也可能更加倾向移动放牧。黄铭崇(2015)提出黄土丘陵的生计方式可能是少数主要遗址的定居农民和大多数小型遗址的牧人之间分工合作。民族学材料中的确不乏种植者与牧人在同一区域共存的记录,但是这样的案例无不涉及高度的分工与互相依赖,而这样的分工目前在李家崖和西岔文化的遗址中还看不出来。例如,小遗址都使用大量陶器,采集到的遗物与主要遗址没有什么差别。少数种植者是否能够满足多数牧人的粮食需求也很值得怀疑。黄铭崇的论据是李家崖文化只有3个遗址(李家崖、高红、薛家渠)见于报道,但是我们在后文将看到,这只是由于田野工作的不足,李家崖文化的遗址实际上数以百计。虽然在有确切证据之前,我们需要对各种可能持开放态度,但我个人倾向认为大多数李家崖遗址的生计模式是近似的。

2. 李家崖的植物考古记录

笔者在调查中获得的碳化作物种子是李家崖农业的确切证据。我在10个遗址的剖面上采集了20份龙山和李家崖时期的土样,用小水桶进行了浮选,并交给植物考古专家进行实验室分析[①],结果见表2.3。几乎每一份土样都包含作物种子,出现率为95%,证明谷物生产在公元前3千纪的新石器时代和公元前2千纪后期都很普遍。粟、黍、大麦是确定的作物,此外,大量的禾本科杂草因与谷物伴生通常被作为农业活动的指示。

根据各种作物的特性和种植比例,我们可以对李家崖的农业做一些讨论。

粟是新石器和青铜时代中国北方最常见的作物,现在在大多数地方早已被小麦和玉米代替,但是由于一些无可比拟的生物特性,它在黄土丘陵仍然是主要作物。首先,粟非常耐旱,特别是在所有主要作物中,粟在发芽期需要的水分最少,这使得它尤其适应黄土丘陵干旱的春季。其次,粟耐贫瘠的土壤,而黄土丘陵水土流失严重,土壤肥力很低;再次,如果生育期有充足光照、高温、合理水分,粟生长最好,这使得它很适合黄土丘陵高温多雨的夏季。在灌溉或降雨充足的条件下,粟的产量与小麦相当,而在严酷环境下,粟可以生存,但小麦会绝收。随着汉代以后北方主食逐渐转变为以小麦为主,粟更多地被种植在条件不佳的地方以给小麦让路,逐渐产生了粟是低产作物的误解。在浮选结果中,粟的数量占第一位,说明它在我们研究的时期

[①] 感谢中国科学院青藏高原研究所的高玉博士进行了此项工作。

第二章 黄土丘陵

表 2.3 石楼 10 处遗址的浮选结果

实验室编号	遗址	年代(BC)	容积(升)	粟	黍	疑似黍	大麦	疑似大豆	狗尾草	狗尾草属	稗属	禾本科	十字花科	繁缕属	锦葵属	藜科	猪毛菜属	马齿苋科	疑似豆科	草木犀属	豆科	蓼科	莎草属	谷物	杂草	合计	待鉴定
10C2	寺山	3千纪	13	18	5							24				2	2							25	28	53	4
10C4	寺湾-1	3千纪	9	9								9	1				4							10	14	24	5
10C15	寺湾-2	3千纪	7.5	42	9	1		2				41			6	2	2				2			51	53	104	15
10C12	前挖塔	3千纪	6	32								38				4	2							32	44	76	12
10C14	西石羊	3千纪	7.8	8				1				9					2							9	11	20	3
11C22	辛关	3千纪	18	87	5				10			90					5				6	51			92	162	254	7
10C7	寺山	3千纪	10	2								8													2	11	13	1
10C8	寺湾	2千纪	9.3	11	1			1			1	60				1									14	62	76	12
10C9	孟家塌	2千纪	5.3	8											36		3								8	46	54	1
10C10	崖底-2	2千纪	5.3	1								1					1								1	2	3	
10C16	崖底-3	2千纪	6.3									2					5								0	7	7	2
10C1	仁义	2千纪	5	2		3						2	13				18								3	33	36	1
10C13	马村-1	2千纪	13	62								74					2					1			65	77	142	6
10C3	马村-2	2千纪	13	292	67				3		2	274			6		397					3			359	683	1042	11
10C11	马村-3	2千纪	9.5	104							1	57										1			104	61	165	10
11C7	后兰家沟	2千纪	22	737	118		1		20			385	6	1		7	7	1		16	19	2	1	1	857	423	1280	29
11C4	孟家塌-1	2千纪	7	15	7					2			1			2	22								22	3	25	1
11C10	孟家塌-2	2千纪	17	31	3			2	3		2	66				5	20	1		16		22			36	156	192	8
11C18	孟家塌-3	2千纪	16	7	5				9	1		5				2	66	1				4			13	37	50	1
11C6	孟家塌-4	2千纪	18	63	22		1		12	4		6				1					25		1	2	85	104	189	5
总计				1531	242	7	1	7	14	57	4	1151	25	1	48	33	553	1	16	25	86	1	2	1788	2017	3805	

是主要的谷物,这与当时中国北方的广大地区是一样的。

黍的籽粒有粘或不粘之分,比粟略大,它具有粟的每项耐受特点,甚至能经受更干凉的气候,对年降雨量(300毫米)和年均温(4摄氏度)的要求更低,生长期也更短,但是产量不如粟。今天黍在山西北部、陕西北部、内蒙古种植的比较多。黍生长期短的特点被充分利用,在灾害年景作为补种的作物以避免绝收。浮选获得的黍的数量不是很多,这说明李家崖的农业条件不是非常恶劣。

浮选结果中多种豆类的存在是一个有趣的现象。虽然植物考古专家不能确定它们是驯化还是野生,但我国古代采集野生豆类食用或作为饲料很常见,因此很多豆类进入遗址中很可能是由于有意的利用。农民和农学家认为豆类是小米最佳的搭档——豆类可以固氮,而小米消耗土地养分。

首次浮选的结果虽然很有意义,但有限的工作不可能确定当时所有的种植作物。某些类别仍显然缺失,如油料和纤维作物,即使谷物的名单可能也不完全。今后应在此地区深入开展浮选工作。

(三) 技术、产量和策略

土地承载力的研究表明,黄土丘陵有充足的光照,制约农业的瓶颈是水分条件和土壤肥力(马娟、武吉华,1995;孟庆香等,2006)。由于90%的可耕地都位于梁峁上,黄土丘陵今天仍然不能通过灌溉改善水分条件,公元前2千纪晚期也一定如此,只能完全依靠自然降水。当代农民修建梯田以保持水土,但在绝大多数农业工具为石质和木质的青铜时代,人口密度不高的黄土丘陵也不太可能投入劳力建造需要经常性维修的梯田。当代农民使用化肥改善土壤肥力;传统农业没有化肥,尽管施用有机肥(特别是羊粪),但是肥料的量总是不足;青铜时代则尚无施肥的证据。此外,商代使用动物犁耕的证据还不清楚①。以上便是李家崖农业的技术特征——依赖人力和木石工具的旱作农业。

关于产量,黄土丘陵的低产在公元前1千纪的晚期就已经很闻名了。张家山汉简《二年律令》记载了一份关于草料税的法令,其中明确地说"上郡地恶",规定当地只交纳相当其他地方三分之二的刍藁(王子今,2003)。虽然没有青铜时代的文献记载,很难评估产量,但是在相似、甚至更差的气候条件下,使用更原始的木石工具,没有高产作物(现在有引入的马铃薯),当时的产量大概不会超过传统旱作农业的水平。我查阅了20世纪早期平年的产量记录,发现各种作物的产量都相当低,平均亩产只有20千克左右,相当于同时期华北平原地区的三分之一至五分之一(表2.4)。

在黄土丘陵的传统旱作农业中,人们通过"广种薄收"的策略实现约200千克每人每年的基本谷物需求。官方档案显示黄土丘陵养活一个人口需要7至16亩耕地,相当于同时期华北平原的3至5倍(表2.4);一个农业劳力需要耕种30亩地(作

---

① 根据文献证据,一般认为牛耕开始于公元前1千纪的后半(齐思和,1941)。这个时间比其他文明晚的不可思议。目前系统的通过牛骨病变来看牛是否用作役畜的研究还没有见诸报道。不过在公元前2千纪的晚期,中国北方的很多人群都在大量消费牛肉,在把牛用作耕牛的社会中,这不是常见的事。

表 2.4 现代黄土丘陵与华北平原单产和人均耕地的比较

	小麦亩产(千克/亩)	小米亩产(千克/亩)	大豆亩产(千克/亩)	谷物亩产(千克/亩)	人均谷物(千克)	人均耕地(亩)	年度	资料来源
黄土丘陵								
永和	15	15.2	18	16	221	16.04	1949	永和,1999
府谷	16.5	15	9.5	15.9	205	15.69	1949	府谷,1994
	22.2	22.5	30	23.1	344	14.9	1950	
	12.3	19.5	20	18.3	279	15.3	1952	
子洲	22.5	21.5	25	22	190	8.72	1949	子洲,1993
	13.5	24	25	22	164	6.6	1952	
子长				20	176	13.67	1949	子长,1993
	21.5	25	19	20	199		1950	
清涧	12.5	32.5	14	20.5	195	9.5	1949	清涧,2001
	24	21.5	24.5	20.5	191	9.3	1950	
	18.9	22.5	24	20.3	190	9.3	1951	
安塞	15	25	29	27.5	222	7.79	1949	安塞,1993
	15.5	30	30	30	234	8.6	1951	
石楼	20	35	30	27.7		14	1936	石楼,1994
	14	22.5	23.5	19.4	197	11	1949	
				22.6	233	11	1950	
				26.3	288	13	1951	
华北平原								
长治	54.9	100	50.7	94.05	289	3.07	1936	长治,2003
	50.5	105	63	98.85	236	2.78	1949	
	46.8	114	63.9	103.2	244	2.34	1951	
安阳	56.5	37	21.5	43.3		2.60	1935	安阳,1990
	49	56.5	37	88	209	2.76	1949	
	78.5	90.5	52.5	77	255	3.18	1952	
温县	74	85		71	243	2.39	1949	温县,1991
藁城	61.6	68	57	100.5	170	1.69	1949	藁城,1994
	73	118	64	142.5	209	1.46	1951	
磁县	34.5	60	47		166	3.6	1949	磁县,2000
	31.5	79	60.5		184	3.5	1950	
	39.5	77.5	60.5		192	3.3	1951	

为对比,汉代一个平原地区的农民需要耕种 15 亩地,参见吴慧,1985)。当地农人告诉我的数字要更大——维持一个家庭需要耕种 100 亩以上的土地。

这种粗放的种植方式首先根源于黄土丘陵的自然条件。例如,黄土丘陵被众多沟壑切割,地形崎岖;聚落必须靠近水源,而耕地大多在梁峁顶上,从聚落到耕地的距离比平原地区要远得多。现在的农民有时需要耕种 5 千米以外的土地,这还不是他们能够接受的极限。精耕细作在距离很远的耕地上是不可行的(如施肥会因肥料运输的困难而作罢)。当代研究显示,当其他条件相同时,距离村落 2 千米以外耕地的收成下降明显(周德芳,1992)。

另一方面,粗放农业应该视作一种有意的策略,是对不平衡的水热条件、贫瘠的土壤的适应。由于黄土丘陵降水的年内和年际变化大,容易形成灾害;当降水低于正常水平时,更多的劳力、资源投入对最终收成的影响很有限,因此顺其自然反而是明智的(吴登茹,1992)。广种薄收策略与精耕细作的原则不同。但是从与华北平原的比较可以看出,黄土丘陵虽然单产低,但通过耕种更大的面积,可以做到接近华北平原人均占有谷物的水平(表 2.4)。

在公元前 2 千纪晚期,由于没有铁质农具和畜力拉的犁,在播种季节开耕人均 7—16 亩的土地是不可能的,因此耕种环节达不到传统旱作农业的水平。要满足人类的基本需求,并且还有粮食剩余去养猪,一个可能的方式是种植更大面积的土地、省略那些限制种植面积的耗时工作,如耕地、除草。在我们的浮选工作中,青铜时代的样本总体上比新石器时代样本包含更多的杂草(65.8%对 56.5%,图 2.12)。根据

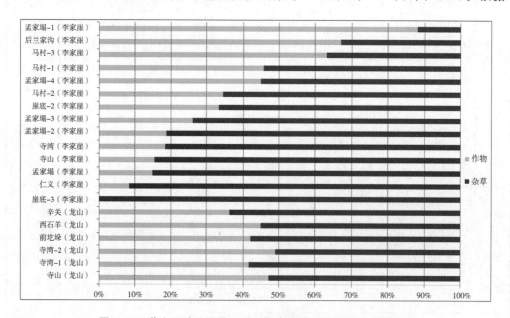

图 2.12　黄土丘陵公元前 3 千纪与李家崖时期的杂草水平比较

说明:
　　图中李家崖时期仅有 3 个样本的杂草水平比当地公元前 3 千纪的样本低。

蒋宇超(2017)的研究,晋西北蔚汾河(40.4%)、滹沱河上游(26.7%)龙山时期的浮选样本杂草水平也比较低,与李家崖时期对比明显。由于杂草是随着谷物进入聚落的,且当地新石器时代和李家崖时期的收割方式相同,都是用石刀收割谷穗,所以聚落中更多的杂草应意味着农田中更多的杂草,这指向了公元前2千纪种植的粗放化。我们已经注意到,黄土丘陵新石器时代使用的大石铲(石犁?)在李家崖文化已经消失;同时期华北、关中流行的石铲(可能用于锄耕)在李家崖文化中也不见踪影。

我们将黄土丘陵与同时期的平原地区相比,也能看到黄土丘陵的杂草水平更高。如晋南涑水河流域二里岗至商时期的4个遗址,平均杂草水平是20.9%;河南6个遗址的杂草水平在9.3%—36.1%之间;山东三个晚商遗址的平均杂草水平是22.91%;关中盆地一处先周遗址的杂草水平是9.94%(表2.5)。尽管杂草水平与遗址内浮选区域的功能也有关系,但总体上黄土丘陵的杂草水平无疑是更高的。这可以说明李家崖的农业操作比商和先周都更加粗放。

表 2.5 晚商时期华北平原和关中盆地的杂草水平

遗址(样本数)	农作物	杂草	资料来源
河南郑州小双桥(45)	79.7%	20.3%	钟华等,2018
山西涑水河流域(6)	79.1%	20.9%	Song,2011
河南安阳刘家庄北(80)	85.4%	14.3%	王祁等,2018
河南安阳大司空(46)	63.9%	36.1%	王祁等,2018
殷墟新安庄(20)	90.1%	9.27%	王祁等,2018
河南登封南洼(12)	62.88%	37.03%	吴文婉、张继华、靳桂云,2014
河南新密古城寨(11)	88.20%	11.80%	陈微微、张居中、蔡全法,2012
山东济南大辛庄(3)	77.91%	22.09%	安静平、郭荣臻、靳桂云,2017
山东济南刘家庄(128)	74.09%	25.91%	安静平、郭荣臻、靳桂云,2017
山东临淄桐林(4)	55%	45%	安静平、郭荣臻、靳桂云,2017
陕西岐山王家嘴(19)	90.06%	9.94%	赵志军、徐良高,2004

根据裘锡圭(1989a)对甲骨文中农业资料的研究,当时的华北平原开垦农田仍在使用焚烧林地的方式。李家崖的农业也可能使用焚烧山地的方法,则更近似于刀耕火种。考虑到黄土丘陵古代植被以草原景观为主,使用刀耕火种的方式种植大片土地是可行的,而且比热带林木茂盛的地区更容易。然而,刀耕火种有一个固有的缺陷,土地养分会在几年内耗光,地力的恢复需要十几、二十年的时间。减产会迫使人们开垦新的土地,当周围的可种植土地消耗殆尽时,人们不得不迁居以就近田地。清末人夏瑚描述云南独龙族的刀耕火种说:"今年种此,明年种彼,将房屋之左右前后土地分年种完,则将房屋弃之也。另结庐居,另砍地种。"(夏瑚,1908)当然,迁移的距离无须很远,若干年后可以再返回故居。根据一份西南地区20世纪的民族调查材料,珞巴人的刀耕火种农业第一年的收成是种子的30倍,第二年为20倍,第三年降低到10倍。在第四年,人们放弃旧田地以令其恢复,并开始种植新开垦的土地(杜耀西,1982)。在黄土丘陵传统的旱作农业中,0.5千克的小米种子通常能获得15—20千克的收成,也就是相当于刀耕火种第一年的回报。裘锡圭(1989a)认为商代华北平原连

作的土地不多,多要轮作,我们可以推测黄土丘陵更会如此。直至近代,黄土丘陵仍流行一种当地称作"倒山"的休耕制度,即轮流耕种不同山峁上的土地。我们在调查中发现青铜时代聚落的堆积明显比新石器时代的薄很多,与平原地区的遗址更不能相比,较差的保存情况可能是一个因素,但主要原因应该是更短的居住时间。

总而言之,黄土丘陵的生计方式并不一致。自东南的李家崖到西北的西坬渠,畜牧和不定居的比重很可能在增加。李家崖的动植物考古证据不支持游牧或高度移动性的农牧混合的观点,而是指向比以往认为的更加依赖农业定居的混合经济。高度定居的经济有助于支撑李家崖社会的复杂性,这点在下面将要讨论的聚落形态中反映得更为充分。

四、聚落形态

像生计方式一样,聚落和墓地的形态也是我进行区域调查时关注的主要问题,因为它是理解人口、社会组织和社会复杂性的钥匙,而过去我们对它却一无所知。当我刚刚开始在丘陵沟壑之间的徘徊跋涉、尚未亲眼目睹聚落和墓地的遗存之时,可以说我对自己要研究的社会是毫无头绪的。两个月的调查后,当地聚落的特点逐渐清晰。呈现在这里的绝大多数是第一手资料,尽管将来必须获取更多、更详细的资料并进行进一步的阐释,但现在我们已经能够回答一些关键却长期悬而未决的问题。

(一)数量、密度、分布

前文已经提到,在这项研究工作开始前,只有 3 个李家崖的聚落为学术界所知(吕智荣先生在论文中还提到过几个遗址的名字),其稀少程度曾引起很大的疑惑。现在这个问题已经明朗,李家崖和西坬渠的聚落数以百计。根据以往的文物普查、青铜器的偶然发现、我们自己的调查三项资料,李家崖的聚落达 379 个,其中山西境内有 142 个,陕西境内 237 个;西坬渠的聚落达 103 个,其中山西境内 1 个,陕西境内 102 个(图 2.3,曹大志,2019b)。在第三次文物普查中,有些被分别记录的相邻遗址有可能属于同一聚落(详后),因此已知遗址的总数或许比上述数字要少一些。但是,考虑到调查迄今采用的非系统性方法,遗漏而有待发现的遗址一定还有很多。

两个因素对已知遗址数量的巨大增长贡献最大。其一,过去调查者对李家崖陶器不熟悉,对西坬渠陶器不认识,很多遗址被误认为新石器或周代遗址;其二,直到近年考古工作者才拥有了在困难地形做田野工作必需的资源。当我坐在汽车内、行驶在新铺的道路上时,我时常对我的前辈们心怀钦佩,想象着他们是怎样在颠簸不平的道路上骑行、翻山越岭数十里后再投入工作。即使今天,黄土丘陵对于全覆盖、系统化的调查也是巨大的挑战。

令人同样感兴趣的是,李家崖时期的聚落虽然数量不少,但庙底沟二期、龙山时期的聚落数量最多。在我检视陶片的结果里,黄土丘陵各县平均有二三十个李家崖时期的聚落,总量数以百计;而各县龙山时期聚落的密度几倍于此,总量数以千计。调查中发现,龙山时期遗址的堆积更厚,遗物也更丰富,很多遗址可见石墙,需要大量的劳力投入①。显然,龙山是当地历史上社会发展很繁盛的时期。近年来在黄土丘陵北端发现了神木石峁这样的大型遗址,反映龙山晚期当地社会高度发展。无论其社会复杂化的动因和机制如何,大量的基层聚落和空前的人口密度无疑支撑着这个过程。龙山时期的人口密度何以达到如此水平还不完全清楚,但全新世大暖期更为暖湿的气候对位于生态过渡带的黄土丘陵应是一个基础条件。

李家崖遗址密度最高的地方位于南流黄河的中段,也就是山西的石楼、永和,陕西的清涧、绥德等县(图 2.3)。根据第三次文物普查的资料,最密集的区域每 100 平方千米有 8 个遗址,大约相当于今天村落密度的三分之一(甘枝茂等,2004);相邻遗址间最近的距离通常是 2—3 千米。在这几个县以北、以西,李家崖聚落让位于西岔渠的聚落,两者的分布区有一定重合。在这几个县以南的水热条件更好的地区,李家崖聚落的密度却逐渐降低。田野工作的不均衡可能是部分原因,特别是对于延川、延长等紧邻榆林地区的县②。但是目前所知李家崖聚落最密集的区域也正是以往铜器发现最集中的区域,这恐怕不是一个巧合。

一个引人注目的现象是李家崖聚落在北、东、南面的分布。在山西保德的林遮峪遗址,第二次普查采集的陶器显示李家崖文化的特点。在山西蒲县,一连串李家崖文化聚落沿着昕水河谷向东分布(这条河谷是穿越吕梁山的两条主要道路之一),一直达到黄土丘陵的边缘。更东面的临汾盆地中,至少有一个地点发现了李家崖文化成组的陶器,这个地点是位于洪洞偏东的前柏村(见图 2.3)。不过目前没有更充分的证据,我们尚无法知道它是位于临汾盆地内的李家崖据点,还是某个商聚落内的一部分(见第四章)。在陕西一侧,黄土丘陵的南缘也有相似的现象,子午岭以南洛川、黄龙、合阳等县的几个地点采集到李家崖文化的陶器。这些地点距离李家崖文化的核心地区较远,似乎李家崖在北、东、南几个方向都可能有外围据点。我们将在第四章和第六章讨论这些发现的意义。

(二)聚落、墓葬、墓地

除了有限的几次发掘,以往我们关于黄土丘陵的认识全部来自偶然发现的、分散的单个墓葬,这曾经导致一些学者怀疑这些墓葬是否和任何定居聚落相关,因此聚落和墓地的关系是我在调查中关心的主要问题之一。我们调查了石楼境内 21 处曾经出土青铜器的地点,其中 14 处仍能由当事人指认具体位置,7 处由于年代久远已经无法确认具体位置。在 14 处确认的地点中,6 处位于李家崖的聚落上,有的距离居住址非常近,如后兰家沟 B、曹村、郝家畔、圪堵坪,有的在同一座山上,但高于或低于居住址数十米,如后兰家沟 A、褚家峪;还有 5 处地点距离最近的李家崖聚落不到 2.5 千米,如桃花者、砚瓦、会坪、琵琶垣、南沟,它们或位于较高的山顶上,或位于河流的对岸。考虑到一般的聚落密度,距离某居址 2.5 千米的墓葬是有可能位于其领域内的。基于此,我倾向认为剩下的 3 处遗址(肖家塌、曹家垣、二郎坡)也应位

---

① 例如清涧县的惠家圪涝、李家川、羊山上遗址,我在随同张天恩先生进行的调查中都发现有龙山时期的石墙。
② 清涧县以南的第三次文物普查是由延安市组织的;延安调查队伍的规模和投入资源的力度都比榆林小。

于某个李家崖聚落附近,只是我们短暂的调查没能发现它们。

我们在石楼琵琶垣和清涧辛庄都发现了被盗的墓地。它们的规模都不大,从面积来看大约只能容纳一二十座墓葬。大多数墓葬都小而浅,没有任何随葬品。这两个特点使得墓地很难被发现。然而墓地无疑是存在的,只是由于过去出土青铜器而被报道的都是孤立墓葬,造成了当地没有墓地的印象。现有材料显示小型墓葬更加集中在聚落附近,而出土丰富铜器的墓葬有远离聚落的倾向。

(三)规模、聚落选址和遗物分布

综合我们此次调查的遗址和以往发掘、公布的遗址,可以依据聚落规模、位置、遗物分布的规律把它们分为三类(表2.6)。

表2.6 石楼县李家崖文化聚落分类

编号	遗址	规模(平方米)	编号	遗址	规模(平方米)	编号	遗址	规模(平方米)
第一类									
12	曹村	4000	117	寺山	11400/30000	128	孟家塌	400
16	和合	300			A:600	129	张家山	6500/75000
18	圪堵坪	4000			B:300			A:400
19	褚家峪	不明			C:8000			B:3000
		A			D:2500			C:300
		B	119	仁义	1500			D:300
26	殿底峪	不明	121	前圪垛	3800			E:300
		A	122	东卫	不明			F:1800
		B	123	南沟西南	4550/63000			G:400
28	南沟	不明			A:4300	130	堡井	不明
114	崖底	不明			B:250			A:400
		A	124	麻家庄	不明			B
		B	125	龙交	不明			C
115	东家头	2000	126	冯家山	不明	131	韩家山	2500
		A:300	127	前泊河	不明			A
116	兴旺	7500			A			B
					B			C
第二类									
14	郝家畔	16000	118	寺湾	21700	120	马村	22000
27	后兰家沟	14500/86000			A:18000	155	高红	40000
		A:12000			B:2500			
		B:1600			C:1000			
		C:900			D:100			
					E:100			
第三类									
15	砚瓦	46000	40	李家崖	70000	132	辛关	30000

第一类是面积数百至数千平方米的小遗址。它们可能坐落在一座小山从山脚到山顶的任何高度（图2.13），但是与新石器时代的遗址不同，它们从不位于高山的顶上和破碎塬面的中间，这可能是为了接近沟底的水源，并且躲避冬天的寒风。与平原地区的遗址形成鲜明对比的是，这些遗址没有沿着主要河流分布的规律（如石楼的屈产河、义牒河），有清水的小沟谷似乎更受偏爱。几乎所有这类遗址都靠近或俯视着一条常年有水的小溪；有些遗址近旁有河床上数米落差形成的小水塘（图2.14）。当地人告诉我，这些水塘在最干旱季节溪水断流时是最后有水的地方。遗址上的遗物成小片分布，中间有空白地带相隔。我们记录了22个遗址上的28处遗物集中地，每个遗址有1—7处，300—400平方米是最小但也最典型的面积。这22个遗址之外的其他遗址上只发现了零星遗物，无法测量遗物集中地的面积，但仍能看出遗物集中地常超过一处。图2.13的前疙垛遗址和图2.15的张家山遗址是这类遗址的例子。

第二类遗址数量更少、规模更大，面积在2万到4万平方米之间。它们通常位于主要河流及其支流交汇处的小山上。遗物分布与第一类遗址相似，可以看到多个独立的集中区，有时是在不同的高度。遗物集中区的面积比第一类更大，遗物更丰富；在河流对面的山上也经常有小遗址，形成遗址群。例如，郝家畔、琵琶垣两个地点位于寺湾遗址的对面，隔河流相望。图2.16的寺湾遗址是这类遗址的例子。

图2.13　石楼前疙垛遗址（遗存发现于山腰和山顶）

图 2.14 褚家峪遗址旁的小水塘

图 2.15 张家山遗址(·为遗物采集点)

第三类遗址的规模与第二类相仿。除了李家崖遗址距离黄河 5 千米,目前发现的这类遗址都在黄河岸边的狭窄地带。得益于黄河岸边的山顶地形平坦,这类遗址上遗物分布是连续的。但这里水土流失严重,山坡陡峭多石,发展农业的条件很差。图 2.17、图 2.27 显示了砚瓦遗址和东辛关遗址两个例子。

由于在石楼的调查范围有限,而黄河对岸榆林地区的国家第三次文物普查覆盖面积更大、系统性较好(据说调查人员登临了每座山头),我检视了调查资料以验证上述分类。这次普查对遗物分布记录得不细致,不足以讨论遗物分布集中地。不过调查资料证实了遗址规模与位置的关联,而且还提供了有关遗址规模的更多信息。

首先,大多数遗址不集中于主要河流的河谷,而是出现在小的沟谷中。其次,在河流交汇处和黄河岸边有面积较大的遗址,正如石楼调查的第二和第三类遗址。例如清涧县寨沟附近的河流交汇处,在 6 座相邻的山上有 8 处遗址,相邻的遗址间相距 400—500 米,共涉及 1 平方千米的面积(图 2.18)。又如,清涧沟口附近伸向黄河的宽缓山坡上有 7 处遗址,覆盖 2 平方千米的范围(图 2.19)。寨沟和沟口都曾出土铜鼎,它们符合在石楼观察到的遗址选址规律,可能是较大规模的遗址,或者存在遗址群。这样的情况提示我们,黄土丘陵应该有比高红、李家崖规模更大的中心遗址。

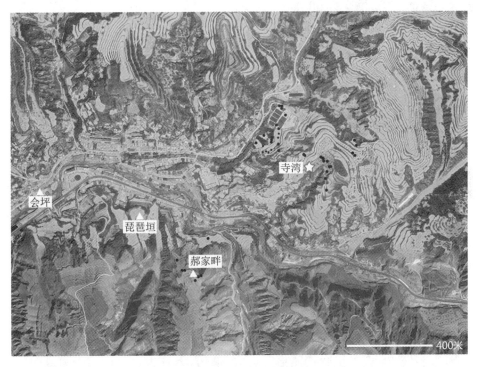

图 2.16　寺湾遗址和附近的铜器出土地点
(·为遗物采集点,△为铜器出土地点)

图 2.17 砚瓦遗址和附近的铜器出土地点
(·为遗物采集点,△为铜器出土地点)

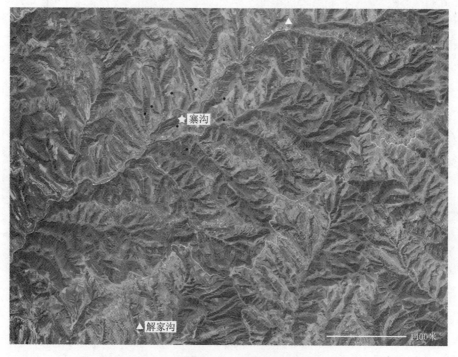

图 2.18 清涧寨沟遗址和附近的铜器出土地点
(·为遗物采集点,△为铜器出土地点)

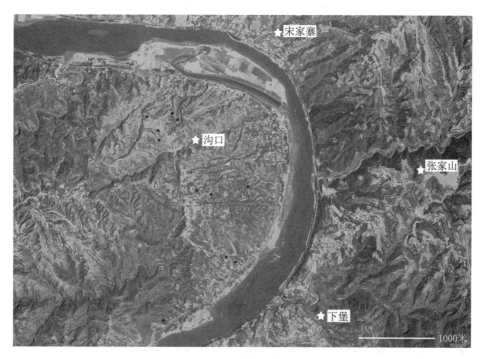

图 2.19　清涧沟口遗址与黄河对岸的三个遗址(·为遗物采集点)

五、社会组织和社会复杂性

以往不少研究通过解读文字材料,想象黄土丘陵存在一群强有力的政体,能够发动对商的远征。然而我们看到的聚落形态并不能支持这样的观点。大多数黄土丘陵的遗址非常小,而一般认为指示着社会复杂程度的聚落分层表现得也不明显。区域调查所呈现的景象至少提出了两个问题:1.我们应该如何理解构成这个社会最基层的小聚落? 2.前文所述三类遗址间的差别是否构成聚落等级分化? 如果是的话,又反映什么样的社会?

理解小聚落的关键在于理解反复出现的最小遗物集中地,它们的面积在 300—400 平方米,看上去是某种形式的基本单位。下述四个特点使我怀疑这种遗物集中地可能是单个家户的窑院住宅遗迹。参考龙山时期的发掘材料,一个窑院包括一个或多个用于居住和储存的窑洞,它们向共同的院落开门,院落有通道连接外界。生产、加工、炊煮等许多活动都可以发生在院落中。

首先,麻家庄、马村、张家山、砚瓦、寺湾等遗址上的遗物集中地发现了石板、砾石等建筑材料,根据李家崖遗址发掘的龙山时期窑洞的情况(陕西,2013),这些材料一般用来砌门口的墙。第二,这种遗物集中地往往位于陡峭、逼仄的地方,而不是平坦、宽敞的地方,这与窑院的选址相似(窑洞的开凿需要断面)。它们所在的山坡坡度很大,推测附近原本有垂直的剖面,废弃后崩塌、侵蚀成现在陡峭的状况。第三,遗物集中地的周围有空白地带,似乎有自然的边界,这与窑洞院落箕形的地形吻合。

这种地形在修建窑洞时被清理出来作为工作面,建成后则成为院落。窑院的边缘很少发生人的活动,既因为陡峭,也是为了避免窑洞受力垮塌。最后,遗物集中地的面积通常为300—400平方米,武功赵家来遗址未全面揭露的庙底沟二期窑院面积有171平方米,现代窑院的面积为400—500平方米(据统计,随着生活条件的改善,现代窑院近年有所扩大,见甘枝茂等,2004),遗物集中地与窑院面积相当。

如果上述推测不误,那么我们可以尝试着设想小聚落的样子。调查所见不连续的遗物分布是由黄土丘陵独特的环境和居住形式造成的,当地的小聚落很可能由一些独立的窑洞住宅构成,窑院选址受地形限制,只能分散地坐落在山头上(图2.20)。每个窑院居住一个家庭,是社群的基本单位。几个家庭组成聚落。当地聚落最显著的特征是规模很小,这也是在平原地区看不到的。

小聚落广泛存在的根本原因是黄土丘陵的土地承载力很低,环境和气候条件决定了当地无法支撑普通聚落达到较大规模。一些简单的比较可以廓清这点:由于黄土丘陵的单位面积产量只有平原地区的五分之一到三分之一,这里人均需要三到五倍于平原地区的耕地来生存。其他经济形式,如畜养牛羊,虽可以有一定补充,但是如前文已讨论的,它们所占的比重不如以往所相信的那样大,而且畜养牛羊需要更大面积的土地。现实中有两个途径可以应对这个问题:增加聚落间的距离以扩大耕地面积,同时保持聚落内人口的数量;或者减少居住在一起的人员数量,这也就意味着更小的聚落规模。根据调查所见,当地遗址的密度较高、面积较小,说明第二种策略更多被采用,这可能是因为第一种策略有其局限——种植者必须在合理时间内到达其耕地。

图2.20　石楼东家头村(左下方为水源)

也是由于环境、气候造成的低土地承载力,人口聚集会对一地形成难以满足的资源需求。这导致了聚落形态的另一个特点——分散。从聚落内部来看,由于丘陵的地形限制,各个家庭只能因地制宜,寻找适合开凿窑洞的地方分散居住;从聚落之间来看,各聚落既要靠近散布的水源,又被山岽沟谷分隔,必然无法集中。

一旦认识了聚落形态的这些规律,墓地的形态也变得更容易理解。小规模和分散的墓地可能是植根于居住形式松散的聚落。由于生前居住在一起的人口少,死后的墓地也是一家一户地分散在远近的山头上(图 2.21)。这样的墓地很难被考古工作发现。过去,精美的青铜器不断出土,而聚落和墓地却不为考古学家所知,青铜器的来历成谜也就不奇怪了。

现在,让我们简单回顾已经讨论过的黄土丘陵的方方面面,并思考它们怎样塑造了黄土丘陵的本地社会:

1. 地理:分隔和低效的交通;
2. 环境、气候、生计:有限的农业剩余和有限的移动性;
3. 基层聚落形态:小型、简单的社群,很低的聚集程度,较低的人口密度。

所有这些因素都不利于一个复杂社会的产生,除了在龙山晚期,黄土丘陵也确实从来没有发展出像中原文明那样的复杂社会。然而不可否认的是,晚商时期黄土丘陵的社会复杂程度超过我们的预期。或许我们可以对一些现象作出其他的解释,如聚落的围墙可以只代表集体性防卫。但有的墓葬随葬数量不等的贵重物品,有的

图 2.21 石楼曹家垣垣顶近代墓(柏树代表家族墓地)

墓葬没有任何随葬品,这是社会分化确定无疑的证据。不仅如此,富有墓葬被发现的地点与第二、第三类面积较大的遗址有明显的关联(详后),这就是说聚落等级分化是存在的,尽管等级结构比较简单。聚落规模的分化与平原地区相比显得很有限,但是由于黄土丘陵的聚落普遍较小,直接与平原地区比较分化程度似乎没有什么意义。

目前,资料的缺乏使得我们很难准确评估黄土丘陵的社会复杂程度。如果从墓葬的随葬品判断,至少可以辨识出四级墓葬:1. 随葬十数件青铜容器的墓葬;2. 随葬一件容器或几件武器的墓葬;3. 随葬一件青铜武器或工具的墓葬;4. 没有随葬品的墓葬。

有些墓主人无疑比其他人更富有、更有权势。例如,桃花者的墓主服饰华丽,他头戴金冠,耳佩一对金耳环(还随葬了3对备用的),颈下有镶嵌绿松石的铜项圈,身着装饰51件铜泡和金箔的礼服(图2.22;图版七一:3号项圈;图版七二:38号铜泡);除此之外,他还随葬了15件青铜容器、8件武器、3件工具、21件玉器。这位墓主给人以一位当地统治者的印象,但是很难确定他统治着多大范围、多少人口。距离桃花者最近的富有墓葬是向西10千米的二郎坡,再向西北10千米则是后兰家沟。这两个地点的铜器群与桃花者铜器群年代接近,数量和质量并不逊色多少。从这个级别墓葬的数量和分布情况来看,黄土丘陵可能有数十个这类互相竞争但文化相同的小政体,而不是只有少数强大的国家。

现在要解释黄土丘陵社会复杂化的产生过程仍为时尚早,但可以肯定的是原因不会是单一的。根据现有资料,我认为宗教因素和区位条件对聚落分化的作用表现地比较突出。

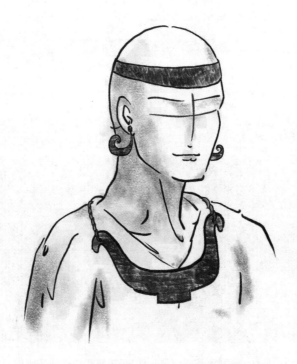

图2.22　石楼桃花者墓主的金、铜饰品(周钰绘图)

体现宗教因素最明显的是近几年发掘的清涧辛庄遗址。考古学家在辛庄遗址的山峁顶部揭露出一座大型的下沉式院落,面积达700多平方米。院落四周有夯土围墙,再外围有两周回廊。院落的入口地面铺设大石板,两侧角落有小房间,中后部为主体建筑。主体建筑破坏严重,面阔十余米,只保存了三根经过焚烧的立柱,直径达60厘米。建筑使用时期的垃圾中包含磨光细致的陶簋和大量盛储粮食的三足瓮[①]。这个建筑特殊的样式、出土物和位置显示它不是一般的住屋(一般住屋不会在山峁顶部),很可能是专门用于宗教礼仪的。山峁稍低处发现了长排多间房子,内有壁炉、旁置大陶鬲,是生活和存储用房;其中出土的仿铜陶鼎、石质权杖头暗示主人是与大建筑相应的精英人物(种建荣、孙战伟,2019)。辛庄遗址面积只有数千平方米,本身规模不算很大,但为了营建大型建筑,山峁顶部边缘的很大范围用数米高的夯土加固、取平地面,工程量很可观。遗址上未见普通住屋,说明没有一般民众生活于此。大建筑可能需要召集附近多个聚落的人力共同完成;大量的三足瓮大概也是来自周围聚落的供奉。最近的浮选样本鉴定工作显示,辛庄遗址的杂草比例只有24%(吕雪妍,2018),与一般遗址的情况差异明显,这也可以说明辛庄所用粮食在进入聚落前经过筛选,聚落本身大概不直接从事生产(性质类似的柳林高红遗址也有这种情况,那里的杂草水平只有7%,参看蒋宇超,2017)。调动上述资源可能借助了信仰的力量,辛庄的精英人物在此环境中增强自己的权力。值得一提的是,辛庄遗址还发现了铸造铜容器的陶范,说明高端技术和手工业生产也与礼仪中心相联系。

区位条件的差异也是造成聚落分化的原因。以位于主要河流及其支流交汇处的第二类聚落为例,它们的位置有明显的优势:河流交汇冲积出相对宽广平坦的农业用地(通常是一个小盆地),可以支持较大规模的人口;小支流可以保障干净的水源;河谷是当地的交通孔道,聚落的战略性位置可以控制往来交通,比起深入小支流的聚落,第二类聚落更容易接触到来自外部的人员和物资。基于这些因素,黄土丘陵历史上大多数区域中心,如县城和大的城镇,往往选择在河流交汇处建立。同样的因素可能在青铜时代已经发生作用,例如石楼二郎坡的铜器墓在石楼县城附近,屈产河和它的一条支流在那里造成了一个小盆地,那里也是南北向和东西向干道交汇的地方(图2.23)。又如石楼桃花者的铜器墓及其相关的遗址前泊河,位于屈产河上游的一个河流交汇处,也是一个东西、南北交汇的十字路口。

河流交汇处附近的山上往往多次出土铜器,更清楚地显示了区位差异对聚落分

[①] 三足瓮的功能有盛水和盛粮两种看法。笔者认为李家崖文化的三足瓮体量硕大,盛水后会对三个空足形成很大压力,容易造成陶器破裂、损坏,而且为了盛水完全没有必要设计三足。相反,如果用于盛粮食,三足使器底悬空可以避免粮食受潮变质。周原遗址曾出土西周时期完整的三足瓮,内仍盛满粮食。

化的作用。目前黄土丘陵有 8 个地方在不大的范围内多次出土了铜器,共计 18 批次①。这 18 个铜器群代表着 18 个权贵的墓葬。8 个地方之中有 5 处在河流交汇处。由于青铜器大都由外部世界输入(参看第三章),作为交通网节点的第二类遗址自然有更多机会得到它们。同一个地方的几次发现有时相距 1—2 千米,所以我们不能肯定他们属于同一个有权势的家庭,甚至不能肯定他们来自同一个聚落,但可以肯定的是,这 8 个地方有持续的重要性。

再来看黄河岸边的第三类遗址,两个现象指示它们可能是另一类交通节点——水路上的渡口。首先,有些遗址在黄河两岸成对分布,目前记录到 5 对这样的遗址,相距都不到 3 千米,如黄河西岸的清涧沟口和东岸的柳林下堡(图 2.19)。其次,一些遗址与历史时期渡口的位置重合,例如我们在考察黄河两岸交通时,在石楼东辛关渡口旁发现了李家崖文化遗址(图 2.27)。渡口理想的条件是两岸都有平缓的河滩,可以令渡船靠岸。但是晋陕间的黄河深切为峡谷,峭壁林立、河滩较少,适合作津渡的地方有限。我们调查见到的几个人渡,都是一侧有河滩,另一侧仅可行人,能允许拖曳渡船。有限的选择使得一些津渡地点使用了上千年。黄土丘陵的一些县城(如吴堡、府谷、河曲)和大的城镇(如孟门、碛口、息镇)由渡口和水陆转运码头繁荣发展而来,正是这类地方具有重要性的证明。

总之,黄土丘陵的中心遗址多位于主要河流及其支流的交汇处或黄河岸边。这些地方是道路交通网的节点,可以更便利地接触外部资源,并控制其流通。在下一章我们将看到,晚商时期体现社会复杂性的大多数财富来自黄土丘陵的外部。外部联系和内部发展共同促进了黄土丘陵的社会复杂化。

---

① 一个地方的多次发现在被报道时往往贯以不同的小地名,所以没有引起很多注意。它们是石楼的琵琶垣、郝家畔、会坪,三地相距不到 1 千米(图 2.16);桃花者和曹村,两地相距 1.8 千米(图 2.3 遗址 11、12);永和的下可若和可托,两地相距 1.8 千米(图 2.25);郑家垣和山坪里,两地相距 2.6 千米(图 2.3 遗址 3、6);子长的李家塌、康家坪、宋家坪,三地相距不到 2 千米(图 2.24);甘泉的阎家沟和寺峁,两地相距约 1 千米(图 2.26);延川的用斗和华家原,两地相距 2.3 千米(图 2.3 遗址 64、65);绥德的黄家坡和后任家沟,两地相距 2.5 千米(图 2.3 遗址 48、50)。

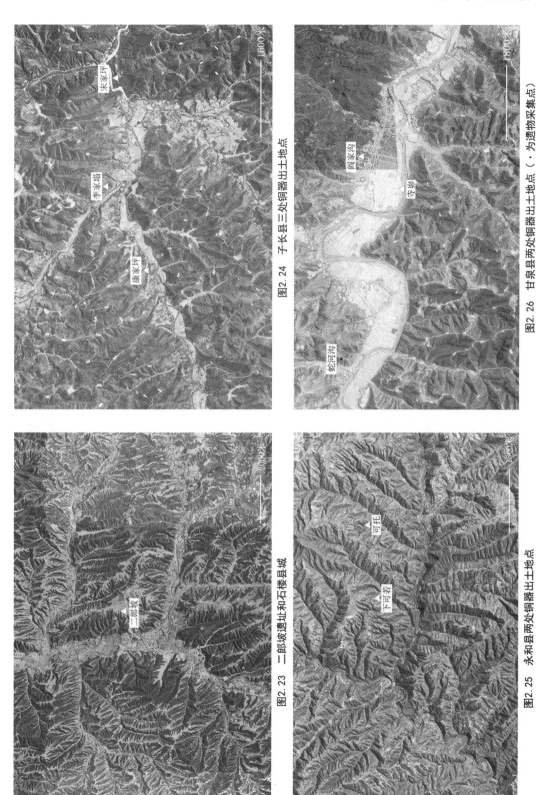

图2.23 二郎坡遗址和石楼县城

图2.24 子长县三处铜器出土地点

图2.25 永和县两处铜器出土地点

图2.26 甘泉县两处铜器出土地点（··为遗物采集点）

62　贸易网络中的黄土丘陵(BC 1300－1050)

图2.27　东辛关遗址和当代渡口

第三章
青铜器——区域间联系的证据

第三章 青铜器——区域间联系的证据

为了解释黄土丘陵的贫瘠与贵重物品频现之间强烈的反差,我们在上一章调查了黄土丘陵本身,现在我们将转向构成反差的另一方——青铜器。本章的核心问题是,黄土丘陵拥有什么样的青铜器,它们的年代,以及更重要的——它们的产地:它们是本地铸造的,由外部世界输入的,还是两者都有?如果有输入品,都输入自哪些地方?这些问题已被多位研究者涉及(邹衡,1980;李伯谦,1988;戴应新,1993;朱凤瀚,1995),但是过去资料发表的水平阻碍了全面深入的研究。而且,由于旨趣不同,产地问题在以往研究中并非要务。在文化史的视角下,学者们关心的问题是:某青铜器群属于哪支文化,是一个独立的考古学文化、商文化、还是商文化的地方类型?这个文化又代表着哪个族群?

然而对本研究来说,我们试图解释跨区域的交流是为何以及如何发生的,因此追溯贵重物品的生产、运输和消费过程就变得尤为重要。为了研究青铜器的产地,我将会使用三种方法:

1. 类型学研究和风格分析

这是以往研究仅有的方法,在本研究中仍是主要的方法。通过风格追溯产地基于以下前提:同一青铜器产地(城市、作坊)发现的器物会有一些共同的特征,它们在其他产地少见或不见;当这种情况发生时,如果某件器物具备这些特征,我们就可以把它鉴定为这个产地的作品。事实上,我们是在把众多佚名作者的艺术品分类,并重归于他们的名下。晚商时期只有少数作坊有能力铸造青铜容器,这对本研究是有利的一点。但是这种鉴定并没有绝对的把握,不同观察者出于眼界、侧重点、立场的差异,可能有不同意见,有时很难达成共识。

2. 合金成分分析

矿石来源和冶铸技术的差别可能会造成不同产地的青铜器具有不同的合金成分组成。例如,锑、银等微量元素的水平与特定的矿山有关,如果不同铸造地使用各自地区的矿山,有可能在产品中得到体现。长期形成的技术传统,如砷青铜和铅锡青铜技术,有各自的流行地域;短期供给条件造成的操作习惯,如添加锡料的多少,也可能影响合金成分构成。迄今为止,我国已有数以千计的青铜器经过了合金成分分析,产生的数据揭示出一些很有趣的问题。但是,正如中国考古的其他领域一样,学者研究合金成分的兴趣常被文献主导;而且除了新疆和甘肃的早期铜器,中国北方的分析工作主要集中在中原地区,这会掩盖地区间可能的差异。另外,这个方法的局限在于,不同产地的青铜器,合金成分未必不同,特别是当不同产地使用相同的金属原料和相似的技术的时候。

3. 铅同位素研究

这个方法追溯的也是金属原料的来源。由于铅同位素比值在冶炼和铸造过程中不发生改变,理论上这个方法可以把铅追溯至矿山;如果我们知道哪个产地使用哪些矿山的原料,我们就有希望判断铜器的产地。然而,铅同位素方法有两个内在的问题。其一是混匀效应:如果不同来源的金属原料被混合,无论是首次铸造还是重熔再利用,平均后的铅同位素比值都将不再与特定矿山相对应。其二是矿山的重叠效应:如果几个地方的矿山在相似的地质年代和条件下形成,它们的铅同位素特征将不易区分。因为这些问题,更因为中国幅员广阔、地质条件复杂、仍有很多古代矿山尚未被确定和研究,现在的铅同位素研究不像欧洲地中海沿岸开展得那样成功,我们还不能把特定铜器的原材料追溯至矿山。已取得的成果中有两点比较重要:1. 数百件经过分析的青铜器,其铅同位素比值可分为三组,分别来自华夏、扬子、华北三个地质板块的矿源(崔剑锋、吴小红,2008);2. 晚商时期很高比例的铜器具有一种不常见的铅同位素构成,即所谓的"高放射性成因铅"或"异常铅"($^{207}Pb/^{206}Pb<0.8$)。由于异常铅的矿山在全世界都属罕见,它的来源可能只是极少数地方。金正耀(1990)曾认为这种铅来自云南,但他最新的研究认为来自河南西部。

青铜器产地研究的最大困难在于,金属器物的产地很难找到确定无疑的指示标志:风格和技术都可以模仿,金属原料的产地很可能并非金属器物的产地。这是因为金属原料会流通,如果一个时期有多个金属原料产地和多个铸造中心,会形成复杂的网络关系。上述三种方法各有所长和局限,在目前情况下我们必须结合使用,以期获得最合理的结果[①]。我的具体方法是,通过风格分析把所有青铜器分组,检验分组结果与合金成分和铅同位素数据的关联,并与产地明确的青铜器进行比较。我们把风格作为分组的标准,这是因为对它的研究最成熟。在当前的研究状况下,风格携带着有关产地最丰富的信息——审美喜好、设计、工艺水平。同时,合金成分和铅同位素也很有意义,它们为解决争议问题带来了新线索。尽管它们可能不像很多人希望的那样具有决定性,但我们在下文可以看到,它们会揭示很重要的信息。

一、类型与风格

(一)资料、年代、可能的产地

本研究将涉及过去几十年出土于黄土丘陵的 600 余件青铜器,包括 136 件容器、162 件武器、92 件工具、13 件车马器、197 件装饰品,还有 9 件难以分类的器物。最近的两项工作使这个研究成为可能,其一是 5 卷《陕北出土青铜器》的出版(巴蜀

[①] 事实上,青铜器产地研究还有一个有前景的方向,即残留范土和泥芯的分析,因为这些物质最可能是地方性的。不过容器以外的很多器形不会有残留范土或泥芯,而很多容器也在古代或现代被清理过,所以基于这些残留物的研究不能普遍使用。更重要的是,迄今为止试图通过范芯的成分分析区分中原铜器产地的研究都夸大了其结果的有效性(Holmes and Harbottle,1991;魏国锋,2007;南普恒等,2008),范芯成分不能很好地区分产地,可能是因为黄土本身的均一性。我们在整理过程中收集了 30 份样品,但尚未能取得任何突破,因此这部分结果没有呈现在这里。

书社,2009),它为出土于陕北一侧的青铜器第一次提供了高质量的图像资料;其二是我们自己的整理工作,它记录了绝大部分出土于山西一侧的青铜器,2017年出版为《晋西商代青铜器》两册(科学出版社)。已有数项研究探讨了青铜器组合的意义(邹衡,1980;朱凤瀚,1995;蒋刚,2008a),而我们的目的是把铜器按风格分组,因此为了讨论方便,下文将按器类而非青铜器群叙述。

关于铜器断代,只有容器和少数武器有比较详细的年代序列可以参考,其他器类则只能依靠共存的容器大致推断年代。所幸容器的年代学研究已经十分成熟(Loehr,1953;邹衡,1964;张长寿,1979;朱凤瀚,1995),除了少数例外,没有必要一件件地讨论容器的年代,我将在比较后把断代的看法直接列出。

产地研究能否成功部分取决于我们对这一时期各铜器铸造中心的了解。了解不同中心使用的器形、设计、技术越深入,我们追溯黄土丘陵出土铜器的产地就越有把握。目前,这一时期可以在考古或艺术上确定的铸造中心有安阳、关中、北方草原、长江流域的若干中心、黄土丘陵本身。以往研究一般把黄土丘陵出土的青铜器分为安阳、北方和本地三类,存在的主要问题之一是使用"本地"标签十分随意。每当遇到罕见的式样,一件容器即使在风格上和其他中心生产的青铜器很一致,也时常会被列为"本地"产品。其背后的思维定式是把青铜器的出土地默认为铸造地,这种简单的思路完全忽视了青铜器贵重物品的本质,贵重物品往往在很大范围流通。

(二) 分组原则和结果

本研究分类的原则如下:如果一类铜器反复在甲地出现、很少或从未在别的地方出土,我们就可以很有信心地称它为甲地风格。如果一类铜器曾在几个地方出土,我们就需要将这类铜器和产地明确的其他铜器比较,判断它更符合哪个铸造中心的特征,而不是简单地看哪个地方出土的数量多。地方风格的成立取决于一组反复出现的一致特征,如新干大洋洲铜器的燕尾纹、虎形附件、刚硬的螺旋纹、阴线和阳线宽度相同等特征定义了赣中铜器的风格。如果没有反复出现的特征,面临的是一件孤例,我们则更需谨慎,因为青铜器是受人珍视的、可携带的贵重物品,很可能出现在远离产地的其他地方。在这种情况下,我们不应该草率地认为出土地就是产地,而应该先与各铸造中心的产品比较后再做判断。如果无法与某个铸造地建立令人信服的联系,我们将对其风格分组存疑,等待铅同位素、合金成分等证据的提示。

下节将要呈现的铜器比较有时是程式化的,为使读者免于其冗长,我把类型学和风格分析取得的结果预先总结在这里。耐心的读者仍可阅读分析的过程。

1. 在殷墟三期以前,黄土丘陵发现的大多数青铜容器,包括一些以往为人熟知的"本地"铜器,都是在安阳或安阳之前位于华北某地的铸造中心(例如洹北)铸造的。一些钺、大多数戈和箭镞(换句话说,黄土丘陵武器的一大部分),也是安阳铸造的(图3.1)。

图 3.1 安阳生产的铜器举例

2. 殷墟三期以后,一些素面的鼎、簋、铸造粗率的铜钺可能产自关中盆地。几件安阳铸造的盆形乳钉纹簋和一件长江流域铸造的尊,可能经关中盆地进入了黄土丘陵(图3.2)。

图 3.2 关中盆地生产或转运的铜器举例

3. 形式多样的小型武器、工具、装饰品产自北方草原①。这些铜器都是零星出现,包括兽首和铃首的短剑和刀子、长管銎战斧、头盔、矛、小靴子、锥首、针线筒、带坠饰的勺和响器(图 3.3)。

图 3.3　北方草原生产的铜器举例

① 本研究中"北方草原"和"北方地带"的含义不同。前者指蒙古草原和戈壁;后者包括内蒙古自治区、陕西、山西、河北的北部,北京和辽宁的部分地区,也即长城地带。

4. 黄土丘陵只铸造了数量有限的铜容器,如高圈足簋和豆。当地主要的产品是工具和武器,包括线纹的木工工具斧、锛、凿;戈、管銎钺、三銎刀、蛇首匕、环首刀、铃首直棱纹短剑。戈、钺是模仿中原传统铸造的;蛇首匕、环首刀、短剑仿造的是北方草原的原型;其余器类是当地自己的发明(图3.4)。

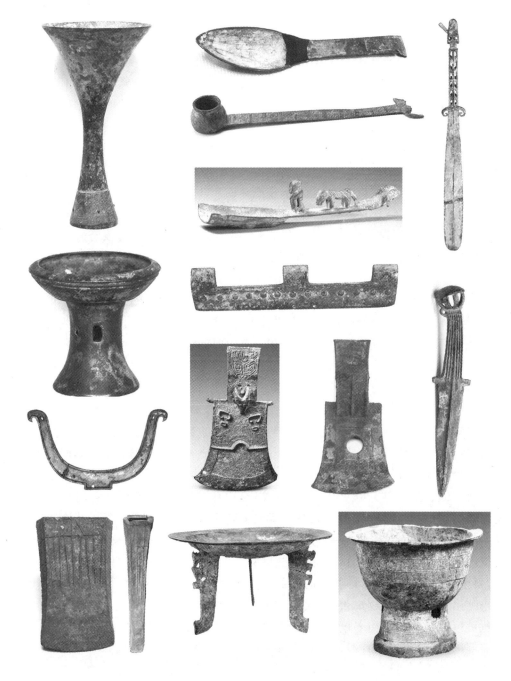

图 3.4 黄土丘陵生产的铜器举例

为了方便讨论,并使读者对黄土丘陵出土的青铜器有整体的印象,我把它们的金属原料信息编为附录一,图像材料汇编为附录二,用于比较讨论的器物编为附录三。

(三) 各器类的分析比较

1. 鼎

黄土丘陵共出土了31件鼎(图版一——图版九),根据类型学特征可以分为8组。

第一组包括出自山西隰县庞村和永和可托的两件素面小鼎(1、2号)。深腹、薄壁、空锥状足、简单的小耳,根据这些特征,它们的年代早于殷墟时期。相似的素面小鼎见于洹北董王度、藁城台西、济南大辛庄(图版七八),是洹北时期很有特点的器物。或许有的学者倾向于将它们置于二里岗上层,但是二里岗上层的小型圆鼎通常有一条兽面纹带装饰,素面的并不常见。这两件鼎为我们指示了黄土丘陵和华北平原发生联系的时间。

第二组由出自山西忻州连寺沟、永和榆林的3件鼎组成(3—5号)。它们有浅盆形的腹部,长棒状空足,繁复流畅的线条暗示的动物纹装饰着腹部,这些特点将其置于郑州—安阳的中原传统中,年代和第一组相近,属于洹北时期。此时没有发现郑州和安阳这样长期稳定的大都市,但是从聚落密度和铜器发现来看,主要的铸造中心应位于河北—山东的华北平原。两件与4号相似的鼎出土于长治盆地内的长子北高庙(图版七九:3、5);长治盆地在二里岗偏晚的时候开始被来自郑州的中原势力殖民,出现了一系列铜器群。另两件相似但兽面纹带更简单、可能略早的鼎出自洹北(图版七九:6);洹北是安阳之前的都城遗址,很可能存在一个主要的铸铜工场。一件与3号相似的鼎的残片发现于殷墟西北岗(图版七九:2)。上述比较和背景分析表明,山西忻州、长治发现的这几件鼎的原产地很可能在洹北。相比之下,5号鼎的纹饰有些特殊。长长的目雷纹在安阳通常装饰器物颈部和圈足等次要纹带,但在这件器物上则占据了器腹主要的纹饰带。这是黄土丘陵出土的几件制作精致的目雷纹铜器之一(比较1号、3号盘),它们似乎启发了一些粗糙的本地仿制品(比较3号、4号簋)。根据它制作的技术水平、纹饰的精致程度,我倾向于认为5号鼎是洹北的产品。

第三组包括7件鼎(6—12号),5件出自山西,2件出自陕西。它们共同的特点是深腹、短柱足,指示其铸造时间在殷墟偏早阶段。6号和7号两件鼎装饰着几何纹样——6号是斜角雷纹,7号是勾云纹。斜角雷纹是一个古老的纹样,见于郑州二里岗下层的铜器(图版八〇:1),也见于二里头时期的陶礼器。在二里岗上层和洹北时期,斜角雷纹一般用于装饰容器的颈部和圈足,相对器身的动物纹只是辅助,但有时也单独出现在口下的纹饰带,如灵宝东桥出土的斝(图版八〇:2)。与之相似,勾云纹也可以追溯到二里岗上层,通常用来填充龙纹或鸟纹至块范边缘之间的空间,暗示着尾巴(图版八一:2);偶尔它也会单独出现,如郑州白家庄M3的鬲(图版八一:3)。这个纹样在殷墟时期的铜器上仍能看到,只是很少位于主纹饰带,可比较的例子如安阳出土的一件鼎、花园庄M54出土的甗、旧金山亚洲艺术博物馆藏品中的一件鬲鼎(图版八一:4、7、8)。

有趣的是,殷墟偏早阶段有较高比例的铜器都装饰着一带简单的几何纹样(很多是短柱足的鼎)。安阳已出土了至少3件这样的鼎,老牛坡这个仍与安阳保持联系的旧时二里岗中心也出土了一件(图版八二,并比较6号鼎)。安阳以外,没有几何纹样铜器的集中出土地,因此并不能因为这类装饰少见而认为它是某个地方风格。一件与7号鼎形制相近、装饰同样勾云纹的鼎出土于湖南岳阳铜鼓山;铜鼓山在二里岗时期也是一个中原的殖民地点,并有可能延续至洹北时期(图版八一:5)。另一件装饰勾云纹夹持兽面的鼎出土于河北武安赵窑,其足部已向柱状发展,可以视为洹北至殷墟早期鼎的中间环节(图版八一:6)。由此,目前装饰罕见勾云纹的铜器出现的背景有三个:晋中、湖南、郑州—安阳的中原传统。因为晋中和湖南没有存在直接联系的证据,而两地与殷墟都有联系,所以这类器物的原产地是晋中或湖南的可能性都不大,而最可能是安阳向两个地方输出了成品。总之,相较于地方发明,这一时期几何纹的铜器更可能是安阳初年的产品,此时为人熟知的经典安阳风格尚未形成。事实上,几何纹样装饰的铜器在郑州—安阳的中原传统中一直存在,只是没有动物纹样那么显眼(比较妇好的铜罐,图版八〇:4)。

8、9、10号鼎都出土于山西,腹部装饰一对不寻常的夔纹,以疏朗的雷纹为地。相似而有明确出土地的鼎有2件,一件出自安阳武官大墓,另一件出自河北武安赵窑(图版八三:2、3),两者皆深腹、短足,饰相同的夔纹,年代为殷墟早期。此外,天津博物馆收藏有一件年代稍晚的鼎,有典型的安阳铭文,只是夔纹不是相对的,而是朝向一个方向(天津,2018)。如果我们仅仅考虑出土数量,或许会认为这种鼎是由黄土丘陵铸造再输出至安阳。但是这种鼎的器形和装饰与安阳生产的铜器完全一致。不寻常的夔纹在安阳出土的鼎上虽然少见,但它在其他器物上却很常见,如在安阳早期流行的瓿(图版一一五:6),以及觚和壶上(图版九八:2,图版一一三:3)。迄今为止,安阳并没有出土过明确是其他铸造中心生产的铜容器,因此这种鼎更可能是安阳生产而后流通到黄土丘陵的。它由于流行时间较短所以比较罕见。黄土丘陵发现较多大概是经过了输出者或输入者的选择。值得注意的是,10号鼎的铸造粗糙,纹饰模糊,足部有补铸。

11和12号鼎是第三组里的最后两件,他们各有一些特殊的地方。11号鼎的足非常细,但是它的纹饰和"天"字铭文仍具有典型的殷墟早期特征("天"字的写法与小双桥朱书也一致),将产地指向了安阳。相似比例的鼎在陕西洋县六陵渡和内蒙古巴林左旗三山村出土过两件,也应是安阳早期的产品。

12号鼎的器形是安阳早期普通的样子,但是口下的回首龙纹却很古怪地上下颠倒着。虽然颠倒的纹样其实不像一般认为的那么罕见(详下),但12号鼎却是真正特异的。一般来说,安阳的兽面纹被处理成上下颠倒的样子,通常是为了填充一个上小下大的梯形空间,如图版八四:4—6所示。颠倒是故意设计的,虽突破常规但可识别,并且造成引人注目的有趣效果。而在12号鼎上,口下的长方形空间并不需要颠倒纹饰去填充,而且要辨识出龙纹非常困难,它们也没有引人注目的效果。

因此，此处纹饰的颠倒看上去不是有意的，而更可能是某种错误的结果。我们可以由铜鼎的铸造方法推测出这样的错误是怎样犯下的。首先，这个错误只能发生在范上，如果模上的龙纹是上下颠倒的，那就意味着颠倒是故意的。其次，这个错误只涉及龙纹纹饰带而不涉及器身的其他部分，因为鼎身的范块有特定的形状，一旦颠倒很容易发现，颠倒的范块也无法组成完整的铸形。若要纹饰带独立于其他部分，纹饰带必须有自己单独的范，组装块范时，这部分范被偶然装颠倒，才会出现我们看到的错误。这件鼎的纹饰条带部分明显凸出于器身其他部分，有清晰的上下边界，这点是存在单独纹饰范的证据。如果以上的观察和推理是正确的，那么12号鼎就反映了独立纹饰范的制作。这种操作并不常见，目前只见于洹北至安阳早期。此时一些块范在组合时不是通过榫卯固定，而是将块范嵌入背泥，用背泥支撑。没有特定的榫卯结构，水平的块范更容易出现安装颠倒的错误。造成这个错误背后的原因一定是雕模和制范之间的劳动分工——如果雕模和制范由同一人完成，雕刻模型的工人很难把他自己雕刻的纹饰装反。总而言之，12号鼎是一件有缺陷的安阳产品，它有安阳铜器的器形、标准的安阳纹饰（虽然颠倒了；正常的产品应如图版八四：3），并且是用安阳的技术方式铸造的。有缺陷的铜器很少见，大概因为发现缺陷后它们通常会被重熔。这件鼎没有被重熔而是来到了黄土丘陵，这是值得我们注意的。

第四组包括4件装饰龙纹或兽面纹的鼎（13—16号）。它们的器形和纹饰都是典型的安阳样式，并且在安阳都曾发现有非常相似的产品（图版八三、图版八五）。

第五组是三件鬲鼎（17—19号）。17号装饰着兽面纹，是殷墟三期开始先在安阳、后在关中非常流行的样式。18和19号的年代更早，装饰着一条简单的几何纹带，也更少见一些。尽管安阳的科学发掘中还没有出土过一模一样的斜角雷纹鬲鼎，但这两件的器形属于安阳标准的样式（图版八六），斜角雷纹也见于安阳出土的其他铜器（图版八二：3），指示它们仍然是安阳的产品。

第六组包括10件所谓"简化风格"的鼎（20—29号），其"纹饰"或是一列圆泡，或是一对被中脊分开的圆形凸起。圆形凸起被看作眼睛、中脊被看作鼻梁，所以常被称为简化兽面纹。由于它们与为人熟知、装饰华丽的安阳铜器很不相同，一些学者认为它们毫无疑问是地方铸造的铜器（李伯谦，1988；陈坤龙、梅建军，2006）。的确，它们简单的样式看上去可以在任何地方被制造，但我在详细梳理材料后发现事实可能不是这样：安阳已经发现了14件以上，关中发现了13件以上，它们是大量简化风格铜鼎的产地①。

从下列三个现象来看,安阳是简化风格铜鼎的源头。第一,安阳有多种其他器形也使用同样的简化风格,如壶、簋、深腹鼎、甗、瓿(图版八七:1、2,图版九〇:4,图版九九:4)。第二,安阳的一些外围据点,如罗山天湖(欧潭生,1986:160页图9—1)、济南大辛庄(《考古》2004年第7期,图版4—3)、青州苏埠屯(山东,1989:图版6—1),也出土过简化风格铜鼎;这些地方与安阳有明显联系,可以获得安阳的铜器,而它们与黄土丘陵没有什么存在联系的证据。第三,简化风格的鼎在安阳有一段很长的历史,虽然"纹饰"一直很简单,但器形和分范方式在这段时间内都有明显变化。最早的简化风格鼎大约属于殷墟二期偏早,仍在使用三块腹范过足包底的分范方法,器口稍内敛,器腹圆滑,三柱足粗壮,截面为圆形(图版八七:3)。殷墟二期和三期铸造了不少简化风格鼎,添加了独立底范,在器底留下了三角形的铸造披缝;器形方面的变化不大,但有的鼎足截面变为半圆形(图版八七:4)。直到这一时期,简化风格的鼎都很少出土在小型墓葬里,说明它们只是朴素而不是制造粗劣②。殷墟四期的简化风格鼎口更侈张,浅盆形腹,鼎足截面为C形。它们铸造得很粗糙,大多出自小型墓葬,已经是纯粹的随葬明器了(图版八七:5)。

关中盆地直到殷墟后期才成为一个铸造中心,其产品之一可能就是简化风格的鼎。至少13件这类鼎出土于关中,它们敞口、深腹、鼎足截面都呈半圆形、铸造披缝明显,与安阳早、晚的产品相比都有些不同(图版八八:6)。考虑到出土的数量,关中有可能在铸造这类鼎。但这些特点也可能代表了安阳简化风格鼎中间阶段的样子,有些可能仍是安阳的产品。

根据我们对安阳和关中简化风格鼎的认识,第六组中2件较早的可能来自安阳(22、23号,参看图版八八),8件较晚的可能来自关中(20—21、24—29号)。有意思的是较晚的都发现在黄土丘陵的陕西一侧。

第七组只有陕北出土的一件小方鼎(30号)。它的器形比例,特别是细高的足

---

① 安阳的发现见《考古》1989年第2期,132页图14—4;《考古》1991年第2期,132页图8—8;《考古》1993年第10期,889页图18—4;《考古》1998年第10期,39页图5—1;《考古》2005年第1期,12页图8—2;郑州,1993:图版92;考古所,1985:图版149、164;杨清秀、傅山泉,1988:封三图4;考古所,1987:图版56—3、4;考古所,2007a:图版2—1、2,图版3—2。关中的发现有扶风王家嘴(陕西,1979:图版12);扶风美阳(陕西,1979:图版42);岐山贺家(《考古与文物》1994年第3期,29页图1—5);岐山魏家河(《考古与文物》1994年第3期,29页图1—4);礼泉甘河坝(秋维道、孙东位,1980:32页图12);西安老牛坡(刘士莪,2002:附录图版4—1);眉县嘴头(张天恩,2004:218页图36—7);凤翔南指挥村(《考古与文物》1982年第4期,图版5—2);扶风(《考古与文物》1980年第4期,11页图5—1);淳化西梁家(姚生民,1990:图1—2,3);淳化赵家庄(姚生民,1986:图版1、2)。

② 以往通常认为简化风格的铜器是随葬明器,但是在本研究中,我们测试的2件简化风格鼎和3件甗是用纯铜铸造的。已发表合金成分的简化风格铜器中,安阳的4件甗和灵石旌介的1件鼎也是红铜器(赵春燕,2002,2004;陈坤龙、梅建军,2006)。或许简化风格的铜器相较普通礼器有特定的用途。一些鼎和甗上有厚厚的烟炱,说明它们比装饰华丽的礼仪用器更频繁地被使用(作为炊器?)。安阳还有两种器形经常是纯铜铸造的:方炉形器与东周时期有自名的炉相近,或许是炭火盆;铲形器可能是火铲。它们用红铜铸造表明它们经常受热,是较高级贵族的实用器具。如果铜器并不用于展示,贵族和铸造工匠自然不必在意它们的外观。

和简单的扉棱,提示其年代为殷墟末期(殷墟末期的墓葬出土过器形比例相同的小方鼎,比较图版八九:3)。这件鼎的纹饰则是个棘手的问题。一方面,一些细部看上去很陌生(如兽面的两颚),眼睛斜上方的纹样似乎是在仿照安阳末期的羽纹(比较图版八九:4 的尊),所以它或许是某地仿造安阳的器物。另一方面,乏味的线性浮雕也可能只是与这件器物很小的体量有关(器高 16 厘米)。有的学者则认为这是一件宋代铜器①。

2. 三足盘(?)

一件奇异的素面三足盘出土于山西石楼的桃花者(图版九)。它浅盘状的器身、底部独立的圆形底范对于中原铸铜工匠大概是匪夷所思的,但它带钩的扁足又暗示铸造者似乎知道中原的扁足鼎。我们暂时把这件器物分入本地组②。

3. 甗

黄土丘陵迄今出土了 4 件甗(图版一〇)。除了甘泉阎家沟的一件上部残损严重、器形不明外,其余 3 件在安阳都能见到十分相似的器物(图版九〇)。这 3 件甗只有朴素的弦纹和简化兽面纹,金属成分都是红铜,与安阳甗的特殊合金配方也相同。

出自桃花者的甗甑部很深,直口宽叠唇,年代最早。出自清涧解家沟的甗,甑部较矮而侈口,器形比例和殷墟郭家庄 M160 的甗相似,属于殷墟三期,是 3 件甗中最晚的。殷墟三期以后的铜容器基本只见于黄土丘陵的陕西一侧,这个规律我们还会在其他器类上看到。位于关中的武功浮沱村也出土过器形比例相似、原产于安阳的甗,暗示陕北发现的殷墟三期之后的安阳铜器可能是经由关中中转而来。

4. 鬲

黄土丘陵只出土了 2 件鬲,年代都早于殷墟时期(图版九)。1 号鬲出自黄土丘陵东部边缘的洪洞上村,大约属于二里岗上层之末至洹北时期,其袋足上的兽面使人联想起小双桥遗址出土的铜建筑构件(图版九一:2),兽面的双角是商代很多鬲上纹饰设计的来源。2 号鬲出自大宁县太德村,大面积华丽流畅的条带是洹北时期的典型纹饰(罗越的第三种风格)。可比较的器物分布广泛,一件出自河北武安赵窑(图版九一:4),另一件四足的鬲出自陕西城固苏村。这些鬲最可能的产地是华北平原某地早于殷墟的铸造工场。

5. 簋

14 件簋根据类型学的特征可以分为三组(图版一一—图版一三)。

第一组包括 4 件宽沿、深腹、高圈足的簋(1—4 号)。1 号和 2 号簋的腹部、圈足均匀装饰着纵向细直线,上下框以连珠纹带,这种独特的纹样目前还没有在其他任

---

① 曹玮先生向笔者表达过这个意见(2009),所以他主编的《陕北出土青铜器》中没有收录此器。
② 这件器物也有是器盖的可能。长子口墓出土的附耳鼎盖(河南,2000:彩版 17)、韩城梁带村 M27 出土铜尊的器盖与它有些许相似(《考古与文物》2007 年第 6 期,7 页图 6),但这样的器盖在安阳时期还没有发现。

何地方见到过。与此相反,3 号和 4 号簋的纹饰则显然是对中原的目雷纹缺乏技巧的模仿,模仿的原型见于 5 号鼎、1 号和 3 号盘(并请比较安阳出土的盘,图版一一七:2)。在 3 号和 4 号簋上,目雷纹占据着主纹饰带,看上去很僵硬,周围围绕着制作粗大的雷纹。这种高圈足簋的器形可能是在模仿黄土丘陵的陶簋(图版九二:4)。由于它们已经在黄土丘陵多次出土,在其他地区从来没有发现,所以它们一定是当地铸造的。

第二组是 6 件乳钉纹簋(5—10 号)。其中 10 号簋的腹部轮廓为 S 形,与其他 5 件盆形簋不同。它的耳下有钩状小珥,年代或许也比 5 件盆形簋更晚一些。相似的簋在安阳有发现,尽管未见耳下的小珥(图版九三:2);另外这件簋的内底有安阳风格的一字铭文——这两点启示它应该是一件安阳产品。

关于 5 件盆形乳钉纹簋(5—9 号)的产地,梳理材料后我们可以看到以下三个现象:第一,安阳附近和关中盆地是盆形乳钉纹簋出土较集中的地方①,但是商在山东、河北、河南的地方中心和一些与安阳有联系的河北土著聚落也是重要的出土地(图版九四)。第二,国内外著录、收藏有很多盆形乳钉纹簋,不少有安阳风格的铭文。第三,关中盆地出土了大量盆形乳钉纹簋的廉价仿制品,敞口、薄壁,纹饰浅而模糊不清(图版九五:3),年代都属于商末周初阶段(参看第六章)。

一些学者对原型和仿制品不加区分,认为盆形乳钉纹簋都是周人风格的铜器,这种观点是有问题的。盆形乳钉纹簋在安阳出现于殷墟三期,但在关中找不到来源;而且商在山东、河北、河南的地方中心如青州苏埠屯、济南刘家庄、定州北庄子、罗山天湖都曾出土盆形乳钉纹簋(图版九四:3—6);河北境内与商有交流的其他文化聚落如滦县后迁义(张文瑞、翟良富,2016:图版三八)、滦县陈山头(孟昭永、赵立国,1994:图二)也发现过盆形乳钉纹簋。这些地方都与安阳有密切联系而与关中没有联系,它们的盆形乳钉纹簋只能是从安阳获得的而不会是从关中获得的。此外,关中盆地在先周晚期之前都没有发现过有关书写系统的证据,那些相当于殷墟三期而有典型安阳铭文的传世铜簋不可能是周人铜器。根据现有的考古发现,关中盆地在这一时段的铸造能力也是令人怀疑的,特别是当我们考虑到一个世纪后它仍然在铸造十分粗劣的乳钉纹簋仿制品。所以,我认为安阳是盆形乳钉纹簋的原产地,它在关中盆地特别受欢迎,所以很多流入了关中,也因此在先周晚期受到了大量仿制。

尽管安阳是原产地,但黄土丘陵出土的几件簋都应该是通过关中的中介获得的,因为所有的盆形乳钉纹簋都出在黄土丘陵陕西一侧,而安阳到山西高原之间的

---

① 安阳附近的发现有:大司空(《考古》1958 年第 10 期,图版 2—3);范家庄(图版九四:1);新安庄(图版九四:2);辉县褚丘(郑州,1993:图版 363);安阳市博物馆(郑州,1993:图版 100;魏文萃,2009:图 21)。关中的发现有:扶风吕宅(图版九五:2);铜川红土镇(《考古》1982 年第 1 期,图版 4—1);岐山贺家(陕西,1979:图版 28);武功浮沱村(图版九五:1);岐山北寨子(《考古与文物》1982 年第 2 期,图版 3—2);岐山南七家村(《考古与文物》1994 年第 3 期,图 4—6);岐山蔡家坡(《考古与文物》1994 年第 3 期,图 4—3);扶风(《考古与文物》1980 年第 4 期,图 6—1)。关于乳钉纹簋的历史和产地,请参看 Bagley,1987:504—507。

地区却从来没有过发现,也就是说这些簋只能通过关中到陕北的交通路线进入黄土丘陵。值得注意的是,这些簋的年代在殷墟三期以后,在整个黄土丘陵出土的青铜器中属于年代偏晚的。

最后一组是4件出土于黄土丘陵南缘甘泉阎家沟的素面簋(11—14号)。素面的簋在安阳虽然有发现,但器形轮廓和比例不同(图版九五:5)。这4件簋的式样与李家崖文化的一类陶簋有些相似(图版九五:6),它们或许是本地的产品,之所以与第一组本地产品不同,可能是因为时间和空间都有距离。另一方面,这4件素面簋与同墓所出的"简化兽面纹"鼎风格一致,所以它们也很可能来自关中盆地。

6. 觚

30件觚根据类型学特征可以分为四组(图版一四—图版二八)。

第一组包括5件洹北至殷墟早期的觚。1号和2号觚出自山西的石楼桃花者和隰县庞村,是黄土丘陵目前所见最早的觚。它们比稍后的觚形体更高、腹部更粗、口部侈张程度更小,器壁则更薄。藁城台西出土了一件与1号觚几乎相同的觚(图版九六:3)。台西是洹北时期华北平原南部重要的区域中心,中原铜器传统从郑州风格发展到安阳风格正是在这个地区完成的,洹北商城发现了此时的铸造作坊,这些背景指示华北平原南部应该是1号觚的来源。3、4和5号觚从器形来看比前两件觚制造时间稍晚。济南大辛庄曾出土一件与3号觚相似的觚,兽面纹有细密的线条和横阔的大嘴,这样的兽面纹在洹北时期比较常见,之后就很快消失了(图版九七:4)。4号觚的圈足上装饰了和8—10号鼎一样的夔纹,这样的夔纹也见于一批洹北至殷墟早期的瓿的肩部(参后)。一件相似的觚据传出土于殷墟的"象墓"(图版九八:2);另一件相似的则出土于苏埠屯这个安阳在山东的卫星城。3号和4号觚属于安阳高质量的产品,比起黄土丘陵发现的其他铜器,它们也是异乎寻常的精致。

第二组包括21件觚,出自山西、陕西10个遗址(6—26号)。它们之间差别不大,而且在安阳能轻易找到数十件相似品(图版九八:4)。这种觚有喇叭状侈张的口、轻薄的小扉棱、扁平的圈足缘;装饰沿用了早期流行的细密条带,流畅的羽纹和螺旋纹不断重复,除了动物眼睛,看不出什么是主纹,属于罗越的第三种风格。在安阳这种觚流行的时间是殷墟二期。虽然读者翻看多页相似的器物可能会觉得单调,但是请注意这种觚的数量,它反映了黄土丘陵与安阳在一段不长的时间内联系的强度。

这组的最后两件(25、26号)是这类觚的发展样式。25号是黄土丘陵仅见的两件有铭觚之一(另一件是19号);它的装饰做出了兽面主纹(罗越的第四种风格)。安阳与之相似的觚通常都有扉棱(图版九九:2),而黄土丘陵发现的觚则大都简单得没有扉棱。从妇好墓的阶段开始,有扉棱而华丽的觚在安阳很常见,它们从铸造的角度看应较无扉棱的价值高。而黄土丘陵至今只发现了26号一件有扉棱的觚。黄土丘陵发现的觚年代较早可能是部分原因,但安阳或黄土丘陵的主观选择可能也在起作用。

第三组包括三件素面的觚(27—29号)。如果读者觉得27号觚看上去奇怪,那可能只是因为不加装饰的铜器很少受到注意。相似的瓿在几座殷墟早期的墓葬里有发现(李济、万家保,1964:图版40、42、43);根据遗址的性质,河南伊川坡头寨、河北藁城台西和武安赵窑所见相似的瓿,也很可能是得自安阳洹北(图版九六:5、6)。相比之下,出自陕西清涧的28号瓿有所谓的简化兽面纹,它的器形比例也显示其年代略晚;安阳已经出土过很多类似的简化兽面纹瓿(图版九九:4)。

最后一组仅有一件独特的瓿(30号),它在三个方面很特别:首先,它的器形比例很奇怪,大张的器口、很细的腰、很小的圈足;其次,它的圈足底部悬着一个带槽的长体铜铃;最后,圈足上有华美的纹饰,但其余部分都是光素的。过去简单地将它归为地方产品主要是因为器形和铜铃,对圈足上的纹饰很少关注。若一一分析比较,可以发现:在器形方面,安阳的工匠虽然也偶尔铸造腰部很细的瓿(图版一〇〇:2),但这件瓿的比例还是太过怪异;铜铃方面,在容器底部悬挂铃的想法最初是在中原出现的,洹北和安阳的瓿都可以见到腹底带铃的标本(图版一〇〇:3、4),但长体带槽的铃却是北方文化的特点(参后文);纹饰方面,雕刻的水准很高,风格也完全是安阳的,显然由非常懂得安阳制模技术的人雕刻。这种技术水准不可能在一夜之间模仿,而必须通过长期的训练和实践才能习得。综合衡量,我们面临着一个难题:瓿的器形似乎不可能是安阳工匠设计的,但瓿的纹饰没有安阳经验又不可能完成。事实上,这件瓿并不是这种混合了特殊情况的唯一例子。中国国家博物馆和瑞典远东博物馆收藏的两件簋(图版九二:2、3),与第一组黄土丘陵本地铜簋的器形相似(但比3、4号簋的器形明显规整),有着宽沿、深腹、高圈足,但是又都有标准的安阳装饰。有趣的是国博藏簋的底部也有铜铃。

那么我们该如何理解这种地方器形和安阳装饰技巧混合的情况呢?我们可以设想两种可能,它们都暗示着黄土丘陵和安阳之间有深度的交流。第一种:安阳根据黄土丘陵的品味制造和输出青铜器,这些铜器具有当地器形和安阳纹饰。这种情况在后世的东周时期的确存在,如侯马的晋国作坊发现过北方草原风格铜饰的陶模(山西,1996:764号),西安北郊的秦国工匠墓中发现过鄂尔多斯式铜牌的陶模(陕西,2006:彩版一—彩版三)。但如果公元前2千纪的商代晚期也存在定向的出口生产,我们应该能在黄土丘陵看到更多的产品,因为这种关系的产生是以大量的需求为前提的。

第二种:少数安阳的工匠抵达黄土丘陵,按照当地资助者的品味制造了铜器。当地雇主喜欢特别的器形和能发声的带铃铜器,但是他们也喜欢安阳的精美铜器,看重工匠的安阳技艺,使得后者可以铸造安阳风格的装饰(安阳的工匠有广受欢迎的技术)。这样的混合铜器生产可以持续几代人的时间,也可能随着一位工匠的离世而终止。从黄土丘陵出土混合铜器稀少来看,只有少数工匠的可能更大。由于在安阳受训练的年轻匠人本质上已成为安阳工匠,所以到底是商人工匠被送到黄土丘陵还是黄土丘陵人去安阳学习并不重要。这个可能听上去戏剧化,但确是很实际的,因为有经验的铸铜工匠对于黄土丘陵铸造业的建立是必须的,铸造容器的整套知识必然通过具体的人才能传承。只要我们认为黄土丘陵向安阳学习了铜容器铸造,这样的事情就一定发生过。具体的实物证据也表明黄土丘陵曾接触安阳的铸造经验。李家崖和高红遗址都出土了典型的"将军盔",红陶夹砂、施细方格纹(图3.5),与当地陶器截然不同而与安阳的"将军盔"如出一辙。这种缸形器物在安阳的功能之一是铸造时的浇包。此外,绥德薛家渠遗址出土有伞状陶管,与安阳使用的很相似,一般认为是鼓风嘴。这些发现说明黄土丘陵甚至直接引入、学习了安阳的铸铜工具。

清涧李家崖出土"将军盔"
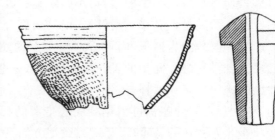
柳林高红出土"将军盔"　　绥德薛家渠出土伞状陶管

图3.5　黄土丘陵输入、学习的安阳铸铜工具

7. 爵

黄土丘陵出土了20件爵,年代从洹北时期持续到殷墟二期(图版二九—图版三四)。它们的器形和装饰多样,有的只有简单的弦纹,有的有精美的兽面纹或龙纹,但在安阳的发掘品或有安阳铭文的传世品中大都能找到十分相似的(图版一〇一—图版一〇三),因此我将这些爵都分入了安阳风格组。值得一提的是,20号的四阿式柱冒很少见;17号以涡纹为主纹饰,这种装饰方案在安阳的爵上也不太常见,可以比较的例子有瑞典远东博物馆和天津博物馆藏的两件爵(图版一〇三:4;天津,2018:17号),两者都有典型的安阳铭文。

8. 斝

黄土丘陵出土了10件斝(图版三五—图版三九)。较早的腹部宽矮,有很大的菌状柱,足部截面为T字形,与安阳、藁城台西、滕州前掌大发现的非常相似,属于洹北时期(图版一〇四:2、4;图版一〇五:4)。较晚的腹部瘦高,足部为三棱锥形,与安阳发现的非常相似,属于殷墟二期(图版一〇六:2、4)。它们的纹饰也与洹北至殷墟二期的斝一致,因此都被分入安阳风格组。除了特别精美的7号斝之外,很多都有铸造缺陷,并经过补铸修复。例如,6号斝三个足的足尖都有补铸痕迹;3号斝的两个柱到口沿也是补铸的,又高又细的柱帽通过铸接与斝身相连。一般斝的柱帽通常有纹饰与器身纹饰匹配,但这件斝的柱帽却是素面的。由铸接和风格不匹配这两点看,这对奇怪的柱帽有可能是在黄土丘陵当地修补的。

最明显的缺陷在8号斝上,它的三足或早或晚都断过,两个原装的足用铸接的办法与腹部重新进行了连接,第三个却被一个后配的足取代了。修复两个原装的足既可能发生在安阳也可能发生在黄土丘陵,但第三个足却不太可能是安阳工匠修理的,因为这个足上的纹饰显然是在仿照另两个足上的龙纹,而工匠雕刻出来的东西表明他完全不知道他模仿的是什么纹样(图版三九)。在这个例子里,我们有了一个观察本地铸造特点的好机会——这件足上粗细不匀的线条构成了粗大的雷纹,这和本地的 3、4 号簋上的纹饰很相似。

9. 尊

黄土丘陵目前只出土了 2 件尊(图版四〇)。子洲关王岔近年出土的一件高体尊(1 号)是殷墟二期典型的样式,小屯 M18 出土过一件几乎一样的尊(图版一〇七:2)。

清涧张家坬尊(2 号)的历史更复杂有趣。20 世纪 80 年代,贝格利(Robert Bagley)曾指出这件尊和长江流域铜器的相似性,并提出它可能是在南方影响下由关中盆地铸造的(Bagley,1987:279)。我则认为这件尊是名副其实的南方产品,先从南方被带到了关中,又从那里进入了黄土丘陵。

过去 20 年,包括铜器成品和铸铜遗存在内的冶金证据变得更加清楚,这些证据显示在殷墟二期前后,关中没有能力铸造如此精美的铜器,而南方的长江流域却存在发达的铸造技术和艺术。一件玫茵堂收藏的南方尊说明南方器类中有类似的矮体尊(图版一〇八:2),而且除了贝格利已经指出的南方特点的鸟纹,这件尊上的其他纹饰也和明确的南方铜器很有可比性。例如,腹部主纹饰带的兽面与湖南岳阳出土的罍和美国大都会博物馆的簋相似(图版一〇八:3、4),兽面的外侧眼角直接翻转出兽面的角,这样的兽面对安阳来说很不正统;横阔的嘴在南方铜器上也很常见(尽管最初是洹北时期中原的发明)。又如,圈足上兽面两侧的空间用多条水平的羽纹进行填充,这种做法还见于泉屋博古馆收藏的铜鼓(Bagley,1987:125 页图 183)、吉美收藏的瓿盖(Bagley,1987:545 页图 104.11)、大都会的簋(图版一〇八:4)、台北故宫博物院的方尊(Bagley,1987:127 页图 186)等典型的南方铜器。

这件尊的产地在南方,但它并不代表长江流域和黄土丘陵有持续的联系。两地地理远隔,发生交流必然通过了中间的媒介。商和关中都同长江流域有联系,是黄土丘陵和南方之间可能的中介。南方铜器虽然很精美,目前为止在商的疆域内却还没有发现过。与此相反,关中盆地已经出土了若干件南方铜器,例如岐山贺家出土的斝、淳化黑豆嘴出土的壶。由此来看,这件尊可能是通过关中盆地进入黄土丘陵的。

10. 卣

4 件一般称为卣的铜器可以分为两类(图版四一)。第一类是两件素面的鸮形卣。安阳殷墟二期的墓葬里出土过 2 件非常相似的素面鸮形卣(图版一〇九:2),也出土过几件器形相同但有更精美纹饰的鸮形卣(《全集》3:136－138)。另有 5 件很相似的素面鸮形卣分别发现在山东济南大辛庄、刘家庄(李晓峰、杨冬梅,2001:图十)、平邑洼子地、河南荥阳小胡村(图版一〇九:3)、河南罗山天湖(信阳,2018:29)这样的商人地方中心;3 件发现于南方的湖南长沙(《文物》1972 年第 1 期,图版 4)、湖南株洲(《文物》1960 年第 3 期,29 页图 3)、湖北应城(《全集》4:156)等地。此外,国内外博物馆收藏有多件带典型安阳铭文的素面鸮形卣。例如上海博物馆收藏了一件有"徙"字铭文的素面鸮形卣(《全集》4:157),旅顺博物馆藏一件有"亚艹"铭文的素面鸮形卣。这些鸮形卣高度相似,不会是多地互相模仿,而应是同一地方生产的。根据考古背景所揭示的区域间联系情况,安阳应该是这种鸮形卣的制造者和输出者,山东诸地、荥阳、罗山、黄土丘陵、湖南、湖北都是接受者。尽管在理论上黄土丘陵或者南方也可能是生产者,但因为两者之间没有直接的联系,一方要获得另一方生产的铜器必须通过安阳的中转①;安阳的地方中心与黄土丘陵也没有直接的联系,一方要获得另一方生产的铜器也必须通过安阳的中转。这样的交流模式显然不如安阳分别向地方中心、西北、南方输出铜器直接。而且,这种鸮形卣在风格上和确定的南方铜器以及黄土丘陵铜器都不一致。

第二类是垂腹、截面呈合瓦形的卣,最早出现于殷墟二期偏晚。保德林遮峪的卣(3号)在安阳有很多相似器(图版一一〇:2),它也是山西一侧少数可能晚至殷墟三期的铜器之一。值得一提的是,原简报报道这件卣的器底有一字铭文,多为研究者所采信。我在整理中仔细观察,发现那不过是一处铸造形成的褶皱。甘泉阎家沟的卣(4号)在发现时被严重损毁,它的器身大部光素,只在颈部有三道弦纹。安阳曾出土过类似的素面卣(图版一一〇:4)。不过阎家沟卣的圈足上有一个粗陋的大孔,这在安阳同时期铜器上已经不常见,所以它也有可能像同墓所出的素面鼎(24、28、29号)和簋(11—14号)一样,是关中、甚至本地的产品。

11. 壶

黄土丘陵出土了9件一般称为壶的容器(图版四二—图版四四)。1—5号壶是安阳常见的形式,对比标本见于图版九三、图版一一一。1号壶的腹部有一块大的补铸(图版四二:1c、1d),但补铸部分的纹饰与周围纹饰衔接得很好,体现了高超的工艺,所以与8号罍后配的足不同,补铸应该是在开范后就进行的,是安阳的行为。其余的4件壶都比较罕见,需要逐一讨论。

7号壶出土于石楼桃花者,可能是几件中年代最早的。它器形较小、壁薄、素面,只在盖上有阴线的涡纹装饰。雷同的素面小壶在几座洹北至殷墟早期的墓葬中曾有发现,武安赵窑的一件最为相似(图版一〇九:5),小屯M388的一件没有小贯耳(图版一〇九:6),平谷刘家河的一件以三足替代圈足,并多了一个管状流。此外,加拿大皇家安大略博物馆收藏的一件素面小壶据传出土于河南辉县东石河(Bagley,1987;350页图60.1)。总之,这件小壶无疑应是安阳的产品。

西方博物馆收藏有几件带纹饰的小壶,其中一些据传出自安阳(图版一一二:1、3)。这类壶似乎在洹北至安阳早期一度流行,它们总体的数量不太多,但每件的纹饰都不相同。清涧解家沟出土的小壶(6号)显然和上述小壶有关,不过其肩部很大的系表明它原本是有提梁的。安阳西北岗发掘的一件提梁壶与清涧壶的器形比例相近,但在口部到颈部也有纹饰,且设计为独立的觚(图版一一二:6);济南大辛庄近

---

① 安阳—荥阳—罗山—应城—长沙—株洲似乎构成了鸮形卣流通的路线。关中盆地还没有发现过鸮形卣,而且关中盆地内出土的殷墟二期铜器很少,所以黄土丘陵和南方的鸮形卣不会通过关中流通。

年发现的另一件壶使用了相同的装饰方案——肩部一带夔纹加腹部菱格乳钉（图版一一二：5）。清涧壶与上述小壶和提梁壶都有关系，最可比的器物或者出自安阳，或者出自与安阳联系密切的卫星城，说明它的产地最可能是在安阳。

9号壶出自陕西绥德，它的颈部有兽面纹条带，其下吊挂着三角形纹样，这在安阳并不鲜见；但是它的口小，器身截面呈圆形而非椭圆形，却很不寻常。我所知有3件可以比较的圆壶。其一现藏于国家博物馆，与绥德壶最接近，年代也相当，据传出土于安阳。一对夔纹代替兽面出现于颈部。这种夔纹流行于洹北和安阳早期，我们已经在8—10号鼎、4号觚、5号壶上见到过，下面还会在很多瓿的肩部看到。夔纹之下也吊挂着三角形纹样，只不过三角形中的蝉纹在这件壶上被做成高浮雕（图版一一三：3）。第二件是郑州向阳回民食品厂窖藏出土的圆壶，它的纹饰属于典型的罗越第三种风格，年代早于绥德壶，在二里岗上层之末或者稍晚。器形方面，这件壶与其后圆壶的不同仅在于提梁（图版一一三：2）。第三件收藏于台北故宫博物院，年代晚于绥德壶，除了口缘稍卷，器形大致和绥德壶相同（图版一一三：4）。它有安阳风格的铭文"亚醜"，同铭铜器在山东青州苏埠屯曾大量出土（张长寿，1977）。以上三件壶的年代从二里岗上层之末延续至殷墟晚期，都属于郑州—安阳的中原传统，这说明绥德壶最可能的产地是安阳。

8号壶出土于石楼桃花者，长期以来它一直被认为是黄土丘陵的地方产品，但这并不是因为它与本地铜器有一致的特征。正相反，这件壶比当地铸造的簋精致得多。后者的特点是不规整的器形、松散且不均匀的雕刻。桃花者壶被认为是地方产品，只是因为它看上去太特殊了。

这件壶确实是独特的，可是如果我们仔细分析它的独特之处，就会发现这些地方都反映了安阳的设计和技巧。首先，这件壶最显著的特征是它的主纹饰——一个上下颠倒的大兽面。前文已经指出，故意颠倒纹样是安阳工匠有时会采用的技巧（通常是为了适应装饰空间）（参见图版八四：4—6）。很多研究者认为颠倒的纹样意味着纹样的制作者不理解或不在乎纹饰主题，所以在模仿时犯了错误（因此他一定是安阳以外的工匠）。然而当我们认真观察这件壶的兽面，可以看到它的构图非常复杂，雕刻它的人肯定不是颠倒着作业，而是从正常角度雕刻的，这样他才能在进程中有所把握，保证模仿的纹饰不走样。读者可以尝试摹画一个颠倒的复杂纹样，然后再摆正检查效果，纹样难免会在比例、线条走向等方面失真。艺术家需要在创作过程中直观地看到作品的进展和效果。这个颠倒的兽面不可能是一个错误，而只能是故意为之的。它的制作者不但很了解兽面主题，而且从精细程度来看，他还是一位雕刻兽面纹的大师。

第二个独特之处是装饰方案。安阳的工匠习惯装饰长方形的空间。由于壶的形体较高、器形轮廓有曲线，安阳壶的装饰方法通常是把器身分割为几个横栏，每个栏内填兽面纹或成对的龙纹、鸟纹（比较1号壶）。但这件壶的作者却没有分栏，而是将兽面的耳和吻部向上下拉长，以一个兽面占据了整个装饰幅面。这种设计看似怪异，但它其实贯穿了从二里岗到殷墟早中期的中原传统。除了偶尔用于鬲的袋足部分(图版一一四:5),此设计最常用于大鼎的鼎足(图版一一四:2—4)。目前最早的例子是郑州南顺城街窖藏中的1号大方鼎(河南,1999:图版3—2),它的足上用细阳线装饰了拉长耳朵的竖立兽面,吻部保持一般的比例。基本同时的平陆前庄窖藏出土大圆鼎,其足上的细阳线兽面耳朵和吻部都拉长,占据鼎足大部(图版一一四:2)。其后的洹北时期,一批大圆鼎继承了这个设计,细阳线发展为宽带状的浮雕,一些与8号壶兽面相似的细节已经出现,如耳根部位的乳钉和醒目的牙齿(图版一一四:3)。这批大圆鼎分布范围虽广,但是相似程度很高,很多应该是在一两个地方铸造的。洹北三家庄窖藏内出土的大圆鼎暗示洹北商城的铸造工场至少是铸造地之一(郑州,1993:图版2)①。目前所知最晚仍在使用拉长兽面的大圆鼎是出土于妇好墓的亚弜鼎,由于铸造缺陷,兽面的吻部很模糊,但拉长的耳和竖立的面清晰可辨(图版一一四:4)。在这之后,大圆鼎的鼎足一般用横向的兽面条带加几道弦纹装饰,不再使用拉长的兽面。根据上述拉长兽面的历史②,安阳的工匠始终是知道这种设计的,尽管他们更习惯将轮廓有曲线的瘦高容器分割为若干长方形的横栏再做装饰。有意思的是,倒置的壶和大鼎的足都是上粗下细的圆台,形状相似。工匠装饰两者时面临的问题是一样的。这件壶与其说是一件地方产品,不如看作是用不分栏的方法装饰圆台器形的一次尝试。这件壶之外,目前我们只知道一件旧金山亚洲艺术博物馆收藏的壶使用了相同的装饰手法,由此看来,尽管这两件壶的质量很高,但这种尝试似乎并未受到资助人的欢迎。

12. 瓿

黄土丘陵出土了15件瓿,根据年代和装饰可以分为四组(图版四五—图版四八)。

第一组只有一件瓿(1号),形体较大,出自山西石楼桃花者。它的兽面纹用稍宽的线条勾勒边缘,是主纹刚从地纹中浮现的形态,属于罗越第四种风格的早期,年代当在洹北时期。方折的口沿和高圈足与北京平谷刘家河出土的一件罗越第三种风格晚期的瓿相似(图版一一五:2)。刘家河器群除了盉、提梁壶年代稍早,整体年代也属于洹北时期。目前所知最原始的瓿自肩部至圈足共有五条动物纹带,稍晚一些的有四条。与同时期的几件瓿相比(参见 Bagley,1987:315—317),1号瓿也有四条动物纹带,只是把肩部和腹部之间的纹带移到了腹部主纹饰带以下,这几件瓿可能都是像洹北商城这样的华北平原某处主要铸造中心的产品。

第二组包括11件小一些的瓿,年代在洹北至殷墟早期(2—12号)。其中7件的

---

① 相似的大圆鼎出土于江西新干大洋洲、陕西礼泉朱马嘴、铜川三里洞、城固龙头镇、内蒙古翁牛特旗头牌子、山东济南大辛庄、江苏连云港大村、辽宁喀左小波汰。此外也有一些大圆鼎或许是各地仿制的,如江西新干中棱水库、江西东乡、湖南省博物馆征集、湖北枣阳王城的鼎。
② 这里必须说明,二里岗时期开始流行的拉长兽面启发了南方的铸铜工匠,他们铸造的尊和罍经常使用这种纹饰。但是南方的拉长兽面总是伴以板状的鼻梁和僵硬的身体,与石楼壶丰满的大兽面有很大不同;且南方主纹和地纹上的阴线螺旋密度一致,不同于主次分明、以云雷纹为地纹的安阳铜器,所以这件壶不会是一件南方产品。

肩部装饰夔纹,腹部装饰菱格乳钉或者勾连雷纹等几何纹样;另外 4 件在肩部装饰夔纹,腹部装饰兽面纹。这些瓿都属于罗越的第四种风格,由雷纹衬托着明确的主纹。它们比 1 号瓿纹饰更简单,年代也略晚。原来的四条动物纹带有很多眼睛趣味盎然地凸起于器表,现在已让位于标准的三条纹带(肩、腹、圈足);装饰变得单调,工艺也缺乏亮点。藁城台西出土的一件瓿与 3 号瓿很相似(图版一一五:4);殷墟早期的墓葬武官北地 M1 里出土过与 7 号和 8 号很相似的瓿(图版一一五:6)。这些瓿肩部的夔纹很有特点,我们已经在第三组鼎(8—10 号)、4 号觚、5 号壶以及国博藏壶上看到过这个纹样。

第三组是两件菱格乳钉纹瓿(13、14 号),它们风格粗犷,在两方面与其他的瓿不同。第一,菱格乳钉纹瓿一般在主纹饰带的高度内容纳两个菱格(或一个菱格加两个三角形,如 6、8、12 号瓿),所以菱格较小,但这两件瓿只容纳一个菱格(或上下相对的两个三角),菱格较大;菱格的边框很宽,肩上的夔纹也由宽条带构成,其上很少阴线,与粗大的菱格相匹配;作地的雷纹则大而疏朗。第二,这两件瓿都有薄片状不规则的扉棱。由于这些特殊的地方,贝格利曾提出保德林遮峪的瓿(13 号)可能是地方产品(Bagley,1987:330,当时 14 号瓿还没有出土)。但是这两件瓿上并没有与黄土丘陵本地铜器一致的特征,例如,疏朗的雷纹做得很大只是为了配合主题纹样的宽条带,雷纹雕刻得很流畅,与本地簋上线条不稳定、不均匀的雷纹迥异。更重要的是,粗犷风格和薄片状的扉棱在殷墟早期的瓿上都可以见到。一件出土于西北岗 M1001 的瓿与保德瓿非常相似,所不同者只在于缺少薄薄的扉棱(图版一二〇:2);而另一件出土于安阳、现藏新乡博物馆的瓿则具有这种独特的薄扉棱(图版一二〇:3)。新乡瓿的器形和流畅的第三种风格纹饰属于洹北时期,年代较早。这样就存在一种可能:薄片状不规则的扉棱是洹北时期的创造之一,在殷墟早期被施加到粗犷风格的瓿上(如 M1001 瓿)就产生了保德瓿这样的产品。换句话说,保德林遮峪的瓿可能是殷墟早期的试验。

属于这种粗犷风格的瓿还有几件,收藏于国内外博物馆,贝格利已有细致研究(Bagley,1987:329—331),其后发表的有上海博物馆和保利博物馆收藏的两件。需要说明的是,长江流域的很多铜器有薄片状扉棱,经常带小鸟头。根据这些铜器的年代,我认为南方这种扉棱是在新乡瓿一类的中原铜器基础上发展的,而不是相反。正如 13、14 号瓿与黄土丘陵本地铜器缺乏一致性一样,上海博物馆和保利博物馆的瓿除扉棱以外与确定的南方铜器也没有什么共性,因而它们不会是南方生产的铜器。

最后一组只有 15 号瓿一件。它没有装饰有明确界定的动物图案,而是用稀疏分布的细阴线暗示有动物意味的纹样。这种技巧其实是把罗越第四、五种风格主纹内的勾云形阴线转移到更大的开放空间(试比较 8 号壶,兽面的吻部展示了这种效果)。虽然在铜器上不是很常见,但安阳一些木雕板和石雕上可见这种手法(图版一一六:3、4);而且就笔者所知,这种手法尚不见于其他地区,所以它是安阳工匠尝试的一种变化。

13. 罍

黄土丘陵目前只有1件罍见于报道(图版四八)。它与安阳所出殷墟二期的罍几乎相同(图版一〇七:4),器表光素,没有圈足,属于这种器类最早的形式。

14. 盘

黄土丘陵所出的6件盘可以根据年代分为两组(图版四九—图版五一)。第一组包括2件殷墟二期左右的盘。1号盘与安阳武官北地M259发现的一件盘几乎一模一样(图版一一七:2);6号盘在安阳也有非常相似的标本(图版一一八:4)。

第二组包括洹北时期的4件盘。宽沿、斜腹、高圈足、薄壁,器形源自更早的二里岗上层盘的样式(图版一一八:2)。2号和3号的盘面纹饰相似,由三条细长的鱼围绕中心的龟。2号盘外壁的斜角云纹与6号鼎相似,6号鼎的器形属洹北时期,可以佐证2号盘的年代。4号盘素净的外壁和盘面粗犷的纹样使它看起来成为几件中最原始的。在洹北时期,这样的盘分布在从四川到北京范围很广的地域内(北京平谷刘家河的一件有类似的龟、鱼纹饰)①,这使得判断它们的产地变得有些困难。如果考虑稍后的时期,那么安阳有更多可比较的盘。例如,武官北地M259出土的盘与3号盘相比,不仅盘面的装饰方案一致,都是三条鱼环绕中心的圆涡②,而且外壁也是一样的长条目雷纹。两者主要的差别在于3号盘的口沿更宽、圈足更高,这无疑是因为它的年代偏早。换句话说,3号盘是M259盘的原型,M259盘是3号的后裔。这种关系暗示2、3、4号三件盘可能出自于殷墟之前的某个主要作坊(例如洹北商城)。或许有研究者会认为这几件盘与安阳典型的盘差异很大,这是因为安阳的盘除了器形方面的变化,还发展了新的装饰方案:中心的龟纹被一个团身的龙纹代替,边缘在鱼纹之外又先后加入了鸟纹和小的龙纹(图版一一九:3)。5号盘就是这样一件过渡性的器物,它仍保持着宽沿、薄壁的特征,边缘的纹饰已经出现了鸟纹,但还没有龙纹。虽然5号盘损毁严重,但仍可以看出它完整的样子大概如图版一一九:2的盘。5号这样的盘使2、3、4号盘发展到安阳盘的过程更加清楚。

15. 豆

黄土丘陵北缘的保德林遮峪出土了2件素面的豆(图版三四),豆圈足的空腔内分别用圆形和一字形的隔板封闭了一颗铜丸,可以碰撞发声。这原本是北方草原制作响器的方式,类似刀和短剑的铃首。另一方面,豆的器形和圈足上的十字形镂孔都是中原的传统。目前没有其他出土地明确的标本可以比较。安阳虽然铸造少量的铜豆,但器形比例和装饰都和这两件豆不同(图版一二〇:6)。汾河谷地内的汾阳杏花遗址出土过很多相关的陶豆,尤其是叠唇和外壁弦纹的特征很相似(图版一二〇:5)。这种陶豆最初的源头是扩张至山西的二里岗文化,至殷墟时期分布广泛。林遮峪的2件铜豆更像是仿照杏花陶豆铸造的,则它们可能是本地铸造的产品。前

---

① 四川广汉三星堆(四川,1999:43页图26-1);陕西城固苏村(曹玮,2006:159-161);北京平谷刘家河(北京,2002:56页图14,15)。

② 殷墟早期墓葬小屯M232出土过一件矮圈足的盘,盘面装饰6条鱼环绕中心的龟(图版一一八:4)。

述北方和中原特征的混合也符合我们对这两件铜豆的定位。

16. 觥

一般称为觥的一件角形铜器在黄土丘陵出土铜器中最为著名,它常被作为当地青铜文明成就的代表,但这个看法却是有问题的(图版五二、五三)。

这件容器包括器身和器盖两部分。器身前半微扬,首端做成立体的龙头。龙头有瓶状双角,上下牙齿之间留锯齿状开口,可能是为了倾倒液体。器身后半的下面有矮圈足。尾端缩进数厘米后,铸出半圆形隔板封闭(图版五二:a,图版五三:b)。

器身主体装饰阴线的龙和鳄鱼纹样,两者前后相随,但看上去是静止状态,没有发生互动。主体纹样上下的空间用鸟、龙、鱼三种较小的动物填充,其中鸟纹和龙纹是上下颠倒的(图版五三:a、c)。器腹下面、立体龙头的正下方,并列着两排蛇纹,每排三条,身体弯折(图版五三:d)。圈足上则装饰对称的长吻鱼纹(图版五三:a)。

器盖是一块有弧度、近长方形的铜板,外表有突出的捉手,内壁尾端铸一道隔板,与器身内的隔板相对。器盖表面的装饰很复杂:浅浮雕的龙身蜿蜒着贯穿几乎整个器盖,是主体纹饰;龙身前端与器身上的立体龙头相连,尾端盘卷,勾连着另一较小龙纹的尾巴,两条龙由此构成一个连续螺旋。小龙纹背上的空白由一只长尾的鸟填补(图版五二:b)。大龙纹的侧面还有两条相对的龙纹,它们大张着口,好像要把中间的捉手吞下去。捉手正下方刻画了一张龙蛇的脸,从斜上方的位置看下去,当这张龙蛇脸和两条龙的身体都可见时,我们能看到一个一首双身的龙纹(图版一二一:8)。龙身蜿蜒留下的空白由 5 组圆涡加三角形组成的图案填满。最后,器盖尾部并列排着 3 条弯折的蛇纹。

自发现以来,这件觥已被广泛认为是地方产品,但除了它的出土地和独一无二的样子,并没有什么特别的原因曾被提及。在以往研究中,每当一件铜器找不到非常相似的可比器物,"地方产品"的结论就会轻易得出,器物的风格并不会被考虑。这件觥就是一个典型案例,它的风格清楚地表明它来自安阳或者洹北的作坊。

第一,这件觥上使用的一系列设计都反复出现在安阳的觥和其他铜器上。这些设计包括:

1. 在器盖上设置一条浮雕的大龙和一条辅助的小龙,并让他们的尾部纠缠盘绕。这种设计可见于几件安阳较早的觥,有时两条龙的尾巴并行而不是盘绕。安阳较晚的觥尾端被一个站立的鸮占据,这种新的设计取代了纠缠的两条龙(图版一二一:1—3)。

2. 在主要动物纹的旁边添加小的动物纹,经常是鱼、鸟、蛇、龙——每当安阳的设计者要处理一件不规则形状的器物时,由于不规则的器形不适合容纳长方形的兽面或龙纹单元,他们就会采用这种办法。铜器中最常用这种装饰方案的是觥和盘,因为这两类铜器上的不规则空间最多,不过这个办法也见于象牙器和骨雕(图版一二一:9、10)。

3. 用圆涡纹填补扭动的龙身两侧的空白,这种做法在安阳铜器上很常见(图版一二一:4、5)。

4. 一首双身的龙纹设计,在殷墟二期铜器上已能看到,殷墟晚期则非常流行(图版一二一:6—8)。

第二,觥上的每一种纹样都与安阳所见的纹样深具可比性,有些是标准的安阳纹样;有些虽不常见,但仍可看到非常相似的;还有些是为了特定的空间对标准纹样做出了改变。

标准的安阳纹样包括器盖上的大龙、与之缠绕的小龙、对称的双龙、三条弯折身体的蛇;还包括器身侧面的大龙和伴随它的鱼、鸟、小龙(图版五二;图版一二二:4、5、9、10)。

不太常见但能找到非常相似例子的有器腹下的6条蛇和器身侧面的鳄鱼。器腹下的蛇和器盖上的蛇主体部分一样,特别之处是口前展开的像胡须似的线条,而这种"胡须"在安阳的龙纹盘上是龙口前的一个常见图案(图版一二二:13、14)。鳄鱼纹在安阳虽然很罕见,但在西北岗M1001大墓出土的一件骨雕残件上有非常相似的纹样(图版一二三:9)。

为了特定空间做出改变的纹样包括器盖上的长尾鸟纹和圈足上的长吻鱼纹。关于鸟纹,西北岗M1004号大墓出土的牛方鼎上有相似的长尾鸟(图版一二二:2、3)。在这件觥和牛方鼎上,鸟纹的尾巴弯曲或拉长都适应了周围纹饰留下的空间。关于鱼纹,值得注意的是它们与器身上的鱼纹本是一类,上吻被拉长是为了填补圈足缺口上方的空白。安阳方彝的圈足有类似的弓形缺口,缺口两侧的纹样也经常被拉长吻部,与此异曲同工。相似的纹样还可以比较牛方鼎口沿下的长吻龙纹(图版一二二:7、8)。

第三,这件觥与主要见于安阳王室墓葬的象牙器和骨雕有一些联系,可以解释它的很多特别之处。例如,觥的器形很可能是在模仿象牙器(图版一二三:1),一段原始象牙的形状被最大程度地保留,只添加了一对龙角、捉手和圈足;觥的尾部铸出一块挡板来封闭,也是模仿了象牙器工匠给器物封底的方式(如妇好的象牙杯,需要一块单独的底板)。如果按照铸铜工匠的习惯,器物尾端完全不需要缩进数厘米,而会和侧壁一气呵成(注意尾端并非圈足)。

使观察者觉得陌生的视觉效果一部分是由那些下凹的纹样造成的,如器身上小的龙、蛇,圈足上的长吻鱼(图版一二三:6)。这个时期青铜器上的纹饰本体很少比器表下凹(与描绘纹饰的阴线不同),有些研究者可能因此产生"地方风格"的看法,但这种技巧其实在象牙器和骨雕上司空见惯(图版一二三:5)。由于象牙和骨的材质很坚硬,直接雕刻下凹的纹饰比减地要容易,所以比较常用这种技法(象牙和骨雕上很少有浮雕纹饰)。既然这件觥的设计者仿照了一件象牙容器的器形,可以设想他很可能也会仿照象牙器的纹饰。器身上的大龙纹、蛇纹,以及非常少见的鳄鱼纹,都可以在象牙或骨雕上看到十分相似的(图版一二二:12,图版一二三:3—10),可以佐证这件觥和象牙、骨雕有密切联系。

最后,这件角形容器可以视为启发觥这种器形的源头之一。这件容器是目前所见年代最早的把流口设计成立体动物首的铜器,之后不久安阳的觥开始流行。要设计出安阳的觥,工匠只需对角形容器做出如下改动:1. 把器物腹部做得更深,增加容积;2. 把立体的动物头全部移至器盖上,器身前端做成流。不难想象,后来觥的设计者曾经参考过这种角形容器。在这个意义上,称这件器物为"觥"是合适的(虽然必须注意"觥"只是一个传统的青铜器命名)。

总之,这件长期被认为是地方产品的觥其实产自安阳的作坊。它在器形、装饰方案、具体纹样几个层面都表现出安阳象牙、骨雕和青铜器的特征。

这件觥尽管在设计上极具巧思(例如,觥上一共展现了 12 种各式各样的动物纹),但它在铸造环节出现了问题:器物尾端大约六分之一的部分在浇铸时没有浇足,工匠只得通过补铸来完成器形;奇怪的是这部分竟然用了 4 次补铸才最终完成,最大的第一次补铸横穿整个器身,虽然技巧高超,但衔接的痕迹在纹饰上仍清晰可见。侧面龙身的前六分之五用了菱格纹,补铸的六分之一却用了鳞纹(图版五三:a)。对于如此精彩的作品来说,这个缺陷无疑是让人非常遗憾的。这件器物的资助者一定不能十分满意,或许会重新要求一件更完美的。如果没有缺陷,这样水准的青铜器大概会随葬在王室级别的墓葬里,它最终被出口到了黄土丘陵,十分耐人寻味。

17. 勺

黄土丘陵已经报道的勺类器物有 6 件(图版五四),其中第 1 号有典型的安阳纹饰,它被分入安阳风格组。

2 号勺与 1 号勺的器形相似,但勺柄上粗大的雷纹不见于安阳,它似乎是黄土丘陵本地按照 1 号勺这类样式仿造的。

四件带坠饰的小勺在近年引起了一些讨论(3—6 号)。杨建华、Linduff(2008)提出这些 8—10 厘米的细长形小器物是马镳,用来论证公元前 2 千纪晚期黄土丘陵人群的移动性在增强。在我看来,这个时期的黄土丘陵确实已经在使用马,但是这种小勺子不太可能具备马镳的功能。勺柄上的小环在挂上坠饰后已经没有空间再允许皮条穿过,且勺柄和小环都太过纤弱,无法承受驾驭马匹时皮条拉拽的力量(吴晓筠,私人交流,2013)。杨建华和 Linduff 引用的中亚马镳虽然形状和这种勺子有相似处,但实物要粗大的多。其实,北方草原的器物有用坠饰发声的传统,鄂尔多斯和辽西地区曾征集过铃首或马首的带坠饰铜短棒(图版一二四:6—9),蒙古民族文物中有一种马首的带坠饰木棒,是萨满的法器(图版一二四:10)。勺子是游牧文化中固有的器具,自古至今都很常见。哈萨克斯坦阿克托比地区 Nagornensk 墓葬(公元前 6—前 5 世纪)中发现过骨质的勺子(Simpson and Pankova,2017:182);蒙古 Mönkhkhairkhan 文化(测年数据为 BC 1780—1630)的墓葬里流行将骨勺、铜刀、铜针随葬在死者的膝、背、腰部(Eregzen,2016:55),可见有机材质的勺子在草原上早已存在(图版一二四:2)。铜勺在公元前 1 千纪蒙古草原铜器中也很常见(图版一二四:4、5),有大(11—13 厘米)、小(4—5 厘米)两类。大的是实用的勺子,小的被认为是萨满的坠饰。综上,黄土丘陵所见的只是一种将勺子和坠饰结合在一起的器物。在吉县上东村墓葬里,此物出土于人体腰部,表明是悬挂于腰带的勺子,不支持马镳的看法。鄂尔多斯地区采集有带坠饰的勺子(图版一二四:3),其写实的立体马头让我们想到北方草原的短剑和刀子(详后文)。由于我们对蒙古考古的了解还很有限,现在还不足以判断这种勺子是黄土丘陵还是北方草原制造的。

18. 铲

两件铲形的铜器使我们了解到黄土丘陵的另一种品味(图版五四)。1号在铲柄上有一只站立的小老虎,虎的眼睛镶嵌绿松石,铲柄边缘装饰锯齿状的三角纹,这种三角纹在北方草原和本地铜器上反复出现。2号的柄上也有僵硬的人和犬科动物,但是犬科动物和人的脸只是平板,没有细节。柄端的兽头从双角来看是一只山羊,山羊首为后铸铸接,似乎是在仿照北方草原的兽首刀、剑,但面部也是平板,没有细节。喜爱添加人、食肉、食草动物的小雕像看来是黄土丘陵铜器的一项特征,这些小雕像不如草原铜器做的自然,但这种做法的源头可能在北方草原。安阳刘家庄北M217曾出土一件附加两只小老虎的弓形器,这个器类本身和老虎小雕像的装饰都带着北方的影响。台北故宫博物院收藏有一件出土地不明的铲,柄端附一条蛇(图版一二四:12)。器柄表面怪异的兽面纹是用绿松石镶嵌出来的,所以没有加立体的小雕像,有可能也是黄土丘陵的产品。新疆扎滚鲁克墓地发现过相当于西周时期的角铲,启示这种器形可能是仿照有机材质而来(图版一二四:13)。近代黄土丘陵和内蒙古有一种给牲畜喂药的带流器具,与上述铲的器形相似,但开口更窄小(图版一二四:14)。或许商代宽流的两件铲用于马、牛等大型动物,丰富的装饰暗示活动有仪式性。

19. 斗

黄土丘陵已经报道的斗有6件(图版五五)。第1、2号斗在安阳能找到非常相似的标本,属于安阳风格组(图版一二五:1—4)。3、4、5号三件斗身为罐状或杯状,与1号斗代表的安阳式样有关。3号的斗身、斗柄布满了雕刻颇佳的安阳纹饰,但在斗柄末端凸出一个"双蛇戏蛙"的附件。我在整理时仔细观察,看到蛙是后铸、铸接到斗柄上的,但两条蛇是和斗柄一次浑铸成形的。这意味着"双蛇戏蛙"的附件和整件器物在同一个地方设计、铸造,而不是异地添加上的。"双蛇戏蛙"的主题不见于安阳。虽然单独的蛇和蛙在安阳都可以见到,但它们身上的纹理表现方式不一样。有意思的是,"双蛇戏蛙"的主题也见于公元前1千纪的鄂尔多斯、冀北—辽西地区、以及哈萨克斯坦的中亚草原(图版一二五:9—11)。或者它是黄土丘陵的创造,而后向北传播;或者它原本就是北方草原的母题,传布到了黄土丘陵。无论哪种情况,"双蛇戏蛙"都是北方的主题而不是安阳的(林沄,1987:142)。如此,这件斗上就汇聚了安阳的工艺、纹饰和北方的主题。考虑到斗身上的纹饰很精细(图版一二五:12),雕刻它必须有安阳的训练,这件斗可能是又一安阳工匠(或他的下一代徒弟)为黄土丘陵的资助人铸造的例子。

4号、5号斗可以佐证这种可能性:4号明显是按3号斗仿造的,它的器形与3号相似,柄端也有像双蛇的凸出部分,但斗身和斗柄上不见精丽的装饰,而代之以一串方格,填充粗大的雷纹;5号的仿造更粗疏,器上没有任何纹饰。另有两件出土地不明的斗,斗柄都有粗大的雷纹,故宫博物院的一件柄端有凸出分叉,可能是在模仿双蛇(图版一二五:6);容庚著录的一件柄端则是圆管(图版一二五:7)。这两件斗与4号、5号斗很相似,可能也出自黄土丘陵。如果这种反复出现的、制作粗率的斗代表着黄土丘陵产品的一般水平,那么3号斗就必然是年代稍早、且由更有能力的工匠制作的了。

6号斗可以证明几何纹饰和小雕像的确是地方铸造的特征。这件斗有一个很大的半球形斗身,斗柄边缘饰平行短斜线,两只僵硬的小动物排着队站在斗柄上,柄端铸成羊首形。与2号铲相比,这个羊首有卷曲的角和膨大的嘴等细节,更忠实于北方草原短剑和刀子上的形象(详后文)。羊的眼睛、鼻子和角上共有6个凸起的圆圈,可能是为了镶嵌绿松石。鉴于公元前1千纪的鄂尔多斯和燕山地区都有铜斗(图版一二五:14、15),林沄先生曾将斗作为中原文化影响北方系青铜器的例证(林沄,1987:142)。但我们应该注意到,6号斗的容积远超过同时期商文化挹酒的斗,器形差别也较大。其实牧人为了盛取牲畜乳汁本就需要斗形的器物,北方的大斗可能有独立的传统。蒙古民族文物中有一种木质的马首斗,用于挹取马奶祭祀,其大小、器形与6号斗很相似(图版一二五:18)。新疆洛浦县山普拉墓地发现的木斗相当于汉代(图版一二五:17);图瓦 Chinge-Tei 四号墓出土的兽首木斗可以早到公元前6世纪(图版一二五:16),这提示我们另一种可能,即大斗主要以有机材质传承,偶见的青铜斗的源头在北方草原的游牧文化。

20. 匕

黄土丘陵已发现了11件匕形器,目前见到蛇首、铃首两种样式(图版五六)。这些匕铸造比较精致,讲究的匕有镂空并镶嵌绿松石的柄(如 Bunker et al.,1997:1号),显然是社会上层所用,有展示地位的意味。蛇首的匕在黄土丘陵多次发现,其他地方不见出土(鄂尔多斯地区曾收集两件,可能也来自邻近的黄土丘陵),所以无疑是本地生产的。但它的来源是另一个问题:辽宁朝阳出土的一件人首匕和藁城台西 M112 出土的一件羊首匕都有浓厚的北方草原味道(图版一二六:2、3),可能是直接来自草原的器物,它们比黄土丘陵出土的蛇首匕明显更加粗壮。根据共存的中原青铜器,藁城台西出土的羊首匕属于洹北时期,年代早于黄土丘陵的蛇首匕,暗示蛇首匕可能有源自北方的影响。蛇首匕的功能一直不清楚,它们都没有锋刃,肯定不是匕首或刀子。中脊加强、茎干自然弯曲,适合舀、刮一类的动作(个别的比较轻薄,不适宜实用)。蒙古民族文物中有一种给马刮汗的工具呼苏尔,一般用骨、角、木等材质,制作比较精细,平时被蒙古男子插在身后腰带上(图版一二六:6—9)。青铜时代的蒙古鹿石上刻画有一种长条形工具,悬挂于鹿石的腰带下,沃尔科夫(2007)称为镰刀形饰,我认为表现的可能是"马汗刮子"(图版一二六:11—13)。青铜时代墓葬出土的一种骨质匕形器或许也是这种器具(图版一二六:10)。蒙古草原的这种马具大小、形状与蛇首匕都相近,可以为我们启示蛇首匕的用途。需要说明的是,"马汗刮子"并不需要用金属制作,早期用青铜铸造的应该更多是为了显示地位。马是与威望、身份关系密切的动物,马具因而有重要地位。如果蛇首匕是同类用途的马具,则可以大胆推测黄土丘陵每个出土了蛇首匕的墓葬都代表着一位拥有马的当地首领。

上面讨论的几类器物,以及后文将涉及的针线筒、觿等几种小型器物,都有以青铜仿造有机材质原型的问题。铜质器物的最早考古记录出现在公元前2千纪晚期的黄土丘陵,在1千纪中期以后再次出现于中国的北方地带。对于它们的起源和产地,目前的观点多认为是在中国北方地带,而后向北方草原传播。但这种观点无力解释公元前1千纪前半的空白。与此相关的情况是,公元前2千纪的发现很零散,如果它们是黄土丘陵本地铸造的,我们理应看到更多发现。在此我想提出另一种可能,这些小工具、用器植根于真正的游牧生活,它们的源头可能在北方草原。那里的考古记录没能很好反映这点是因为草原考古随机性大,而且这些器物在初期大部分是用木、骨、角等有机材料制造的,被保存下来的机会比铜器小得多。这些草原器形在中国与蒙古有密切联系时出现于中国北方地带的考古记录,换句话说,它们的传统在中国北方地带之外被保持着,所以在中国北方地带虽然有空白时段,但延续性很强。由于最早的这些器物很可能是有机材质的,尽管青铜材质的最早发现在中国北方地带(产地还不能完全确定),我们也不能认为是中国给予了草原文化影响。

21. 铃

黄土丘陵发现了三件单体的青铜铃(图版七一)。其中一件与安阳常见的铃别无二致(3号,比较图版一二七:5);另两件更瘦高,器形比例与安阳的铃相差很多,而且体量也要大得多(分别高16.4厘米、13.3厘米)。中原商墓中常见给犬、马系铃,如果这两件大铃也是用于动物身上的,那么应该是牛、马等大型动物。保德林遮峪的简报直接称一件大铃为"马铃",虽然并无确切证据,但值得一提的是,出土大铃的两个遗址——保德林遮峪和柳林高红——分别出土了车器和马的遗骸。目前还不清楚这两件铃究竟是来自北方草原还是黄土丘陵北部本地的产品。

还有一件铃铸接于30号瓠的圈足下面。它的比例瘦高,侧壁有长方形竖槽。相似比例、带长方或三角镂空的铃还发现在鄂尔多斯地区、新疆鄯善洋海、哈密五堡、河北滦县后迁义、山西灵石旌介、陕西扶风刘家、外贝加尔等地(图版一二七:10—17),是一种北方风格的铜铃。它铸接于瓠下指示铃的产地在黄土丘陵当地。有意思的是,安阳武官大墓的南北墓道中殉葬马,马的颈下发现有长体、带槽的铜铃,大型的高8厘米以上,有长方形"裂孔",中型的高7厘米左右,有三角形"裂孔"(郭宝钧,1951,见图版一二七:3)。武官大墓是中原出土马最早的单位之一,马颈下系着北方的铃,是马之来源的线索。

22. 响器

两件铎形的手摇响器出土于山西石楼(图版五一)。日本和泉市久保惣纪念美术馆和东京国立博物馆收藏有两件相似的器物(图版一二七:7、8)。由于黄土丘陵是目前知道的唯一明确出土地,一般都把它们作为当地产品。然而在本研究中,我发现这种器物也有一些与北方草原相关的特征。首先,瘦长的比例和侧壁上的竖槽与北方风格的带槽铃相似,我们可以把这种器物视为带槽铃的大型、华丽版本,而带槽铃在北方地带从鄂尔多斯到新疆分布广泛,甚至公元前1千纪的贝加尔湖地区也有发现(图版一二七:10—17)。其次,它们装饰有三角锯齿纹和小方格纹,与北方短剑、刀子器柄上的纹样一致。最后,两件响器上为了发声挂满了坠饰,与前文比较过的带坠饰的兽首勺和兽首短棒相似(图版一二四:3、6)。勺和短棒采集于鄂尔多斯地区,我们已经提出有来自北方草原的可能。综合起来考虑,在本地产品的可能之外,这种响器的产地也不能排除在北方草原。合金成分测试表明石楼曹家垣出土的响器含有0.48%的砷,指南出土的响器含有0.5%以上的砷。

23. 刀子

黄土丘陵已报道了16件刀子(图版五七)。它们具体的形式各异,但都属于刀身和刀柄铸成一体的北方传统,与铸出短茎、安装木柄的中原传统不同。15号刀子柄首形制不明,其余15件按照柄首的形状可以分为4组:

第一组包括三件双环首小刀,均出自柳林高红(1—3号)。公元前2千纪,双环首刀在北方草原很普遍。诺夫哥罗多娃在她的《古代蒙古》一书中发表了收藏于蒙古各博物馆的双环首刀15件(Novgorodova,1989:133)。这种形式在中国的北方边界内并不常见,内蒙古鄂尔多斯、赤峰地区,以及蒙古国曾发现过很相像的刀子(图版一二八:2—4)。双环首刀在黄土丘陵很稀少,暗示它们更可能是输入的而不是本地仿造的。

第二组包括9件稍大一些的环首刀(4—12号)。这是所谓"北方系"铜刀中最常见的刀首形制,尽管刀子的形状、弧度和尺寸都有差异。6、8号刀子的刀锋宽厚,不见于北方草原,应是黄土丘陵仿制的。4、5号刀子与蒙古发现的一件环首刀相似(图版一二八:6),但我们必须承认形制如此简单的器物很容易复制,只通过外观不可能区分输入和仿造。在这种情况下,后文将讨论的合金成分和铅同位素的数据特别有用。例如石楼出土的4号环首刀,含铜98.07%、砷0.35%,锡和铅含量很低;离石公安局收缴的7号环首刀,含铜97.62%、砷0.47%,锡和铅含量也很低。这些特征与蒙古草原同时期的铜器一致(参后文)。

第三组包括两件三凸钮的环首刀(13、14号),这也是"北方系"较流行的一种刀首形制。相似的刀子在安阳大司空、王裕口和辽宁的抚顺望花(图版一二八:8)、兴城杨河、绥中冯家(王云刚、王国荣、李飞龙,1996)、东王岗台(成璟瑭、孙建军、孟玲,2016)有发现;三凸钮的短剑在蒙古国库苏古尔省也有出土(图版一二八:9)。更复杂一些的五凸钮、嵌绿松石的刀、剑被报道于冀北的围场贺家营(彭立平,1993)和蒙古国境内(图版一二八:10)。同样的问题是,简单的形制对于产地的提示很有限,本地生产或者输入自黄土丘陵以外两种可能都存在(例如,14号刀柄上马虎的斜线看上去更像是对北方原型不熟练的模仿)。在这种情况下,物料信息对判断具体标本的产地很有帮助。例如13号刀子含高放射性成因铅,与一些本地铜器相同。

不管是仿制还是输入,由于上述标本相似度较高、时代基本相同、各出土地之间并非异域远隔,所以这种形制不会是各地独立的发明,而应该是从某个共同的源头比较快地传播开的。黄土丘陵、燕山南北、蒙古草原三个地区中,或是有一个生产地持续向外输出成品,或是几个地方一直在仿造原型。因为时代相近,这个源头通常被认为无法追溯,也就是说各地都存在可能,但我认为可能性最大的是蒙古草原,因为三地中唯有那里同时与另外两地都保持频繁的直接联系。

早在1982年,林沄先生就曾指出在黄土丘陵和燕山地区虽然都出土"北方系"铜器,但与之伴存的一些器类和金饰品存在差别(林沄,1987:134)。例如,黄土丘陵常见的项圈、蛇首匕、钺、线纹的斧锛凿、卷云形的金耳环从不见于燕山地区;同时,燕山地区的啄戈、喇叭形金耳环和臂钏也从不见于黄土丘陵。此后的多项研究确认了这种分别(So and Bunker,1995;Bagley,1999);被命名为李家崖和魏营子的本地考古学文化也显示出两地陶器群方面的巨大差别。然而这个差别的意义尚没有被充分认识:大多数器类只在黄土丘陵或只在燕山地区存在,这些器类肯定是本地的,说明黄土丘陵和燕山地区之间的直接联系比较微弱。有一些器类在两地共见(如双环首刀、三凸钮环首刀、兽首刀剑),但它们同时也见于蒙古草原,说明蒙古草原与黄土丘陵和燕山地区都有直接的联系,是两地发现的共同源头,这种联系造成了黄土丘陵与燕山地区某些方面的相似性(图3.6a)。

理论上,黄土丘陵和燕山地区两地之一作为源头,通过蒙古草原、以间接的方式似乎也能造成两地的相似。例如,三凸钮的环首刀可能源自黄土丘陵,先传播至蒙古,再传至燕山地区(图3.6b)。也可以完全反向,由燕山地区到蒙古再到黄土丘陵(图3.6c)。然而,这个模式背后缺乏支持联系的动力和机制(我们将在第五章详细讨论这个问题)。而且,公元前2千纪铜器上表现的自南向北的文化影响迄今没有实证。

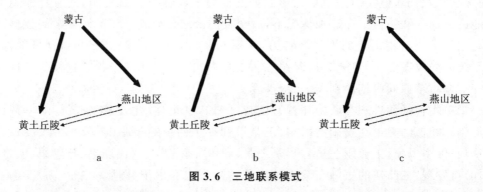

图3.6 三地联系模式

第四组只有一件兽首的刀子(16号)。这是北方草原上最有特点的刀子形式。相同风格的刀子和短剑已经发现于安阳、关中盆地、鄂尔多斯地区、燕山地区、新疆、蒙古草原、贝加尔湖地区(参后文,图5.12—5.14)。具有可比性但有明显差别的标本也见于南西伯利亚的米努辛斯克盆地。在第五章中,我们将提出一系列理由,论证这些在中国境内发现的刀子、短剑最初是由蒙古草原的游牧人带来的,生产它们的中心可能位于蒙古的中北部,而不会是鄂尔多斯或者燕山地区。

24. 短剑和剑鞘

除了 1 号短剑的剑首形制不明,剩下的 6 件短剑可以分为两组(图版五八)。第一组有 2 号剑,剑首为卵圆形的铃;剑柄的截面为椭圆形,上面装饰小方格或之字纹。相似的短剑发现于鄂尔多斯、燕山地区、安阳和蒙古(图版一二九:2—10)。这种铃首和兽首的设计就像是孪生兄弟,两者分布的空间和时间一致,有些短剑的器形、纹饰等各方面都一样,只是剑首的形式不同(铃首和兽首刀子也有这种情况)。黄土丘陵发现过兽首刀子和铃首短剑,还没有铃首刀子和兽首短剑的出土记录,但相邻的鄂尔多斯地区都有出土,将来如果黄土丘陵有发现也并不奇怪。在第五章中,我们会对铃首、兽首刀剑的产地做详细研究。出于和兽首刀子相同的理由,我相信铃首剑的老家也在蒙古草原。

第二组的 5 柄短剑非常相似(3 号—7 号)。剑首为菌状带帽的铃,剑柄扁平,上面排列多道凸脊。尽管这个样式一般认为是典型的北方系铜器,但其实在黄土丘陵之外并没有发现过。安阳和鄂尔多斯出土过 3 柄短剑,有相似的铃首,不过剑柄截面呈扁圆形,且装饰小方格纹(图版一二九:13—15);瑞典远东博物馆和赛克勒藏品中也各有两件相似的,剑柄截面呈扁圆形,装饰之字纹或小方格纹(图版一二九:16)。前述第一组短剑的铃首为球形,扁圆剑柄饰小方格纹和之字纹,为北方草原的原始样式。相比之下,菌状铃、扁圆剑柄的短剑可能是我国北方地带学习、改造后的产品;而黄土丘陵出土的 5 件不见于其他地方,铃和剑柄的样式距离真正的草原短剑更远(Loehr,1949b:33 曾提出扁平剑柄比扁圆剑柄的年代晚),应该是黄土丘陵当地的产品。

甘泉阎家沟的一座墓葬与铃首剑一起出土了 2 件金属的剑鞘(图版六二)。从装饰来看,它们可能和第一组铃首剑一样来自北方草原。同时也不能排除另一种可能,即它们是在本地为与铃首剑配套而铸造的。

25. 戈

黄土丘陵已报道的 54 件戈可以分为扁平内和銎内两类(图版五九—图版六二)。

戈的铸造比容器简单得多,安阳时期很多地方大概都有制造能力(如西安老牛坡),但 29 件扁平内的戈都有典型的安阳戈的器形,而且很多都有标准的安阳纹饰或铭文(如 2 号、5—11 号、13—27 号),所以它们中的很大一部分仍然是从安阳输入的。相对于不大的样本量,这些安阳风格的戈形式很多样化。作为对比,安阳及其外围据点的贵族墓葬往往随葬大量形式一致的戈(例如灵石旌介),它们无疑是批量生产然后再分配的,而黄土丘陵安阳风格的戈给人留下的印象是多次、小规模获得的。

23 件銎内戈中大约有一半的器形与安阳的銎内戈没有分别(如 30、32、34、36、38、45、53 号),其中一些并有安阳的纹饰或铭文(如 34、38、45 号)。銎内最初是来自域外的装柄方式,但到了殷墟时期,銎内早已和中原传统的扁平内融合,成为中原自己的样式,并且在安阳大量生产(郭鹏,2004),不能再视为北方因素①。另有 7 件銎内戈的比例与安阳的不同(31、33、35、37、39、41、42 号),它们的援部更短、更宽、更厚,而且器表不太平整,最后这点似乎是铸造技术上的缺陷造成的。由于它们反复出土于黄土丘陵,我怀疑这可能是本地铸造的特点。

出土于石楼肖家塌的一件戈产地不是很明确(40 号)。它的器形比例与本地的銎内戈相似,但是在内的一面有两个并列站立的人形,在另一面则是一个奇怪的图案,可能是意图模仿安阳铭文两侧的羽状纹饰(比较 27 号戈)。"铭文"按照安阳的规则是可读的(彭邦炯,1981),但是书法很拙劣。由于当地的铸造工匠无论识字与否都可以从安阳的器物上模仿铭文,因此这件戈并不足以讨论黄土丘陵是否使用文字的问题。下文将要涉及的 16 号和 28 号钺上,也可以看到当地工匠模仿铭文的尝试,前者的内上有一个眼形的图案,后者有一个笨拙的动物。

26. 钺

黄土丘陵出土了 29 件钺,有宽大的刃部和扁平的内,按照是否有管銎,可以分为两类(图版六三—图版六五)。罗越早年曾经指出,以扁平的内装柄是中国本土的方式,继承自新石器时代的石质武器,而管銎是受了中国境外金属武器的影响。在公元前 2 千纪晚期,安阳生产的钺主要采用中原传统的形式,使用扁平内,而且很明显被作为军事身份或级别的象征,而非战场上武士实际打斗的武器。支持这个认识的有以下几个现象:1.安阳的钺数量不多;2.大多出土自高等级的墓葬;3.通常比较大且装饰华丽(杨锡璋、杨宝成,1986)。与此形成鲜明对比的是,制作粗率、体量中等、没有装饰的钺在黄土丘陵和关中盆地很常见,在黄土丘陵与戈的比例甚至超过了 1∶2,这显示了黄土丘陵对武器种类的偏好(至于这种偏好是由于对安阳军事等级的模仿,还是由于将钺作为实战武器,则很难判断),也指示这些粗率的钺应该是黄土丘陵和关中盆地铸造的(图版一三〇∶1—4)。根据发现的数量,关中盆地最流行没有管銎的钺,而黄土丘陵则两类都常见。据此,14 件管銎钺在其他地方没有明显可以比较的标本,很可能是黄土丘陵当地铸造的(16—29 号)。15 件扁平内的钺中,除了 3 件有典型安阳纹饰或铭文的应来自安阳(11—13 号),其余或是本地产品,或是来自关中盆地。

14 号和 16 号钺值得特别注意。如果说 16 号内上的图案还能勉强看出是一只模仿安阳纹饰的眼睛,那么 14 号内上尴尬的兽面则是独一无二的。高浮雕的眼睛和角,再加上粗大的雷纹,将其模仿的安阳纹饰彻底解体(对比 11、12 号钺上的安阳原型),暗示本地的工匠并不知道他在仿照的是什么纹样。此外,14 号钺上还有粗糙的圆雕山羊头,让我们想起斗和铲上的小雕像,这也是在本地铸造铜器上反复看

---

① 由于銎内最初是从北方借鉴的想法,殷墟之后銎内武器又很快消亡了,所以有些研究者错误地以为銎内武器始终是北方文化的特点。例如杜正胜(1993)就把灵石旌介的青铜文化当作安阳与北方的混合——安阳的礼器代表借来的象征体系,北方的武器则用于实际用途——并因此认为灵石旌介是一个本地文化的聚落。但是在灵石旌介出土的所有铜器中,只有一件兽首刀和一件带槽铃可能是来自北方;众多的銎内戈与安阳大量生产的并没有不同;杜先生没能辨识的管状铜器则是一件安阳典型的策柄。

到的特点。

27. 管銎斧

斧身窄长的管銎斧是一种战斧,黄土丘陵已报道 22 件(图版六六—图版六八)。这种样式最初是从北方和西北方引进中国的,但是到了殷墟时期,中国北方地带的有些地方也已经在铸造,例如 11—13 号斧身呈椭圆形,目前不见于黄土丘陵以外,应是当地产品;14、17 号斧身宽大,结合了钺的特征,也是中国北方地带的创造。西岔遗址出土了管銎斧的陶范,证明管銎斧已经本地化。这使得判断哪些管銎斧是输入的、哪些是当地铸造的有些困难。尽管如此,有三种特殊的样式值得讨论。

第一种样式在管銎上有双环疣(7 号),十分少见,但在蒙古的鹿石上有它的图像(图版一三〇:6),可能是直接来自蒙古草原的铜器。

第二种是长管銎斧(15、16、21 号)。这种罕见的形式目前只见于黄土丘陵和新疆,此外蒙古的鹿石上经常刻画它的图像(图版一三〇:8、9),虽然还没有实物发现的报道,但它在蒙古草原肯定是比较常见的。石楼曹家垣出土的 16 号长管銎斧经过合金成分分析,含有 0.32% 的砷。

第三种样式的纹饰很有特点:在斧身上有圆孔,孔的外面环绕两周同心圆和点纹(2—6 号)。这种战斧在黄土丘陵已发现 5 件,也有少量发现于燕山地区(辽宁兴城杨河)和安阳(图版一三〇:11、12)。它可能本是北方草原的样式(只是在草原还没有见到实物),通过草原与黄土丘陵和燕山地区两个方向的联系得到扩散。不过从黄土丘陵较多的发现数量来看,当地此时可能已在仿制。与立体兽首必须用失蜡法或泥范铸造不同的是,管銎斧还可以用石范铸造。石范便于携带,所以管銎斧的样式能够得到很忠实的传播。此时类型学很难判断具体器物的产地,但器物金属原料的特征会提供有用的信息(参后文)。

28. 大刀

黄土丘陵已出土 11 件一般称为刀的器物(图版六九)。它的身体窄长,刃部圆钝,没有使用痕迹;管銎分三段,器身饰以一排圆泡。这种刀迄今只发现于黄土丘陵,所以肯定是当地铸造的[①]。安阳与之相似的器物是卷头的大刀,数量不多。有意思的是,一件安阳的刀被发现于子洲尚家沟(7 号)。由于这些刀的年代不清楚,所以很难判断安阳的刀和本地铸造的刀之间的关系。

29. 矛

黄土丘陵只发现了一件矛(图版六八)。它的锋刃窄小,呈柳叶形,与中原的矛差别很大。合金成分分析表明这件矛含有 1.2% 的砷,锡和铅的含量都很低。这样的矛在黄土丘陵既没有原型也没有后继者,但在中国境外的西北方却有很长的历史(李刚,2005)。相似的矛发现于蒙古国扎布汗省鄂肪冈苏木、戈壁阿尔泰省比盖尔

---

① 有一件这种器物收集于北京(北京,1978:图 17),但北京的旧物市场吸引着很大范围的物品,所以不能简单认为这件征集的刀可以反映产地。此外,山东寿光益都侯城的晚商墓葬出土了一件类似的器物,但器身没有圆泡,上缘没有分开成 Y 形,与黄土丘陵所见的有一定差别。这种相似目前很难解释。

苏木、鄂尔多斯地区，燕山地区的内蒙古奈曼旗，新疆奇台县、和静县莫呼查汗墓地等地（图版一二八：12—16）；此外蒙古库苏古尔省查干乌乌尔苏木的鹿石上也见有相似的矛的图像（沃尔科夫，2007：图88a）。根据我们对兽首刀产地所做的推论（参看第五章），中国北方互相隔离的地区出土的这几件矛可能源自北方草原。

30. 箭镞

黄土丘陵发现的69件箭镞与中原的箭镞形态相似，而与北方草原的箭镞差别很大（图版七〇）。它们出土时经常2件或5件一组。有些铸造精良，并且经过打磨加工（如62—66号）；有些则短小而品质不佳（如1—24号）。这些箭镞有安阳铸造的，但也不能排除黄土丘陵本地生产一部分的可能。

31. 胄

黄土丘陵发现了2件素面、顶部有桥形钮的青铜胄（图版六九）。柳林高红出土的一件此次经成分分析，发现是含砷4.27%的砷铜器。可以比较的胄发现于下列五个地区（图版一三一）：

（1）鄂尔多斯地区。一件采集于托克托县，现在收藏在内蒙古博物院；另一件收藏于鄂尔多斯博物馆（图版一三一：2、3）。

（2）燕山地区。包括发现于房山琉璃河、昌平白浮、宁城小黑石沟等地的十余件铜胄，一般认为是公元前2千纪末到1千纪前半的（图版一三一：5；乌恩，2008：68—70）。

（3）中国西北。一件青铜胄征集于青海民和（青海，1994：图版67）。

（4）蒙古国中北部。布尔干省的石板墓中出土两件相似的青铜胄。蒙古的考古学家参照中国燕山地区的发现，将其年代推定为公元前11—前8世纪（图版一三一：4；Erdenebaatar，2004：196）。

（5）安阳。西北岗大墓M1004中出土了约200件有兽面纹装饰的青铜胄（图版一三一：6）。这种铜胄在中原出现得很突然，存在时间较短，而后很快就消失了。

像弓形器和兽首刀一样（参后文，图5.15：6—8），安阳的青铜胄似乎是接纳自北方，进入中原后按照安阳的品味迅速进行了改造，流行一时。江西新干大洋洲出土过一件有兽面浮雕的铜胄，很可能是从安阳获得的（江西，1997：彩版34）。加拿大皇家安大略博物馆收藏着一件据传出自河南的铜胄，素面风格属于北方，它或许代表着影响了安阳铜胄的北方原型。遗憾的是，这件铜胄不是科学发掘的，所以年代并不清楚。

现有北方风格的铜胄中，柳林高红的年代比较明确，共存的锥首（"塔形器"）中有残留木屑，碳十四测年校正后为BC 1390—1110（95.4%）。有的学者认为铜胄发明于我国的北方地带，但我认为蒙古草原上很可能有更早的铜胄。蒙古公元前2千纪的岩画上经常表现战斗场面，其中的一种头饰以往认为是月牙形的帽子，Erdenebaatar（2004）提出它表现的其实是有羽饰的胄（图版一三一：7）。草原考古的偶然性很强，如果不是因为近年布尔干省的发现，我们甚至不知道蒙古草原曾经使用过青铜胄，将来可能会有新的发现。上述出土地点地理远隔，但都与蒙古草原存在跨区域联系,可能以蒙古草原为共同的源头,既有成品的输入,也有本地对形式的模仿。

32. 车马器

保德林遮峪的一座墓葬中出土了一套车马器,包括 2 件车軎、4 件舆栏饰、2 件单球铃、2 件双球铃①,它们表明林遮峪遗址至少曾有一辆带金属饰件的马车(图版七一)。素面的车軎和舆栏饰与安阳有纹饰的车器差别很大,球瓣铃也有很浓的北方风味(黄铭崇,2007)。由于林遮峪的铜器群中有一件殷墟二期偏晚才出现的卣,所以遗存的埋藏年代应在此之后。林遮峪的椭圆铜管内残存木屑,碳十四测年校正后为 BC 1220－1000(95.4%),也可以佐证铜器群年代较晚,如此林遮峪车器的实际年代可能晚于安阳最早的车器。尽管如此,这套车器仍然很有意义,它们是与殷墟同时期的一组具有独立风格的车器,能够代表黄土丘陵存在装饰不同于安阳的车子。舆栏饰、双球铃等都含有 1% 左右的砷。目前还不清楚这批车器的产地是黄土丘陵还是北方草原。

33. 项圈

3 件弓形的器物出土于随葬有青铜容器的富有墓葬(图版七一)。它们在两端弯卷,中部有长方形的凸出。下列四点可以证明这种器物是佩戴在颈部的人体装饰品。其一,这种器物一面平坦,另一面边缘折起,形成凹槽,可供镶嵌。后兰家沟出土的一件在两角仍有残留的绿松石片和粘合剂痕迹,说明原本镶嵌有绿松石,是装饰品。其二,两件的弯角上有穿孔,另一件虽然没有穿孔,但是在一面有桥形钮,可以穿系绳子用来悬挂。其三,保德林遮峪曾出土两件黄金打制的同类器物,只比青铜的大一些,据发现者描述原本位于墓主的头部。其四,整理过程中我们以两位工作人员佩戴实验,发现这种器物适合成年人颈部的大小。

黄土丘陵目前发现了四件黄金的项圈(延川土岗、保德林遮峪、甘泉阎家沟)和三件青铜铸造的项圈(石楼桃花者、后兰家沟、褚家峪)。此外,黄土丘陵外围的淳化黑豆嘴、华县野沃沟也出土了两件黄金项圈。根据共存的青铜器,桃花者的青铜项圈年代稍早,看似青铜项圈早于黄金项圈,不少研究者甚至认为项圈起源于黄土丘陵的青铜项圈(参看洪猛,2011)。但这恐怕只是由于考古发现的偶然性,黄金打制的项圈在中国的西北方和北方有很悠久的历史,而青铜铸造且镶嵌绿松石的项圈在黄土丘陵之外并没有发现过,所以它们更可能是金项圈的本地仿制品。

34. 竽

黄土丘陵的东部和北部边缘发现了 3 件铜竽(图版七一)。1 号的竽首为鸟形,相似的竽发现于河北藁城台西和河南伊川坡头寨(图版一三二:2、3),年代都属洹北

---

① 根据故宫博物院收藏的一件两端各有两个球铃的弓形器(见唐兰,1973),林沄建议林遮峪出土的两件"双球铃"是一件复合弓形器的构件(林沄,1987:145)。2012 年宝鸡石鼓山 M1 发现了一件复合的弓形器,两端青铜部分各有一个球瓣铃,中间部分可能是木质的(石鼓山,2013:图十七·8)。这件复合的弓形器可以支持林沄的假设。黄铭崇则有不同的复原构想,他认为林遮峪的双球铃可能是衡末饰(黄铭崇,2007)。

时期,这种笄应该来自洹北时期的华北平原。2号笄的笄首很独特,为人面形,不过扁平的末端与1号是一样的,我们暂时将它分入本地或者安阳组。3号笄的笄首是一个球瓣铃,妇好墓曾出土与之相似的笄,但两者都属外来样式。在公元前1千纪的北方草原(例如蒙古国中央省、中戈壁省、巴彦洪戈尔省),以及自青海至燕山地区的中国北方地带,以球瓣铃为首的锥形器都有发现(图版一三二:5—7)。与公元前2千纪的同类器物不同的是,它们的末端尖锐,兼有锥和笄两种功能。这件笄被分入北方或本地组。

35. 泡

87件铜泡出土于5座随葬品丰富的墓葬,它们有各种尺寸和功能(图版七二)[①]。两件最大的铜泡直径分别为13.6厘米和14.2厘米,在边缘有钉孔,背后没有梁,应该是盾钖(1、2号)。两件中等大小的泡在背后有小梁(3、4号),黄铭崇(2007)认为是马镳,但形制无法连接辔绳和衔。桃花者出土的51件小铜泡,可能是缝缀在衣服或皮甲上的饰件,或者是马饰(38号)。大多数铜泡的样式与安阳所见的不同,却与北方草原和从新疆到燕山地区的中国北方地带出土铜泡相似。例如绥德墕头出土的三件泡边缘有齿槽,与蒙古国乌兰巴托收藏的一件相似(图版一三三:17)。这种泡在哈密天山北路墓地也有出土,说明在公元前2千纪已经广泛分布(图版一三三:16)。又如桃花者出土的小泡,边缘有圆点装饰,与哈密天山北路的相似,也是公元前1千纪北方草原和中国北方地带典型的铜泡样式(图版一三三:19、20)。各种泡饰在草原似乎有悠久的传统,西西伯利亚的安德罗诺沃文化中已见铜泡,蒙古国东方省布尔干苏木的新石器时代晚期墓葬里出现了带齿槽的蚌泡(图版一三三:14)。铜泡的铸造很简单,仅凭外观难以判断产地。但中国北方地带铜泡的形式应来自北方草原。本研究将上述铜泡分入北方或本地组。

36. 木工工具

斧(28件)、锛(17件)、凿(20件)是黄土丘陵最常见的青铜器(图版七三—图版七六)。它们或者成套出土于随葬品丰富的墓葬,或者零散地单独出土。除了几件有十字形阳线的锛与安阳的同类器很相似(如11、15号),绝大多数的斧、锛、凿都有特征鲜明的平行线纹。相似的工具在黄土丘陵以外非常罕见[②],所以它们毫无疑问是本地生产的。阳线组成的各种几何形纹饰在欧亚草原的斧类铜器上很常见,黄土丘陵的斧、锛、凿应是受到了这个大传统的影响。

37. 各种小件器物

在上文讨论的容器、武器、工具、装饰品以外,还有一些我们了解非常有限的小件铜器,它们大多只出土过一两次,有些甚至很难猜测功能。例如柳林高红出土的

[①] 这5座墓葬位于石楼桃花者、石楼后兰家沟、保德林遮峪、绥德墕头、甘泉阎家沟,都出土了多件青铜容器。

[②] 陕西蓝田怀珍坊的铜器群中有一件线纹斧。根据黄土丘陵的大量材料,这种斧都是殷墟时期的。因此,尽管怀珍坊的铜容器多数属于二里岗时期,但该墓葬的年代应该更晚。或者容器与线纹斧本出自不同单位。

一件近长方形带钉孔的套头(含砷量>1%)(图版七七:1号);石楼曹家垣和延川去头村出土的2件弯曲成U形的铜条(图版六八);还有一件大宁太德村出土的蛇首弯形器(图版七七:8号,从相似的蛇首推测,或许也是马汗刮)。

另一些小件铜器可能是工具或装饰品,通过比较我们可以给它们暂时地命名,这些器物包括:

(1) 石楼曹家垣出土的有锯齿纹装饰的圆铜管(图版七七:7号),应该是一件针筒。同时期青铜的针筒不是很多,大概是因为这个阶段多数针筒仍然是骨质的,例如朱开沟和后迁义遗址发现的骨针筒(图版一三二:10、12)。关中盆地内扶风刘家的一座墓葬出土了3件相似的铜针筒(图版一三二:9);俄罗斯Krasnoyarsk的一座卡拉苏克墓葬也出土了仍装着骨针的铜针筒(图版一三二:11)(这座墓葬还出土了一件可能是项圈的铜器)。这些针筒都装饰着北方草原典型的锯齿纹。由此我们可以推测蒙古草原可能也存在这个时期的骨针筒和青铜针筒。到了公元前1千纪,青铜针筒在北方草原和中国北方地带变得非常普遍(图版一三二:13)。

(2) 一件呈S形弯曲的铜器有尖尾、铃首,装饰锯齿纹,可能是解绳扣的觿(图版七七:6号)。安阳花园庄东地M54出土了几乎一模一样的器物(图版一三三:2);滦县后迁义商代晚期墓葬99M5和宁城小黑石沟也分别出土过很相似的器物(图版一三三:3)。采用马首的相似铜器发现于辽宁朝阳和蒙古国(图版一三三:4、6)。另外,新疆的鄯善洋海墓地曾出土马首的骨角觿(图版一三三:5)。公元前1千纪中国北方常见的水晶觿是这类器物的后裔。这种觿之所以做出很有特色的S形弯曲,应是模仿了草原人用羚羊角制作的觿(图版一三三:7),其形式无疑源自北方草原,但某件具体器物的产地需要结合金属物料信息判断。

(3) 一件末端尖锐的小圆管可能是与木柄复合的锥首(原简报称"塔形器",图版七七:5号)。合金成分分析表明它含有1.16%的砷。我们用圆管内残存的木屑做了碳十四测年(参绪言)。辽宁宁城小黑石沟的墓葬出土了一件非常相似的锥首(图版一三二:17)。

(4) 一件微型的铜靴子可能是护身符,靴子上的穿孔可用于吊挂(图版七七:9号)。中亚地区有把器物做成靴形的喜好。

(5) 一件铜弯钩可能是系于腰带上悬挂物品之用(图版七七:4号)。合金成分分析显示它的砷含量高于1%。相似的器物及其在鹿石上的图像在蒙古草原很常见(图版一三一:9、10)。至公元前1千纪,形式多样、更加考究的钩子(比如有动物和球铃装饰的)在草原广为流行,游牧人用它们携带工具和其他物品。

(6) 一件连接球瓣铃的铜环可能是带扣(图版七七:10号)。公元前1千纪蒙古草原的带扣中有这种形式,例如蒙古国中央省的发现,只是圈径稍小(图版一三二:15)。青州苏埠屯出土过一件同样的器物,与车马器同出,或许是御马者佩带的(《考古》1996年第5期,25页图5.7)。

(7) 石楼桃花者出土的一件小铜棒可能是一种身体佩饰(图版七七:14号);公元前1千纪的蒙古草原有一种称为Kholbogo的小铜棒,是萨满的佩饰(图版一三三∶13)。两者的大小、形状近似,也都有眼形的纹样。所不同者在于桃花者的穿孔在粗端(不穿透),蒙古的穿孔在细端。

(8) 保德林遮峪出土的109件铜贝可能是车、马、或人的装饰品(图版七七∶3号)。由于这个时期的铜贝很罕见,它们肯定不是钱币。安阳迄今只发现了几枚铜贝;北方地带的金属贝可举出以下发现:大甸子出土的一件铅贝,年代在公元前2千纪(图版一三三∶9);青海大通出土的金贝,年代属于卡约文化时期(图版一三三∶11);新疆鄯善洋海出土的几枚铜贝,年代在公元前1千纪早期(图版一三三∶10)。

(9) 一件饰有粗大雷纹的小铜梳(图版七七∶11号)。

(10) 两件铜马(图版七七∶12号、13号)。这是公元前2千纪在安阳和安阳据点之外少数对马的艺术表现之一①。马背上铸出了衬垫的形状,暗示当时已经有骑上马背的人。

此外,保德林遮峪出土的一件截面椭圆形的短铜管(图版七七∶2号)虽然功能不明,但与鄂尔多斯地区采集的一件铜管相似(图版一三二∶19)。

上述器物由于与中原铜器疏离而与北方铜器关系密切,我将它们分入北方或本地组。

二、铅同位素与合金成分

上文我们利用类型和风格对黄土丘陵出土的铜器进行了分类,推测了它们的产地。下面我们将转向制造铜器的物质原料,利用冶金数据来验证铜器的产地。

首先必须强调的是,金属原料不能作为某一件铜器产地确定无疑的指标。这是由于从金属原料到铜器成品,其间经历了很复杂的过程:金属原料的产地是各处矿山,而铜容器的制造地一般是复杂社会的中心;金属原料和铜器成品都会流通至其他地方;铜器还有可能被重熔再利用,混合不同来源的金属原料。

尽管如此,如果两处铜器制造中心有不同的原料来源、使用不同的技术,那么两处产品的冶金数据有可能在统计意义上被分辨出来。我们可以利用这点来检验和修正基于类型和风格的分类:如果我们能够在金属原料和风格之间发现关联,也就是说,不同风格的铜器也显示出不同的合金特征,那么我们就可以对基于风格的分类抱更多的信心;如果我们发现分入某组的铜器的合金特征与产地明确的铜器差异很大,那么我们就需要重新考虑分组是否正确(例如,如果前文分入安阳风格组的某件铜器的材料与安阳出土的安阳风格铜器差异很大,那么我们会考虑它是否是本地仿照安阳的产品而我们没有辨认出来)。

在下文中,我们将检查各组铜器的冶金数据。如果我们所分的三组铜器间呈现有规律的差异,我们会把它作为对分组的一次肯定;如果某一组铜器呈现与已知的某个铜器制造中心一致的金属特征,我们也会把它作为对分组的一次肯定;如果冶

---

① 安阳的铜器铭文中有非常象形的马;妇好墓出土了玉质平板状的小马;灵石旌介一件簋的底部有细阳线勾画的马的形象,这件簋很明显是安阳的产品,但有时被错误地与北方相联系。

金数据与基于类型和风格的判断相冲突,我们必须重新审视,找到更加相信哪一方证据的理由。

迄今为止,安阳经过分析的铜器已有数百件,可以看到下列基本规律:

1. 根据对安阳出土约200件铜器铅同位素的分析,在殷墟四期之前,大约三分之二的铜器含高放射性成因铅(金正耀,2004)。

2. 安阳的铸造工匠在合金中添加锡和铅很慷慨。殷墟二期前后,高等级墓葬中出土的顶级青铜器经常含很多的锡而几乎不加铅。添加大量的锡与铜容器的功能无关,这似乎是作为一种财富的展示,因为锡更稀少而贵重[①]。

3. 安阳发现的青铜器砷含量非常低。20世纪80年代发表的两个主要研究曾使用半定量方法,报道一些安阳青铜器的砷含量高达百分之几(考古所,1982;李敏生、黄素英、季连琪,1984),但是近年使用更精密分析方法的工作否定了这样的结果(赵春燕,2004)。砷含量水平低大概与金属原料精炼有关。

与此相对,北方草原的铜器显示出如下金属特征:

1. 在已经分析的100余件公元前1千纪的北方草原青铜器中,没有发现高放射性成因铅(平尾良光、榎本纯子,2005;Chase and Douglas,1997)。

2. 对公元前2千纪晚期至前1千纪早期铜器的研究表明,蒙古草原中部的铸造工匠只在合金中添加有限的锡,几乎不加铅(Park,Honeychurch and Chunag,2011)。

3. 由于使用含砷的矿石,北方草原的铜器经常含较高水平的砷(百分之零点五至百分之几)(Park Honeychurch and Chunag,2011)。

在本研究之前,黄土丘陵出土的青铜器很少经过铅同位素与合金成分分析。当我们观察此次获得的全部数据,似乎无法轻易发现明显的规律。但是,如果我们只观察安阳风格的铜器(下文称第1组),并与安阳出土铜器的合金特征比较,就可以看到很明显的相似性。同样的,如果我们只观察黄土丘陵出土的北方草原风格的铜器(下文称第2组),并与草原铜器的合金特征比较,也可以发现明显的相似性。而且,第1组与第2组之间也存在系统性的差别(图3.7—3.10)。

第1组(黄土丘陵出土的安阳风格青铜器)

大约三分之二(62/86)含有高放射性成因铅($^{207}Pb/^{206}Pb<0.80$)(图3.7)。这个比例与殷墟四期之前安阳青铜器的情况相近。高放射性成因铅的得名是由于两种放射性成因的铅同位素^{208}Pb(来自铀的衰变)和^{206}Pb(来自钍的衰变)含量都较高,这种铅在地质分布上是很罕见的。根据金正耀先生的最新研究,豫西地区可能是商代高放射性成因铅的主要来源。由于高放射性成因铅的使用在殷墟四期之前很广泛,又几乎在同一时间段退出使用,所以它很可能只有一两个产地。这就是说,第1组铜器除了具有安阳的风格外,很可能也使用了和安阳铜器一样的金属原料。如果

[①] 典型的例子如妇好铜器群和亚长铜器群。妇好墓铜器的合金成分,参看赵春燕,2004;亚长铜器的合金成分,参看考古所,2007a。

这些铜器既有安阳产品的外表,又使用了和安阳铜器一样的原料(而且合金配比习惯也一致,见下),那么它们很可能就是安阳的产品。

第 1 组铜器的另一个特征是铅同位素分布的范围很广。除了高放射性成因铅、普通铅,也有 1 号鬲和 11 号瓿这样 $^{207}Pb/^{206}Pb$ 值很高的(>0.90)。类似的值在安阳出土的铜器中可以遇到(金正耀等,1998)。安阳出土铜器同样具有广泛的铅同位素比值,这暗示着安阳的金属供应有多个来源,与商王朝政治、经济、社会的高度复杂相应。黄土丘陵出土的安阳风格铜器能有同样广泛的铅同位素范围,最可能是因为成品的流通。广泛的铅同位素分布范围也是另外两组铜器不具备的特征。

在合金成分方面,第 1 组的特征是相对丰富的铅和锡,这与已知的安阳青铜器是相符的。除了 5 件简化风格的鼎、甗是纯铜之外,几乎所有铜器的铅、锡含量相加都超过了 10%(图 3.8)。以往研究表明,较高的铅、锡含量是中国和欧亚草原东部主要的技术差别(Linduff,2002;Mei,2009:226)。图 3.9 显示了安阳风格(第 1 组)、北方草原风格(第 2 组)、本地风格(第 3 组)三组铜器的铅含量。可以看到,第 1 组铜器的铅含量比另两组高得多;大多数的高铅铜器都落入了第 1 组,如 1 号爵(铅 24.7%)、1 号斝(铅 15.87%)、6 号鼎(铅 15.49%)、9 号鼎(铅 21.47%)、13 号瓿(铅 22.43%)。同样的,图 3.10 显示第 1 组铜器的锡含量也显著高于另两组。我们分入安阳风格组的很多铜器,如 8 号鼎(锡 18.45%)、7 号斝(锡 21.68%)、13 号爵(锡 14.14%)、1 号盘(锡 17.67%)、1 号瓿(锡 14.25%)、12 号钺(锡 16.85%),都是高锡铜器。更多的例子请参看附录一。

第 2 组(黄土丘陵出土的北方草原风格铜器)

分入第 2 组的大多数铜器(27/32)不含高放射性成因铅(图 3.7),这与公元前 1 千纪的北方草原铜器相似,而与第 1 组截然不同。在合金成分方面,多数铜器(31/43)含有一定量的砷(>0.2%),砷不是有意添加的合金元素,而是通过冶炼含砷矿石进入青铜器的;大多数铜器的铅、锡含量相加水平都不高(图 3.8)。这两点与第 1 组的情况不同,但与蒙古草原青铜时代晚期至早期铁器时代的情况相似,当地铜器的特点正包括选择含砷的矿石、添加有限的锡而不加铅,铜器中的合金成分在 10% 以下(Park,Honeychurch and Chunag,2011)。

结合铅同位素和合金成分两种数据,可以认为第 2 组和第 1 组铜器使用了不同的金属原料;大多数第 2 组的铜器很可能是来自北方草原的,因为它们不仅具有北方草原铜器的风格,而且使用了与北方草原一样的金属原料。

有 8 件分入第 2 组的铜器含有高放射性成因铅,与第 1 组相似。这些铜器是铜贝、1 号和 5 号管銎战斧、4 号泡、2 号铃、13 号刀子、单球铃、觿。而且,这 8 件铜器的铅、锡含量之和比第 2 组其他铜器明显的高,觿、2 号铃、单球铃的铅含量对于草原铜器来说显得异常的高。我们可以考虑三种可能:

1. 基于风格的分类有偏差,它们实际上是安阳或黄土丘陵模仿北方草原的铜器。

2. 草原上也存在含高放射性成因铅的矿山。

第三章　青铜器——区域间联系的证据　　105

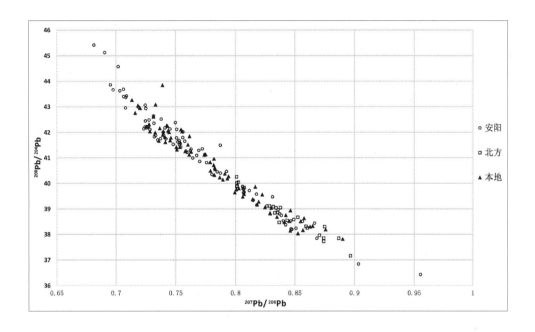

图 3.7　各组铜器的铅同位素比值

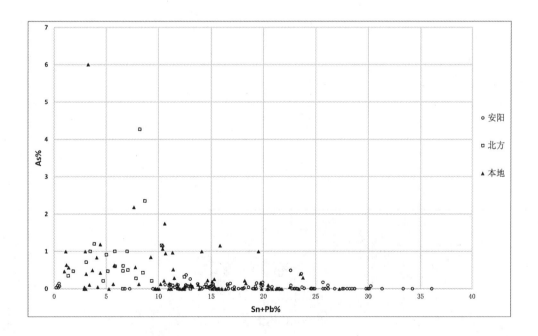

图 3.8　各组铜器的合金成分

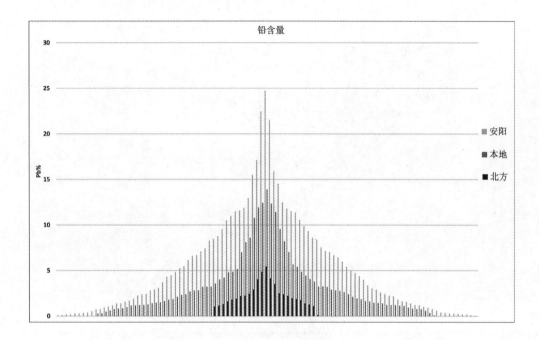

图 3.9　合金中的铅含量

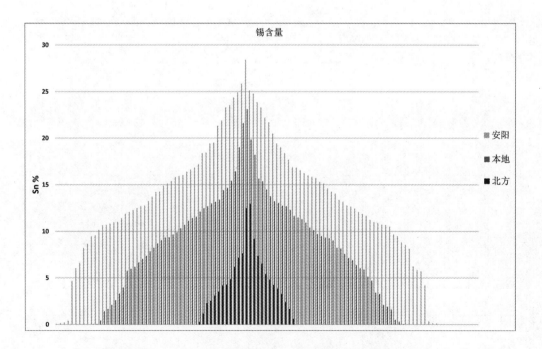

图 3.10　合金中的锡含量

3. 草原从它的南方获得了含高放射性成因铅的金属（铜锭或者重熔再利用的铜器）。

在仔细检查之后，我发现没有理由认为安阳模仿铸造了这些铜器，但黄土丘陵有可能模仿这些铜器。8 件铜器中的 6 件都出土于黄土丘陵北部边缘的保德林遮峪遗址。也就是说，一部分北方风格的铜器可能是黄土丘陵本地铸造的①。

草原存在高放射性成因铅矿山的可能目前不得而知。草原获得南方金属原料的可能不是很高，但考虑到后世草原从汉地进口金属品，高放射性成因铅随着铜锭或器物被输入草原的可能也不能完全排除。由于草原缺乏可以利用的锡资源（Park，Honeychurch and Chunag，2011），从南方输入锡有一定可能，而高放射性成因铅的铅料有可能随着锡料一起进入草原。总之，考虑到金属原料的特征，这 8 件铜器的产地被调整为黄土丘陵或北方草原。

平尾良光和榎本纯子（2005）发表了大约 100 件公元前 1 千纪北方草原青铜器的铅同位素比值。与这些数据比较，第 2 组铜器有一群的 $^{207}Pb/^{206}Pb$ 值在 $0.80-0.83$ 之间，这样的数据不见于公元前 1 千纪（图 3.7）。看来公元前 2 千纪北方草原的金属供应可能比后来更多元。我们希望以后对更多前 2 千纪草原铜器的铅同位素分析能够探究这个问题。

第 3 组（黄土丘陵出土的本地风格铜器）

如果说铅同位素分析显示第 1、2 组铜器有不同的金属原料来源，那么第 3 组则是前两组的混合。这组铜器中超过一半（43/70）含有与安阳铜器一样的高放射性成因铅。我仔细检查了基于风格的分组是否有问题——是否误将含高放射性成因铅的安阳铜器分入了第 3 组，但没有发现安阳产品的迹象。如 1 号簋、10 件木工工具、2 件蛇首匕（6 号和 7 号）、3 件铜项圈，都属于多次见于黄土丘陵而不见于其他地方的器类，它们肯定是黄土丘陵本地的产品。这些铜器含有高放射性成因铅，表明黄土丘陵铸造的多数铜器使用了和安阳一样的原料。

另一方面，近六成（27/48）铜器的砷含量较高，与第 2 组的水平一致。我也重新检查了分组以排除潜在的错误。9 号蛇首匕、2 号豆、9 号管銎刀是没有疑问的黄土丘陵产品，所以至少有一部分黄土丘陵本地铜器使用了和草原一样的金属原料。

黄土丘陵可能还有另一个金属原料来源。61 号箭头含高放射性成因铅和 6% 的砷，这种原料可能来自陕西南部的汉中盆地。那里出土的铜器中很多本地类型的（如镰形器）被发现含高放射性成因铅，不添加铅、锡但含较高水平的砷②。距汉中不远的秦岭山脉中已经发现了高放射性成因铅的铜矿（朱华平等，2005），与汉中的本地铜器吻合。研究者也早已注意到关中和汉中两地的文化交流。如果像 2 号尊

---

① 刘建宇（2015）分析了安阳大司空 M539 的管銎斧、三凸钮环首刀，王裕口 M103 的三凸钮环首刀，花东 M54 的觿。这几件北方风格器物也含高放射性成因铅，有可能是黄土丘陵铸造的。

② 陈坤龙等（Chen et al.，2009）分析的汉中本地铜器中，超过四分之一（12/43）含较高水平的砷。金正耀等（2006）分析的 14 件汉中本地铜器都含高放射性成因铅。遗憾的是，两项分析重合的只有一件镰形器（1975CHWBT:10），它含高放射性成因铅和 0.3% 的砷（铜 91.5%，锡 0.05%，铅 0.05%）。

那样的南方铜器可以经关中进入黄土丘陵,那么汉中盆地的金属原料当然也有条件经关中进入黄土丘陵。

综上,铅同位素比值和砷含量显示第3组铜器主要使用了两个来源的原料,一种接近第1组,一种接近第2组。但是,铅、锡合金成分则显示第3组铜器在合金成分配比习惯上与前两组都不同。在图3.8中我们可以看到,集中于图中左下角的第3组铜器与第2组接近,特征是较高的砷和较低的锡、铅。但是第3组的铅、锡含量要更低,低到可以认为只是杂质。换句话说,黄土丘陵的铸造工匠没有向他获得的铜料里添加任何合金成分。另一方面,图3.8右侧的第3组铜器和第1组接近,不含砷但有很多铅、锡。但是更细致的比较却揭示锡和铅添加的都不像第1组那样慷慨(图3.9、3.10),可能是由于黄土丘陵的铅、锡来源都比安阳贫乏。总之,第3组铜器中一部分为纯铜,一部分的铅、锡含量多于草原但少于安阳,都可以和第1、2组区分。

总的来说,铅同位素和合金成分分析支持了我们基于风格的分类。安阳风格的铜器与安阳出土铜器的合金特征相同;北方草原风格的铜器与草原铜器的合金特征相同;各风格组之间也存在系统性的差别。在具体案例方面,石楼桃花者出土的觚、壶(8号)、鼎(6号),绥德墕头出土的壶(9号),保德林遮峪的瓿(13号)在以往研究中一般被当作本地的产品,而我们根据风格分入了安阳组。这些铜器都含有高放射性成因铅和高水平的锡或铅,与安阳产品的金属特征是一致的(更多例子请参看附录一)。又如,我们分入北方草原风格组的很多铜器,如柳林高红的矛、头盔,曹家垣的针筒、响器,经过测试都含较高水平的砷。如果说我们原来对于这些器形较简单、容易模仿的铜器的分组很谨慎的话,那么经过原料的研究我们有了更多的信心。

此外,铅同位素与合金成分的研究还发现了需要今后更多注意的合金类型,如黄土丘陵本地铜器使用的红铜和草原铜器使用的砷铜。更重要的是,这些数据提出了金属原料交换的问题。如果不是因为地质上很罕见的高放射性成因铅,我们就不会知道黄土丘陵使用着和安阳及长江流域一样的金属原料。当然,这个结果并不能说出人意料,因为黄土丘陵的地质条件决定了它缺乏金属矿藏,从相邻地区输入是不可避免的。从铜器的数量和重量看,汉中地区只为黄土丘陵供应了很小一部分金属原料;北方草原也只略多一些(可能是以重熔铜器的形式);大多数的金属原料与安阳使用的金属原料是一致的。根据下一章将要讨论的黄土丘陵的外部联系状况,我相信无论最初的来源在哪里,安阳应该是黄土丘陵金属原料的直接供应者。理论上黄土丘陵使用的金属原料有可能来自循环利用,换句话说,黄土丘陵的工匠可能重熔输入的安阳器物。但是从铜器出土的背景来看,安阳生产的铜器受黄土丘陵人群珍视,作为随葬品埋入上层精英的墓葬,因此重熔应该不是常见的行为。而且,金属原料不如铜器成品贵重,如果铜器可以获得,那么金属原料自然也可以,我们也不应预期重熔很普遍。因此,黄土丘陵使用与安阳一样的原料铸造的铜器(占到本地铸造铜器一半左右),大部分不会是重熔安阳铜器铸造的,而主要应该是以来自安阳的金属锭铸造的。

结合风格、合金成分、铅同位素三方面的证据，我们发现黄土丘陵出土的青铜器大多不是本地铸造的。它们有三个外部来源，即安阳、关中盆地、北方草原。黄土丘陵自身只铸造了武器、工具（主要是木工工具）以及很少量的礼仪用器和容器，铸造所用的金属原料主要由安阳输入。安阳这样更加发达的铜器铸造中心为黄土丘陵提供了原料和成品，而黄土丘陵没有全面掌握安阳的铸铜技术和艺术。这样的铸铜工业规模也较小，不需要精密的劳动分工和一个复杂社会的支持，这点与我们在前一章对本地社会的概括是一致的。

以往致力于安阳与关中盆地、安阳与黄土丘陵之间双边关系的研究很多。本研究给上述交流路径又增加了第三个联系方向——殷墟晚期黄土丘陵与关中盆地之间的联系。部分关中生产的铜器进入了黄土丘陵，部分安阳生产的铜器也经过关中的中转进入了黄土丘陵。事实上，现有证据指向一个繁荣的跨地区动态交流网络，联结着以上所有地区。在后面的章节中，我们将看到安阳、关中盆地与北方草原之间存在多边的交流，所以这个交流网络当涉及更大范围。由于黄土丘陵正位于安阳—关中盆地—北方草原这个三角形的中间，它在殷墟前期安阳与北方草原的交流中扮演着中介的角色；而殷墟后期大多数关中盆地与北方草原的交流可能也要经过黄土丘陵。这样，黄土丘陵在由几个主要参与者构成的活跃交流网络中，具有枢纽的地位。为了理解黄土丘陵，我们需要开始理解它与上述参与者之间的关系。

在下面几章中，我们将转向黄土丘陵的这些外部联系。

第四章
贸易网络(一):从黄土丘陵到安阳

在理解公元前 2 千纪黄土丘陵的尝试中,对两个问题的回答是互相依赖的:安阳生产的青铜器是如何来到黄土丘陵的?我们该如何定义黄土丘陵和安阳之间的关系?当黄土丘陵的安阳青铜器初被发现时,它们被当作商王朝统治黄土丘陵的证据(黑光、朱捷元,1975),也就是说青铜器由生活在黄土丘陵的官员、贵族携带而来。20 世纪 80 年代黄土丘陵的本地文化与商文化的异质性被认识后,流行的观点把黄土丘陵人群看作游牧或半游牧的好战敌人,他们经常入侵商的领土,黄土丘陵出土的安阳铜器也就自然成为了战争劫掠的战利品(李伯谦,1988;张忠培、朱延平、乔梁,1994;So and Bunker,1995)。这在过去三十余年中虽然已成为经典的说法,但要解释广泛分布、年代不一的几十个铜器群显然太过简单。历史时期大量的例证表明,即使敌对的双方之间也或明或暗地存在和平方式的交往。冲突和战争只会在很短时间内成为跨地区联系的主流,用来解释持续了两三个世纪的历史现象很困难。当然,笼统的批评没有什么意义,我们需要的是利用具体的考古证据来探索这个问题。

一、反思"劫掠说"

学界目前的主流认识可以概括为"劫掠说",它的背后由三项论据支持:

第一,黄土丘陵的物质文化(特别是陶器群)与商文化完全不同,反映出当地生活着不同于商人的人群。

第二,黄土丘陵的社群拥有很多青铜器,所以它们应该势力强大,并且发展程度较高。

第三,也是最重要的,安阳的甲骨文记录了许多商与其西北方向邻居的冲突,而黄土丘陵正位于安阳的西北方。

这些论据其实都不够坚实。首先,使用不同物质文化的人群之间不一定是敌对的关系,和平共存者并不鲜见,而且即便是今日之敌也可能明日成为和平贸易的伙伴。陶器群的疏离主要反映社会基层缺乏交流和联系,这在山水相隔的地区之间很常见。其次,我们在前一章已经看到,黄土丘陵只能铸造工具、武器和非常粗糙的容器;精美铜器为其他社会所生产,不能作为反映黄土丘陵本地社会复杂性的指标。最后,我们将在后文证明,把黄土丘陵人群认定为甲骨文提到的西北方向的敌人是有问题的。

验之以青铜器证据,"劫掠说"已经遇到了难以解释的困难。上一章中,在黄土丘陵出土的很多青铜器上,我们可以看到一些特别之处,但这些特别之处没有共性,并不能统一聚合成我们可以称为"黄土丘陵风格"的东西;相反,这些特别之处都指向了安阳,所以我们得出结论认为这些铜器是比较少见的安阳产品(如桃花者的龙形觥、倒兽面纹壶,关王岔的瓿)①。如果黄土丘陵发现的安阳铜器是战争的劫掠,那么我们理应看到安阳最常见的器形样式,因为绝大多数战利品对战胜者来说只是财富,军队并不会对具体样式加以甄别选择。黄土丘陵不寻常的安阳铜器比例较高,明显高于安阳自身,这与随机的劫掠是不相协调的。某种形式的选择一定在起着作用。

黄土丘陵出土的安阳铜器有几项特征,透露出了这种选择的标准:其一,迄今为止,未见大型的安阳铜器,这可能与安阳到黄土丘陵之间道路险阻、运输艰难有关;其二,很少见署有作器者和祖先名的有铭铜器(殷墟二期署名铜器在安阳已经很常见);其三,铜器上的铸造缺陷和修补多见,很少有安阳作坊的顶级产品,装饰性的扉棱和高浮雕纹饰少见,而这样的铜器由于技术要求更高所以更加贵重。没有大器、重器,少有精美铜器、有铭铜器,这暗示对铜器进行选择的是安阳而不是黄土丘陵,这与"劫掠说"也是矛盾的。

"劫掠说"之所以不适合考古证据,是由于它本身不是从充分的考古证据得出的。它的主要根据是对文字材料的理解,即把黄土丘陵等同于甲骨文中商的西北敌人。以往由于对黄土丘陵的考古情况了解很少,才出现了诸如"黄土丘陵生活着游牧人群,他们具有高度移动性"这类不切实际的设想(参看第二章)。相似的,由于忽视黄土丘陵到安阳之间广大地区的考古证据,才为两个社会间的关系留下了很多凭空想象的空间。下面我们将梳理黄土丘陵到安阳可能的交通路线,以及这些路线所穿越地区的考古和文字证据。

(一) 交通路线

由于黄河只能分段通航,从黄土丘陵到安阳的旅程必须取陆路。自西向东,一个旅行者需要渡过黄河峡谷,翻越山西境内的吕梁、太岳、太行三座大山脉,才能到达安阳,主要行程都在多山的地区行进。对于陕西一侧的李家崖聚落来说,另一条可选的路线是向南进入关中盆地,然后再折向东,通过河南西部前往安阳,但这是一条更远的路。如果不取此路,从陕北直接向东到达黄河西岸,有几十至一百千米的路程。黄河上有北面的吴堡—孟门和南面的延水关—永和关等主要渡口以及一系列的小渡口,例如石楼境内的辛关渡和转角渡。这些渡口是维系黄河峡谷两岸联系最关键的节点。位于黄河支流出口附近的渡口最重要,因为黄河支流的河谷提供了下一阶段旅行的陆路通道(图 4.1)。

沿着河谷前行是山区旅行的首要原则。在离开黄河上的渡口后,北面的主路是沿三川河谷上行至区域重镇离石,然后继续向东翻越吕梁山,进入汾河流域的太原盆地(图 4.1:1);南面的道路有几条支线,其中两条小路分别沿屈产河和义牒河向东

---

① 常见的安阳产品为人熟知,但只要稍加留意,就能发现安阳出土青铜器丰富多样,除了常见的大宗器类,也有不少数量不多但很有个性的产品。这是因为安阳作为复杂的制造中心,其铜器的消费者和设计、制造者很多且互动频繁。

第四章 贸易网络(一):从黄土丘陵到安阳　115

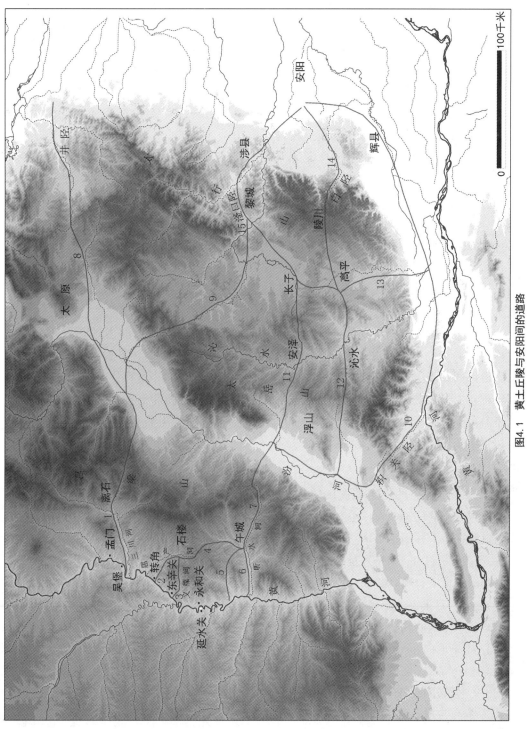

图4.1　黄土丘陵与安阳间的道路

南行(图 4.1:2、3),在石楼县城汇合,然后翻越分水岭向南进入昕水河的一条支流河谷(图 4.1:4),在午城镇与另两条从西而来的支线汇合(图 4.1:5、6),向东继续沿蒲县境内的昕水河谷到达吕梁山脉最低的一段,翻山可进入汾河流域的临汾盆地(图 4.1:7)。大体来说,黄河与吕梁山之间的道路在西面有很多支线,但在进入吕梁山之前这些支线逐渐汇合,因为吕梁山在大部分地段不易翻越,只有几处山口提供了孔道。例如灵石和石楼虽然是位于吕梁山东西两侧的邻县,但两县之间至今没有道路沟通,因为两县之间的石楼山颇为险峻。这段从黄河东岸至汾河谷地的行程大约有 100—160 千米,其中约 50 千米是在吕梁山中。

穿越汾河河谷大约有 70—90 千米的行程。从北面的太原盆地,旅行者有两个选择继续向东,一是走盆地东面的多山地带,取历史道路井陉穿越太行山,进入华北平原(图 4.1:8);二是向东南进入长治盆地,再取道滏口陉越太行山,进入华北平原(图 4.1:9)。从南面的临汾盆地,旅行者可以走南面的远路,由轵关陉进入河南西部,然后沿黄河北岸到达安阳(图 4.1:10);或者直接向东翻越太岳山进入长治盆地。翻越太岳山有两条小路可选,稍北的由浮山至安泽再至长治(图 4.1:11),稍南的由沁水至高平进入长治(图 4.1:12)。两条小路都利用了太岳山中沁水两侧东西向的支流河谷。太岳山中的行程大约是 90 千米。

穿越长治盆地的平坦道路大约有 90 千米,其后挡在旅行者面前的是最后一个大的地理障碍——太行山。除了向南出长治盆地到达黄河北岸(图 4.1:13),有两条历史道路可以直接东出华北平原。一条是向东南通过今陵川和辉县的白陉,这条路比较困难、危险(图 4.1:14);另一条是向东北通过今黎城和涉县的滏口陉,这条路比较平易(图 4.1:15)。如果以安阳为目的地,这两条道路的里程相差不多。从长治盆地边缘到安阳至少有 130 千米的行程,其中 60—70 千米是穿行在太行山中。

(二)考古记录

上述历史道路的使用情况随时间而改变。特定时期内哪些道路更繁忙取决于当时区域中心的位置和人口分布等因素。举例来说,从浮山经安泽至长治这条穿越太岳山的道路在今天并不重要,但是在北朝到唐宋时期它却屡见于文献记载,名为"乌岭道"(严耕望,1986:1411—1415),是山西境内联系临汾和长治的重要道路。由于公元前 2 千纪晚期缺乏文字材料,当时的道路使用情况只有通过考古遗存的分布来研究。

1. 出入吕梁山的走廊

通过检视第二次文物普查采集的陶片标本,我发现蒲县境内有一系列的遗址从黄土丘陵腹地向东分布,直到吕梁山脚下(图 4.2)。采集的陶片属于典型的李家崖文化,但与李家崖聚落通常散布于小河谷不同,这一系列聚落是沿主要河流——昕水河——分布的。李家崖聚落向东分布得如此之远是我们以前所不知道的,最东面的遗址距离吕梁山东麓的洪洞上村遗址只有 30 千米。根据陶片标本,吕梁南段的其他地方没有李家崖聚落如此深入吕梁山脉的情况,因此可以认为昕水河谷是一个连接黄土丘陵和临汾盆地的走廊。今天由临汾进入黄土丘陵的汽车路仍取这个山脊较低的段落。

在吕梁山北段,从陶片标本可知三川河河谷中也有数处李家崖聚落,显示这条道路当时也在使用。太原盆地内的太谷白燕遗址曾出土过卷云形的金耳饰,盆地中也曾有过零散的李家崖陶器发现,表明太原盆地通过三川河谷与黄土丘陵存在交流,不过不多的聚落数量暗示通过这条走廊的联系不如通过南面蒲县的频繁。

2. 太原盆地

在二里头时期,除了南部的运城和临汾盆地受到扩张的二里头文化影响,山西高原的大部都密布着白燕四期文化的聚落。太原盆地在这个时期很繁荣,遗址数量众多。但随着二里岗上层文化影响的到来,太原盆地内聚落的数量急剧下降①。白燕遗址的发掘显示白燕五期的陶器群经历了剧烈的变化(许伟、杨建华,1989):一些典型的二里岗器类突然出现;一些传统的本地器类出现了新的特点。然而,彻底的二里岗涵化从未发生。一些当地的器类得以保留,而白燕五期在总体上与二里岗文化并不难区分。

这次本地文化的变迁无疑是由众所周知的二里岗扩张引起的。二里岗扩张以郑州为中心,但二里岗文化的影响是怎样到达太原盆地的却是一个令人困惑的问题。汾河谷地南部多年的田野工作已经证明二里岗的扩张基本只到达了临汾盆地南部,与太原盆地尚有一段距离。在此次研究工作中,我有机会检视了国家博物馆在长治盆地北部几个县调查采集的陶片标本。沁县南涅水、圪芦河、武乡魏家窑等一系列受二里岗强烈影响的遗址向北一直分布到了长治盆地的西北角(雷生霖,2011;国博,2015),距离太原盆地的东南大门只有40千米。这样,太原盆地内所受的二里岗影响很可能不是来自汾河谷地,而是从长治盆地向北进入太原盆地的(图4.2)。白燕遗址晚到安阳时期的遗存只有少量发现,虽然汾阳杏花墓地被认为可以更好地代表这个时期,但此时的聚落数量似乎非常少,暗示在二里岗阶段之后当地社会进一步地衰落。

3. 临汾盆地和运城盆地

安阳时期的临汾盆地、运城盆地与北面的太原盆地相似,都是一个人口稀少的地区。20世纪的五六十年代和八十年代,中国科学院考古研究所和北京大学分别在这个区域进行了两次大规模调查,只记录下临猗黄仪南村、运城长江府、临汾大苏村等几个殷墟早期的遗址(考古所,1989;刘绪,2015)。1995年再次进行的普查,虽增加了浮山龙尾村、庞家庄和洪洞永凝堡、三阳堡几个遗址,但总体上确认了以前的结果,即殷墟时期遗址数量非常少(图4.2)(山西,2006)。由于陶器资料很少,目前很难概括当地文化的特征,不过从灵石旌介、浮山桥北发掘到的陶器,以及调查采集的陶器,仍然可以看出当地受到了安阳的强烈影响,陶器面貌具有显著的殷墟陶器特点,但又不是非常典型。临汾、运城一带的农业条件良好,在历史上的大部分时间都是人烟稠密的地方。殷墟时期的低人口密度是一个非常值得探讨的问题。

---

① 我只查看了太原盆地部分县的陶片标本。据第二次文物普查的标本,祁县、介休、汾阳、太原的聚落数量从23处下降到了11处。

118　贸易网络中的黄土丘陵(BC 1300－1050)

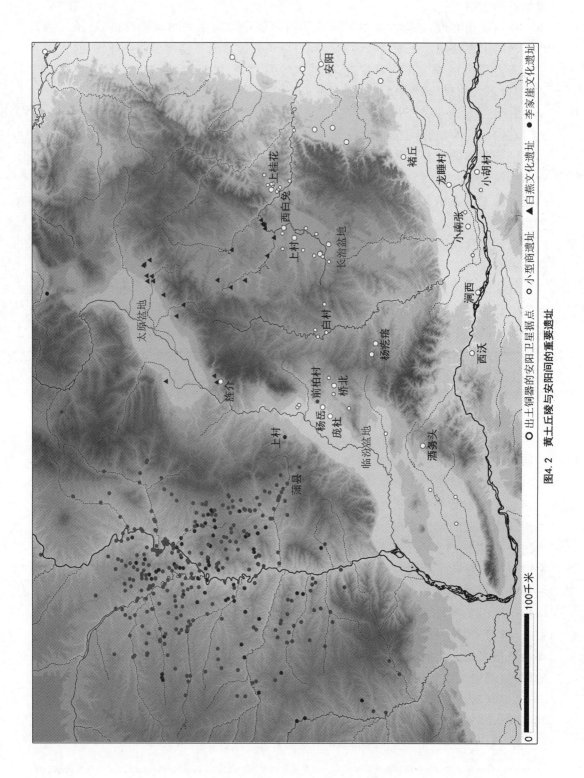

图4.2　黄土丘陵与安阳间的重要遗址

虽然人烟稀少,临汾、运城盆地却存在着与安阳有关的社会上层精英。洪洞杨岳(赵志明、梁育军,1999)、洪洞上村(朱华,1989)、临汾庞杜(临汾,2012)偶然发现的青铜器、玉器等贵重物品可能与他们有关;灵石旌介(山西等,2006)、浮山桥北(桥北,2006)、闻喜酒务头经过科学发掘的随葬品丰富的墓葬为了解他们提供了更多的信息。

灵石旌介遗址位于临汾盆地的最北端,也是盆地最狭窄的地方,它的战略位置险要,能控制通往太原盆地的道路。自 1976 年起,这里发掘了 3 座贵族墓葬、1 座车马坑、以及一些小型墓葬(刘永生,2004)。每座贵族墓都有殉人、殉狗、牛牲,数十件青铜容器和武器、玉和骨质的装饰品、海贝和一件陶鬲(图 4.3:1)。铜器中有 3 件钺与黄土丘陵的很相似(山西等,2006:图 202、203);1 件北方风格的带槽铃和 1 件兽首刀可能是通过黄土丘陵来到旌介的北方草原铜器(山西等,2006:图 146、150);其他的青铜器和所有玉器应该都是安阳的产品①。然而,墓中随葬的一件陶鬲已经被指出不是典型的殷墟样式,而与汾阳杏花所见当地受到商文化影响的陶鬲更接近(图 4.3:2)。从墓葬规模和随葬品的丰富程度考虑,3 座贵族墓葬在安阳的社会等级中相当于中等的贵族。最早发现的 M1(损失了部分随葬品)随葬有一件打制的石磬;在安阳,这种石磬基本只出现于高级贵族墓葬,在郑州和洹北的卫星聚落,如黄陂盘龙城(湖北,2001:152-156)、济南大辛庄(陈雪香、史本恒、方辉,2010)、藁城台西(河北,1985:157),这种石磬只出现于最大、最富有的墓葬。拥有特磬的人似乎是当地的首领,而且与郑州或安阳保持着某种正式的关系。

浮山桥北墓地位于太岳山脉的西麓,俯视着西面的临汾盆地,也占据着"乌岭道"上的战略位置:在进入山区之前它是最后一个补给站,在出山之后则是第一个停留地。2004 年,山西省考古研究所在这里发掘了 14 座殷墟时期的墓葬,其中 5 座是有墓道的大、中型墓。最大的墓葬 M1 长 24 米、深 9 米。由于墓葬被盗严重,考古学家只发掘到殉人、殉狗、随葬的车马、一些车器和一些玉饰,但这些残存物品已足以显示桥北的上层文化完全移植自安阳(桥北,2006)。桥北的带墓道墓葬规模较大,有数量众多的殉人、殉狗和车马,追缴回的青铜器非常精美,是安阳生产的成组铜器(文物报,2001),说明桥北的墓主人地位比旌介更高。然而,桥北随葬的陶鬲再一次呈现非安阳典型的样式。

最近发现的闻喜酒务头墓地位于中条山西北麓,可以俯瞰西面的运城盆地,向东北 10 余千米为传统道路轵关陉的出入口;向东 3 千米即是今天的闻垣公路。这条路东行 24 千米可达垣曲,近便易行,可能是商代晚期实际使用的道路。酒务头因此可以控制运城盆地至河南黄河北岸地区的交通。这里发掘了 12 座殷墟时期墓葬,其中有 5 座带墓道的中型墓,3 座墓内有殉人。保存完整的 M1 出土了成组的殷墟四期铜器,与安阳中等贵族铜器的组合、器形、装饰都别无二致,应直接来自安阳。

---

① 有考古学家(李伯谦,1988)和冶金史学家(陈坤龙、梅建军,2006)认为一件装饰圆泡的纯铜鼎是当地产品,但如第三章所讨论,相似的铜器大多出自安阳和安阳的卫星聚落。

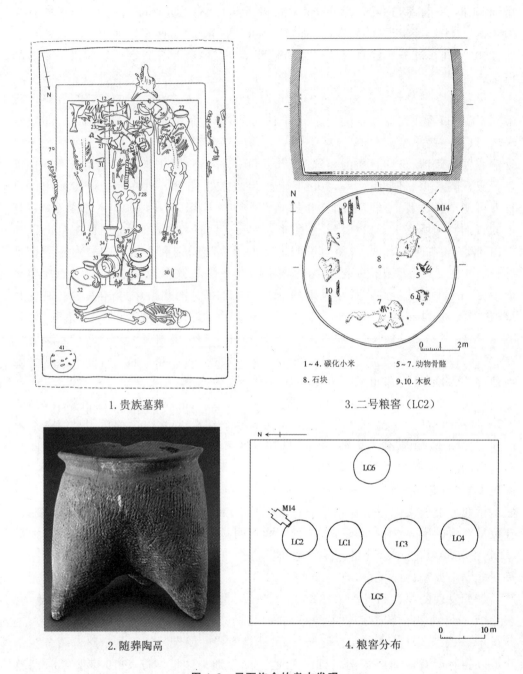

1. 贵族墓葬
2. 随葬陶鬲
3. 二号粮窖（LC2）
   1~4. 碳化小米　　5~7. 动物骨骼
   8. 石块　　9、10. 木板
4. 粮窖分布

图4.3　灵石旌介的考古发现

另有追缴的一组铜器年代稍早,属于殷墟三期①。酒务头多达6座的车马坑颇值得注意,显示这里马匹充足。

临汾、运城盆地内贵族的身份是一个有争议的问题。多数学者根据上层的物质文化和埋葬习俗认为旌介属于"商文化的地方类型"(李伯谦,1988),但也有学者强调陶鬲的本地特征(田建文,2009),或假设贵族随葬的青铜器都是战利品(So and Bunker,1995:36—37),从而主张旌介属于汾河谷地的土著。我在研究工作中检视了旌介遗址采集的陶片,它们具有殷墟文化的特点,但也有明显可识别的差异,这个情况与墓葬随葬陶器基本相同。综合考虑贵族文化和陶器面貌两个因素,旌介的贵族身份有两种可能:1.接触到地方文化的安阳贵族;2.受安阳文化熏陶的本地精英。基于下列两个原因,我更加倾向于第一种可能:首先,以青铜器、玉器和马车为代表的上层文化完全是安阳的,而陶器与贵族的生活关系不大。而且,有一些案例表明殖民者不一定使用家乡式样的日常器皿,如亚述商人在安纳托利亚著名的据点 Kanesh(Postgate,1994:215)。其次,晚商时期的临汾盆地人口稀少,如果商王需要在当地的代理人,相较于在土著中擢拔,他更可能从安阳直接派遣。当然,旌介、桥北、酒务头的居址还没有经过发掘,我们拥有的材料毕竟只是20余座墓葬。但无论哪种可能,这些贵族的身份认同一定是安阳的。如果他们自我认同为当地土著,墓葬中应当会有各种途径来展示。旌介、桥北、酒务头出土了大量带"丙""先""匿""大龟"等铭文的铜器。我认为商代铜器上常见的短铭主要是商人的亲属和职衔称谓(曹大志,2018),则这些贵族墓主身负着商代国家的官职,这也能说明他们身涉商代国家体系的程度。如果他们与安阳没有密切的联系,如果他们对安阳不具重要价值,那么他们就不可能获得如此多安阳生产的贵重物品。反过来看,安阳必然对临汾盆地的聚落有强烈的影响,甚至是相当程度的控制,这些聚落应被视作商王朝的外围据点。

除了战略性的位置,旌介发现的大型粮窖也证明临汾盆地的少量聚落不是当地自然发展的结果,而是经过一个超区域强权的安排设计。1987年,山西省考古研究所在距离旌介的贵族墓葬150米的地方发掘了两座圆形的粮窖,每座粮窖直径7.8米,深6.8—7米。粮窖的壁面用一层厚厚的黏土处理以防潮,窖底残留了3—10厘米厚的碳化粟和黍②、木质地板和其他废弃物(图4.3:3)(刘永生,2004)。这两座粮窖与战国、隋唐时期的国家粮窖相比,除了规模略小,各个方面都很相似(洛阳战国粮窖直径约10米,深10米;隋唐的含嘉仓直径10—16米、深7—9米。参看徐治亚、赵振华,1981;河南,1972)。钻探结果表明,在40×40米的范围内,一共分3排整齐

---

① M1铜器与追缴铜器的铭文不同,前者为"文""匿",后者为"大龟",属于同一家族两代成员的个人称谓。吴镇烽《商周青铜器铭文暨图像集成续编》收录了2015年至2016年被公安部门收缴或见于私人"收藏"的"大龟献"铭文铜器12件,计觚4、爵2、方鼎1、卣3、钺2。"大龟献"铭文既罕见又与酒务头追缴铜器铭文一致;铜器出现时间与酒务头被盗时间吻合,所以上述器物都是盗掘自酒务头墓地。

② 刘永生先生仍保存着当年出土的一罐碳化粮食样本,笔者委托中国科学院青藏高原研究所高玉博士对碳化粮食做了鉴定。

排列着 6 座粮窖(图 4.3:4)。按每座粮窖容积 334 立方米、每立方米粟重 700 千克计算,一座粮窖可储存近 234 吨粟,整群粮窖可储存约 1400 余吨粟[①]。这些当然不可能是私人的储藏,234 吨粮食超过任何普通家庭的收成。粮窖整齐的排列也暗示有组织的营建和管理。填满这些粮窖大约需要 1000 公顷耕地一年的收获。在一个人口稀少的地区,这不可能是当地自然的发展。这处官方粮窖使人联想到甲骨文中记录的"陕廪""南廪"等商代的国家粮仓(参看杨升南、马季凡,2010:164—166)。

有研究认为灵石旌介是沟通商和黄土丘陵的聚落,但是如前文所指出的,灵石县西面的吕梁山山势艰险,至今没有道路可以翻越。不仅如此,旌介的东面是太岳山,阻挡了从东面来的旅行者;旌介位于临汾盆地的东北角,从南面来的旅行者如果取道旌介再折而向西需要南辕北辙数十千米,非常不合理。旌介的战略性在于控制太原和临汾盆地间的通道,根据这点判断,它的功能更可能是防御来自北面的威胁,保护临汾盆地内东西向的交通(图 4.2)[②]。

临汾盆地与其南北相邻盆地的另一个区别是更明确的李家崖势力的存在,考古证据包括陶器、铜器和金饰品。在检视陶器资料的工作中,我看到在洪洞前柏村采集的一组典型的李家崖陶器。有意思的是,这个遗址位于临汾盆地的中央,甚至比洪洞永凝堡等与安阳有联系的遗址更偏东。它究竟是一个独立的李家崖聚落,还是李家崖与安阳的势力于此共存,由于没有更多资料,目前很难判断。至于临汾盆地中发现的李家崖贵重物品,除了前文提到旌介的铜钺、铃、兽首刀,还有洪洞上村发现的金耳环,与安阳的铜鬲、铜戈同出于一座墓葬(朱华,1989)。据 1995 年调查资料,上村遗址位于吕梁山东麓,山对面即为蒲县出入吕梁山的走廊。它的位置与浮山桥北相似,都位于山麓地带,是入山和出山的补给站,只是在临汾盆地的西侧。遗址面积达 15 公顷,显示出重要性。遗憾的是没有进一步的工作,我们不清楚它是一个李家崖的前站、一个与安阳有联系的聚落,还是两者的混合。

总之,随着来自中原的二里头、二里岗势力向北扩张,临汾、运城盆地的本地社会不断衰落。这可能是一个较简单社会在近邻早期国家的压力下解体崩溃的典型案例。根据安阳的占卜记录,商王朝曾在晋南、豫西地区持续地掳掠人口("获羌"),以用于强迫性劳动。这种行动有可能在更早的时期已经开始,它会造成地方人口结构的破坏和剩余人口的逃亡,从而导致当地土著聚落大量荒废。在晚商时期,安阳没有在人口稀少的晋南地区殖民,而是设置了一系列战略性据点,形成商代国家的西部边境。桥北、酒务头的关键角色显然不是控制整个区域,而是控制经过它们的东西向道路。旌介的功能则是防御来自北面的威胁。

[①] 原简报估计每座粮仓能存储 85 吨粮食,6 座粮仓约存储 500 吨粮食(刘永生,2004),这个估测问题较大。在不同的湿度条件下,粟的密度是 626.3—746.7 千克/立方米,黍的密度是 762.1—820.9 千克/立方米(Subramanian and Viswanathan,2007)。

[②] 灵石旌介已发掘的墓葬属于殷墟三期,晚于黄土丘陵与安阳发生密切联系的时期。但旌介附近有可能存在更早的遗存,而且旌介的确出土了来自黄土丘陵的兽首刀等北方遗物。

4. 太岳山区

在此项研究之前,太岳山区没有发现过安阳时期的聚落。考虑到临汾和长治盆地的文化、政治景观,我怀疑太岳山中应有连接山脉两侧、与安阳有关的聚落,这样才能把黄土丘陵到安阳的整条线路贯通。我们首先查看了 1995 年调查的陶器标本,发现安泽县有 4 个遗址曾采集到殷墟陶器。随后我们按照线索踏查了这些遗址,成功确认了其中两处①。安泽县城近旁的川口遗址由于建设已经被破坏,只采集到殷墟四期的大袋足无实足跟鬲的残片。沁水岸边阶地上的白村遗址保存较好,遗址面积 4 公顷。我们看到了厚达 1 米的连续堆积,并采集到典型的殷墟二期到四期的陶片。在山区中存在这样规模的商文化遗址有点出人意料(图 4.4)。

图 4.4 安泽白村遗址及采集陶器

我们在安泽县博物馆查看了第三次文物普查的陶器标本,看到数十处白燕四期的遗址,但是没有再看到二里岗和殷墟时期的遗址。从繁荣的二里头时期到模糊不清的二里岗时期,再到遗址稀少的殷墟时期;从本地的白燕四期文化到典型的殷墟文化,这是人口和文化的剧烈变化,需要将来更深入的研究。不过我们已达到了简短调查的基本目的,发现了太岳山中有商的据点,这样就确认了临汾盆地内商的据点与安阳保持联系的路径。有意思的是,这条由浮山过安泽至长子的线路与历史时期的"乌岭道"基本重合(严耕望,1986:1411—1415)。

我缺乏调查汾河谷地到华北平原其他道路的时间和人力,但以往的资料可以提供一些线索。沁水县偶然发现过两组铜器,一为南沟出土的二里岗时期铜爵(张希舜,1994),二为杨疙瘩发现的殷墟三期的鼎、觚、爵。这些发现暗示翻越太岳山的南线也被使用。这条线路可以由高平转向北到达长治盆地,或者折向南到达河南西部的黄河北岸。

经过几十年的艰苦工作,学者们发现殷墟时期的河南西部与山西南部一样,也

---

① 查看陶器标本的工作是在北京大学刘绪教授的指导下完成的。李永迪、崔剑锋和我一起进行了安泽县的短期调查。我们还沿途考察了从安阳至安泽的交通路线。

是一个聚落稀少的地区(刘绪,2015)。考古材料显示豫西与安阳有联系的贵族不如晋南多,也不如晋南富有。目前这一时期的遗存已报道的有新安西沃(河南,1998:27-28)、孟县涧溪(刘笑春,1961)、西后津(丁清贤、汪秀锋、尚振明,1984)、洛阳五女冢(史家珍、黄吉军,2000);铜器仅有涧溪的觚、爵、矛,五女冢的鼎、甗、觚、爵和西沃的一件戈。豫西的陶器有地域特色,少量的青铜器则与安阳高度一致,暗示该地区可能与晋南一样被安阳据点式管理。根据闻喜酒务头墓地及黄河北岸少量聚落的发现,晚商时期由运城盆地进入豫西黄河北岸的道路应该能够通行。但是从黄土丘陵去往安阳,与"乌岭道"相比这是一条明显更远的路。

在北面,从太原盆地到华北平原有历史道路井陉,但目前还缺少显著的考古发现。

5. 长治盆地

晋东南长治盆地的情况与它西面的地区完全不同。多处二里岗至殷墟时期的聚落已被发现(山西,2006;刘绪,2015)。陶器证据显示典型的二里岗文化迅速取代或改变了当地原有的白燕四期文化。同时,二里岗的贵族墓葬出现在长子北高庙(郭勇,1980)、潞城潞河(王进先,1982)以及长子县境内一些没有被明确记录的地点(随葬的青铜器收藏于长治市博物馆,见王进先,1982)。长治盆地有两项优越条件可能吸引了二里岗向这里扩张。第一,它距离郑州的二里岗中心很近,从长治盆地南缘到郑州虽然需要过太行山和黄河,但路程只有100千米左右。当郑州存在一个强大的势力,长治一般会落入其手。例如,战国晚期都城在新郑的韩国控制着长治盆地。第二,除了其他资源,长治盆地是著名的粮仓,这里的气候特别适合小米生长。在自然降水条件下,这个地区有中国北方最高的小米产量(图4.5)。今天长治盆地的小米仍是当地的主要作物,并且以品种优良闻名。考虑到这些诱人之处,二里岗通过殖民控制整个地区,而非仅仅建立一些据点的策略是很容易理解的。

进入殷墟时期,长治盆地仍然是人烟稠密的地方,盆地的中、南部可能在安阳的直接控制下。盆地中部长治小神、屯留西李高遗址的陶器群与殷墟文化典型的器类同步演变(宋建忠、石卫国、杨林中,1996;王晓毅、杨林中,2009);随葬安阳青铜器的贵族墓葬发现于长治西旺、西白兔、潞城微子镇(王进先,1982)、屯留上村(侯艮枝,1991)、武乡上城村(王进先、杨晓宏,1992)。随着中原文明的中心从郑州转移到安阳,与长治盆地交通的主要道路也转向东面的太行山。2009年,西周的黎侯墓地在经历一系列盗掘后于黎城县被发现(山西,2008)。近旁的上桂花遗址曾发现殷墟时期的贵族墓,出土铜鼎、觚、爵、戈。黎城县文博馆在此遗址采集过很多殷墟文化的陶器。第三次文物普查在遗址周边发现了北泉寨、仁庄、辛庄等三处殷墟文化遗址,暗示有可能存在一个大型的聚落或聚落群。黎城正处在连接长治盆地和华北平原的传统道路滏口陉上,在历史上一直很重要,殷墟时期这里似乎处于安阳的直接控制下。

然而长治盆地并非全部被安阳控制着。与平坦的中南部不同,长治盆地的北部

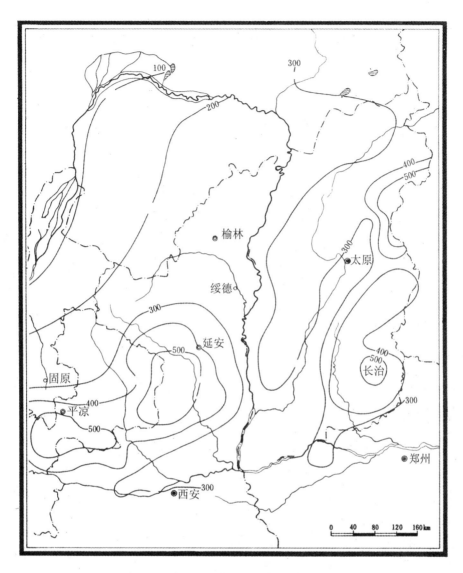

图 4.5　自然降水条件下粟的产量（千克）

丘陵起伏，再向北则进入多山的地区。武乡上城村是长治盆地内出土安阳青铜器最北的地点，同纬度其他地方还没有与安阳有关的上层人物的证据。在本研究的过程中，国家博物馆正在长治盆地北部进行区域调查。李崟先生慷慨地允许我观察了采集的陶器标本。在沁县、武乡、襄垣等不大的调查区域内，有10余处殷墟时期的遗址被发现。由于标本破碎，很难总结出当地文化的完整面貌，我的印象是它受到殷墟文化的显著影响，但仍保持着明显差别。2015年见于报道的沁县南涅水遗址的陶器群面貌可以佐证笔者的认识（国博，2015：图261）。前文已经提出，二里岗扩张进入太原盆地是经过长治盆地实现的。根据长治小神和太谷白燕遗址的发现，二里岗在北面的影响没有在南面强烈。在被二里岗殖民的长治盆地南部与部分受到二里岗影响的太原盆地之间，应该存在着一个文化和政治的分界。考虑到陶器群指示的文化亲缘关系、是否存在安阳贵族反映的政治地理景观,这个分界应该在长治盆地的中北部(图4.2),也就是说,长治盆地南部为中原国家直接控制,中北部则处在控制之外。

总结起来,经过数十年的工作,考古学为我们描绘了黄土丘陵与安阳之间地区的如下图景:

1. 蒲县境内的昕水河谷分布着一系列李家崖文化遗址,是出黄土丘陵向东的走廊。
2. 少量安阳的据点由与安阳关系密切的贵族统治,在战略性位置控制着人口稀少的临汾盆地、运城盆地。
3. 太岳山中有少量使用殷墟物质文化的聚落。
4. 太原盆地、河南西部都是人口异常稀少的地区。
5. 长治盆地人烟稠密,中、南部被安阳殖民控制,北部不受安阳控制。

以上文化和政治的景观是研究安阳的文字记录时必须要考虑的背景。

(三) 文字记录

将黄土丘陵看作商的敌人,特别是舌方和土方,根据的是500条左右关于安阳和这两个方冲突的占卜记录(李发,2011)。但是只有几条有关消息传递的验词在以往研究中最为关键,学者们往往使用它们作为估算舌方和土方位置的证据。下面我们首先分析这些占卜记录,然后验之以考古证据,探讨舌方、土方是否位于黄土丘陵。

1. 癸巳卜,㱿贞:旬亡忧。王占曰:有祟,其有来艰,迄至。五日丁酉,允有来艰自西。沚馘告曰:土方征于我东鄙,戋二邑,舌方亦侵我西鄙田。
(合集6057正典宾B)

2. 癸巳卜,□〔贞〕:……来艰,迄至……〔沚〕馘告曰:土〔方〕……舌方亦……
(合集6060正典宾B)

3. □□〔卜〕,□〔贞〕:旬亡忧。王占〔曰〕:……来艰。馘告曰:土方……侵我西鄙〔田〕……
(合集7152正+6059典宾B)

4. 〔癸亥卜〕,㱿贞:旬亡忧。五月。王占曰:有祟,其有来艰,迄至。七日己巳,允有来艰自西。微友角告曰:舌方出,侵我示𪐓田,七十人。五〔月〕。
(合集6057正典宾B)

5. 癸未卜,㱿贞:旬亡〔忧〕。王〔占曰:有祟〕,其有来艰,迄至。七日己〔丑〕允有来艰自西。微戈〔化〕告曰:舌方征于我奠……(反面)壬辰亦有来自西。沚乎〔告曰:舌方〕征我奠,戋四邑……
(合集584正+9498+7143典宾B)

6. 癸未卜,永贞:旬亡忧。七日己丑,微友〔化〕呼告曰:舌方征于我奠丰,七月。
(合集6068正典宾B)

7. 〔癸未〕卜,□〔贞〕:旬亡忧。王占曰:有祟,有𢦏,其有来艰。七日己丑允有来艰〔自□,徵戈〔化〕呼告:方征于我示……四日壬辰亦有来……

(合集 137 反+16890 反典宾 B)

8. 癸丑卜,争贞:旬亡忧。三日乙卯允有艰,单丁人豐彡于泉……〔三日〕丁巳兔子豐彡……鬼亦得疾。(正面)四日庚申亦有来艰自北。子娥告曰:昔甲辰方征于蚁,俘人十又五人。五日戊申方亦征,俘人十又六人。六月在敦。(反面)

(合集 137+16890 典宾 B)

9. 王占曰:有咎,其有来艰,迄至。九日辛卯,允有来艰自北。蚁妻姕告曰:土方侵我田,十人。 (合集 6057 反典宾 B)

10. 来艰自徵友唐,舌方征……䓟䵼、示、昜,戊申亦有来……自西,告牛家……   (合集 6063 反典宾 B)

11. 癸卯〔卜〕,永〔贞〕:旬亡忧。王占曰:有咎,眢羌其有〔来艰〕。四日丙午,允有来艰,□友唐告曰:"舌方征……入于覓,亦……"   (合补 1767 典宾 B)

12. □□〔卜〕,□贞:旬亡忧……允有来艰自西,䵼告曰……䓟魃、夹、方、杲四邑。十三月。   (合集 6063 正典宾 B)

13. ……五日丁未允有来……告曰:舌方征于我……三邑。

(合集 6066 反典宾典宾 B)

14. 〔癸〕亥卜,殸贞:旬亡忧。王占曰:〔有〕咎,其有来艰。六日〔戊辰允〕有来艰,沚䤜呼〔告曰:舌方〕……(合集 584 正甲+9498 正+7143 正典宾 B)

15. 癸巳卜,永贞:旬亡忧。■……唯丁。五日丁酉,允有〔来艰〕……于我东鄙,䓟……   (合集 6058 正典宾 B)

16. 癸巳卜,争〔贞:旬〕亡忧。四日丙〔申允〕有来艰〔自西〕。䵼告曰:□方䓟……夹……三……   (合集 6064 正典宾 B)

总体来说,这些占卜记录的内容是商和舌方、土方之间的冲突。商王在西和西北方向有臣属向他汇报聚落被攻击的消息。这些臣属往往报告若干聚落(邑)的损失,说明消息已经过他们的收集、汇总。

初看之下,这些记录提供了信使旅行的时间,如果我们知道行进的平均速度(取决于旅行方式和道路状况),就可以估算大致的距离,进而推断舌方、土方的大致方位。但在我们这样做之前,需要仔细分析这些记录的含义以明确几个潜在的问题。

首先,除了第 8 条卜辞,这些记录都只提到了信使到达的时间,没有说明出发的时间。唯一早于到达时间的日期是商王占卜之日,即一旬的最后一日。以往一些研究直接把这天作为出发时间来估算里程,显然过于简单化,因为敌人的袭击不可能总在一旬的最后一日发生。袭击和信使出发的时间完全可能在占卜之日以前,没有这项信息,我们就无法知道旅途上花费的时间,所以大多数卜辞其实不具备估算距离的价值(朱凤瀚,2007)。只有第 8 条卜辞记录了袭击发生的时间,可知路上所用天数,十分珍贵。

其次,第 8 条卜辞记录于敦地。敦在甲骨文中是常见地名,该地设置有廪、积、围,可见农业、田猎、祭祀等活动,商王武丁经常前往敦地。关于它的位置,学界有两种主流看法,一种认为在安阳西南的沁阳地区(李学勤,1959),一种认为在东南的濮阳地区(郑杰祥,1994)①。按照距离估计,这两个地方到安阳分别有 3 天和 6 天左右的行程(旅行速度的讨论见后文)。有一组卜辞隐约透露了敦地至殷墟的日程:

  17. 乙亥卜,争贞:王往于敦。
    贞:王夕出。
    贞:王勿〔夕〕出。
    之日用,戊寅竹出册。
    贞:㞢于象甲、父庚、父辛一牛。
    贞:勿㞢于象甲、父庚、父辛一牛。   (合集 6647 正典宾 A)

乙亥日两次占卜,第一次关于是否前往敦地,第二次关于是否夕时就出发,至戊寅日已在占卜是否祭祀几位祖先,很可能已经到达了敦地。乙亥至戊寅间的 3 日,也就是殷墟到敦地的日程。在第 8 条卜辞中,信使于戊申第二次袭击后从殷墟西北的蚁地出发②,经过殷墟,至第 12 日庚申到达敦地,减去殷墟到敦地的日程,则被袭击的蚁地距离殷墟大约 9 日行程。

再次,这些记录只提到了被袭击的聚落到安阳的行程,没有提到舌方、土方到被袭击聚落的行程。以往一些研究在处理这个问题时,似乎认为舌方、土方与被袭击的聚落比邻而居,至少相距不远;但与此同时,很多研究者又认为舌方、土方是游牧人,则可以距离被袭击聚落很远,这样就出现了矛盾。认为舌方、土方是游牧人的根据,或是拿西周的猃狁(大概也不是游牧人)和汉代的匈奴与舌方、土方比附而来,或是借用以前考古学上未经证实的说法(如某个考古学文化是游牧或半农半牧文化)。实际上,当前的考古学材料已证明内蒙古高原以南在相当于商代的时期没有游牧经济,认为舌方、土方是游牧人自然没有考古证据。同时,安阳的占卜记录对其他人群的生活方式并不关心,所以甲骨文中也没有游牧人存在的证据。

其实甲骨文材料暗示舌方、土方有固定的领地,并且他们距离商的边境应该不远。在很多卜辞中商王命令他的臣属(有时是汇报袭击事件的贵族自己)和军队对舌方或土方监视、戒备(甲骨文用"望""视""目"三个动词),每当舌方或土方"出",商王都知情,而且来得及从王朝中枢发出命令应对,如:

  18. 贞:舌方出,呼望……   (缀集 307 典宾 B)
  19. 贞:舌方亡闻。
    贞:登人五千呼视舌方。   (合集 6167 典宾 B)
  20. 贞:呼目舌方。   (合集 6194 典宾 B)
  21. 舌方出,不唯我咎。   (合补 1807 典宾 B)

---

① 钟柏生(1989)认为有东、西两敦地。
② 如果信使在第一次袭击后出发则不可能知道第二次袭击的发生。

从安阳发出命令说明受到威胁的地区距离安阳不很远,否则命令来不及起作用而没有任何意义;舌方、土方一有异动便能获悉,说明商人了解他们的活动地域,他们不是来去无踪的。在下面一组占卜中,卜人始于甲子贞问征伐舌方能否得到保佑;又于丁卯、戊辰连续两天贞问,四、五天后的辛未征伐舌方,是否得到保佑;到了计划的辛未日,卜人又问商王是否应亲自迎击舌方(逆伐)、是否能受到保佑;可能舌方逃遁,随后的壬申、癸酉两日,卜人再次贞问,祈求征伐舌方的保佑:

22. 甲子卜,㱿贞:勿呼多⊠伐舌方,弗其受有佑。　　　　　（合补1805 典宾）
23. 丁卯卜,争贞:翌辛未其敦舌方受有佑。　　　　　　　（合集6337 正宾三）
24. 〔戊〕辰卜,㱿贞:翌辛未令伐舌方受有佑。一月。　　　（合补1805 典宾）
25. 戊辰卜,宾贞:登人呼往伐舌方。　　　　　　　　　　（合集6177 正典宾）
26. 戊辰〔卜〕,亘贞:呼伐舌方。　　　　　　　　　　　　（合集6246 典宾）
27. 辛未卜,宾贞:呼伐舌方受有佑。　　　　　　　　　　（合补3128 正典宾）
28. 辛未卜,㱿贞:王勿逆伐舌方,下上弗〔若,不我其受又〕。
　　壬申卜,㱿贞:于河匄舌方。　　　　　　　　　　　　（合集6203 典宾）
29. 癸酉卜,㱿贞:呼多⊠伐舌方,受有〔佑〕。　　　　　　（合补1805 典宾）

这组卜辞说明何地、何时会遇到舌方对商人来说是可预计的。

商王朝对于舌方和土方并非疲弱地处于守势,根据甲骨文材料,商王朝也进攻舌方、土方,并且最终征服、灭亡了它们。商的高级臣僚、地方贵族、包括商王本人都参加过征战,商王甚至还进入土方境内,巡行、征伐了土方:

30. 庚申卜,㱿贞:今早王𢦏土方,〔受〕有〔佑〕。
　　庚申卜,㱿贞:伐土方,受〔有佑〕。　　　　　　　　（合集6398 典宾B）
31. 庚申卜,㱿贞:今早王𢦏伐土方。
　　庚申卜,㱿贞:今早王𢦏土方,受有佑。十二月。　　　（合补1864 典宾B）

从卜辞记载的日期来看,商与舌方、土方的冲突至少延续了好几年;冲突没有季节性,而是会发生在一年里的任意月份(罗琨,2010:248;李发,2011)。按照商人视角的记录,舌方或土方频繁"入侵",商也经常反击。这些反击看上去不像是远征,而更像是反复发生的边境冲突,因为冲突是如此频繁,除非舌方、土方有很强的快速移动能力,否则双方不可能相距很远。

现在我们确定了安阳距离被土方袭击的聚落蚁约9天行程,蚁距离土方也不会很远,就可以知道安阳到土方比9日里程稍远。在第1条卜辞中沚聝同时受到土方和舌方从东西两侧的袭击,由此可知舌方距离土方也不会很远。下一步我们将讨论交通方式和道路状况。

于省吾(1955)依据甲骨文材料认为晚商时期的陆路交通方式有车、马、步行。从考古发现来看,此时马车尚未普及,驾车的意义在显示权势地位,属于上层贵族的活动,安阳以外的许多贵族都未能拥有马车,因此于先生所认为的马车在商代已用于驿传是可疑的。甲骨文中于先生释为"驲"并作为驿传根据的字现在一般已改释为"迅"(裘锡圭,1989b)。而且马车在平原地区尚需良好的道路才能够发挥功用,在山路崎岖的山西高原则无法完成传递消息的任务。

关于骑马旅行,多数学者对早期骑兵持审慎态度,但也发现很多文化中骑马者比骑兵出现早(Shaughnessy,1988)。甲骨文中有一种被称为"马"的人,他们经常作为商王出行的前导(于省吾,1979)。"马羌"的称谓显示掌握这项技能的很多是来自国家西部的异族。甲骨文中还有"王学马,亡疾"的记录(合集13705),可能意味着商王学习训马或骑马术。这条记录也说明马这种异域动物从引入伊始就是精英阶层的宠物。安阳和老牛坡曾发现过一人、一马、一犬的墓葬,随葬马策和箭镞,不见马车。石璋如(1947:21—24)提出这种人是骑马人而非马车的御手。或许可以推测他们就是文字记录中的"马"或"马羌"。公元前2千纪后半,蒙古草原已经出现了骑马者(参看第五章);陕西甘泉阎家沟相当于商代晚期的墓葬发现了两匹青铜马,马背上铸出了衬垫的形状(王永刚、崔风光、李延丽,2007),也指示这个时期已经有了骑上马背的人(图版七七:12、13号)。我国境内骑马者的线索多出现在安阳和西部的陕西地区,颇值得注意。

尽管已经有了骑马者,但基于下面两个原因,马在殷墟时期大概还没有用于信息传递。其一,马在殷墟时期数量少而太过贵重。要将马投入信息传递,或要建立驿传系统,需要大量马匹,或至少在各级统治中心饲养一定数量的马匹。但是家马在殷墟早期刚刚引入中国,武丁时期仍很贵重。在考古发现里,马的遗存大都集中于殷墟,殷墟以外的发现较少,且都是用于显示地位的贵族车驾(参下文),商代国家各地马的数量不足以完成信息传递。在甲骨文记录里,马和骑马者的记录有300多条,马只用于祭祀、驾车狩猎(逐鹿)、战争(执羌、卫、御方、及戎)、出行护从、省廪等事。前引关于舌方、土方袭击商聚落的验词中,有些报告人的身份明确,如徵友唐(徵的僚友名唐者)、徵友角(徵的僚友名角者)、徵戈化(此人也称"徵友化",大概因为他同时有"友"和"戈"两种身份)、蚁妻笅(妻名笅者)、甾、氿戜,不见身份为马的人。事实上,甲骨文有大量报告消息的卜辞,还从未见马汇报的记录。其二,也是更重要的原因,商代晚期缺乏促使马进入通讯系统的社会动力。一个国家通讯的效率与统治地域的大小和竞争对手的水平相适应。当它的地域处在扩张中,或面临对手的严峻挑战,就会有更新军事技术的需求,战国时因应对北方游牧人而"胡服骑射"是一个显著的例子。晚商时期商王朝的统治范围比较稳定,它的军事能力远超相邻社会,不仅灭亡了舌方、土方,还经常掳掠大量羌人。商的通讯在相邻社会中大概已经是组织水平最高的。在家马引入前,中原国家一定已经存在以人力传递消息的系统。这种方式在晚商时期运转良好,因此没有投入昂贵马匹以升级通讯系统的动力。到了西周早期,中原国家进一步扩张,周王朝统治地域的拓展为马和马车的普及提供了动力,也对道路的建设提出了更高要求①。

---

① 西周道路建设的情况可以参看顾颉刚,1963。

关于步行,甲骨文中商王的出行方式最常见的是"步"。于省吾(1955)认为商王"步"的意思是以人力拖曳的步輂出行,则是由奴仆代替商王步行,不改变步行的实质。另外,甲骨文中调动军队用"步",这可能与信息传递的联系更为密切。宋镇豪(1994)、黄天树(2017)等研究者都认为甲骨文里的陆路信息传递使用步行方式。

在确定信息传递方式后,下一个问题是步行的速度和效率。《周礼·地官·遗人》里驿站设置的密度可以为我们提供一些人力传递效率的线索:

> 凡国野之道,十里有庐,庐有饮食;三十里有宿,宿有路室,路室有委;五十里有市,市有候馆,候馆有积。

除去提供饮食的庐,三十里、五十里有能提供食宿、补给的驿站。第一站 30 里约合 13.5 千米,第二站 50 里约合 22.5 千米。第一站适合为步行的信使提供半天的饮食休息,第二站适合为步行的信使提供一天的食宿。《周礼》记载的系统大概年代较早(如庐的名称),站点间的距离较短,似乎是基于单人的速度和耐力。到了战国晚期文献里,随着骑行的普及,为车马设置的驿站间距变大,如《韩非子·难势》:

> 夫良马固车,五十里而一置。

汉代出土简牍里记录的驿站间距也比较大,如居延新简《传置道里簿》:

> 长安至茂陵七十里
> 茂陵至茯置卅五里
> 茯置至好止七十五里
> 好止至义置七十五里
> 月氏至乌氏五十里
> 乌氏至泾阳五十里
> 泾阳至平林置六十里
> 平林置至高平八十里
> 媪围至居延置九十里
> 居延置至觻里九十里
> 觻里至㶇次九十里
> 㶇次至小张掖六十里
> 删丹至日勒八十七里
> 日勒至钧耆置五十里
> 钧耆置至屋兰五十里
> 屋兰至氐池五十里

悬泉汉简《传置道里簿》:

> 仓松去鸾鸟六十五里
> 鸾鸟去小张掖六十里

小张掖去姑臧六十七里

姑臧去显美七十五里

垔池去觻得五十四里

觻得去昭武六十二里府下

昭武去祁连置六十一里

祁连置去表是七十里

玉门去沙头九十九里

沙头去乾齐八十五里

乾齐去渊泉五十八里

右酒泉郡置十一,六百九十四里

上引汉代大多数的驿站间相距五十至九十里,27段路程平均长度为67里,虽然可能与西北地区人口较少有关,但更主要的原因在于车马已经是该地区主要的传递方式(特别是关中地区并不存在人口密度低的原因),变远的间距是基于马在一天内的行进能力设置的。

一般来说,一个步行的信使在平坦的道路上每天可以行进约25千米,例如唐代要求一个职业步递人员每天行进50里(臧嵘,1997),这是根据人类体力做的规定。如果加大基础设施投入,增强后勤保障,通过接力传递效率还可以大大提高。张家山汉简《行书律》规定"邮人行书一日一夜行二百里",应该是快脚接力才能达到的速度。晚商时期已经有了驿站的设置①,但高速接力似乎还没有出现。宋镇豪(1994:212)认为甲骨文中没有接力的迹象,安阳的消息传递从头到尾由一人完成。其原因大概与马未用于信息传递相似,后勤投入高昂,加之缺乏竞争的动力。

关于路况,有两点基本事实常被忽略。其一,实际的道路不是直线,在山区它只能沿着蜿蜒的河谷前进,又常需迂回以到达必经的关隘。信使的行程比直线距离要长得多。郭沫若(1933:112)曾根据上引第8条卜辞估算舌方的位置。他认为日行80里、14天的行程可以从安阳到达内蒙古。然而560千米只是安阳到内蒙古在地图上的直线距离,在现实中这个距离只能完成全部行程的二分之一,要抵达鄂尔多斯至少还有500千米。在本研究中,我用谷歌地球软件沿着前文复原的道路仔细丈量了里程,并尽可能参考了现在的交通图。此外,唐代以来的文献中记载的道路里程也是重要证据。根据严耕望的复原,安阳到长治的里程是350—400里(严耕望1986:1426—1427);长治到临汾的里程是382里(严耕望1986:1411)。这两个数据与我的测算都很接近。

其二,人在山区行进的速度要比在平原缓慢得多,安阳以西的太行、太岳、吕梁山脉都是很大的交通障碍,山区旅行的因素在此很重要。本研究将山区旅行的速度保守估计为平原地区的60%。为了方便计算,三个山区中70、90、50千米的路程都

---

① 笔者认为商代已经存在"庐"的设置,铜器上的署名"冉"相当于管理道路驿站的官员"野庐氏",详见曹大志、张剑葳,2020。

按乘以 1.67 的系数计算。

在以上情况下,步行的信使 9 天可以行进 225 千米左右,这个里程可以从安阳到达长治盆地中心(太行山区内的里程 70 千米,折算为平坦路途 117 千米,山区两侧的里程共 100 千米)。此估算表明被舌方、土方袭击的商聚落应位于长治盆地内,则舌方、土方应距长治盆地不远。这个结果最重要的意义在于文字记录并不支持把黄土丘陵认定为舌方、土方,因为黄土丘陵腹地距离安阳有 700－800 千米,距离长治盆地至少有 300 千米(折算为平坦路途)。黄土丘陵的部落与长治盆地内的商王朝势力在很大程度上是脱离接触的。

最后,我们用考古证据来检验舌方、土方的位置。在安阳以西和西北方向,舌方、土方不外乎位于以下地区:晋西南的临汾盆地和运城盆地(陈梦家先生主张此地区),晋西、陕北的黄土丘陵(胡厚宣、岛邦男、钟柏生先生主张此地区),晋东南的长治盆地及以北地区。

临汾和运城盆地应首先被排除,因为当地只有一些占据战略位置的安阳据点和少量围绕它们的卫星聚落,除此之外没有同时期聚落,也就没有安阳敌对势力存在的可能。

黄土丘陵是最流行的选项,但考古现象与文字记录并不吻合。黄土丘陵的高等级墓葬随葬安阳生产的青铜器,共存的金饰品和本地器物反映墓葬主人都是土著上层,这说明黄土丘陵的社会上层与安阳有很多联系。同时,黄土丘陵的陶器群与商文化陶器迥然不同,说明黄土丘陵的基层民众与商人没有什么联系。由此推断,安阳在黄土丘陵应该缺乏人员的直接驻扎,因此不见陶器上的文化影响,也就是说,安阳的政治军事力量没有真正在黄土丘陵存在过。但是在文字记录里,舌方、土方曾掳掠被商控制的人口,商王朝又反复征伐并最终征服了舌方、土方,这意味着商文化对被征服的舌方、土方基层民众应有强烈影响。更进一步看,黄土丘陵的人群不是游牧人,并没有历史学家所想象的高度的移动性。以位于石楼县的某个部落为例,攻击安阳对它来说基本是不可能的;攻击长治盆地的商聚落则要长途行军半个月,穿过黄土丘陵,翻越吕梁山、太岳山,途中还要经过分布着安阳据点的临汾盆地。即使我们假设某个首领有能力动员这样的远征(注意黄土丘陵的社群小而分散),他的动机又是什么呢?舌方、土方对商农田和聚落的侵袭通常只给它们造成几十个人和牛的损失①,这对行军 300 千米是充分的理由吗?支持"劫掠说"的研究者认为黄土丘陵人群为了争夺生存资源而侵扰中原国家(田广金、郭素新,1998),这是不自觉地将战国以后游牧人的历史投射到公元前 2 千纪,且现在我们已经知道黄土丘陵居住的并非游牧人。也有研究者提出黄土丘陵的人群好战,但当地人好战的认识无异于东周文献里中原人对"戎狄"的偏见。黄土丘陵确实已经出土了 200 件青铜武器,有的学者以此证明黄土丘陵人特别具有攻击性。然而商人的一座贵族墓就可能出土

---

① 罗琨(2010)根据合集 6070 正认为掳掠人口可达 800,但这条卜辞残甚(日壬□……舌方征……八百),无法判断"八百"代表的是什么数字。

上百件武器,商人的平民墓葬随葬武器也更普遍。如果以此为标准,究竟谁更好战?青铜武器因其实用性在当时有广泛的需求,用青铜铸造武器在青铜时代世界范围内都具有共性,很难以使用武器论证谁更好战。从考古背景来看,黄土丘陵人群袭击长治盆地内的商聚落很难成立。如此,考古和文字记录都不支持舌方、土方位于黄土丘陵的流行看法。

长治盆地及以北地区在以往研究中很少被提到,因为这里看上去距离安阳很近,似乎不容有敌对势力存在。但我们应该记得,长治盆地并非一直由中原国家统治,它是在二里岗上层至洹北时期才开始被殖民的,直到殷墟时期长治盆地的北部也没有被商王朝完全控制。它表现出的考古证据与黄土丘陵恰好相反,很少出土安阳生产的青铜器,陶器群则有明显的商文化特征。前者说明当地的社会上层与安阳没有联系,后者说明商王朝的力量对当地有强烈影响。结合考古背景和文字记录,我认为舌方、土方可能位于长治盆地北面多山的地区,因为只有这里同时满足下列考古及文字证据体现的条件:1.它位于安阳的西和西北面;2.它距离从安阳出发9天的里程半径不远;3.它拥有一定数量的同时期聚落;4.它不在安阳的直接控制下。满足第1、2个条件才与甲骨文记录相符,满足第3、4个条件才可能发生频繁的冲突。①

依靠片段的甲骨文材料,当代的研究者从安阳视角出发,把舌方、土方解读为好战凶猛、咄咄逼人、主动侵犯商领土的敌人,但考古证据反映的却是另一幅景象。大量发掘和调查材料显示,二里头时期长治盆地广泛分布着物质文化接近白燕四期的土著聚落。二里岗时期中原国家开始向长治盆地扩张,导致了当地文化的急剧变化,并在盆地南部出现一系列二里岗贵族的墓葬。殷墟时期分布在长治盆地北部丘陵的人群应该是白燕四期文化的直接后裔。他们与中原势力的冲突始于二里岗向长治盆地扩张。这种冲突延续到殷墟时期已经是土著人群对商王朝殖民征服的最后抵抗。从现有的调查材料来看,殷墟二期以后长治盆地北部的文化面貌和聚落数量都不明朗(国博,2015)。

在上述背景下,我们可以重新理解片段的文字记录。武丁以后的甲骨文只提到了一次舌方(罗琨,2010:246);甲骨学家普遍认为舌方、土方在商人持续打击下最终灭亡。在受到舌方、土方袭击的商人聚落中,有一些被称为"奠"(如上引第5、6条卜辞)。裘锡圭(1993)曾论证这个词的含义是安置被征服人群的聚落(作动词义为"移民安置")。可以推测这些"奠"内安置的人口本来就是被征服的当地土著,那么舌方、土方对奠的袭击可能只是试图夺回自己的人口和土地。武丁卜辞中虽然有数百条涉及舌方、土方的记录,但它们的内容都比较简单,不足以真正揭示冲突的背景和性质,这个案例说明甲骨文的解读应与考古材料对照来看。长治盆地北部及其以北

---

① 赵平安(2002)将"舌方"之"舌"字释为"羯"。按《魏书》列传第八十三,上党武乡有地名"羯室"。我们从考古学角度出发将"舌方"推测在长治盆地北部支持了这个释读。当然,这并不是说"舌方"与汉以后的羯人在人群上有任何关系。

的太行山区长期为不服从中原国家统治的人群占据,西周早期有攻击邢国的戎人(事见臣谏簋),西周中期有和黎国冲突的戎人(事见耆簋)①,东周仍是赤狄的领地。这里虽然距安阳不远,但山区由于地形复杂、人口分散,是早期国家最难控制的地方。

综上所述,"劫掠说"认为黄土丘陵发现的全部或大部分青铜器是两三个世纪冲突的战利品,这不太可能是正确的。安阳的占卜记录、黄土丘陵与安阳之间地区的考古记录都不支持这个看法。我们需要寻求其他的解释。

二、与安阳交易

如果黄土丘陵不是通过战争获得的青铜器,那么我们只有思考和平的方式。以下可能是容易想到的:

1. 礼物交换。在人类学概念里,礼物交换指一个人通过赠送礼物的方式来与另一个人建立或加强关系。礼物必须是贵重的物品,它超越了经济给付的考虑;它是一种姿态和约束,将责任施加于双方,特别是接收礼物的一方。接受礼物意味着需要回馈同样丰厚的礼物。虽然人类学家经常谈论的是简单社会中的礼物交换,但复杂社会中也存在礼物交换,在原则上并无不同。例如周代诸侯间的互相聘问、埃及法老与赫梯国王间的互赠礼品。马林诺夫斯基(Malinowski,1922)在研究"库拉圈"的时候注意到,礼物交换不是孤立的,与之相伴往往有一般物品的贸易发生。在我们研究的问题里,商王朝的官僚、贵族可能将青铜器作为礼物赠送给黄土丘陵的土著首领,后者回馈某种贵重物品。同时,双方之间还有其他货物的交换。

2. 政治婚姻。在这种可能里,青铜容器可以是送给黄土丘陵首领或其子女们的聘礼或陪嫁。政体之间结成婚姻,往往反映双方互不统属、处于均势。例如东周时期晋侯娶戎女,双方是毗邻而居的族群,以深入的交往为基础,通过婚姻加强双方之间的纽带。又如汉唐时期的和亲,双方处于相对均势,为了避免冲突,双方缔结婚姻可以继续发展其他关系。在我们的案例里,商王朝是大的地域国家,黄土丘陵有数十个互相竞争的小政体,双方政治、经济、社会发展都很悬殊,所以政治婚姻不大可能发生于商王室与黄土丘陵的首领之间。如果曾经发生,只会发生于晋南的商人贵族和黄土丘陵的首领之间。政治婚姻是加强社会关系非常正式的方式,它也不会独立发生,而是以很强的经济、政治关系为前提。换句话说,如果发生政治婚姻,则在此之前已经存在深入的经济、政治联系。

3. 供纳贸易。在这种可能里,商王将青铜器"赏赐"给黄土丘陵的首领们。这是以往学界相对愿意接受的解释,但商王显然不会无故做出赏赐,我们需要思考使这种行为合理的理由——例如黄土丘陵的首领同时向商王朝贡。有的研究者可能

---

① 臣谏簋铭文:唯戎大出于軧,邢侯搏戎,延令臣谏以□□亚旅处于軧,从王□□,臣谏曰:拜手頴首,臣谏□亡,母弟引庸有长子□,余弇皇辟侯,令肄服。作朕皇文考宝尊,唯用绥康令于皇辟侯,匄□□(集成4237)。耆簋铭文:唯十月初吉壬申,馭戎大出于楷,耆搏戎,执讯获馘,楷侯蔑耆马四匹、臣一家、贝五朋。耆扬侯休,用作楷仲好宝(新收1891)。

会认为，朝贡说明商王朝可以支配黄土丘陵。然而，迄今的考古材料显示黄土丘陵并不存在商的势力，所有高级墓葬都属于本地的贵族，说明商王朝并不能在政治和军事上真正控制黄土丘陵①。赏赐本身也意味着这种朝贡与单纯基于武力征服的强制性供纳不同。这种关系更接近被研究者称为供纳贸易的关系。供纳贸易与单纯的供纳不同，它是以供纳/赏赐为名，行贸易之实。比起前述的礼物交换，多了一层双方在名义上对相互地位不对等的认可。公元前1千纪末，汉王朝外的政权向中国进贡，作为被允许与中国贸易的代价，汉王朝回馈价值更高的礼物，维持安全及意识形态上的优越感（Yu，1967）。至东汉时，应劭《汉官》记载："（匈奴）单于岁遣侍子来朝，谒者常送迎焉，得赂弓马毡罽他物百余万，谒者事讫，还具表付帑藏，诏书敕自受。"（《后汉书·百官志五》刘昭注引）说明匈奴以朝贡为名，贸易大量货物。其后唐与回鹘之间的绢马贸易与之类似，是典型的供纳贸易。更晚近的大一统帝国时期，东南亚国家在供纳的名义下与中国进行一般货物的贸易；中国皇帝则赏赐礼物以赢得政治和文化上的优越地位。如果剥离意识形态层面，贸易关系无论对东南亚国家还是中国都是主导因素，中国并不能在政治上控制其贸易伙伴。供纳贸易在根本上是交换而非强制关系，无论是否发生过征服都可以达成这种关系；如果缺少了互惠性，这种关系便无法持续。

4. 商品贸易。在这种可能里，安阳的青铜器被贸易至黄土丘陵，交换其他货物，不是国家行为，没有什么特别的政治或意识形态的含义。

上述几种可能在很大程度上都是交换关系。交换是非暴力的社会交往中最基本的形式（交换的结果未必是对等互利的）。但青铜器交换的问题以往不被重视。有一种看法断章取义地引用《左传·成公二年》记孔子"唯器与名不可以假人"的言论，否认青铜器交换的可能。但《左传》原文的意思很清楚，是强调统治者不可以随意赏赐标志地位的称号和器用，并非贵重物品不能买卖（《左传·昭公三十二年》"是以为君，慎器与名，不可以假人"也是这个意思）。还有一种观点认为青铜器因为是神圣的祭器，所以绝对不能用于交换。青铜器既有祭器也有自作用器，尽管贵重，但自作器是器主可以支配的财产；祭器虽然在正常情况下不会用于交换，但财产总是以各种方式在流动，一旦流动出家族，也就不再具有神圣的意义。其实在文献记录里祭器也有被交换的例子，如《左传·襄公二十五年》"庆封如师，男女以班，赂晋侯以宗器、乐器"；"陈侯使司马桓子赂以宗器"。这样的事例虽因违背礼教而被谴责，但在社会现实中却会不可避免地发生。商周时期墓葬中随葬的青铜器，很常见器主

---

① 《周易·既济》九三爻辞"高宗伐鬼方，三年，克之"，一般把这作为商王武丁曾征服鬼方的记录（鬼方有可能地近黄土丘陵，参看第六章）。但王玉哲指出早期战争不会持续三年之久，并根据先秦编年体史书的体例，认为应该理解为"高宗三年，伐鬼方，克之"。则征伐的主体在这条文献中没有明确交待。又《周易·未济》九四爻辞"震用伐鬼方，三年，有赏于大国"，应理解为"（高宗）三年，震用伐鬼方，有赏于大国"，是记周人征伐鬼方，受到商王朝赏赐（王玉哲，1986）。周代文字材料中还有小盂鼎、《竹书纪年》等提到周人与鬼方的冲突；而商代甲骨文中鲜少提及鬼方，并且没有冲突的记录。如此看来，商王朝是否征服过鬼方并不明确。即便发生征服，也不大可能包括整个黄土丘陵。

不一致的情况,这是财产流动的直接体现(这种流动未必都是死后的助葬)。考古发现中原文明所生产的青铜器广泛出土于中原以外,远达内蒙古、青海、广西等地,认为青铜器不能用于交换不过是一厢情愿的幻想。贵重物品因审美价值和经济价值广受欢迎,它能象征身份,增强社会地位,更容易被广泛交换,这是跨文化的普遍现象。

如果黄土丘陵与安阳间存在交换关系,上述形式中究竟以哪个为主呢?以实物遗存为研究对象的考古学只能看到交换的结果,未必能够区分出交换的形式。Gledhill和Larsen(1982)曾指出,史前时期(我们的案例是原史时期)的交换不是简单的商贸关系,也不是非经济的社会交往。所有形式的交换都包含经济的、社会的、政治的、环境的因素和动机(Oka and Kusimba,2008)。尽管如此,这并不是说在具体案例里所有因素都有同等重要的地位,以致没有进一步研究的必要。在证据清楚的时候,我们可以否定一些可能,而更倾向于另一些可能。以政治婚姻为例,两个理由说明它在黄土丘陵与商的关系中不太可能是主要的形式。其一,商王朝很难被认为与黄土丘陵的简单社会处于均势,而需要与数十个小政体和亲,黄土丘陵所见的安阳铜器也罕有王室水平者。其二,理论上晋南盆地内的商人贵族可能和黄土丘陵的首领通婚,但由铭文材料可知,商人据点的贵族身份明确,黄土丘陵出土铜器迄今没有表现出与他们有什么特别联系,许多的罕见样式更可能直接来自安阳,而不太可能都出自晋南的盆地。同时,晋南商人据点的物质遗存也没有表现出很多黄土丘陵的印记(作为对比,西周晋侯墓地和霸伯墓地都有异族联姻的显著证据)。

为了探索交换的具体形式,下面我们将从三方面的问题入手。我们将首先考察可能被用于交换的物品——这也是考古学研究交换的核心问题;随后我们会讨论参与交换的具体人员,关注他们的身份及其发挥的作用;最后,我们通过考古记录的遗物分布研究货物的流通过程。考古证据很少能够重建一个完整的交换系统,在大多数情况下,我们所能做的只是拼凑其物品来源和分布的证据。幸运的是,在探讨前两个问题时,我们除了考古证据还有来自交换一方的文字证据。后文我们将看到,安阳的占卜记录对于研究当时贸易的机制是有帮助的。

(一)可能交换的物品

在上一章,我们已经看到安阳的青铜器成品和金属原料都进入了黄土丘陵。要判断由黄土丘陵返还安阳的是什么,我们需要考察黄土丘陵能够提供、安阳又渴望得到的物品。黄土丘陵的资源非常有限,最可能的货物是牲畜,包括马、牛、羊,以及皮子、羊毛等副产品。

1. 马

黄土丘陵或许看上去不像适合养马的环境,但很多证据表明它不仅适合养马(例如黄土丘陵的气候比中原地区更接近北方草原),而且是我国最早引入家马的地区之一。在国家养马最盛的汉唐时期,中央政府在条件适合的地方建立养马场,其中有的就位于黄土丘陵北部(谢成侠,1959)。公元5世纪郦道元的《水经注·河水三》记载:

> （土军）县有龙泉，出城东南道左山下。牧马川上多产名驹，骏同滇池天马。

土军即今石楼，"牧马川"是屈产河。屈产河谷出产良马，这个说法还有更早的文献记载。《左传·僖公二年》：

> 晋荀息请以屈产之乘与垂棘之璧，假道于虞以伐虢。公曰：是吾宝也。

《左传》"屈产"之地有石楼、吉县两说，都在黄土丘陵偏南。这个记载说明春秋战国时期，黄土丘陵就以出产良马闻名了。

确凿的证据来自高红、西岔、石峁遗址的动物考古记录（罗运兵，2007；杨春，2007；胡松梅等，2016）。高红发现了至少 1 匹、西岔发现了 7 匹、石峁已报道了 1 匹马的个体，时代都属于殷墟时期。另外保德林遮峪发现了一套车器，暗示有马存在。这一时期安阳以外发现的马数量很少，除了下述商腹心地区及先周的遗址，只有以上 3 处黄土丘陵的遗址和北京昌平张营（参看第七章）发现过家马的遗存，这非常值得注意。而且黄土丘陵目前只有 4 个遗址的动物遗存经过系统研究，高红、西岔、石峁是其中三个，马出现的概率很高，可以预计黄土丘陵有更多的遗址会发现家马遗存。

反观商王朝的马匹供应，动物考古证据显示都城完全依赖外部输入，马遗存的分布则说明商王朝内地在分散养马，同时在西部和北部边缘有马的外部来源。迄今为止安阳已经发现了数百匹马，皆为成年，不自然的年龄结构说明马不是在安阳出生的，而是长大后被带入城市。裘锡圭（1989b）解读了一批甲骨文，内容是占卜即将出生的幼驹的颜色，表明商人能够自己繁殖马匹。或许商王和贵族在安阳郊外建有马场，未成年死亡的马匹因此在殷墟没有考古发现。不过我们不能据此认为商王朝在内地大量繁殖马匹，因为晚商时期安阳以外马的数量有限。目前河南、山东、河北的腹心地区仅有十余处相关发现。青州苏埠屯、滕州前掌大、惠民大郭、平阴朱家桥、内丘小驿头发现过少量马的遗骸（参看菊地大树，2019）[①]；济南刘家庄、沂源东安村、定州北庄子、灵寿西木佛、罗山天湖、荥阳小胡村、郑州人民公园发现有车马器，暗示当地有马存在（图 4.6）。与西周相比，晚商时期马的使用尚未普及，河南、河北、山东的六十个铜器群中仅十个左右出土了车马器，说明即使中级贵族也未必拥有马。多数车马属于殷墟晚期，早期的数量很少。所以商王朝虽然已经开始繁殖马匹，但并不意味着可以自给自足，年代越早越是如此。而且，马匹的繁育不能取代输入，即使在汉唐国家养马达到高峰的时候，政府也要从中国以北和西北进口大量马匹（谢成侠，1959），因为那里的马品质更好。

历史时期中原王朝的马匹供应有三种基本形式：一、在内地分散养殖；二、在边地设置国家养马场；三、从域外输入。上述商王朝腹心地区发现的马多与马车伴存，这里主要是马的消费地，也会有分散的养殖。在腹心地区之外，我们可以看到两个方向可能有边地和域外马的来源。其一是东北方向的华北平原北部至燕山地区，我

[①] 据宋艳波博士惠告，济南大辛庄、菏泽青丘也出土有殷墟时期的马遗骸。

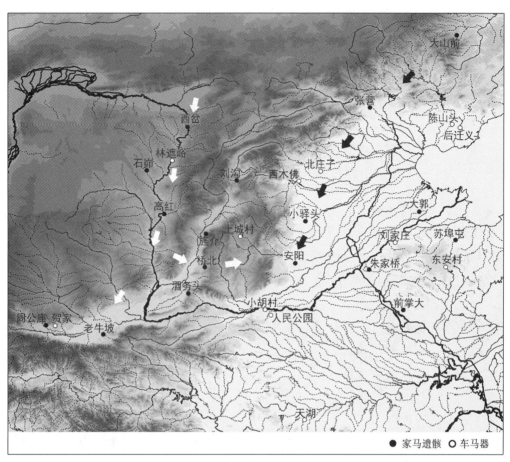

图 4.6 商代晚期家马和车马器的发现

们将在第七章对这里详细讨论。其二为西北方向的山西南部至黄土丘陵地区。山西、陕西有四处商遗址都发现了马的遗骸,即灵石旌介、浮山桥北、闻喜酒务头、西安老牛坡,此外山西武乡上城村发现过青铜马衔,暗示存在马(图4.6)。这些商西部边地的据点位于黄土丘陵的东部、东南部边缘,有可能从黄土丘陵获得马匹。我们在下文将会看到文字和锶同位素证据,但考古发现的分布规律已经非常重要:殷墟时期只有不多的地方发现了马,其中就有黄土丘陵和山西境内的安阳据点。

安阳的据点浮山桥北位于黄土丘陵至安阳的主要道路上(后世的乌岭道),它的角色值得特别注意。桥北两座大墓 M1 和 M18 的墓道中随葬了马车,车舆较小而呈圆弧形。吴晓筠(2011)根据车器特征指出桥北的两辆车和小屯 M20、M40 的车都属于殷墟二期偏早,是中国所知最早的车马遗迹,这个观点无疑是正确的。安阳西北岗 M1136、M1137 出土年代很早的车,车舆也是圆形。中亚、蒙古发现的马车实物和岩画绝大多数是圆形车舆,可以说明马车初被引入时应是圆形车舆,殷墟三、四期的马车车舆才变成了长方形,并且空间变大。桥北的马车至少和小屯 M20 一样早(追缴的铜容器也表明大墓可以早到殷墟二期),但是车器有典型的安阳纹饰,已经"中国化",说明这两辆马车应是安阳制造的。那么桥北何以能在众多的安阳外围据点中率先得到安阳的马车呢？一个可能的解释是，桥北在为安阳获取车马资源的事务中具有特别的地位，如同盘龙城在为郑州获取铜料方面有特别地位而得到大量郑州生产的铜器。这个地位也使得桥北拥有晋南地区已知等级最高、年代最早的大墓。很多学者都已提出，马和马车是同时传入中国的。桥北出现较早的车指示那里也存在较早的马（例如 M1 和 M18 的马）。桥北可能是将黄土丘陵的马匹输送到安阳的关键一站。

安阳的文字记录可以与考古记录吻合，证实马的确是从外地输入城市的。需要强调的是，这些文字并不是经济账目而是占卜记录。占卜中提到的资源流动或多或少都与仪式行为有关（刘源，2004），所以只能反映资源流动的一小部分。最大量的经济活动一定是常规性地记录于便宜、易书写的媒介（如竹简）。尽管如此，无论资源的流通渠道和用途如何，获得它们的方式并无不同。在甲骨卜辞中，有很多条某人"以""来""入"马的记录；商王也曾命令臣属"取"马：

32. 贞：古来犬。
    古不其来犬。
    古来马。
    不其来马。
    贞：孛呼取白马，以。
    孛其来。
    不其以。　　　　　　　　　　　　　　　　　　（合集 945 正典宾 A）

33. 乙未卜，丙子……曰弜来马(?)。　　　　　　　（合集 9174 师宾间）

34. 弜来马，承……　　　　　　　　　　　　　　（合集 9175 师宾间）

35. 贞：戬不我其来白马。　　　　　　　　　　　　（合集 9176 正典宾 A）

36. 甲辰卜，㱿贞：癸来白马。王占曰：吉，其来。
    甲辰卜，㱿贞：癸不其来白马，五〔月〕。　　　（合集 9177 正典宾 A）

37. 甲申卜，㱿贞：以马。　　　　　　　　　　　　（合集 8961 正乙典宾 A）
    不其以马。　　　　　　　　　　　　　　　　　（合集 8961 正甲典宾 A）

38. 其以马。　　　　　　　　　　　　　　　　　　（合集 8962 典宾 A）

39. 贞：以马。四　　　　　　　　　　　　　　　　（合集 8963 正典宾 A）

40. 己巳卜，雀取马，以。
    𡉚以马自薛，十二月。允以三丙。　　　　　　　（合集 8984 宾一）

41. 己酉卜，㱿贞：方肩马取，呼御史。
    贞：勿呼取方肩马。　　　　　　　　　　　　　（合集 8796 正典宾 A）

42. 壬辰卜，古贞：呼取马于街。以。三月。　　　　（合集 8797 正典宾 B）

43. 壬辰卜，王贞：令侯取马贾，涉。　　　　　　　（合集 20630 师小字）

44. 弗其取弜马，以……在易。　　　　　　　　　　（合集 20631 师小字）

45. 叀马呼取，王弗悔。　　　　　　　　　　　　　（合集 26901 无名组）

46. 乙未卜,賓貞:右史入駛,牡其犅,不少。
乙未卜,賓貞:賈子入駛,牡一匹犅
乙未卜,賓貞:自賈入赤牡,其犅,不少。吉。
乙未卜,賓貞:辰入駛,其犅……
(合集 28195 何组)

47. ……賈延馬二丙。辛巳雨,以電。(合集 21777 非王圆体类和劣体类)

这些卜辞涉及的人可以分为三类,第一类包括雀(40 条)、㠯(33、34、44 条)、古(32 条)、奠(36 条)、右史(46 条)等,他们是商王朝的高级臣僚,曾参与各种事务;第二类是賈(43、46、47),他们是职业商人,经常从事马的买卖(40 条中的𠦪也是賈,详后)。我们将在后文对这两类人进行探讨。第三类有沚馘(35)和䚛(42),他们也是商王朝的臣僚,但由前引关于信息传递的卜辞可知,他们被派驻在山西。其中䚛与马、车有特别的关系,甲骨文中有"䚛马子白"(合集 5729)、"于䚛黑左"(花东 352)等记录,马因来自䚛而称为"䚛马""䚛黑"。西北岗 M1403 出土时代很早的车踵饰上有"䚛"的铭文,可知䚛也是一个很早便拥有马车的角色①。沚馘和䚛向安阳输送马匹,意味着山西的据点是安阳马匹的来源之一,这与考古证据显示的若合符节;而这类据点的马,很可能有一部分最终来自黄土丘陵。

2. 牛

牛作为一种贸易货物的证据不如马那样丰富。首先,与来源有限的马不同,黄牛在中国北方已经有了上千年的驯养历史,分布十分广泛。其次,安阳的文字记录显示商自己饲养着不少牛。商王在各地建立过很多牧场,任用称为"牧"的官员进行管理(甲骨文中有"在某牧""南牧""北牧""二牧""三牧""左牧""中牧""右牧"等),并掳掠来异族劳力进行劳动(甲骨文称为"刍")。商王有时亲自去检查牛的饲养情况,如:

48. 丙寅卜,殻貞:王往省牛于敦。(合补 2688 正典宾 B)

当牛被征收,有时使用的动词是"共"和"登",与用于征集人和谷物的动词一样②,说明这部分牛是在商的境内饲养、集中、再分配的,完全在商内部经济体系的控制下。

商代社会对养牛业如此投入是因为牛的消费量非常大。胡厚宣(1944)、张秉权(1968)等先生梳理过甲骨文中的牛牲,证明商人在一次祭祀仪式中消耗的牛可以达到十分惊人的程度。不过依靠文字记录很难得到牛消费总体规模的认识,因为从大

---

① "䚛"即"送"字(参看刘钊,1989)。"送"在古书里常见的意思是武装护送贵族或押送徒役。古汉语名动相因,作身份的名词"送"可能是执行护送事务的官员,大约相当于《周礼》候人。商代可能有多个送官,宾组卜辞中"䚛"在山西,有"西䚛"的称呼(见合集 13742),灵石旌介商墓见"䚛"的铜器可能与"西䚛"有关。黄组卜辞中"䚛"在东方(合集 37392),济南刘家庄有 2—3 座墓葬集中见"䚛"的铜器。

② 1. 貞:呼共牛。(合集 97 正)
2. 庚申卜,㱿貞:共牛。(合集 3864)
3. 貞:其登牛叚于唐。(合集 13390)

量的占卜记录中建立一个时间表非常困难,且重复占卜、是否实施等因素很复杂①。在这方面,目前有两项考古学研究可以给我们一些牛消费规模的直观印象。

其一,李志鹏研究过殷墟两个居住区孝民屯和白家坟的动物遗存。在孝民屯,牛占动物最小个体数的 18.9%—25.5%;在白家坟,牛占可鉴定标本数的 49%。这两个比例仅次于家猪,但在肉食的提供量上已超过所有哺乳动物(一头牛可以提供 150 千克的肉食,是一只猪的 3 倍)。白家坟只是一个普通居住区,没有很多贵族精英生活的迹象。这说明即便是安阳的普通居民,食用牛肉的量也超过了猪肉(李志鹏,2009:56—57)②。

其二,安阳已经发现了几个制骨作坊,牛的长骨是最主要的骨器原材料。Campbell 等对近年发掘的铁三路制骨作坊进行了初步研究,他们估算这个作坊的生产期间共利用了 11 万头牛,平均每年 700 多头(Campbell et al.,2011)。铁三路只是安阳几个制骨作坊中的一个,这样算起来,整个城市每年仅进入制骨作坊的牛长骨就可以代表几千头牛,而遗址里发现的牛骨量也很大,未被作坊利用的牛还有很多。

牛的消费量既然如此巨大,商的养牛业是否能够自给自足便值得考虑。商的经济基础是农业,它与大规模的牛羊饲养之间存在深层次的不兼容。少量的牛(例如耕牛)可以融入家庭为基础的农业,但是前文的比较已经指出,商代饲养牛的比重远超过传统农业的水平,牛的死亡年龄结构具有肉食取向的特点,这样大规模的养牛业会引起很多问题。

首先,牛的食量巨大,需要很大的草场。在华北平原,一头牛所需的土地面积用于种植业足够养活一家人。如果在商文明的核心地区大量养牛,会稀释人口密度,这与早期国家集中人口的原则相悖。其次,即使我们假设当时聚落间的隙地很多、人口密度低的地区都被用来养牛,养牛业仍需要大量劳力。看管牛、给牛饮水、准备冬天的饲料需要专人,牛的育肥过程需要清洁、照料、精细的食物,特别花费劳动。如果将作物秸秆利用为饲料,养牛所需的草场可以减小,但收割秸秆需要投入额外的劳力(商文化只收割谷穗的石刀减少、收割秸秆的石镰增加可能与牛羊饲养的发展有关)。在不减少种植者和粮食生产的条件下获得这些额外劳力并不容易,这可能是商为什么强迫羌夷等异族人口进行饲养工作的原因。

世界其他早期文明的案例表明,城镇化社会对牲畜的需求可以通过跨地区的贸易来满足,这种贸易见于埃及和努比亚之间,也见于两河流域的冲积平原与周围的荒原之间。甲骨文中除了"共"的牛,我们也可以看到一些人"以"牛至安阳,最大的数字可达 400 头。"以牛"的人既包括商的高级官僚,也包括商统治范围外的部落:

---

① 姚萱(2006)依据占卜内容和日期,对花东 70 版龟甲上的 400 条卜辞进行了排谱。根据这组卜辞,花东之子家在 60 天内至少平均每天消费 0.7 头牛、0.5 只羊、0.5 只猪。
② 赵昊先生向我指出,李志鹏这个解读的风险在于牛骨遗存不等同于牛肉,下层居民获得的或许只是残存少量肉的牛骨。不过即使是这样,安阳的普通居民能够接触到牛的蛋白质、脂肪,还是能够说明这个城市牛的消费量相当大。

49. 以牛四百。　　　　　　　　　　　　　　　　　　（合集 8965 典宾）

50. 以百牛。　　　　　　　　　　　　　　　　　　　（合集 8966 典宾）

51. 贞：以牛五十。　　　　　　　　　　　　　　　　（合集 8967 典宾）

52. 贞：以牛五十。　　　　　　　　　　　　　　　　（合集 8968 典宾）

53. □未卜，贞：畢以牛　　　　　　　　　　　　　　（合集 8975 宾出）

54. 丁未贞：畢以牛其用自上甲㱃大示。
　　己酉贞：畢以牛其用自上甲三牢㱃。
　　己酉贞：畢以牛其用自上甲五牢㱃，大示五牢。
　　己酉贞：畢以牛其用自上甲㱃大示惠牛。　　　　　（屯南 9 历二 B）

55. 癸亥贞：危方以牛其登于来甲申。　　　　　　　　（合集 32896 历二 B）

上引 53—54 条卜辞中的"畢"是一位高级官僚，有亚畢之称；55 条里的"危方"一般认为在东南方，是商王朝以外的政体。以往的研究一般认为"以牛"意味着供纳义务，但甲骨文很简短，从中并看不出这些牛被输送属于什么性质，也不知道牛的最终来源。前述"沚馘来白马"的记录以往也被解读为供纳，现在我们通过考古材料知道所"来"的白马有可能最终来自黄土丘陵，其背后或许涉及与其他经济体的交易，而沚馘所做的也可能是职务行为。这个例子提示我们，"以"的资源并不问来源、途径。官僚"以牛"反映的既可能是他领地里的税收，也可能是他执行的采办任务；部落"以牛"既可能是供纳，也可能是与商的交易。

商王还经常命令人员"取牛"，而后再"以"所取。在后文我们会看到，动词"取"是不论来源、方式的获取，在一些语境下可以是有偿的换取。

56. 甲申卜，宾贞：呼取佳牛。　　　　　　　　　　　（东研 273 典宾 B）

57. 贞：取牛。　　　　　　　　　　　　（合集 8799、8875、10133 正典宾）

58. 呼取牛。　　　　　　　　　　　　　　　（合集 8801、8831 典宾）

59. 贞：共牛于柴。
　　取牛。
　　取牛。　　　　　　　　　　　　　　　　（合集 8802+8934 典宾）

60. 戊寅卜，宾贞：呼取牛。　　　　　　　　　　　　（合集 8810 正典宾 B）

61. 戊午卜，宾贞：呼取牛百，以。王占〔曰〕：吉。以，其至。　（合集 93 反典宾 A）

62. 贞：勿巳(？)取牛，弗其以。　　　　　　　　　　（合集 8805 典宾 B）

63. 戊寅卜，亘贞：呼取宴牛于……　　　　　　　　　（合补 2346 典宾 B）

64. （贞：）呼〔取〕牛〔于〕垚。
　　贞：勿呼取牛。　　　　　　　　　　　　　　　（合集 8806 典宾）

65. 贞：呼取牛。
　　呼于唐。　　　　　　　　　　　　　　　　　（合集 8808 正典宾 A）

66. ……臭取甾宫牛，以。　　　　　　　　　　　　　（合集 8977 正典宾 B）

上引卜辞中被"取牛"的人或地方有垚、唐、甾。垚是商王朝的高级官僚，有"王垚"之称,涉及很多事务。唐一般认为在晋南。鉴据前论信息传递的卜辞也在山西。跨越太行山、从这么远的距离输入牛,可见安阳的消费能力。且晚商时期晋南人烟稀少,那里输送的牛也可能来自西面大量养牛的黄土丘陵。有一组卜辞提到商王往西方征收物牛:

67. 合束。
　　贞:冒物牛。
　　王往省从西。
　　王往出省。
　　王合束。
　　王往省。　　　　　　　　　　　　　　　　　　　　　　(合集 11181 典宾 B)

"冒"的意思大概是计数、检阅,引申为征收(详后文)。"合束"读为"盖积",是巡视、封存某地的积聚(曹大志,2016)。甲骨文中有其他占卜可以说明"省牛"是为了随后"冒牛"①。第 67 条卜辞则把目的"冒物牛"说在前面,往西方"出省"是为巡视积聚和征收那里的牛,可见西部是商王朝牛的来源之一。

殷墟时期大都市里牛消费量的突然增长,可能也暗示着国家获得了稳定的外部供给。根据李志鹏(2009)的研究,自二里头时期起,黄牛在二里头、偃师商城等都城遗址内哺乳动物中的比例一直缓慢增长,大约 400 年的时间里(约公元前 1850—1400)从 5% 增加到了 20%。其后从洹北商城到殷墟的一个世纪内(公元前 1400—1300)则急速增加到了 50%,进入殷墟时期后一直保持在这个水平(图 4.7)。如果说缓慢的增长代表了二里头和二里岗国家养牛业的发展,那么爆炸式的消费增长则可能涉及从外部的输入。根据考古材料,殷墟时期养牛较多的地区有燕山地区和我们的研究对象黄土丘陵。这个陡然增长的时间恰好也是安阳与养牛多的地区建立联系之时,这应该不是偶然的。

3. 羊

商人礼仪中消费的羊数量也不少。在动物考古记录里,哺乳动物中羊的比例在安阳可达 15%,比普通聚落 5% 的水平高很多(参看第二章),而且迄今安阳没有发现幼年羊的报道,所以这个城市对羊的需求肯定要依赖外部的供给。另一方面,自二里岗以来都城遗址内羊的消费比例看上去很稳定(李志鹏,2009),没有出现类似黄牛的突然增长。在华北平原,养一只羊需要一公顷的土地,所以大规模的养羊与商文明的农业社会不相容,这大概可以说明羊在小聚落的动物群中为何只占 5%。

---

① 丙寅卜,𣪊贞:王往省牛于敦。
　　贞:王勿往省牛。三月
　　贞:□兴多沚。
　　贞:王往省牛。
　　贞:勿往省牛。
　　贞:冒牛百。(合补 2688 正典宾 B)

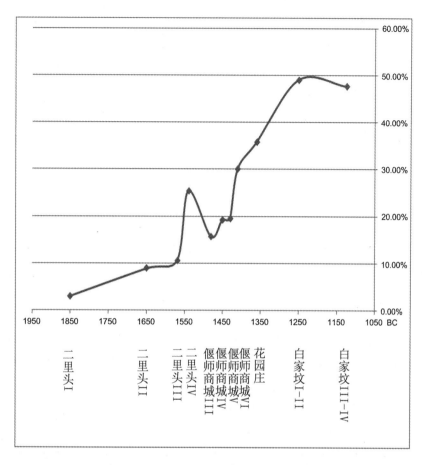

图 4.7 二里头至殷墟时期大都市中牛消费量的增长

安阳消费羊的水平更高,既可以从基层征收,也可以通过对外贸易获得。如果黄土丘陵与安阳间进行羊的贸易,有两个因素是有利的,其一,由于生态环境的差异,黄土丘陵饲养着大量的羊,与华北平原可以形成资源互补;其二,羊是能够自己行走的货物,可以克服两地间困难的运输条件。

在甲骨文中,既有"共羊""登羊",也见"冒羊""取羊":

68. 勿呼共羊。

　　贞:出于祖丁。　　　　　　　　　　　　　　　　（合集 8949 典宾 B）

69. 贞:勿呼共羊。

　　贞:勿燎于河。

　　贞:出〔于〕南〔庚〕。　　　　　　　　　　　　（合集 8950 典宾 B）

70. 登羊三百……　　　　　　　　　　　　　　　　　（合集 8959 典宾）

71. 丙午卜,争贞:冒羊于夌。　　　　　　　　　　　（合集 11199 典宾 B）

72. 贞:勿呼取羊。

　　贞:呼取羊。

　　呼取羊,弗艰。　　　　　　　　　　　（合集 8812 反＋8813 反典宾 B）

73. □戌卜，取羊。 （合集 8878 典宾）
74. 取羊于戈。
    勿取。 （合集 3521 反典宾 A）

有一条典宾组卜辞说："贞：乎视羊于西土，由"（合集 8777）。根据考古资料，商王朝的西部边境在灵石旌介—浮山桥北—闻喜酒务头一线，西土大概指晋南和豫西地区。安阳发出命令视察西土的羊，或是在西土建有牧场，或是准备在那里征收、交易，都意味着跨太行山调集动物资源。遗憾的是，西土所指比较宽泛，其他卜辞也没有什么具体地名可以确定输入羊的来源。仅凭文字资料已经不足以探讨这个问题，我们必须寻求其他方法。

(二) 锶同位素证据

贸易的考古学研究很困难，因为多数的贸易物品可能是有机质的，在考古记录中几乎留不下痕迹。幸运的是，黄土丘陵最可能贸易的货物是牲畜，它们的骨骼保存时间较长，可供考古学研究。考古学家发现动物牙釉质的锶同位素组成可以用来研究迁徙问题(Price, Burton and Bentley, 2002；Bentley et al., 2003)。它的理论基础是：每个地方的锶同位素组成由地质和水文条件决定，依地质年龄和岩石类型而不同；动物通过进食把生活地的植物和土壤内的锶元素不断摄入体内，各地的动物从而具有地方特征。致密的牙釉质可以保存出生地的锶同位素特征(Montgomery, Budd and Evans, 2000)。锶同位素分析方法已被成功用于铁器时代英格兰马匹来源的研究(Bendrey, Hayes and Palmer, 2009)。

为了使用锶同位素验证黄土丘陵是否曾向安阳出口马、牛、羊等牲畜，我们需要建立黄土丘陵锶同位素本底值的数据库，测试安阳发现的马、牛、羊，再把两组数据进行比较。安阳出土的牲畜应尽可能大量测试，因为安阳的动物资源可能有多个来源，而我们希望知道黄土丘陵是否为其中一个，如果是的话，更希望知道其所占的比重。在本研究中，我收集了黄土丘陵的动物骨骼和牙齿用于建立本底数据库，这些样本的分布北起鄂尔多斯，南至清涧—石楼一线。同时也采集了浮山桥北、灵石旌介、闻喜酒务头、忻州刘沟、西安老牛坡、岐山周公庙、昌平张营的马牙或骨骼样本用于比较（这些遗址的小型动物也尽可能取了样品）[①]。由于我推测蒙古是中国这个时期良马的最终来源（参看第五章），我们也分析了一些蒙古中北部 Khanuy 河谷的马牙样品[②]。蒙古地域广阔，这个时期已经广泛驯养马匹，所以我们的分析只是初步尝试，将来还需要更多的工作。令人遗憾的是，目前安阳出土动物的锶同位素数据发表很少（赵春燕、李志鹏、袁靖，2015），而我只获得了安阳的两颗马牙、一颗牛

[①] 感谢山西省文物考古研究所田建文、刘永生、马昇、白曙璋先生，陕西省考古研究院岳连建先生，北京大学考古文博学院雷兴山先生，中国国家博物馆王力之先生，北京市文物研究所郭宁宁先生的无私帮助。
[②] 感谢美国印第安纳宾夕法尼亚大学 Francis Allard 博士慷慨提供样品，笔者在与他的讨论中也受益匪浅。

牙、一颗猪牙①,这使目前的工作注定无法获得令人满意的结论,只有寄望于将来能够见到更多安阳数据的发表。这项初步研究的结果如下(图 4.8、4.9,表 4.1):

1. 来自黄土丘陵中北部 9 个遗址的 13 份样本(黄牛、羊、鹿、家猪)给出的这个地区锶同位素本底值是 0.711036—0.711302。这个范围很小,可能是由于黄土沉积的均一性。黄土丘陵东、南的汾渭谷地内 3 个遗址的 9 份样本(黄牛、羊、啮齿类、家猪)显示这个地区的本底值是 0.711323—0.711616,与黄土丘陵有明显差别。赵春燕等根据殷墟家猪测得的安阳本底值是 0.711319—0.711739(赵春燕、李志鹏、袁靖,2015),与黄土丘陵不重合,与汾渭谷地重合较多。这样的结果保证了来自黄土丘陵地区的牲畜可以被识别,对将来的研究是有利的。

2. 汾渭谷地内忻州刘沟一匹马的锶同位素比值落在黄土丘陵的本底范围内,有可能来自黄土丘陵。灵石旌介、浮山桥北、西安老牛坡、岐山周公庙 5 匹马的锶同位素比值落在汾渭谷地本底值的范围内,但这个范围与安阳的本底值重合较大,仅

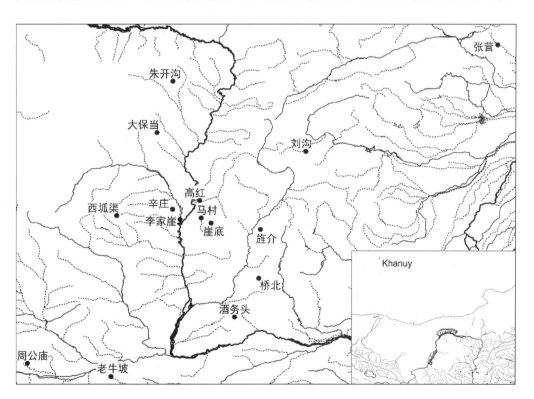

图 4.8 锶同位素分析采样的遗址

---

① 感谢安阳市博物馆周伟先生和美国芝加哥大学李永迪先生的帮助。

148 贸易网络中的黄土丘陵(BC 1300－1050)

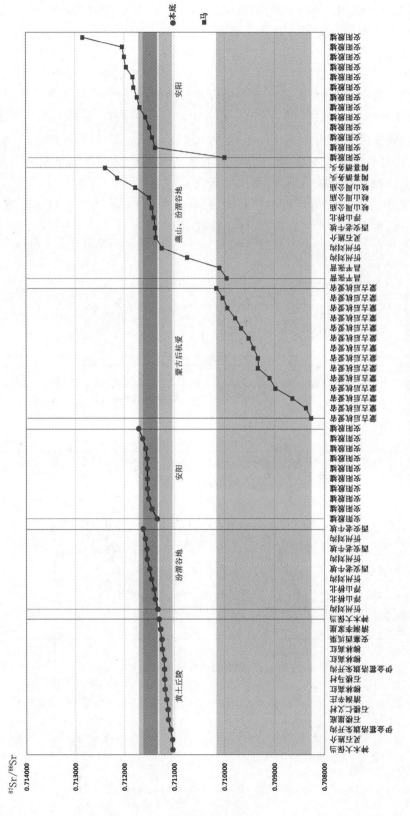

图4.9 目前的马牙锶同位素研究结果

表 4.1 锶同位素分析所得数据

动物	部位	地点	单位	$^{87}Sr/^{86}Sr$
鹿*	左桡骨	神木大保当	采集	0.711036
家猪*	左上 M1	灵石旌介	LC2	0.711040
鹿*	左胫骨	伊金霍洛旗朱开沟	采集	0.711075
羊*	左下 M2	石楼崖底	采集	0.711118
牛*	M1	石楼仁义村	采集	0.711127
羊*	肩胛	清涧辛庄	采集	0.711153
家猪*	牙	柳林高红	采集	0.711184
家猪*	左肱骨	石楼马村	采集	0.711194
黄牛*	右下 M1	伊金霍洛旗朱开沟	采集	0.711198
黄牛*	第一趾骨	柳林高红	采集	0.711203
羊*	前白乳齿	柳林高红	采集	0.711237
羊*	牙齿	安塞西坬渠	采集	0.711251
鹿*	距骨	清涧李家崖	采集	0.711280
黄牛*	右胫骨	神木大保当	采集	0.711302
家马*	臼齿	蒙古后杭爱省 Urt Bulagyn	KYR1-20	0.708268
家马*	臼齿	蒙古后杭爱省 Urt Bulagyn	KYR2-7	0.708373
家马*	臼齿	蒙古后杭爱省 Urt Bulagyn	KYR21-3	0.708646
家马*	臼齿	蒙古后杭爱省 Urt Bulagyn	KYR2-6	0.708985
家马*	臼齿	蒙古后杭爱省 Urt Bulagyn	KYR2-10	0.709099
家马*	臼齿	蒙古后杭爱省 Urt Bulagyn	KYR2-9A	0.709329
家马*	臼齿	蒙古后杭爱省 Urt Bulagyn	GM2-1-7	0.709333
家马*	臼齿	蒙古后杭爱省 Urt Bulagyn	KYR2-56	0.709418
家马*	臼齿	蒙古后杭爱省 Urt Bulagyn	KYR2-8	0.709515
家马*	臼齿	蒙古后杭爱省 Urt Bulagyn	KYR2-9B	0.709663
家马*	臼齿	蒙古后杭爱省 Urt Bulagyn	KYR56-13	0.709782
家马*	臼齿	蒙古后杭爱省 Urt Bulagyn	KYR2-3	0.709941
家马*	臼齿	蒙古后杭爱省 Urt Bulagyn	KYRS6.15	0.710027
家马*	臼齿	蒙古后杭爱省 Urt Bulagyn	KYR1-19	0.710159
家猪*	下门齿	忻州刘沟	2018XLT0905H3	0.711323
黄牛*	M1	浮山桥北		0.711372
家猪*	右上 M1	浮山桥北		0.711392

续表

动物	部位	地点	单位	$^{87}Sr/^{86}Sr$
啮齿类*	门齿	忻州刘沟	2018XLT0707H70	0.711446
羊*	牙	西安老牛坡	IT0205H60	0.711485
啮齿类*	门齿	忻州刘沟	2018XLT0905H3	0.711538
猪骨*		西安老牛坡	SXLⅡT0207H1	0.711540
家猪*	下门齿	忻州刘沟	2018XLT1406－T1506H31	0.711571
家猪*	牙	西安老牛坡	H41	0.711616
家猪	牙	安阳殷墟	2003AXST2007⑥－⑤	0.711336
家猪	牙	安阳殷墟	2003AXST2007⑥－②	0.711438
家猪	牙	安阳殷墟	2003AXST2007⑥－⑥	0.711506
家猪	牙	安阳殷墟	2003AXST2007⑥－③	0.711529
家猪	牙	安阳殷墟	2003AXST2103H244⑦	0.711531
家猪	牙	安阳殷墟	2003AXST2008H491⑩	0.711532
家猪	牙	安阳殷墟	RO45255	0.711535
家猪	牙	安阳殷墟	2003AXST2007⑥－④	0.711561
家猪	牙	安阳殷墟	2003AXST2008H491⑧	0.711625
家猪	牙	安阳殷墟	2003AXST2008H491⑨	0.711707
家马*	中趾	昌平张营	F6	0.709956
家马	臼齿	安阳殷墟	2006ATST23H152②	0.709995
家马*	趾骨末端	昌平张营	F6	0.710100
家马*	右上 I3	忻州刘沟	2018XLT1406－1506H31	0.710738
家马	臼齿	忻州刘沟	2018XLMH1	0.711238
家马*	左上 M2	灵石旌介	M4	0.711357
家马	臼齿	安阳殷墟	2009ATYT0635H34	0.711365
家马*	门齿	西安老牛坡	K1	0.711369
家马*	左上 M1	浮山桥北	2003M18	0.711399
家马	臼齿	安阳殷墟	2004AXST2911H573①	0.711435
家马*	臼齿	岐山周公庙	2011H402	0.711439
家马	臼齿	安阳殷墟	2006ATST6H5	0.711483
家马*	指骨	岐山周公庙	2011H402	0.711486
家马	臼齿	安阳殷墟	97ABDT6－1③c	0.711561
家马	臼齿	安阳殷墟	RO53504:14	0.711688

续表

动物	部位	地点	单位	$^{87}Sr/^{86}Sr$
家马	臼齿	安阳殷墟	殷墟体育场	0.711735
家马*	臼齿	岐山周公庙	2011H305	0.711766
家马	臼齿	安阳殷墟	2006ATST16⑬	0.711806
家马	臼齿	安阳殷墟	2004AXST3107H684	0.711824
家马	臼齿	安阳殷墟	2009ATYT0535H19①	0.711965
家马*	臼齿	安阳殷墟	2011市精神病院T7马坑	0.712004
家马	臼齿	安阳殷墟	2011市精神病院T7马坑	0.712036
家马*	臼齿	闻喜酒务头	K1	0.712134
家马*	臼齿	闻喜酒务头	K1	0.712374
家马	臼齿	安阳殷墟	2003AXST2212H589	0.712844

说明：*为自测数据，其余引自赵春燕、李志鹏、袁靖，2015。

凭数据不能判断是当地畜养的马匹还是来自安阳的马匹。然而，从中国家马传入的方向、气候、环境、以及前文讨论的文字证据看，晚商时期汾渭谷地养马比安阳向这些地方输出马的可能更大。

3. 安阳出土的5匹马的锶同位素比值落在了上述安阳和汾渭谷地重合的范围内，这几匹马有可能是在安阳繁殖的，也可能是从汾渭谷地输入安阳的。

4. 安阳出土的8匹马的锶同位素比值超出了当地范围。其中1匹与昌平张营的马、以及蒙古Khanuy河谷马的锶同位素比值接近。这个结果引人遐想。但是由于样本很少，目前我们还不能做出安阳有来自蒙古的马匹的结论。另有4匹马的比值较大（>0.7120），其中两匹是殷墟四期的马。有意思的是，闻喜酒务头殷墟四期的两匹马比值与此接近，似乎说明商王朝晚期有一个新的马匹来源。

5. 蒙古Khanuy河谷马牙的锶同位素比值变化范围很大，说明这个地区的马不都是本地出生，而是有多个来源。学者们认为蒙古在公元前2千纪晚期到公元前1千纪初已经出现了跨地区的联系（Honeychurch, Wright and Amartuvshin, 2009），马牙锶同位素的分析结果支持上述认识。

限于样本的数量，这项初步研究对安阳的牲畜供应揭示不多。但它仍是有意义的：第一，在安阳目前经过分析的13匹马中，有8匹都是自异地输入的，其中1匹有来自蒙古的可能，另有5匹有来自汾渭谷地的可能。第二，虽然锶同位素数据中尚没有出现黄土丘陵向安阳输送马的直接证据，但位于黄土丘陵东南的汾渭谷地可能养马，这一情况很重要。历史上中原国家设置的养马场都在接近马匹来源地的地方，例如西汉时西河、北地、上郡、安定、天水、陇西、敦煌、张掖等郡设立有牧师苑三十六所（陈芳，2006），据《汉书·地理志》辽东郡襄平也设有牧师官。养马场设置在北方边地有两个原因，其一是当地地广人稀，气候、环境更适宜养马；其二是便于接触外来的良种马资源。锶同位素分析提示我们晚商时期的汾渭谷地可能养马,则晋南的灵石旌介、浮山桥北、闻喜酒务头等地很可能有商的养马场①。我们可以推测邻近的黄土丘陵是良种马的来源地。在现有的数据中,汾渭谷地的确有一匹马可能来自黄土丘陵。

黄土丘陵的马匹是否与安阳的铜器相交换,在没有文字记录的情况下很难确定。我们可以设想两种可能。如果黄土丘陵与商之间存在大宗货物的贸易,比如黄土丘陵的牛、羊与商的粮食、布匹、盐交换,那么马匹可能在双方交往时被作为礼物赠与商,商则以铜器回礼,这相当于为了加强双方关系的礼物交换,相似的情况曾发生于汉王朝与西域诸国间。另一种可能则是马匹直接交换青铜器。根据"交换领域"的概念,贵重物品和一般物品的交换是分开进行的。贵重物品代表显赫声望,通常与其他贵重物品交易(Renfrew and Bahn,2004)。马匹可能是黄土丘陵唯一的贵重物品(黄土丘陵也能接触到黄金,但黄金在安阳的消费量不大)。在这个意义上,马与青铜器的交易是有可能的。当然,在青铜器以外,安阳也可以使用其他的贵重物品来交易马匹,例如丝织品或漆器,正像后世汉与匈奴之间的贸易那样。

(三) 贸易的参与者——安阳的文字记录

研究商代贸易的学者来自两个领域——历史学和考古学。历史学家的注意力集中于异域的稀有物品(例如鲸鱼骨和海龟),讨论最多的问题是商代的海贝是否为货币。他们往往使用西周的铜器铭文、东周的传世文献、以及出土文物来研究商代贸易(杨升南,1999;何崝,2007),却很少使用自己最熟悉的商代文字材料,因为他们相信甲骨文中提到的所有被带到安阳的东西都是供纳之物,与贸易毫无关系。

考古学对于古代贸易的研究也刚刚起步。很多可能的贸易货物,如生漆、香料、朱砂、象牙、黄金、玉、大理石,都有待考古科学的基础性研究。但由于考古学家对贸易问题总体上缺乏兴趣,目前国内考古科学的发展、应用还很不充分。常见的说法是,古代贸易一定存在,但细节对于考古学是不可知的。迄今为止,只有铜资源引起了广泛的注意,而对铜料贸易的研究仍仅局限于探讨铜矿来源(事实上,很多研究者仍声称中原的铜料依靠掠夺)。更重要的问题,如铜料贸易的机制和对社会的影响还没有提上议事日程。贸易在中国考古学中是一个未受重视的话题,这往往被归因为资料不足。然而,通过解读尚未充分利用的文字和考古记录,实际上可以获得关于商代贸易非常丰富的信息。下面我们将利用文字记录探讨具体参与贸易的两类人,即前文提到向安阳输送马匹的商贾和贵族、官僚,通过他们的行动来观察贸易运行的方式。

1. 职业商贾与异域物品的获取

虽然与宫廷或神庙相联系的商贾是早期文明中共有的现象,他们在中国的重要

---

① 汾渭谷地在晚商时期为商人养马有一些文献中的线索,《古本竹书纪年》"(文丁)四年,周人伐余无之戎,克之。周王季命为殷牧师",牧师即甲骨文中的"牧",负责管理牧场。又《史记·周本纪》"帝纣乃囚西伯于羑里。闳夭之徒患之,乃求有莘氏美女、骊戎之文马",骊戎也位于汾渭谷地内,可以说明当地养马。

性却尚未被充分认识。近二三十年来,"賈"字的解读是西周铜器铭文研究的一个重要进展(赵诚,2003)。在西周铭文中,这个字有几个义项:1. 商人;2. 买卖(动词);3. 价值。所有意思在东周以来的传世文献中都由"商贾"的"贾"字来表达。这个字在商代甲骨文中已经出现,李学勤(1984)认为当与西周金文作同样的理解,这个意见获得了学界的公认。

甲骨文中的"贾"大多用作名词,有贾某、某贾等人名十余个,也有"多贾"的集合称谓。此外商代署名贾、贾某的铜器有 120 件以上,说明"贾"这类人十分重要。"贾"有一例用为动词的:

  75. 其贾马。 (花东 443.8)

应该是上述第二个义项买卖的意思。

尽管十分简短,甲骨文还是提供了很多信息,能够确定"贾"是商贾。"贾"这种人突出的特征是与几种珍稀的舶来品有特殊联系。有一条宾组卜辞说:

  76. □□卜,争贞:令亳贾□雞、贝、鬯…… (合集 18341 宾三)

亳贾受命获取或贡献海贝和鬯。殷墟时期使用的海贝主要是黄宝螺和金环宝螺两种,原产地在印度洋和太平洋的热带水域。由于我国西北地区的发现年代较早、数量较多,而东南地区几乎没有发现,所以彭柯、朱延石(1999)认为海贝从印度洋经由中亚地区引入中国。不过殷墟时期的海贝来源还不能排除另一种可能,即先由海路抵达东部沿海某地,再经过中转而进入商的中心。无论哪种途径,海贝的产地都距离商王朝路途遥远,到达安阳大概已经过多次转手,贾可能完成了进入商王朝的最后一次转手。海贝贵重的价值有一部分在于它获取的困难。

上引卜辞还提到了鬯,多条其他卜辞都透露贾是输入鬯的人,如:

  77. 戊午贞:繫多贾以鬯自上甲。 (合集 32113 历二 B2)
  78. 壬申〔贞〕:登多贾以鬯于大乙。
    壬申贞:多贾以鬯登于丁,卯叀□■。
    癸酉贞:乙〔亥〕酒,多贾以鬯……于大乙鬯五,卯……五,卯牛一。小乙鬯三,卯牛□。
    丁丑贞:多贾以鬯又伊。
    丁亥贞:多贾以鬯又伊尹、龜示。兹用 (屯南 2567 历二 B2)
  79. 丁卯卜:多贾又鬯,其……
    其登鬯自小乙。 (合集 27349 无名组)

"多贾以鬯"是多贾送来的鬯,用于祭祀祖先。涉及"贾以鬯"的卜辞在甲骨文中还有若干[①],同时很少见贾以外的人提供鬯(目前只见畢一人),表明贾是鬯的主要输送者。汉人对鬯的本义有两种说法,《诗经·大雅·江汉》毛传认为鬯是香草,引

---

① 见合集 19221、合集 19419、合补 10422、合集 32115、屯南 4366、屯南 4460。

申为酒:"秬,黑黍也,鬯,香草也,筑煮合而郁之曰鬯。"刘向、郑众持此说;许慎、郑玄则以鬯的本义为酒。根据鬯的字形和用法,其本义应该是一种植物香料,引申而指加鬯调制的酒。我国古代的名酒常以调制的成分命名,如菊花酒、竹叶酒,由香料引申指酒比较自然,反之由酒引申指香料则不好理解。在汉唐文献里,鬯酒与郁金纠葛颇多,如《白虎通·考黜》说:"秬者,黑黍,一稃二米。鬯者,以百草之香郁金合而酿之,成为鬯。"蔡沈《书集传》直接认为鬯就是郁金香草,如果这个说法是准确的,那么鬯是由生长于南方的姜科姜黄类植物的块茎制成(很多重要的香料都出产于南方)。

根据西周金文,鬯可以被直接成束地赏赐,如孟卣铭文说:

今公室孟鬯束、贝十朋,孟对扬公休,用作父丁宝尊彝。 (集成5399)

这样的鬯应是植物香料而不是酒。更多的时候,王室赏赐品的名单上则是用秬酿制、调之以鬯的酒——秬鬯一卣,这说明鬯很贵重。以往有一种观点认为鬯酒之所以贵重,是因为其供奉祖先的宗教象征意义。我认为鬯酒的贵重首先在其经济价值。姜黄类植物只生长在长江流域以南,它对于中原是需要从异域进口的奇珍。贾几乎垄断鬯和鬯酒的供应反映贾在从事香料贸易。正是由于价值很高、为人珍视,它才适合奉献给祖先以显示虔诚,而不是相反。战国文献《王度记》说"天子鬯、诸侯薰、大夫杞兰、庶人艾",甚至把鬯作为天子的专有,级别稍低的贵族只能使用其他香料。当然,在实际生活中富有者恐怕都可以消费鬯。

甲骨文还反映贾是占卜材料的主要输送者之一。在甲桥、甲背等几种记事刻辞中,可以看到贾提供龟甲,例如:

80. 贾入七十。(甲桥刻辞) (合集671反典宾)
81. 自贾气。 (花东63)

笔者统计到这类记事刻辞32条,贾在最常见的龟甲输送者中位列前三①。龟甲是商人贵族每天都在消费的资源。根据姚萱(2006)的排谱,花东子家的占卜在60天内至少消费了70版龟甲。龟甲也是贵重的外来物品。龟虽然不难捕捉,但大的龟比较稀少;它尽管分布广泛,但很分散而需要有人去收集,而且南方才是产龟的主要地区。安阳花园庄东地发现了属于子的大约700片完整龟甲,经鉴定主要是中国花龟。这个物种现在分布的北界是浙江、江苏(王培潮,2000)。很多龟甲都比现在常见的花龟大很多,无疑是因为在被捕捉时已经生长多年(叶祥奎,2003)。贾输送

---

① 由贾输送的龟甲及上面记载的数量如下:合集371反-3;合集635反-1;合集698反-3;合集1822反-10;合集2498反-70;合集4701-1;合集5480反-20;合集6037反-不明;合集6571反-不明;合集6647反-6;合集6827反-10;合集7851反-10;合集8310反-20;合集9249反-1;合集9352-不明;合集9364-不明;合集9380-不明;合集10136反-4;合集10137反-不明;合集10151反-10;合集10408反-不明;合集10613反-不明;合集10794反-50;合集10964反-70;合集12921反-2;合集14549反-2;合集16131反-不明;合集17409反-10;合集39785-不明;合补2804反-不明;合补2807反-不明;花东26-不明。

大量龟甲,但不输送牛肩胛,说明贾从事的是贵重物资的远途贸易。虽然学界早已认识到安阳的龟甲是外来的,但一般都相信龟甲属于供纳(胡厚宣,1944:628－636)。根据方稚松(2009:148)的研究,向商王朝提供龟甲的大多数人是商的贵族、官僚,鲜见商代的方、伯名。贾、妇某、羌某、保某、奠、龟、卫、犬、束、册、乍册、臣、小臣、廩、爻、行、史、旅、豕、箙、牧、冒、舟、亚、弜等20多种供应者都使用亲属职衔称谓。这些官僚不可能在南方产龟的地区都有领地。考古资料也显示商王朝在江苏、安徽、湖北、江西等地缺乏直接的势力驻扎,对南方广大地区没有政治上的控制,这样商的贵族、官僚就不可能强制南方土著供纳,他们如何获得龟甲这种稀少的物资需要认真地重新检讨。

最后,贾与获取马匹的关系特别密切。在王卜辞中,贾是向安阳输送马匹的媒介之一:

82. 壬辰卜,王贞:令侯取马贾,涉。　　　　　　　　(合集 20630 师小字)
83. 冎以马自薛,十二月。允以三丙。　　　　　　　(合集 8984 宾一)
84. ……冎……马……　　　　　　　　　　　　　(合集 11033 师宾间)
85. 贾冎入。(甲尾刻辞)　　　　　　　　　　　　　(合集 9380 师宾间)

第 82 条中省略了介词"于",王问是否命令侯从贾处取马。第 83、84 条中名为冎的"以马"人,从 85 条可知身份也是贾。

在花东子卜辞中,贾则完全垄断了供应马匹的服务。我们首先看到,子的马是买来的,他曾为了要买公马还是母马进行占卜:

86. 其买,叀又牡。　　　　　　　　　　　　　　　(花东 98.1)
    叀又䭴。　　　　　　　　　　　　　　　　　　(花东 98.2)

这次交易中马的售卖者没有被提到,不过在下述交易中,子至少 4 次派遣人员去物色马匹,每次去找的人都是贾。这组卜辞涉及了 17 版龟甲,姚萱首先根据占卜内容和历日将 25 条卜辞联系在一起(姚萱,2006:410－427),我又根据内容补入了 23 条(标＊)。下面我们先列出全部卜辞,而后进行必要的解释说明。

87. 壬辰卜,贞:右䭴〔弗〕安,有趄,非薦□。子占曰:三日不死,不其死。一
　　　　　　　　　　　　　　　　　　　　　　　　(花东 369)＊
88. 子贞。一　　　　　　　　　　　　　　　　　　(花东 431.1)＊
　　贞:右马不死。一　　　　　　　　　　　　　　(花东 431.2)＊
　　其死。一　　　　　　　　　　　　　　　　　　(花东 431.3)＊
89. 贞:右马其死。一　　　　　　　　　　　　　　(花东 126)＊①
90. 丙午卜:其敕火勻贾稠。用。一　　　　　　　　(花东 179.3)
　　勿勻。一　　　　　　　　　　　　　　　　　　(花东 179.4)

---

① 花东整理者指出 126 与 431 "卜辞字体、契刻部分以及兆序"相同,"可能是同时所卜,正反对贞"。

丁未卜：叀邵呼勾贾稱。一 　　　　　　　　　　（花东 179.5）
叀麒呼勾贾稱。一 　　　　　　　　　　　　　　（花东 179.6）
勿勾黑马。用 　　　　　　　　　　　　　　　　（花东 179.7）

91. 勾黑马。二三 　　　　　　　　　　　　　　（花东 386.1）*

92. 丁未卜，新马其于贾视，右用。一 　　　　　　（花东 7.7）
丁未卜：新马于贾视，右不用。一 　　　　　　　（花东 7.8）

93. 戊卜：叀邵呼勾。不用。二 　　　　　　　　　（花东 467.8）
戊申卜：叀麒呼勾马。用。在鹿。一二三。 　　　（花东 467.9）
叀章呼勾。不用。一 　　　　　　　　　　　　　（花东 467.10）
叀章呼勾。不用。二 　　　　　　　　　　　　　（花东 467.11）

94. 庚戌卜：其勾稱贾。一 　　　　　　　　　　　（花东 146.4）
庚戌卜：勿勾稱。一 　　　　　　　　　　　　　（花东 146.5）
庚戌卜：其勾稱贾。二 　　　　　　　　　　　　（花东 146.6）

95. 癸亥卜：新马于贾视。一二 　　　　　　　　　（花东 367.2）*
于贾视。一二 　　　　　　　　　　　　　　　　（花东 367.3）*
新马子用右。一 　　　　　　　　　　　　　　　（花东 367.4）*
新马子用左。一 　　　　　　　　　　　　　　　（花东 367.5）*
贾视子用右。一 　　　　　　　　　　　　　　　（花东 367.6）*
贾视子用右。一 　　　　　　　　　　　　　　　（花东 367.7）*

96. 乙丑：自贾马又剢。一 　　　　　　　　　　　（花东 60.3）
亡其剢，贾马。一 　　　　　　　　　　　　　　（花东 60.4）
隹左马其又剢。一 　　　　　　　　　　　　　　（花东 60.5）
右马其又剢。一 　　　　　　　　　　　　　　　（花东 60.6）
自贾马其又死。子曰：其又死。一 　　　　　　　（花东 60.7）*

97. 丙寅：其御隹贾视马于癸子，叀一伐，一牛，一鬯，曹梦。用。
　　　　　　　　　　　　　　　　　　　　　　（花东 29/289.6）
丙寅卜：贾马異弗马。一 　　　　　　　　　　　（花东 289.5）

98. 丁卯：右马有剢。 　　　　　　　　　　　　　（花东 81.1）

99. 癸酉卜：勿刿新黑马，又剢。一 　　　　　　　（花东 239.3）*
癸酉卜：勿刿新黑……。二 　　　　　　　　　　（花东 239.4）*
癸酉卜：叀召呼刿马。一 　　　　　　　　　　　（花东 239.5）*
癸酉：其右鵗于贾视。一 　　　　　　　　　　　（花东 81.3）
丙子卜：或毗于贾视。一 　　　　　　　　　　　（花东 81.4）

100. 其右贾马于新。一 　　　　　　　　　　　　（花东 168.1）
其右鵗于贾视。一 　　　　　　　　　　　　　　（花东 168.2）

101. 乙亥卜：叀贾视羿匕。用。一 　　　　　　　（花东 314.2）*

102. 庚辰卜：叀贾视羿匕。用。 　　　　　　　　（花东 391.7）*

庚辰卜：叀乃(新?)马。不用。 （花东 391.8）*

叀乃(新?)马眔贾视。用。一 （花东 391.9）*

103. 辛巳卜：新馺于以，旧在鹿入。用。子占曰：奏艰。孚。一

（花东 259.1）*

辛巳卜：子叀贾视用逐。用。获一鹿。一 （花东 259.2）*

　　花东的整理者已经研究过这些卜辞，他们认为子家的占卜频繁提到马匹说明子拥有很多马、经济实力强大（刘一曼、曹定云，2004）。但在仔细阅读、特别是在姚萱的排谱后，我认为这些占卜记录都是关于一件事情——为子的马车选择右马。有渠道接触很多马的人并不是子而是贾。

　　第 1 天（壬辰），子的右馺生了病，出现某种异样（有趎）。病情应该比较严重，可能危及生命；子亲自看了卜兆后判断说：如果三日内右馺没死，就不会死了。根据考古发现，商的马车用左右两马，右馺是马车右侧的母马。由此可以推测左马大概也是一匹母马。这点比较特殊，目前经过鉴定的先秦马车大都用经过阉割的公马。

　　右馺是否于三日内就死了我们不得而知，但从第 15 天（丙午）发生的占卜来看，右馺最终还是死了。第 88、89 组卜辞卜问"右马不死""右马其死"，但未记日期，有可能发生在这半个月内。到了丙午日，围绕着这件事的后续决定发生了一项占卜，是否向贾求一匹稿。从卜辞的"用词"来看，占卜后决定去向贾求一匹稿，显然它是为了代替死去的右馺。稿是某种马的名称，类似的专有名词在甲骨文和传世文献中都很常见，一般指马的某种品质，例如颜色。

　　到了第 16 天（次日丁未），又发生了两项后续占卜。其一，决定是让邵还是麷去向贾求稿；其二，决定是否不要黑色的马。从"用词"来看，当天决定了不要去求黑色的马，这可能是从反面提出对马颜色的需求。我们可以推测，子剩下的左马颜色大概与黑色不搭配。占卜去求马的人选，这是因为他必须是相马的专家，不仅要能挑出好的马，还要挑出与剩下的左马身形、年龄、力量、颜色都搭配的马。邵和麷应该都是这类了解马的人，他们或是子的下属，或是临时聘请的独立人员。最终由谁去相马不得而知。总之当天某人去贾那里查看了新来的马匹；汇报情况后，子家的人占卜是否把它用作右马。

　　这次占卜的结果大概是决定不用，因为第 17 日（戊申）又进行了一次选择相马人的占卜。此次有三个候选人，邵、麷、臺，"用词"表明决定让麷去求马。第 19 天（庚戌），再次进行了是否要稿的占卜。推测子坚持要寻求的是稿，而贾处暂时没有，所以接下来 12 天的占卜记录都没有再提到关于马的事。

　　到了第 32 天（癸亥），贾处大概来了新的马匹。子家进行了是否去贾处视马的占卜（"新马于贾视"）。派去相马的人可能看中了两匹马，分别以"新马"（新来的马）和"贾视"（贾处所视的马）代称。于是子家占卜是把新马用为左马还是右马，贾视则只问是否用作右马。从这个卜问的方式可以反推，相马的人大概主张贾视可用为右马，新马左右不定，只是备选。

这两匹马大约都被带到了子家,因为在第 34 天(乙丑),子家的人占卜自贾处来的左马和右马是否会出现混乱(刻)①。从其后的占卜(第 99 组)看,这种混乱与"刎马"有关。刎马大概是为马匹去势的手术,"刻"可能是因术后感染出现的混乱症状。手术后的马匹情况不容乐观,子判断说这匹马大概会死。

第 35 天(丙寅),子家专门为称为"贾视"而"有刻"的马进行了御祭。御祭的对象是癸子。从花东其他卜辞来看,他是一位主要的妨害子家的已离世亲属。第 36 天(丁卯)的一次占卜说明出现混乱的是右马,印证了我们关于"贾视"是候选右马的推断。

御祭大概也没能挽回这匹右马的生命。6 天后的癸酉日,子家再次占卜是否把在贾处看过的一匹䮻当做右马,暗示上次选中的右马已经死亡。癸酉这天还进行了一项占卜——是否为上次备选的新马去势。手术的人选再次提到了会相马的邵,而这次我们也从"新黑马"的称呼得知新马没有被选为右马的原因在于它的颜色是黑的。

第 44 天(乙亥),子家进行占卜以决定是否将在贾处看好的马(可能是前几天提到的䮻)与原来的左駜搭配使用。

第 45 天(丙子),或许是对右马仍不太满意,子家又占卜是否将一匹来自沚或的母马(或駜)作为右马。

从贾处选中了䮻还是或駜也不得而知。第 49 天(庚辰),子家进行了一组如何搭配马匹的占卜,供选择的有三种方式:1. 在贾处看好的马与原来的匕马;2. 乃马与原来的匕马;3. 乃马与在贾处看好的马。从"用词"来看,第一、三两种方式被认可,第二种方式被摒弃。这样的搭配大概是因为在贾处看好的马准备作为右马,而新提到的乃马本是一匹左马。左马、右马搭配没有问题,两匹左马不能搭配在一起。黄组卜辞有一组占卜的内容也是搭配马匹:

104. 戊午卜,在沬贞:王其量大咒。叀駥眔騽,亡灾。擒。

叀駵眔騹子,亡灾。

叀左马眔𩣑,亡灾。

叀騄眔小騽,亡灾。

叀騽眔騽,亡灾。

叀并駼,亡灾。

(合集 37514 黄组)

郭沫若(1933:155)解读这是在八、九匹马里选择,占卜哪两匹驾车适合将要进行的狩猎,可以帮助我们理解花东子家的占卜。

第 50 天(辛巳),新选好的右駜已经送来(䮻或或駜),在鹿地原来的左駜也已进来,占卜是否可以让两匹马一起拉车了。子看了卜兆判断会很困难。不过同日用贾

---

① "刻"字陈剑(2007)释为"剥","剥"有"乱"的意思,如《左传·昭公二十六年》:"今王室乱,单旗、刘狄剥乱天下,壹行不若。"

处选来的这匹马和左駜去打猎,结果很成功,猎获了一只鹿。花东卜辞中没有再提到选马的记录,表明这件事情至此告一段落。

上述故事的内涵很丰富,值得从多个方面去研究。目前与我们的主题直接相关的是贾的角色。由于卜辞简短,这件事的细节也许还有多种可能,但有一点是肯定的,子几次求马去找的都是贾。贾与马的关系密切有很多原因:从马的方面看,马的价值高、容易远途运输、不同产地的马品质差异大、养马和相马都有较强的专业性、良马产自远方不易获取,这些因素使得马成为易被交易的商品。从贾的方面看,职业商贾旅行距离很远,商贾之间的交易也使得他们能接触的范围更大、资源种类更多,商贾会基于商品的特点专业化,贩马的贾接触马匹资源,是提供马的自然人选(当然提供马匹的贾也可能有多种生意)。

从以上关于海贝、凿、龟甲、马的材料里,我们可以发现贾是将外部资源输入安阳的一个重要渠道,贸易是这个渠道的基本机制。但占卜记录中能看到商贾多是因为他们提供的某些商品要被用于仪式(如凿、龟甲),因此通过甲骨文观察商贾的活动只是管中窥豹。我们没有商贾的经济账目,所以无法得知他们活动的更多细节——比如他们会旅行多远。根据花东卜辞,向子售卖或駜的贾可能曾旅行至山西境内的沚以获取马匹;但一些外来物品的遥远来源(如海贝)使我们有理由怀疑商贾可能会远行至更远的地方。在这方面,考古记录可能比文字记录对我们帮助更多。下面仅举几个年代稍早于殷墟时期的例子:

1. 汾河上游忻州尹村遗址发现的一座典型二里岗文化墓葬(阎向东,1998);

2. 黄土高原北缘的朱开沟遗址发现的洹北时期中原文化墓葬 M1052(内蒙古,2000:220);

3. 内蒙古翁牛特旗头牌子偶然发现的一组洹北时期青铜器,有两件大圆鼎和一件瓿(苏赫,1982)。

前两例都是本地文化聚落内孤立的中原文化墓葬。由于随葬陶器是典型的中原样式而与本地文化陶器截然不同,墓主已被识别为来自中原的人。朱开沟的墓葬有中原的青铜戈,墓主更被解释为来自中原的武士。然而,武士为何携带着陶器旅行至遥远的异域?如果他们像有的研究者所主张的那样,是一支军队的成员征伐至此,那么为何能埋葬在本地人的墓地中?把所有携带武器的人都看作武士,这种推测在考古学研究中虽然常见,但根据并不充分。武装的人员并不一定是专业的武士,多种身份的人都可能携带武装,因为任何时候武器都是防卫所必须。埋葬在本地人中间暗示他们与本地人保持友好、至少是中立的关系。林嘉琳(Linduff,1995)曾建议朱开沟是一个贸易中心聚落。我认为当地土著的聚落内确实有可能存在一个中原商贾的商栈,如此更容易理解遗址内不同来源的青铜器(既有中原的容器,又有北方草原的刀、剑)和异域孤立的中原人墓葬。远赴异域的商贾往往要携带保护自己的武器。

第三例发现中的青铜瓿内壁有一个商贾署名的铭文(参后文,图 7.2:4),两件大圆鼎中盛着品位超过 50% 的锡矿砂。铜器出土地以北 100 千米即是著名的林西大井铜锡共生矿。这座矿山在公元前 2 千纪已经开始被利用(辽宁,1983)。根据岩画的分布和克什克腾旗喜鹊沟遗址的发现,出土地已进入了游牧人活动的区域,但由于铜器不是考古发掘出土,我们没有关于埋藏人和埋藏原因的更多信息,不过洹北生产的铜器、锡矿砂、商贾的署名,这三者的共存足以让人浮想联翩。

商贾在商周社会的地位及其与宫廷的关系是一个饶有趣味的话题。通过分析各种文字材料,我们可以做出如下评估:

1. 商周时期部分商贾有较高的社会和经济地位。在很多文化里,商贾在生活中保持低调以避免他人的嫉妒;他们也经常被刻意压制,社会地位与经济影响力不相称。后世的中国是这样的社会,但商代有可能不同。商代很多商贾可以拥有青铜容器,他们将"贾"这个头衔作为自己铜器上的署名。有一位贾甚至将有他署名的头盔贡献给了商王的葬礼(梁思永、高去寻,1960:图版 134)。这说明他和商王的密切关系,同时也提醒我们从事远途贸易的贾可能有武装保护。由于一些贾的铜器非常精美,如果不是因为有铭文我们根本不会想到器物主人是商贾。以下两种成见之一似乎需要改变:(1)商贾不能是贵族;(2)只有贵族才能拥有铜容器。或许这两种认识都不是完全正确的。

商代铜器上与"贾"类似的署名多是职衔称谓,如犬、马、册等,因此贾也是一种朝廷的职务。贾有时会受差遣代做一些其他官僚的事务,暗示本身具有比较正式的官方身份:

  105. 叀贾壴令省廪。   (屯南 539 历二 B1)
  106. 辛未卜:叀贾呼征夷。   (英藏 616 师宾间)

第 105 条的"省廪"是视察粮仓,第 106 条的"征"可能是征收的意思。下引花东卜辞中(第 112 条)"多贾"与"多御正"并列,也可说明贾的身份。我国历史上不乏亦官亦商的商人,这种人在早期文明中比较普遍。

西周时期商贾也有能力作青铜器,有一批铜器的铭文提到"肇贾",如:

  惟八年十又二月初吉丁亥,齐生鲁肇贾,休多赢,惟朕文考乙公永启余,鲁
  用作朕文考乙公宝尊彝。   (集成 9896)
  刺肇贾,用乍父庚宝尊彝。   (集成 2436)
  □肇贾,粱子鼓嚣铸旅簋,唯巢来钗,王令东宫追以六师之年。(集成 4047)
  壆肇贾,用作父乙宝尊彝。〔玑册〕   (近出 455)同铭 6 器
  ㄓ肇贾,用作父乙宝尊彝。〔禺册〕   (集成 6508)

李学勤(1989)将这类内容解释为某人因为经商获利而铸造了器物,说明西周很多商贾也拥有青铜容器。"齐生鲁"这样的身份显示有些贾本就是贵族的支系。

2. 贾向宫廷提供服务,要接受宫廷的管理。在甲骨文里,我们可以看到贾向宫廷提供祭祀用的毊和动物牺牲:

  107. 癸丑卜,贞:翌乙卯多贾其延陟毊自……   (合集 19222 宾出)

108. 癸丑贞:多贾其延,又㞢岁于父丁,牢又一牛。 （合补 10422 历二 B2）

有时宫廷会向贾征集物资,所用的动词"共"带有税收的意味：

109. 贞:呼共贾㠯。 （合集 777 正典宾 A）
110. ……共贾……■牛。 （合集 8942 典宾 B）

贾不仅要听从商王的召唤,花东之子这样的高级贵族也可以令贾做事,如：

111. 乙亥卜,其乎多贾见,丁侃。 （花东 275＋517:9）
112. 壬子卜:子以妇好入于㱽,肇玉三,往㐭。
     壬子卜:子以妇好入于㱽,子呼多御正见于妇好,肇紃十,往㐭。
     壬子卜:子以妇好入于㱽,子呼多贾见于妇好,肇紃八。 （花东 37）

子让多贾向武丁、妇好进献纺织品等物,多贾是在为子服务。对于高级贵族,这种服务关系可能变得比较固定,具有从属的性质。有一条甲桥刻辞在记录龟甲来源时说：

113. 妇好贾入五十。在庐。 （合集 10794 反典宾 B）

"妇好贾"大概是妇好之贾的意思,是一位专门为妇好服务的商贾。

为宫廷和贵族服务的商贾也见于西周时期,几件铜器铭文记载器主受王或高级贵族的命令管理商贾,如：

王曰："颂,令汝官司成周贾廿家,监司新造贾,用宫御……"
                                                                颂鼎（集成 2827）

王曰："山,令汝官司饮献人于㝑,用作宪,司贾,毋敢不善……"
                                                                膳夫山鼎（集成 2825）

唯九月初吉甲寅,尹叔命射司贾……
                                                                射壶（NB1064）

类似的"用宫御"而被管理的贾在早期文明中具有普遍性,这是因为早期国家的精英阶层对远方的奢侈品和原材料有旺盛的需求,而私人商贾难以承担远途贸易的成本和风险,于是便出现了依附于宫廷或神庙的商贾。

3. 另一方面,贾又有一定的独立性,他们虽然服务宫廷,但并不被宫廷完全控制。西周兮甲盘铭文记载了一条法令,规定商贾贸易必须在市场进行,不允许去南淮夷私自交易（李学勤,1984）：

淮夷旧我帛晦人,毋敢不出其帛、其积、其进人,其贾,毋敢不即次、即市,敢不用令,则即刑扑伐。其唯我诸侯、百姓,厥贾,毋不即市,毋敢或入蛮宄贾,则亦刑……

这一方面说明周的商贾可远行至南淮夷的边市,一方面说明商贾的自由度实际上超出了周王朝的意愿。

同时,贾为宫廷的服务不是无偿的,宫廷对贾也不能强制买卖。西周的任鼎铭文显示,周王从臣僚处取得宝货也需购买(详后文)。《左传·昭公十六年》记载,郑国的商贾与国君间存在不能强制买卖的盟约,据说订立于西周晚期郑国始封之时:

> 子产对曰:"昔我先君桓公,与商人皆出自周,庸次比耦,以艾杀此地,斩之蓬蒿藜藋,而共处之。世有盟誓,以相信也,曰:'尔无我叛,我无强贾,毋或匄夺。尔有利市宝贿,我勿与知。'恃此质誓,故能相保,以至于今。"

"我无强贾,毋或匄夺"说明宫廷、贵族不能强迫贾达成交易。参照周代的情况,我们再来看以下的占卜记录:

114. 贞:呼取亳贾。　　　　　　　　　　　　　　　(合集 7061 典宾 B)
115. □□卜,王令□取□贾。　　　　　　　　　　　(合集 7062 师小字)
116. 戉取贾。　　　　　　　　　　　　　　　　　　(合集 7060 典宾 A)
117. 贞:叀䎽令取豕贾三。二告。　　　　　　　　　(合集 4525 宾出)
118. 丙寅卜,古贞:叀引令取豪贾。三月。　　　　　(合集 3099 宾三)
119. 庚午卜,出贞:王奎曰:以,敔贾齐以……一　　(合集 41020 出组)
120. 王贾以穴。一月　　　　　　　　　　　　　　　(合集 1090 师宾间 A)
121. 贾辝入。(甲尾刻辞)　　　　　　　　　　　　(合集 39785 师宾间)

"取于贾""贾以""贾入"的卜辞以往被解读为强制性的供纳,但卜辞本身并没有明确这点。商贾以买卖为生,他们在获取物资时付出了成本,因此从商贾处取得物资一般都要偿付。第117条"取豕贾三"应是省略了介词"于",是从贾处取三头豕;第118条"取豪贾"也省略了"于","豪"可能是"豕子"的合文(甲骨文中有"马子"的说法),是取豕子于贾。《周礼·羊人》:"若牧人无牲,则受布于司马,使其贾买牲而共之。"这条记载说明宫廷会通过商贾购买祭祀用的牺牲,此时商贾自然要利用机会为自己谋利。甲骨文中的"取于贾""贾以""贾入"或许属于这种情况。

Postgate(2003)在对两河流域贸易的研究中指出,宫廷一方面需要商贾把国内税收所得的财富交易出去,一方面又需要与商贾保持一定距离,不让他们完全依附于自己,这样可以迫使商贾分担对外贸易的风险,更符合宫廷的利益。先秦有亦官亦商、既依附又独立的贾,可能出于同样的道理。

必须注意的一点是,我们所拥有的文字材料几乎都是来自宫廷或贵族的礼仪性文字;独立的小商贾一定存在,只是他们在这样的文字材料中没有什么得到记录的机会。

2. 商的贵族、官僚与资源流动

我们在这部分将要研究的材料经常被称为"供纳卜辞",此概念在三方面很有误导性。首先,"供纳"在现代汉语中指远方的臣服民族贡献来财富,但是在甲骨文中,"共"和"入"的主语主要是商王朝的贵族、官僚,而不是其他人群(杨升南,1999)。被命令"共"的有雀、弜、奎、妇、贾、多䎽、王臣、在北工、莫等臣僚,地方有庞、杞等,比较少见某方共、入的卜辞。甲骨文里的"共"和"入"并不区分政权内部的税收或政体间的朝贡,和现在所说的"供纳"性质不完全一样。有些研究不加定义而直接使用这个词,会引起不恰当的联想。其次,供纳意味着强制性和非互利性,它由一个政体施加于另一个政体之上(Wang,2014),而下文我们将会看到,"供纳卜辞"所包含的内容性质多样,远比上述含义复杂。第三,在"供纳制度"的框架下,一些学者相信"供纳"只在政治上具有重要性,流动的资源只有象征性意义(王贵民,1988);然而,"供纳卜辞"中涉及的一些资源,例如金属、马、龟甲、卤,都是不可或缺的,没有它们商文明将完全不同。基于上述原因,我们在下面的讨论中将用客观的"资源流动"代替"供纳"。

商的贵族和官僚是甲骨文资源流动记录中的主体。他们中有些人的地位或职务很明确,有些人的不太清晰,但肯定不从属于其他政权。以往的研究偏重强调贵族、官僚为商王输送各种物资是其经济义务;商王则只是在吸纳他们的财富。但我们应该看到,由于甲骨文的简短,贵族、官僚究竟是在贡献自己的财富,抑或只是在履行输送资源的职务,很多时候不容易判断。即便有的卜辞是关于贵族献出自己的财富(例如用于助祭),甲骨文材料中的资源流动也不只是这一项内容,而是呈现出一幅更复杂、更完整的图景:其一,宫廷不仅仅吸收了财富,也把财富作为奖赏分配给贵族和官僚,资源的流动并不是单向的。近年出版的一些著作将宫廷对贵族的宴享和赏赐作为财政支出讨论,无疑更加全面(杨升南、马季凡,2010)。其二,资源流动包括奉献祭品、税收、职务行为等各种经济活动,其中一部分也涉及外部的远途贸易。

(1)首先,商代的资源流动可能从来不像很多研究中描述的那样单向和极不平衡。极不平衡的其实是我们拥有的文字材料,因为超过90%都来自王室一方的记录,即甲骨文的王卜辞。可以对比的是西周时期的青铜器铭文,其内容很常见宫廷赏赐,这是因为作器者绝大多数是贵族、官僚,他们将受到赏赐作为荣耀记录下来。西周时期文字材料提到的资源流动方向与商代恰好相反,基本是由宫廷流向贵族、官僚。研究中受到关注的也不再是"供纳制度"而是"册命制度",这也是资料的不平衡性造成的。在现实中,商代和西周的资源流动当然都是多向的。

在商代晚期,当贵族所做铜器上出现较长的铭文后,我们已经能看到资源从宫廷流向贵族、官僚的记录。例如在戍☒鼎的铭文中,戍☒因为执行任务,返回后受到海贝的赏赐:

☒丁卯,王令宜子会西方于省,唯返,王赏戍☒贝二朋,用作父乙宀䕃。

(集成 2694)

类似受命执行省事任务的记录在甲骨文中很常见,但是那些记录从来不提赏赐,因为它们是宫廷的占卜记录,关心的重点是事务能否被执行,没有记录赏赐的必要①。但它们在这个问题上的缄默并不意味着商的官僚为宫廷提供资源和服务是无偿的;这只能说明占卜记录关注的是其他事情。甲骨卜辞一般只告诉我们流向宫廷的资源;要想了解流出宫廷的资源,我们需要其他记录者的视角。

在商代晚期小臣舌方鼎的铭文中,舌被奖赏了渪地五年的积聚:

    王易小臣舌渪积五年。舌用乍喜大子乙家祀尊。冊父乙。 （集成 2653）

"积"所指的范围包括各种农产品、畜产品,甚至手工业制品（曹大志,2016）。它们先以商王的名义被征收,而后又可以被赏赐给贵族。这篇铭文因为是贵族、官僚一方的记录,所以从中可以看到资源经过宫廷的再分配向他们流动。

尽管数量很少,但甲骨文中还是能够看到一些与小臣舌鼎类似的记录,宫廷把积聚物分配出去。"积贮"的"积"在甲骨文中多写作"束",多数还没有添加"贝"的意符:

  122. 贞:丁畀我束。

     贞:勿肇畀。   （合集 15940 宾出）

  123. □丑卜:隹四畀彡束。   （屯南 2180 无名组）

  124. 乙丑卜:畀束。   （屯南 2400 历一 B）

  125. 乙未贞:畀束于兹三壴。   （屯南 2576 历二 C2）

  126. 乙巳贞:畀束。   （屯南 2633 历二 C1）

  127. 束畀。   （合集 22033+20456 非王劣体类）

上引卜辞中的动词"畀"表示给予（裘锡圭,1980）。"畀束"是将积聚给予贵族。除了一地的积聚,牛、羊、龜、女、臣等也都在宫廷赏赐给贵族、官僚的资源清单上:

  128. 贞:呼畀禽牛。   （合集 15931 典宾 A）

  129. 贞:羊畀舟。   （合集 795 正典宾 A）

     王占曰:吉,其畀。   （合集 795 反典宾 A）

  130. 戊寅卜,贞:蠍畀龜。   （合集 15943 宾出）

  131. 畀妇好女。   （合集 684 典宾 B）

---

① 甲骨文中有少量提到赏赐的记录:
 1. 壬午王田于麦麓,获商戠兕,王赐宰丰寝小䙴,貺。才五月隹王六祀彡日。 （合补 11299 反）
 2. 乙未卜,㱿贞:……牛赐邑㸚左子。   （合集 3279+乙补 1646）
 3. 贞:翌乙亥赐多射🦅。   （合集 5745 宾出）
 4. 丁巳卜,㱿贞:令䑞赐疋食,乃令西史。三月。   （合集 9560 宾三）
 5. ……征不殟,赐贝二朋。一月。   （合集 40073 师小字）
 6. 贞:呼求。
   贞:呼求。
   贞:呼〔求〕。
   贞:赐牛于□。
   贞:赐牛于□。   （英藏 787 典宾 B）

132. 壬卜,在🐚:丁昪子圉臣。

   壬卜,在🐚:丁曰余其肇子臣,允。　　　　　　　　　　　　（花东 410）

经常为宫廷带来物资的人物,如畢、杢、般等,都接受过宫廷的给予①:

133. 己卯卜,永贞:昪小杢。　　　　　　　　　　　　（合集 15935 正典宾 B）

134. 贞叀畢昪。

   贞叀般昪。　　　　　　　　　　　　　　　　　　　（合集 15934 典宾 B）

  这些记录说明我们讨论的资源流动不应该简单地被理解为宫廷剥削财富,流入的资源被分配出去是再分配经济的表现。

  为了说明商代围绕宫廷的再分配经济,我们可以选择占卜用的龟甲、肩胛材料的流通过程为例。在记录甲骨来源的甲桥、骨臼、骨背等五种记事刻辞中,占卜材料提供者的名号与占卜问事人("贞人")的名号有大面积的重合,这是学界所熟知的。问事人子、大(?)、亚、賈、尹、史(事)、行、箙、祝、旅、穀、狄、亚奠、甾、疑的名号是亲属职衔称谓。向占卜机构提供占卜材料的妇某、羌某、保某、賈、奠、龟、卫、犬、束、册、乍册、臣、小臣、廩、㚔、行、史、旅、豕、箙、牧、冒、舟、亚、弜等 20 多种名号也都是亲属职衔称谓。他们是围绕着宫廷的各部门的官僚。此外,提供占卜材料的"中"有"小臣中"的叫法,"畢"有"亚畢"的叫法,他们也是官员,这提示我们其他以私名称呼的人可能有些也有官方身份。方稚松(2009)研究发现,官僚、贵族提供占卜材料的日期往往比占卜机构第一次用其占卜的日期早一天,这说明先有官僚、贵族向占卜机构提供占卜材料,随后有官僚、贵族到占卜机构问事,在占卜机构为其服务的过程中占卜材料随之被消费。官僚、贵族获得占卜材料的来源,一部分可能是他们领地所产,或自己设法获得(例如通过交易);一部分可能由宫廷分配。记事刻辞中最常见的"妇某示"表示由宫廷的妇某交付给占卜机构,是宫廷分配占卜材料的证据。众多的贵族、官僚将占卜材料输送到占卜机构这个中心,中心起着集中和再分配的作用,占卜材料的搜求、集中、分配、消费过程是商代宫廷再分配经济的一个典型(图 4.10)。

  占卜材料本身的流通过程体现宫廷再分配经济最明显,是由于甲骨上留下了文字记录。其他贵重原材料虽然缺乏这么丰富的文字记载,但也可能以相似的过程流通,例如铸造用的铜、锡、铅等金属材料。我们知道商王朝晚期的金属原料产自多个地区,铜容器生产主要集中在安阳,主要的铸造工场由王室运营。根据较长的铜器铭文,贵族、官僚在接受宫廷赏赐的贝或金后会到铸造工场订制铜器。工场为其生产的铜器上则以亲属职衔称呼王朝的贵族和官僚。这个过程可以表示为图 4.11,金属原料的搜求、运输、集中、分配、消费过程与占卜材料的流通相似。

---

① 他们为宫廷输送资源的例子有:
  1. 贞:杢弗其以。(合集 9031 典宾 B)
  2. 甲戌卜:畢以牛于大示用。(屯南 824 历二 B1)
  3. 贞:叀般令取,以。(合集 9078 宾出)

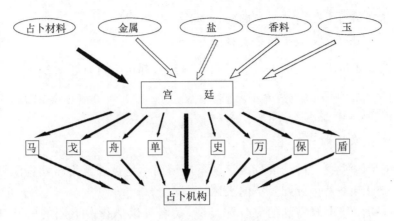

图 4.10　占卜材料在商宫廷经济体内的流通

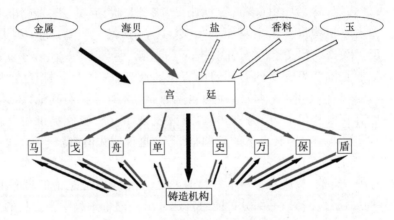

图 4.11　铸造原料在商宫廷经济体内的流通

(2)如果仔细分析,我们可以发现甲骨文材料记录的资源流动主要是商经济体内部的活动,它们性质多样,包括奉献祭品、税收、劳役、再分配、职务行为、礼品馈赠、宫廷与贵族间的经济交换。以往有的研究把甲骨文中十余个与资源流动有关的动词都称为"供纳动词",以为它们所指的都是同一件事,代表一个统一的"供纳制度"(杨升南,1999;杨升南、马季凡,2010)。在这个制度之下,供纳是贵族官僚必须履行的义务,这些资源流动是强制和非互利的资源榨取。"供纳动词"之间的不同被认为只在语法习惯上,例如自王叫"取",自臣下叫"入"(即动作施事者不同)。然而,大多数辞例的内涵没有经过认真分析,仅因为资源是由臣属向宫廷流动,它们被理所当然地认为代表供纳。实际上,不仅动词在语义上有区别,卜辞反映的内容也很多样。下面我们分四类讨论它们所反映的资源流动的性质。

　　a. 有敬语意味的动词

这类动词有 4 个,"共""登""入""见"。动作的主语都是贵族、官僚,从来不是宫廷,所以似乎有表示尊敬的意味。它们在后世文献中的用法也能佐证这点。"共"的字形写作捧着的双手,"登"写作双手捧着食器。这两个词意为奉献、供奉,他们的宾语数量有限,主要是牛、羊,有时是猪、谷物(合集 235)、人牲(合集 879)、积聚(合集 22214)。在呈送征集的众人、射、马等人员时,也会使用这两个动词,由此我们可以推测它们搭配的宾语是在宫廷完全控制下的资源,物品属于国家掌控的税收,人力属于国家调动的劳役、兵役。

"入"的字形是一个抽象的箭头,表示"进入""交纳",它施用的宾语范围很广,有牛(合集 5685 反)、猪(合集 19875)、马(22075)、鹿(花东 395.4)、虎(合集 1606)、羌(合集 10405)、龟甲(记事刻辞)、肉(花东 237.15)、玉(花东 90.6)。"入"可能暗示着地位的不对等,特别是当我们考虑到"入"的分化词"纳"在后期文献里的用法。不过地位的不对等并不等于强制性的榨取。例如,记事刻辞里由册、犬、小臣、史等官僚"入"于占卜机构的龟甲属于再分配,不是强制性的。在下面的例子里,"入"的性质又各有不同:

135. 己丑卜,㱿贞:翌庚寅令入戈人。　　　　　　　　(合集 8398 正典宾 B)
136. 辛酉□:入束■王曰衛。　　　　　　　　(合集 32962 历一 B)
137. 乙未卜,㕜贞:右史入驶,牡其犅,不夕。
　　乙未卜,㕜贞:贾子入驶,牡一匹,犅。
　　乙未卜,㕜贞:自贾入赤牡,其犅,不夕。吉。　　　　　(合集 28195 何组)

笔者认为第 135 条的"戈人"是执戈之人,是商代的步卒(曹大志,2018),"入戈人"是对兵力的调动。第 136 条的"入束"意为交纳积贮,有税收的性质。第 137 条由贾子、自贾所"入"的马很可能获得自贾进行的外部贸易,而贾向宫廷入马是在继续他的工作,会从中得到宫廷的偿付,对贾来说这是职业行为,对宫廷来说则是贸易。如果我们深入一步设想,花东之子若将他向贾买来的马送给商王,在王室卜辞中这个行动也可以被记录为"子某入马"(犹如第 137 条里的"右史入驶"。子的确向商王"入"过牛、肉等)。换句话说,"入"的使用不考虑物资的最终来源和获取的方法。当某些资源先被进口再被交纳给宫廷时,外部贸易和内部的资源流动都发生了,但宫廷的记录里只会出现"入"。

"见"一般认为是一个假借字,与文献中的"献"相同,意为奉献。在花东卜辞中,"见"既可用于子与商王之间,也可用于低级贵族与子之间。"见"的宾语包括牛(合集 102)、猪(合集 22436)、谷物(合集 24432)、鱼(花东 26.6)、邕(花东 37.4)、织物(花东 37.21)、玉(花东 149.3)、卤(花东 202.8)、龟(合集 17668)、肩胛骨(合集 6768 臼)、织带(花东 451.3)。玉、邕等资源的产地不在商王朝的领土范围内,"见"之前必须先进口获得,会涉及外部贸易。"见"有时与其他的所谓供纳动词"来""以""肇"一起使用:

138. 庚卜:子其见丁卤,以。　　　　　　　　　　　(花东 202.8)
139. 辛亥卜,子其以妇好入于𨒅,子乎多御正见于妇好,肇紤十。

(花东 63)

"见"涉及的资源流动也包括多种性质,这里仅举几个例子:

140. 丁卯,喜见龜一。　　　　　　　　　　　　　　　　（合集 17668 宾出）

笔者认为"喜"是"仓"的象形初文(曹大志,2019a)。仓会存储一些粮食以外的物资。由仓献龟属于仓官的职务行为。

141. 戊寅卜:自枩带其见于妇好。用。　　　　　　　　　　（花东 451.3）

子将从枩那里得来的织带送给妇好,属于贵族间的礼品馈赠,显然不代表一种经济义务。

142. □戌卜,贞:畢见百牛,卒用自上示。　　　　　　　　　（合集 102 宾出）
143. 甲戌卜,贞:翌乙亥出于祖乙三牛,畢见尸牛。十三月。

（合集 1520＋15475 宾出）

在前一条卜辞里,畢所献的牛直接流向祭祀仪式,但牛的来源并不清楚。在后一条卜辞里,畢所献的牛被指明为尸牛,即来自尸方的牛。尸方在武丁时期与商关系紧张,曾受到征伐。畢献尸牛的过程包含了外、内两步,第一步牛从尸方到畢或许是劫掠的战利品,或许是强迫的供纳,甚至可以是交易所得。相应的,第二步牛从畢到商的宫廷可能是战胜献捷、上缴征收或贸易所得。可见动词"见"代表的资源流动有多种可能,前后的性质也并不单一。由于畢具有官僚的身份,无论从外部获得尸牛的途径如何,甲骨文"畢献尸牛"(而非"尸方献牛")都很可能是作为职务行为记录的。

b. 有命令意味的动词

动词"䀠"的主语总是宫廷,宾语包括牛、羊、人、射手。"䀠"的释读还没有公认的意见,但它表示调动资源则没有异议。我认为它的造字方法和从目、生声的"省"字,从目、氏声的"眂(视)"字相似,可以分析为从目雨声。形符"目"表示省视一类意思,声符"雨"的古音属于鱼部。根据这两个条件推测,这个字可能是文献中常见的"阅"字的早期写法。"阅"古音属以母、月部,月、鱼两部主要元音相同,古音通转有很多例子。因此从雨声的"䀠"可以读为"阅"。"阅"的意思是计数、省视、检阅,引申为搜索、简择,如《公羊传·桓公六年》:"大阅者何？简车徒也。"《左传·昭公七年》:"周文王之法曰:有亡荒阅。"杜预注:"阅,蒐也。""䀠"读为"阅"可以很好地解释甲骨文例:

144. 丙寅卜,殻贞:王往省牛于敦。

贞:王勿往省牛。三月。

贞:□興多沚。

贞:王往省牛。

贞:勿往省牛。

贞:䀠牛百。

（合补 2688 正典宾 B）

145. 呑束。

　　　贞：冒物牛。

　　　王往省从西。

　　　王往出省。

　　　王呑束。

　　　王往省。　　　　　　　　　　　　　　　　　（合集 11181 典宾 B）

146. 贞：冒牛百。

　　　不其以。

　　　贞：偁以。　　　　　　　　　　　　　　　　（合集 9041 正典宾 B）

147. 丙午卜，争贞：冒羊于垄。　　　　　　　　　　（合集 11199 典宾 B）

148. □□〔卜〕，□贞：冒三百射呼■……　　　　　　（合集 5777 典宾）

149. 庚寅卜，殻贞：勿冒人三千呼望舌〔方〕。　　　　（合集 6185 典宾 B）

150. 贞：冒人三百，呼归。　　　　　　　　　　　　（合补 5280 反典宾 B）

以上卜辞中"呑束"读为"盖积"，是巡视、封存某地的积聚（曹大志，2016）；"省牛"是省视某地牛的情况，都是在征收前做的准备工作。阅三百射、三千人是为战争调动人员。这些对牛、羊、射手、人员的统计、检视应属于税收和劳役、兵役的性质。

c. 有祈愿意味的动词

这组动词有"乞""匄""求"三个，都有祈求的意思，这在向祖先或其他神灵祈求保佑、丰收等卜辞中看的很清楚。例如：

151. 贞：王其有匄于祖丁。　　　　　　　　　　　　（合集 930 典宾 A）

152. 丁未卜，争贞：求雨，匄于河。十三月。　　　　（合集 12863 宾三）

153. 乙卯卜，王求雨于社。　　　　　　　　　　　　（合集 34493 历一 A）

在资源流动的语境下，"乞"的宾语包括牛（合集 4884）、龟甲（合集 1711 反）、牛肩胛骨（合集 1961 臼）、猪（合集 22281）、玉（合集 22075）。这些资源流动的性质虽然不是都很清楚，但显然并不都是供纳，例如甲桥、骨臼、骨面刻辞很常见的"乞自某"是占卜机构在记录龟甲、肩胛来自哪些贵族和官僚，属于宫廷经济体内的再分配经济。又如一条午组卜辞说：

154. 乙亥卜，我乞玉貞，入马二十于〇。　　　　　　（合集 22075 午组）

午组是非王卜辞，乞玉同时而入马，代表的是一种经济交换关系。

"匄"的宾语包括龟（合集 18366）、马（合集 21007 正）、人（合集 8241 正）、妇女（合集 22246）。林沄先生曾对比《仪礼》的记载论证"匄女"的一组卜辞是在择婚（林沄，1979）。"匄女"在一定意义上是对人力的求取，男方要对损失了人力的女方进行补偿（人类学对彩礼的普遍解释），可见这种情境下的"匄"暗示着偿付。有几条宾组卜辞讲到"牧匄人"：

155. 戊戌卜，方贞：牧匄人，令甍以夋。　　　　　　（合集 493 正典宾 B）

156. 己亥卜,宕贞:牧勾人,肇马,叀䆅令。

(合集 11403＋合补 829 正＋安明 624 典宾 B)

157. 己亥卜:宕贞,牧勾人,肇……　　　　　　　　(合集 8241 宾三)

牧是管理牧场的官员,马和㚔是两种身份的人①,牧求人手而令䆅给予(以、肇)马或者㚔,这是宫廷对人力的调配。对牧来说,"勾人"则是他的职务行为。

动词"求"的宾语有牛(合集 940、7565、11156、11157)、羊(合集 16974、16975、18938、21272)、猪(合集 21566)、马(合集 21895)、犬(合集 21895)、玉(合集 16976 正)、奴隶("奠臣"英藏 1806)、人牲(合集 32509、32905)、积(合集 4787、22287、22288)、䕓(合集 19661)。它涉及的资源流动也包括多种性质,下面分别举一两个例子:

158. 甲申卜,企㐭呼求䕓。　　　　　　　　　　　(合集 19661 宾出)

企地有积和仓的设施(曹大志,2019a),企仓求䕓藁在仓的职能范畴内,是官员的职务行为。

159. 贞:王求牛于夫。

贞:勿求牛于夫。

贾巡,孚。

贾不巡,孚。　　　　　　　　　　　　　　　　(合集 940 正典宾 A)

卜问王是否向名为夫的人求牛,随后又卜问要不要贾巡视,似乎是将"求牛"之事交给贾负责,则此求牛可能是向民间买牛,和《周礼》羊人买牲供祭祀类似。

160. 贞:求㺇于壴。　　　　　　　　　　　　　　(合集 16976 正典宾 B)

壴是宾组卜辞里常见的人物(宾组卜辞常见的"贾壴"可能和他是一人,如果是这样,那么壴也是一名贾),宫廷向贵族官僚求玉,笔者认为反映的应该是宫廷和贵族之间的经济往来。要说明这种可能,我们可以参考金文和传世文献里的事例。西周任鼎的铭文显示,贵族任在备办珍贵的宝货后,即使是周王也非随意索取,而是要从任那里"买"货物,并使大臣赏赐、嘉勉任:

唯王正月,王在氏,任蔑历,使献为(货)于王,则毕买。王使孟联父蔑历,赐脡、牲大牢,又䕭束、大𫁋、郁鬯。

(新收 1554)

董珊先生在研究任鼎铭文时说:"西周的商品经济活动,不仅通过'买'和'卖'的方式来进行,不同阶层之间的'贡献'和'赏赐'活动也是重要的商品交换形式。例如任鼎,在任的一方名义上是受到嘉勉而'献货',其实为卖出商品……否则下文就不会

---

① 从下面两条卜辞看,㚔可以称为㚔人,与牧场有特别的联系:

1. 贞:勿呼以㚔人。(合集 1031 典宾 B)

2. ……于唐■……■㚔䚷三牧……(合集 1309 宾出)

说'(王)则毕买'了……之所以在铭文中使用'献'、'归'这类词,应是由于买方的地位较高……可见在西周社会中的不同阶层之间,也存在商品交易现象,只不过有时不使用'买卖'这类词语来表达而已。"(董珊,2005)这个意见无疑是有道理的,同时也提示我们,古人在表达交易行为时,比起经济关系,往往更注重突出双方地位的差异。即使是有敬语意味的"献"也可能代表交换关系,我们应该注意分辨用语背后的实质。

有的研究者可能会认为向壹求玉可以是强制性的索求,进而指向贵族、官僚的供纳义务。仅从文字层面来看这是可能的,"求"可以是任何方式的求,偶然的强求也会发生。但要使宫廷向贵族索求成为固定的制度却不现实。《左传·桓公十年》也记载了一个求玉的事例:

> 初,虞叔有玉,虞公求旃。弗献。既而悔之,曰:"周谚有之:'匹夫无罪,怀璧其罪。'吾焉用此,其以贾害也?"乃献之。又求其宝剑。叔曰:"是无厌也。无厌,将及我。"遂伐虞公。故虞公出奔共池。

从这个例子我们可以清楚地看到,宫廷经常向贵族、官僚索求会导致双方之间的关系无法维持,这也是宫廷总要以领地、财产回馈贵族、官僚的服务和奉献的原因。

祈愿性的动词蕴含着一个意义,即行为的结果是没有保证的。《春秋·僖公二十六年》"公子遂如楚乞师",杜注:"乞,不保得之辞。"甲骨文中多见"求—得"的占卜,得或不得需要占卜,也说明求的结果是没有保证的:

161. 贞:〔逸〕畀自宁,呼求,得。　　　　　　　　（合集 135 正乙 典宾 A）
162. 其呼求,得。
     不以。　　　　　　　　　　　　　　　　　　（合集 8892 典宾 A）

能否获得所求的资源没有保证,一种原因是资源稀少,搜求在客观上有难度。例如甲骨文中有一些"求㚄"的占卜,㚄是一种比较难遇的畸形人。另一种原因是求资源一方被认为没有权力强求,给资源一方则可以决定是否提供。《左传·桓公十五年》:"天王使家父来求车,非礼也。诸侯不贡车、服,天子不私求财。"观念认为周王没有权力向鲁国索要车子,所以使用了"求"。祈愿的结果没有保证还会给祈愿性动词带来另一层含义,即"求"往往暗示需要回馈,正如人们在向神灵祈求时要供奉一样,我们在后文还会谈到这个问题。

d. 中性的动词

这组动词包括"以""来""肇""取"几个。我称它们"中性"是因为在殷墟卜辞和更晚的文献中,这几个词只是表示物品的移动,没有暗示尊敬或祈愿的意味。

"以"的字形像一个人在腋下携带着物品,意思是致送。它是资源流动记录中最常见的动词,所以宾语的范围也最广,包括众人（合集 1022）、女（合集 671）、巫（合集 5654）、畀（合集 93）、羌（合集 274）、妾（花东 265.1）、人牲（合集 880）、骑士（合集 500 正）、射手（合集 5769）、牛（合集 8966）、马（合集 945）、鹿（合集 4600）、狗（合集 8979）、猪（合集 8981）、象（合集 8984）、猴（合集 8984）、织物（合集 9002）、海贝（合集

11442)、邑(合集 13868)、卤(合集 19497)、龟(合集 116 反)。我们在上文已经看到"以"可以与"见""求"一起使用;后面我们会看到"以"也可以和"来""取"一起使用。"以"只表示致送的简单事实,无论物品的来源、获取方式、致送者和接收者的关系、以及事务的性质。事实上,没有证据显示"以"代表着供纳关系。例如下列臣僚"以刍""以人""以众"的案例:

163. 贞:……奠甾以刍于丂。 (合集 101 宾出)
164. 牧以刍于敳。 (合集 104 典宾 A)
165. 牧以刍于敳。 (合集 105 典宾 A)
166. 丁未卜,贞:叀亚以众人步。二月。 (合集 35 宾出)
167. □寅卜,□贞:叀自令以众。 (合集 36 宾出)

丂地设置有牧,奠官致送刍人至丂,牧官致送刍人至敳都是国家对人力的调动,对奠和牧来说是职务行为。亚和自两种官员"以众(步)"是受命带领众人执行某项事务(可能和军事有关),对亚和自是职务行为,对众人来说是劳役或兵役。

动词"来"也被视为"供纳动词"之一,但它与资源流动的联系只是间接的。只有当某人到来且输送了某种资源时,"来"才和资源流动有关。在这种情况下,"来"相当于"来以""来见""来入"等的简略说法。与"以"比较,"来"更侧重某人的到来,例如:

168. 有来自南,以龟。
不其以。 (合集 7076 宾一)
169. 甲辰卜,亘贞:今三月光呼来。王占曰:其呼来,迨至,唯乙。旬又二日乙卯,允有来自光,以羌刍五十。 (合集 94 正典宾 B)
170. 贞:牧来羌,用于…… (合集 243 正典宾 B)
171. 辛亥卜,贞:犬延来羌用于□甲。 (合集 240 宾出)
172. □□〔卜〕,■贞:……倗至,告曰:甾来以羌。 (英藏 756 正典宾 B)
之日倗至,告〔曰〕:甾来以羌刍。 (英藏 756 反典宾 B)
173. 贞:自般来人于庞。 (合集 1035 典宾)

在第 168 条卜辞中,"来"+"以"的说法在对贞时被缩略为"以"。在第 169—172 条卜辞中,同样的内容"来羌"或用"来"+"以",或简略为"来"。"来"搭配的宾语有射手(合集 5793)、女(合集 668)、牛(合集 9178)、马(合集 9177 反)、狗(合集 945)、水牛(英藏 862)、象(合集 9173)、龟(合集 438 反),以及刍(合集 106)、羌(合集 32013)、係(合集 1099)、屯(合集 824)等几种奴隶。文献中可见"徐方来庭""昔有成汤,自彼氐羌,莫敢不来享,莫敢不来王"等语句,容易使人认为"来"与供纳有特殊的联系,但这种用法大概是因为于省吾(1957)所说的"来"强调人和资源来自远方。在上引甲骨文里,牧、犬延、甾都是官员,他们的职务决定了所做的事情时常在边远地区,向王都输送掳掠的异族人口可能是其职责的一部分;第 173 条中的"自般来人"也应是官员调配人力。甲骨文中很常见"某人来归""呼某人来"的占卜,这些人可能是驻外的官员。

动词"肇"的释读以及它相当于文献中的哪个词还没有统一的意见,不过对它的意思已经有基本的理解(方稚松,2012)。商王和贵族、臣僚都用这个词表示资源的流动。在花东卜辞里,子"肇"牛给商王武丁,武丁也"肇"臣给子,说明它是一个中性的动词。"肇"的宾语包括众人(合集 8241 反)、射手(合集 5776)、骑士(合集 5825)、臣(花东 257.20)、牛(花东 203.4)、羊(合集 15519)、狗(合集 15523)、猪(合集 15523)、鱼(合集 3130)、鬯(花东 265.6)、肉(花东 275.7)、玉(花东 37.5)、卤(合集 7023)、朱砂(花东 450.3)、织物(花东 37.21)、龟甲(合集 8916 反)。根据上下文判断,有些"肇"是王室成员间的礼物馈赠,如子将祭祀祖乙的牛肉"肇"给武丁:

174. 乙亥卜:舌且乙乡牢、一牝,子亡肇丁。 (花东 275.7)

有些是宫廷对人力资源的调配,如牧寻求人力的时候,宫廷派遣人员给他:

175. 己亥卜,疠贞:牧匄人,肇马,叀蒦令。

(合集 11403＋合补 829 正＋安明 624 典宾 B)

动词"取"的宾语有牛(合集 93 反)、马(合集 945)、羊(合集 8811)、猪(合集 28197)、狗(合集 10976 反)、虎(合集 11003)、猎获物(合集 267 反)、肉(合集 6507)、谷物(合集 10613 反)、积(合集 8283)、射手(合集 5756)、女(合集 21457)、臣(合集 622)、几种奴隶(合集 108、667 反、891 反)、人牲(合集 893)、玉(合集 4720)、金属锭(合集 6567)、海贝(合集 11425)、鬯(合集 8855)、卤(合集 7022)。以往研究多以"取"为例,说明存在专门表示"供纳制度"的词汇,它也是唯一曾被举出证据的动词,即《韩诗外传·卷五》所说的"君取于臣谓之取","取"的含义被理解为"征收",指商王从臣下那里任意索要而没有补偿。然而,地位的差异并不等于非互惠性。先秦古书里"取"的用例很多,"取"字本身并非一定包含强制、非互利的意思,它的本义只是前往并拿走。在不同语境里,"取"能表达多种含义,既可以是暴力的夺取,强制的征取,也可以是中性的获取,还可以是有偿的换取、求取,我们在下文将详细讨论这个问题。

总之,在甲骨文中并没有动词可以直接表示政体间的供纳关系。在这个意义上,不存在以往认为的"供纳动词"。我们所看到的动词有不同的侧重,在不同语境下可以有不同的含义,多数动词本身不足以揭示资源流动的性质。我们不能在看到这些动词时即假设它们反映供纳(例如"以来"在战国文书里表示公文的递送),确定资源流动的性质必须考虑输送人的身份、资源的属性、事情发生的背景和过程。如上文所讨论的,甲骨文中记录的资源流动性质不一。

(3)甲骨文中与资源流动有关的动词,有一部分在先秦文献里常见有回馈含义的用法,在周代金文中可以表示换取,在商代也可以代表交换关系,因此在某些情境下可能反映外部的贸易。

以祈愿性的动词"求""乞"为例,文献中常见的"求成""求平""求货""乞师""乞盟""乞糴""乞粮"等说法,都暗含着需要回馈的意思。明确的例证如:

《左传·闵公二年》:以赂求共仲于莒,莒人归之。

霸伯簋铭:唯十又一月,井叔来求卤,蔑霸伯历,使伐。用帻二百、丹二量、虎皮一。霸伯拜稽首,对扬井叔休,用作宝簋,其万年子子孙孙其永宝用。

鲁人向莒人求共仲,赠送给莒人财物;井叔向霸伯求盐,给予霸伯帻、丹、虎皮的酬谢,都体现了"求"是需要回馈的交换关系。值得注意的是,井叔蔑历霸伯,地位高于霸伯(有的学者认为霸伯是井叔下属),这与商王向壴求玉的关系相似。

再以中性的动词"取"为例,《左传》中常见某人"取货"的用法,意思相当于今天说的索贿。受贿后要为行贿者办事,本质是一种交换行为。下面我们具体分析几段"取"为"换取"义的文献。

《战国策·秦策三》:郑人谓玉未理者为璞,周人谓鼠未腊者为璞。周人怀璞,谓郑贾曰:欲买璞乎?郑贾曰:欲之。出璞视之,乃鼠也,因谢不取。

这里"取"显然是偿付之后取得,即前文"买"的意思。

《列子·说符》:穆公见之(九方皋),使行求马。三月而反报曰:"已得之矣,在沙丘。"穆公曰:"何马也?"对曰:"牝而黄。"使人往取之,牡而骊。

千里马是统治者重金求购的宝物(沙丘按传统说法在河北,距秦较远),这里的求—取是连续过程,"求马"已做好了交易的准备,"取"马则是有偿付的换取。

《韩诗外传》卷五:孔子侍坐于季孙,季孙之宰通曰:"君使人假马,其与之乎?"孔子曰:"吾闻君取于臣谓之取,不曰假。"季孙悟,告宰通,曰:"今以往,君有取谓之取,无曰假。"孔子(曰)正假马之言,而君臣之义定矣。《论语》曰:"必也正名乎。"《诗》曰:"君子无易由言。"

这是研究者经常引用以证明"取"是征取的证据。但文献本身所讲的只是"取"表示了地位的不对等,而非交易的不对等,更非"取"等同强制。宰通的问题"其与之乎"说明季孙有与或不与的自由。宰通使用的"假"字有借、贷的意思,说明鲁国国君不仅被预期归还马匹,而且可能有补偿或礼物以表示感谢(当然也可以无偿地借)。孔子的话重点在于君臣之间要用他认为适当的语言,并不是关于"取"的性质。事实上,无论孔子怎么看待这件事,都不改变鲁国国君在向季孙借马这件事的性质。"假"也可以说成"取",恰恰说明"取"只注重获取的行为,不论方式。

不仅传世文献,"取"在周代铜器铭文里也可见"换取"的用法。在佣生簋、卫盉、九年卫鼎、戎生编钟、晋姜鼎等器铭中,"取"是表示获取某些物资的动词,它都不是无偿的获取,都有后续的偿付。这几篇铭文早被解读为交易的记录,我们将交易双方、交易动词、交易物品列表于下(表4.2):

表4.2 西周金文里表示交易的"取"

铜器	买方	动词	取得	卖方	动词	偿付	资料出处
倗生簋	格伯	取	4匹马	倗生		30田	集成4262—4265
卫盉	矩伯 矩伯	取 取	玉器 裘皮	裘卫 裘卫	舍 舍	10田 3田	集成9465
九年卫鼎	矩家、颜家	取	车、车器、丝3束、马2匹、衣服、裘	裘卫	舍	林地	集成2831
戎生编钟	戎生代表晋国	取	金	繁阳淮夷		1000车盐	保利,1999
晋姜鼎	晋国	取	金	繁阳淮夷		1000车盐	集成2826

以上案例都用了动词"取",前四项交易是周的贵族之间以奢侈品交换田地,后两个交易(可能是同一件事情的记录)是晋国与淮河流域的金属集散地繁阳之间远途贸易盐和金属,可见"取"的使用既包括一个经济体内的交换,也包括对外的贸易。

甲骨文虽然简略,但也存在"取"有"换取"义的线索。例如,前文在讨论商贾的角色时,我们看到宫廷经常向商贾"取"(115—122条),提出"取于贾"会给贾偿付。又如,商代甲骨文中"娶女"之"娶"还没有造出专字,尚在用"取"表示。成婚时男方为了弥补女方损失而付给女方彩礼是很多社会的习俗,周代以来有明确的文献证据;甲骨学家也找到一些线索显示商代婚姻的习俗与周代类似(林沄,1979)。如果丈夫"取"妻时要偿付彩礼,那么"取"在一些情景下实际上意味着有偿的获取。

最后,在以上讨论的基础上,我们可以开始分析商的贵族官僚对贸易所起的作用。我们以武丁时期常见的人物"雀"为例,此人有"亚雀"的称谓,是一位官僚①。他在资源输送的活动中有很多表现,曾向宫廷输送多种珍贵资源,记事刻辞表明他也是龟甲最主要的输送者。卜辞提到呼令雀买物资:

176. 戊寅卜,内:呼雀买……
　　　勿雀买。　　　　　　　　　　　　　　　　　　　　(合集10976宾一)②

在下面的一组卜辞中,雀可向宫廷提供几种珍稀动物:

177. 戊辰卜,雀以象。
　　　戊辰卜,雀不其以象。十二月。
　　　己巳卜,雀以猱。十二月。
　　　己巳卜,雀不其以猱。
　　　己巳卜,雀取马,以。　　　　　　　　　　　　　　(合集8984宾一)

---

① "雀"可能应读为"榷","亚雀"是管理榷场的官员,所以能向宫廷输送多种资源。关于商代"雀"的身份,笔者拟专文探讨。

② 此例中"雀"也可能是榷的动词,榷买连读。

雀有渠道接触三种珍稀动物,象、猱、马。殷墟时期象栖息于安阳以南的地区,而家马基本不产于安阳以南地区,象和家马的产地不会在同一地区。雀需要从北方获取马,从南方获取象,再输送给宫廷。这个过程可以表示如下:

$$\boxed{产地} \xrightarrow[\text{外部贸易}]{\text{取}} 雀 \xrightarrow[\text{内部再分配}]{\text{以}} 宫廷$$

第一步的"取"是外部贸易,可能是雀受命执行获取资源的任务。第二步的"以"进入内部的资源再分配领域。在这个过程里,商的贵族、官僚"雀"是贸易的实际组织者,是职业商贾以外的又一个媒介,把商的剩余产品流通出去,把外部的奢侈品(本例是珍稀动物)和原材料输入进来。

值得注意的是,上面这组卜辞里连续使用了表示获取的"取"和表示致送的"以",甲骨文中还有大量臣僚"取"后是否"以",或是否"以有取"的占卜:

178. 戊午卜,宁贞:呼取牛百,以。王占〔曰〕:吉。以,其至。
　　　　　　　　　　　　　　　　　　　　　　(合集 93 反典宾 A)

179. 彘以有取。　　　　　　　　　　　　　　(合集 9070 典宾 A)
　　　彘弗其以有取。　　　　　　　　　　　(合集 9069 典宾)

180. 贞:䋙以有取。
　　　贞:䋙弗其以有取。　　　　　　　　　(合集 3481 典宾 A)

181. 贞:彗䍩墉弗其以有取。　　　　　　　(合集 8235 宾出)

182. 贞:俔䍩妭以有取。　　　　　　　　　　(合集 9050 正典宾 B)

183. □巳卜,殷贞:妥以有取。
　　　贞:妥弗其以有取。　　　　　　　　　(合集 9075 典宾 A)

184. 贞:並弗其以有取。　　　　　　　　　　(合集 9105 反典宾 B)

185. ……史以有取。　　　　　　　　　　　　(合集 9126 典宾 A)

186. ……其以有取。　　　　　　　　　　　　(合集 9127 典宾)

187. ……其以有取。　　　　　　　　　　　　(合集 9531 正典宾 B)

188. 以有取。
　　　……有取。
　　　……弗〔其〕以〔有〕取。　　　　　　(合集 13514 正甲宾一)

189. ……何以有取。　　　　　　　　　　　　(怀特 343 师宾间)

以上所引卜辞中使用的否定副词都是"弗"(意思是不会、不能),而不是"勿""弜""毋"(意思是不要)。"弗"是对事实和可能性的否定(裘锡圭,1979)。宫廷十分关心已取得的物资"会不会""能不能"被致送来,说明能否致送没有保证。这大概是由于运送的过程有路途较远等客观困难。这类资源不会是能够轻易获得的,否则也不需要卜问能否"以至"。它们或许通过战争劫掠而来,或许通过远途贸易从域外获得,类似"雀取马,以"这样的活动。考虑到商王朝作为征服者不应该对能否取得供纳充满疑问,以致需要经常占卜,这类"以有取"的占卜不太可能是关于远方供纳的。

除了组织贸易活动,商的贵族、官僚在生活中会消费进口的资源,如用于祭祀、食用的牲畜,以及珍稀原材料制成的奢侈品(玉石器、象牙器、漆器、青铜器等),从而成为生产和贸易的驱动力。我们以花东之子为例,从其家族留下的占卜记录可以知道,子这样的高级贵族消费着大量玉、马、鬯、龟甲、朱砂等珍稀资源。在这方面,中低级贵族也发挥着和高级贵族同样的作用,从消费奢侈品的数量来看,他们的重要性可能不亚于高级贵族。正是贵族、官僚旺盛的需求驱动着对外贸易,他们是对外贸易的动力。

低级贵族和官僚还起着一项不可替代的作用,他们虽然无法负担对外贸易的成本、人力和风险,无力独自组织对外贸易,但可以作为商王朝经济生产的组织者、税收的管理者,这些活动所得的剩余产品为对外贸易提供了基础。以安阳与黄土丘陵间可能的贸易为例,由于运输困难且路途遥远,高价值、小体量的货物会受青睐。除了金属原料和青铜器,织物大概很重要。织物是早期文明很普遍的主要财富形式。根据西周铜器铭文,周的朝廷强迫东南的淮夷进贡织物(李学勤,1984)。从东周文献和睡虎地秦简可知,布在当时是一种等价物。到了公元前1千纪的晚期,汉代官员在讨论财政和对外贸易问题时,明确强调了以织物贸易游牧人的马匹、毛皮、毡子的好处:

《盐铁论·力耕》:汝、汉之金,纤微之贡,所以诱外国而钓羌、胡之宝也。夫中国一端之缦,得匈奴累金之物,而损敌国之用。是以骡驴馲驼,衔尾入塞,驒騄騵马,尽为我畜,鼲貂狐貉,采旃文罽,充于内府,而璧玉珊瑚瑠璃,咸为国之宝。是则外国之物内流,而利不外泄也。异物内流则国用饶,利不外泄则民用给矣。

复杂的农业社会由于劳动力充裕、技术和组织水平先进,在生产织物方面有竞争优势。而在农业社会价值较高的畜产却在半农半牧和游牧社会里资源丰富,双方形成资源的互补。早期国家往往有意识地鼓励纺织活动,甚至有国家直接运营的工场。低级的贵族、官僚可以充当工场生产的组织者,或者征收民间织物的管理者。

总之,商代国家的整个精英阶层是对外贸易活动中最重要的力量。他们是远途贸易的动力,是贸易实际的组织者和执行者,他们从事的生产管理活动也为远途贸易创造了条件。

(四) 考古证据——遗存分布反映的贸易模式

考古证据可以从文字记录所不能的角度揭示贸易的机制。例如,我们根据甲骨文能知道哪些贵族、官僚曾输送过什么资源,但是很少能知道这些贵族、官僚从什么地方获取了资源,所以仅依靠文字记录无法知道安阳与哪些地区进行贸易。在这方面,物质遗存的分布是考古学能为理解贸易机制贡献的重要证据。下面我们将通过青铜器出土地点分布的规律、安阳据点设置的规律来讨论黄土丘陵与安阳之间联系的模式。

首先,我所观察到的一个宏观的规律是,安阳生产的青铜器自东端的华北平原至西端的陕西北部呈线状分布(图4.12),这与一般遗物杂乱的网状分布不同,具有明显的指向性,暗示交往的两端意图明确,而且双方的交流很可能是直接的。通过定量分析可以看出,青铜器不符合手递手贸易(两端的参与者从未谋面)所具备的数量逐步衰减特征,沿途一定存在着若干中心组织交换的进行。从黄土丘陵与安阳铜器组合的相似性来看,即使陕北最远端的接受者也对安阳的铜器使用方式有所了解(邹衡,1980),也就是说,这个贸易机制的确真正连结了华北平原与陕北的黄土丘陵。这种直接的联系在历史上并不常见,因为陕北通常与南面的关中地区联系最密切,山西也以汾河谷地为南北联系的动脉——黄河两边的联系主要都是南北向的。短距离的东西向联系经常存在,但很少有直接连通华北平原到陕北的联系存在,这无疑是由于地理的阻隔、交通的困难。

相似的情况在明清时期发生过。当时华北平原与黄土丘陵由贸易网络连结起来,有大量的牲畜、皮、羊毛进入明清的首都地区,布匹、铁器、其他手工业制品则向相反方向流动(王一成、韦苇,1990)。商代晚期和明清时期的共同之处在于太行山东麓存在大型的城市中心,有强劲的需求需要满足;不同之处在于北京比安阳地理位置更靠北,相应的与黄土丘陵联系的交通路线也更靠北。

明清时期的贸易网络对于本研究的启示之一是它在物质文化上留下的印记,这可以帮助我们理解殷墟时期留下的遗存。例如,明清时期黄河沿岸有一些城镇因作为水陆转运码头而繁荣。商人们讲究的住宅、精致的家具和器皿与这个穷困的地区形成了鲜明对比(当然大多数器具是外部进口的)。这些城镇中最著名的是临县的碛口镇。它位于湫水河与黄河交汇处。由于湫水河汛期冲出的巨砾形成了浅滩,沿黄河的水运被阻碍,商贾不得不在此卸货改走陆路,湫水河谷又正好提供了抵达太原的一条方便的路径,物流可以从太原继续前往北京。受益于这样的地理位置,碛口在其发展的鼎盛时期不仅与北方进行贸易,还吸引了来自南方的商贾。繁忙的商业活动甚至影响了人口分布,碛口镇和湫水河所在的临县是晋西北人口最多的县(山西,1999)。

青铜时代黄土丘陵的奢侈品和人口有相似的分布规律,是否同样的机制已在起作用值得我们思考。第一章中我们曾经介绍,石楼县集中了数量可观的铜器发现,黄土丘陵76处地点中有22处都在这里。根据已有的调查资料,石楼县与其南面的永和县也是黄土丘陵山西一侧聚落密度最高的区域(尽管更南面的地区生态环境理应更好)。以往研究把石楼的繁荣归因于当地存在一个甲骨文中提到的方国(一般说法是舌方或土方),但为何在石楼而不是别处出现了一个方国?通过第三章的研究我们已经看到,石楼出土的铜器大都不是本地生产的,为何来源多样的铜器集中在这个方国?过去单一的文献和政治史视角除了给考古发现贴上一个标签外并没有解释任何事情。石楼、永和正位于陕北至安阳最直接的通道上,我们可以设想当时的物流主要经过这个区域,为当地带来了与明清贸易网络相似的好处,造就了当地的繁荣[①]。

[①] 石楼境内小蒜镇的韩家畔(曾出土铜器)附近也有一处浅滩,当地称为"吐京碛",是由屈产河冲出的砺石阻塞黄河河道形成的。笔者曾到当地调查,看到这处碛堵塞远不如碛口厉害。从"吐京"的名字来看,这处碛的得名应在北朝时期。屈产河河谷提供了一条从陕北通往晋西南的孔道,有可能石楼因为类似临县的角色而交通繁忙。不过应该承认,商代晚期是否存在沿黄河的水运尚没有证据。

第四章 贸易网络(一):从黄土丘陵到安阳　179

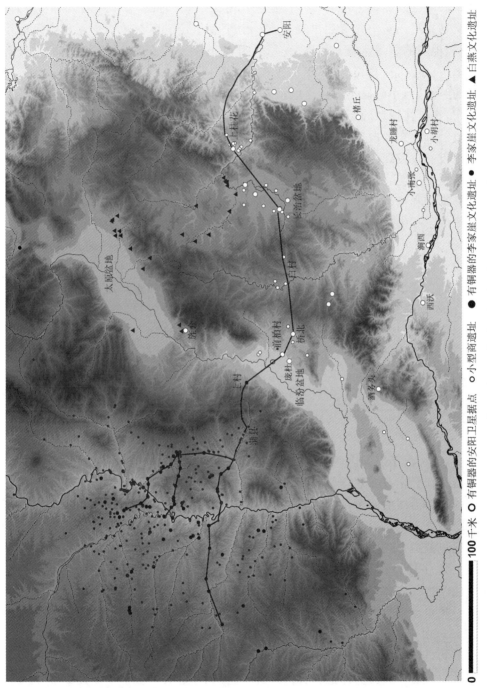

图4.12 由遗址分布复原黄土丘陵与安阳间的交通

其次,在次一级的地理尺度上,如果我们仔细观察黄土丘陵部分,可以发现线状分布的青铜器出土地点有两条分支。一条从石楼去往陕北的中北部(清涧、绥德),一条从永和去往陕北的中南部(延川、延长)(图4.12)。对此,一个可能的解释是,东西向的交通在进入黄土丘陵后出现分支。由于黄土丘陵存在数十个互相竞争的小首领,通向他们的贸易路线必然不只一条,目前比较显著的是上述两条路线。曾有学者在私下交流时向我提出,军事征伐也沿道路进行。诚然,贸易和军事活动会使用同样的路线,但军队显然不会沿途埋藏青铜器,形成线状的遗物分布。

再次,在具体遗址的层面上,两类青铜器出土地点的分布规律有助于我们理解交换的机制。在东西向道路的沿线,有一类青铜器群发现于山前地带的遗址,而山区里从来没有过发现。这个规律对于安阳据点和黄土丘陵的聚落都适用,如太行山西麓的黎城上桂花、太岳山西麓的浮山桥北、吕梁山东麓的洪洞上村、石楼县团圆山两侧的肖家塌和褚家峪。在上述山区内青铜器发现的记录一片空白,这并非是由于考古工作的不平衡,因为所有铜器都是由农民偶然发现的。从历史道路的内在逻辑来看,山区人口稀少,商贾交易和获得补给的机会都有限,又有安全之虞,如果不是有特殊的资源吸引他们,商贾倾向于快速穿越山区,所以被穿越的山区内很少留下高级形式的财富。同时,山区补给困难使得进入山区之前和走出山区之后的休整尤为重要,位于这样地理位置的聚落因而受益。我们可以设想青铜器出现在这类遗址的两种情形。

1. 国家会把这类聚落看作控制贸易路线的机会,通过设置管理者而掌控它们。浮山桥北和黎城上桂花可能属于这类聚落,那里发现的使用商文化的贵族墓葬可能属于安阳设置的管理者。

2. 旅行的商贾有时会在商路沿线将携带的一部分货物交换成补给,这可以解释一些遗址只发现了零散铜器而不是标准的铜器组合。以石楼的肖家塌和褚家峪为例,这两个遗址位于团圆山两侧两条小沟谷的上游尽头。如果孤立地考虑,很难理解青铜器为何会出现在这样偏僻、闭塞的地方(图4.13);如果把它们看作一条翻越团圆山的道路沿线的两个站点,零散的铜器发现就变得容易理解了。褚家峪和肖家塌直线距离8千米;古代道路可能依靠两条沟谷翻越分水岭(今日的道路在其北10千米处通过隧道穿越团圆山)。肖家塌只出土了一件铜戈;褚家峪出土了3件戈、1套木工工具、1件刀、1件蛇首匕、1件铜项圈、1件觚、1件玉器和一些海贝。如果它们不是位于古代商道上,条件这样差的小遗址恐怕很难拥有这些贵重物品。

另一类出土青铜器的聚落位于黄河岸边,比如清涧的张家圪和吴堡的冯家塌(图4.14)。由于黄河两岸严重的水土流失(参看第一章),它们所处的环境是黄土丘陵最贫瘠的,这样的地方出土青铜器很难理解。在第二章,我提出这类遗址可能是古代的渡口,贫瘠的环境与埋藏的财富之间的不相称就容易理解了。这类聚落支持一个政体的生态基础薄弱,但作为交通网络的节点,商贾喜欢在码头聚集来收集各类货物和信息。正如明清时期的水陆码头城镇所启示的,它们甚至可能吸引其他地区的商贾在此定居、形成商贸城镇。这类聚落发现的青铜器可能是商人带来的个人

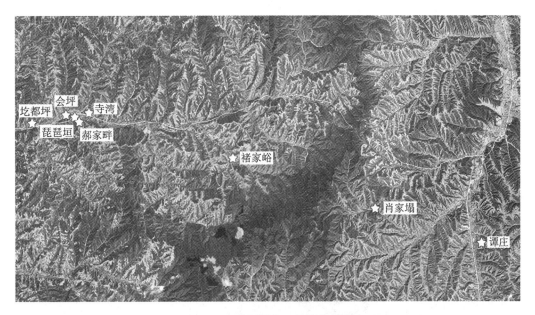

图 4.13　石楼团圆山两侧的站点遗址

财产,也可能是来往的商人在当地交换了给养或服务。来往的商人在此可以做交易,因为人员的流动,这种地方有更多交易的机会。由于这类遗址更像是一个贸易中心,当地发现的青铜器更可能以商品的身份来到这里。

最后,安阳设置据点的策略也可以帮助我们理解贸易的机制。需要说明的是,商的贵族、官僚和安阳据点这两种媒介是部分重合的。当贵族、官僚被外派,或者其领地在商的边境或异文化区域,他们就是管理安阳据点的人,例如甲骨文中的"甾",可能领有在临汾盆地内的据点。遗憾的是,我们很少能够将甲骨文中提到的贵族、官僚与考古发现的安阳据点对应起来。

安阳出于不同目的在两类地方建立据点。第一类据点在东西线路上的人口稀少地区,它们的作用在于支撑贸易线路,例如安泽县的白村、沁水县的杨疙瘩。正是位于太行山区、太岳山区和临汾盆地内的这类据点,连接了商的领土与黄土丘陵,为往来其间的商旅提供了后勤支持。

第二类据点设置于战略性的位置,用以保护贸易路线、排除其他对手,临汾盆地北端的灵石旌介是一处这样的据点,长治盆地中部的武乡上城村可能也是一个例子。前文已经介绍,除了年代较早的忻州连寺沟,汾河谷地北部和长治盆地北部都没有发现过商的青铜器。这可能是因为:(1)这些地区缺少安阳感兴趣的资源,尽管它们的环境比黄土丘陵优越,也无法获得安阳生产的青铜器;(2)这些地区与安阳关系紧张,贸易路线不由此经过,安阳设置的据点把它们排除在贸易网络之外。最近发现的忻州刘沟遗址似乎说明第二种可能更大。这里确认的晚商遗存中有仿铜陶瓿、原始瓷片,说明当地和中原有一定的联系;几个个体的马遗骸显示这里也具备最吸引安阳的资源。忻州尹村和连寺沟的发现大概说明二里岗到洹北时期有贸易路线一度从忻州盆地经过,但很快便中断了。这也许是因为晋中地区的人群与商王

182 贸易网络中的黄土丘陵(BC 1300－1050)

清涧张家圪

吴堡冯家塌

图.4.14 古代渡口遗址

朝关系紧张。从文字资料来看,笔者认为商王朝在西部边境可能已经存在市场,类似兮甲盘铭文记载的周王朝与南淮夷之间的边市。舌方、土方对西部的殖民和贸易都构成了威胁,灭亡舌方、土方的战争或许部分目的在于确保贸易路线的安全。

为了回答安阳生产的青铜器为何、如何来到了黄土丘陵,我们首先检讨了劫掠的说法,发现它与安阳至黄土丘陵间的考古材料相冲突,也不被其所依赖的文字记录支持。

黄土丘陵与商之间可能存在多种形式的交换关系。黄土丘陵可能向商出口畜产,得到青铜器、金属原料、织物。安阳出土的甲骨文虽然不是经济文书,但从侧面反映了资源的流动,包括对外贸易、内部的再分配(税收、赏赐等)、内部的贸易。甲骨文还记录安阳的马(或许还包括牛和羊)经由安阳在山西的据点和职业商贾输入。考古记录则支持了黄土丘陵作为安阳马匹一个主要来源的可能。与普遍相信的青铜容器不可交易相反,它们的分布规律说明至少一部分是作为货物被交换到黄土丘陵的。

第五章
贸易网络(二):从黄土丘陵到蒙古草原

第五章 贸易网络(二):从黄土丘陵到蒙古草原

近些年来,为了探讨游牧经济在中国的出现、游牧世界与中国的文化联系,越来越多的学者将黄土丘陵作为"北方地带"的一部分来研究(林沄,2003;杨建华,2008;乌恩,2007,2008)。他们眼中的"北方地带"是中国与欧亚草原之间生态和文化的过渡带。在本研究中,我将黄土丘陵与其北面的鄂尔多斯等地代表的"北方地带"区别对待。尽管如此,黄土丘陵所出土的北方草原风格青铜器确实显示了与"北方地带"以至更北面的蒙古草原的联系(参第三章)。

中国与草原的联系自20世纪30年代以来已经为学界所认知(Rostovzeff,1929)。迄今为止,多数的研究都以文化传播来概括它。对于南西伯利亚、蒙古、中国出现的相似器物,或认为是南西伯利亚米努辛斯克盆地的文化影响到了中国,或者相反,中国文化影响到了米努辛斯克,联系的实质很少受到关注。文化传播论并不关心人的行为和社会机制,这部分内容在研究中通常缺失(例外可以参看Linduff,2006)。当人的行为和社会机制被提及时,唯一的解释是民族迁徙,而引起它的原因总是假定的环境变化带来的压力——这在文化史研究中成了万能的解释。在我们的研究案例中,民族迁徙的假设很容易被拥抱,因为传播草原风格青铜器的是游牧人,而游牧人本来就是要迁徙的。

从材料方面看,理解这个问题最主要的障碍是蒙古青铜时代考古的薄弱。当代蒙古仍以游牧生活为主,地广人稀,生产活动中很少暴露古代遗存,这与中国密集的考古活动有天壤之别。苏联时期,主动投入的考古工作不是很多,蒙古本身很少被当作一个独立的课题,而是某种传播的过渡地带。因为我们对蒙古所知甚少,在一定程度上,对中国与蒙古草原的交流缺乏完整理解是不可避免的。近二十年来,多支联合考古队在蒙古进行了大量田野工作,在根本上改变了沉寂的状况。蒙古考古进入了新的时代,关于年代学、经济方式、社会复杂性的新信息已经使我们可以重新审视黄土丘陵与蒙古草原的联系。在这一章,通过论证历史上第一次直接将中蒙密切联系起来的贸易网络,我将提出一个对两者早期联系的新理解。相似的网络在历史上不断重现,黄土丘陵在其中扮演着中间人的角色。

为了使读者了解将要处理的问题,我们首先会简要介绍蒙古的相关材料,而后讨论与主题有关的重点。希望这个研究最终不仅对中国、也对蒙古青铜时代考古有所贡献。

一、克列克苏尔、鹿石、营地遗址

(一) 克列克苏尔

与本研究直接相关的遗存有三类：克列克苏尔、鹿石、营地。

克列克苏尔是蒙古对库尔干石圈墓的叫法。与欧亚草原西部的库尔干不同的是，克列克苏尔缺乏随葬品。从结构方面看，克列克苏尔由中心的圆形石碓、围绕它的方形或圆形矮石墙、外围的小石碓和石灶圈构成。这类遗存分布在蒙古西三分之二的地域内，俄罗斯的图瓦、戈诺阿尔泰、外贝加尔地区也有发现。尽管分布广泛，截至 2005 年，只有一二十座经过全部或部分的发掘。Allard 和 Erdenebaatar 在后杭爱省发掘并详细记录了一座名为 Urt Bulagyn 的大型克列克苏尔。我们以它为例来具体了解这类遗存(Allard and Erdenebaatar,2005)。

Urt Bulagyn 位于温都尔乌兰苏木(Öndör Ulaan)的 Khanuy 河谷内，总面积 390 米见方(图 5.1)。它的中心石碓直径 30 米，保存高度 4.9 米。中心石碓之外围绕着长方形石墙，划定了一片长 65 米、宽 90 米的场地。石墙的四角有 4 个大石碓，东南角的经过发掘，高 1.4 米，直径 7—8 米，由大约 3000 块石头堆成，其下没有发

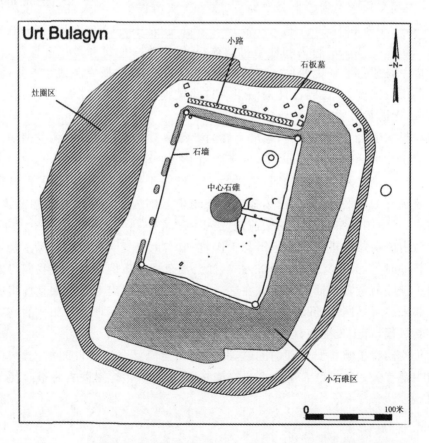

图 5.1　Urt Bulagyn 克列克苏尔(据 Allard and Erdenebaatar,2005：图 3)

现文化遗物。石墙以外有 1752 个小石碓,它们间距 4—6 米,每个的直径约 4 米,高 45 厘米。考古学家发掘了其中 7 个,每个下面都埋着马骨。根据其他地点的发掘,蒙古学者估计这 1752 个小石碓下面都有马的遗存,通常包括头、颈、蹄子(Erdenebaatar,2004:190)。这个克列克苏尔的最外围还环绕着上千个成排的小石灶圈,直径 1—3 米。其中 5 个经过发掘,下面是牛、羊、马的烧骨碎片,数量由数百至上万不等,这些被认为是葬礼和葬礼以后的祭祀宴饮的遗存。

克列克苏尔是否真是墓葬曾经有过争议,因为有些中心石碓之下据报道既没有发现人类遗骸也没有随葬器物(Jacobson,1993:146)。近些年新的工作已经确认,克列克苏尔是大型的丧葬遗存复合体,有些中心石碓下没有发现人类遗骸可能只是由于盗扰或保存状况很差,缺乏随葬品则是因为在下葬时本就没有放置文化遗物(Frohlich et al.,2009b:108)。在 Frohlich 新发掘的 40 座克列克苏尔中,经过细致的工作,发现 33 座都存在人类遗骸,但没有一座有随葬品或曾经有随葬品的迹象(Frohlich et al.,2009a:195—220)。史密森学会鹿石项目的负责人 Fitzhugh 观察到,克列克苏尔是随葬品贫乏但建筑上丰厚的墓葬(Fitzhugh,2009b:406)。建造 Urt Bulagyn 据估计使用了 50 万块石头,有些长度超过 1 米,需要至少两个成年男子才能搬动(Allard and Erdenebaatar,2005;Allard,Erdenebaatar and Houle,2006:213)。这显然是巨大的劳力投入,并非一般人可以负担。因此,学者们指出克列克苏尔是为统治阶层建造的。除了作为精英人物的墓葬,克列克苏尔被认为也是季节性集会时仪式活动的场所。

克列克苏尔按规模可以分为三到四个等级(Frohlich et al.,2009b:103),有的学者用"山坡墓葬"称呼小型的克列克苏尔,它们没有显著的地表突起和仪式性的动物遗存埋藏,沿着山坡分布,并聚集成墓地(图 5.2)(Houle,2010:14)。山坡墓葬或小型的克列克苏尔被认为代表着社会的普通成员。

(二) 鹿石

第二类遗存鹿石是雕刻有图案的石柱,一般高 1—4 米(图 5.3)。苏联时期研究鹿石的著名学者沃尔科夫调查记录了数百通鹿石,根据风格和分布地域将其分为三个类型,其中的蒙古型(或者叫经典型)与我们的研究直接相关。另外两个类型欧亚型和萨彦阿尔泰型分别分布于欧亚草原西部和阿尔泰山(Volkov,1995)。它们的数量较少,图案较简单,缺少风格化的鹿纹,也位于我们关心的地域之外。

蒙古型鹿石主要分布在蒙古的中北部,特点是全身高度风格化的鹿纹,鹿有鸟喙一样的嘴和向后流动的角。其他纹样还有刀子、短剑、战斧、弓囊、砺石、挂缰钩等工具武器,悬挂在中部腰带上;耳环、项链、有时能看出的人脸,雕刻在石柱上部。

沃尔科夫花费多年时间调查记录鹿石的图案及其所在地点。他发表了蒙古境内超过 300 通鹿石(沃尔科夫,2007),但这个数字在近年被新的工作重新估计为几千通,因为很多鹿石是小型的,或者已扑倒掩埋,调查不容易发现。Fitzhugh 注意到蒙古型鹿石的分布区域与中亚最茂盛的草场重合,这里春季的融水和夏季的降雨都较多,

190　贸易网络中的黄土丘陵(BC 1300－1050)

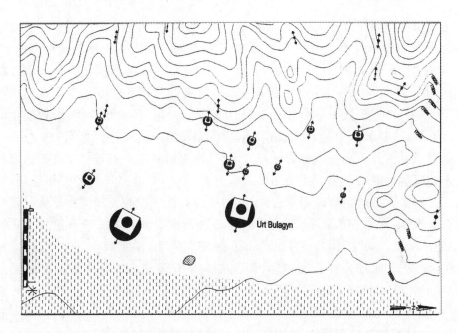

图 5.2　Khanuy 河谷调查区域的克列克苏尔(引自 Allard and Erdenebaatar,2005:图 7)

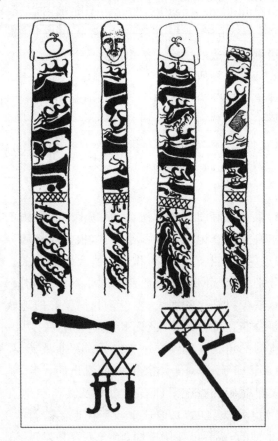

图 5.3　Uushgyn Ovor 14 号鹿石(引自沃尔科夫,2007:图 79)

东西向的山谷为在广阔地域内快速移动创造了通道(图 5.4；Fitzhugh，2009a：185—186)。

俄国和蒙古学者研究鹿石有很长的传统，但是像沃尔科夫一样，他们很少发掘鹿石遗址。其结果正如 Fitzhugh 评论的："除了艺术之外，从鹿石遗存上能得到的考古信息很少，鹿石就像漂浮在考古真空中。"(Fitzhugh，2009a：185)近 20 年来，学者们将注意力转向鹿石遗址的发掘、年代学、结构和背景。以史密森学会与蒙古联合进行的鹿石项目为例，他们自 2003 年开始在库苏古尔省持续发掘鹿石遗址。考古学家发现无论是单独的还是成组的鹿石都与献祭的马头、颈、蹄子共存。在 Ulaan Tolgoi 等鹿石遗址，马的遗存或埋于浅坑中，或在小石碓下，围绕着鹿石分布。稍外围则有很多圆形灶圈，包含木炭、陶片、牛羊的烧骨碎片(图 5.5—5.7)。这些被解释为向鹿石献祭和宴饮仪式的遗留(Fitzhugh，2009a：189)。

如此，鹿石和克列克苏尔的结构有明显的相似性。Fitzhugh 指出："克列克苏尔的中心是人的墓葬，周围有埋马头的石碓和宴饮的灶圈；鹿石中心是人形的石柱，周围也埋着献祭的马，有宴饮的灶圈。"(Fitzhugh，2009a：191)这个观察是理解鹿石含义的重要线索，我们在后文还会讨论。

(三) 营地遗址

克列克苏尔和鹿石有时共存在一起，它们的分布地域相似，碳十四年代数据也肯定了这两类遗存是同时的(详后)。由于同一广大地域内没有发现过此时的长期居住遗址，很长时间以来学者们都怀疑建造这两类纪念建筑的是游牧人。近年来的另一个主要突破是终于确认了鹿石和克列克苏尔建造者的季节性营地遗址。在 Egiin Gol 的调查区域内，考古学家发现了青铜时代至早期铁器时代的 15 个遗物集中地，平均面积 2459 平方米(Honeychurch and Amartuvshin，2006)。通过密集的系统调查，辅之以试掘，考古学家在 Khanuy 河谷也发现了数十处营地遗址，并观察到明显的遗址分布规律。青铜时代晚期的聚落形态与今天蒙古中北部的聚落形态很相似，一些居住址沿着山脚分布，一些沿着河岸边分布，两个地带相距数千米，之间则没有居住遗迹。这两种居住地带与今天冬季和夏季营地的位置正好对应。

考古学家随后试掘了 14 处营地，遗址内包含碎小的陶片和骨渣，堆积大多只有 10—30 厘米厚。营地内的动植物遗存被收集以用于生计方式的研究。浮选结果显示营地中没有谷物，只有少数采集的野生植物(如藜科)，这与农业工具缺失相符，说明不存在种植业，利用植物在生计中也不很重要。动物遗存的研究表明营地的生计主要依赖驯化的食草动物，羊是最常见的动物(65%)，其次是马(21%)、牛(10%)。进一步的分析揭示出马的年龄结构中缺少幼驹和成年马，暗示营地中屠宰的马主要是为了取用肉食(马在 2—3 岁达到最大的肉量)。现代牧人一般留用种马、母马、少量役使的雄性马，而将大部分雄马在成年以前屠宰，与青铜时代营地内的情况相符。比较两个地带营地内遗物和动物遗存，可见山脚营地动物骨骼的比例显著高于河岸营地，这与今天牧人的季节性行为也吻合，他们主要在山脚的冬季营地屠宰动物，特别是牛、马等大型动物(Houle，2010)。

192 贸易网络中的黄土丘陵(BC 1300－1050)

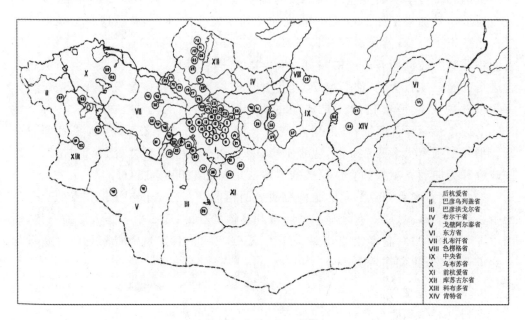

图 5.4 蒙古鹿石的分布
(引自 Fitzhugh,2009a:图 4)

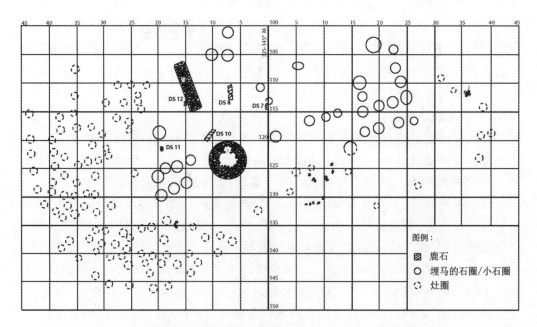

图 5.5 库苏古尔省布伦陶格陶赫苏木 Zunii Gol 三区的鹿石遗址
(引自 Fitzhugh and Bayarsaikhan,2009:96)

图 5.6 库苏古尔省 Khuushuutiin Gol 鹿石遗址中的马头、脊椎和蹄子
(引自 Fitzhugh,2009a:图 8)

图 5.7 库苏古尔省乌兰陶勒盖四号鹿石周围用马祭祀的遗迹
(引自 Fitzhugh,2009a:图 9)

总之,现在已经有充分的证据,可以证明公元前2千纪后半蒙古中北部已经存在游牧人季节性的营地,尽管夏季和冬季营地间的距离可能只有几千米。Houle(2010)进一步提出,当时放牧的策略已经很成熟,例如绵羊和山羊是混合放牧的。由于"绵羊喜欢吃一年生的草本,更耐寒湿的环境,而山羊喜欢吃多年生的灌木,更耐干热的环境"(Garrard,Colledge and Martin,1996:210),混合放牧可以抵御气候波动带来的灾害,也能更有效地利用饲料。

二、与中蒙联系相关的进展

蒙古青铜时代考古正在快速进展之中,学者们的研究旨趣多样。近年受到关注的课题包括游牧政权的形成、游牧社会复杂化的途径、斯基泰艺术的起源等等。这里我们必须将自己限定在与中蒙联系问题相关的要点上。下面我将讨论四个方面的进展,分别是年代学、鹿石的含义、大规模的驯马、社会分化。

(一) 年代学

缺乏可靠的年代学曾经引起蒙古青铜时代研究中很多的混乱。两个时间对我们的研究尤其重要:游牧经济什么时候开始?鹿石遗存可以早到什么时候?

一般认为欧亚草原出现游牧经济不早于公元前1千纪之初,更早的动物饲养者过着定居生活,或各种形式的半农半牧生活(Khazanov,1994:90—97)。然而,随着新证据的获得,在蒙古工作的考古学家相信这个时间至少应比千年之交早几个世纪,可以预计将来的研究或许会把这个时间进一步提前。本研究关注的时间是公元前1300—前1050年,按过去的认识还没有出现游牧人和游牧经济,但近年确认的季节性营地遗址和大量养马的证据已足以改变这个看法。这个修正显然很重要,它至少有两个意义。第一,游牧人会促使技术和艺术的创新传播很远距离。"在外部,游牧主导的国家倾向与相邻社会有更多的联系,有时距离很远。"(Di Cosmo,2002:37)这样,公元前2千纪后半在蒙古草原存在骑马的游牧人,就为蒙古与中国之间的远距离联系提供了一个前提条件。第二,在这个时间已存在游牧人,意味着我们可以与同地区更晚的游牧社会比较,增进对早期社会及其对外联系模式的理解。

鹿石的年代学再次说明了有计划的科学发掘的重要性。直到最近,类型学一直是给鹿石断代的唯一方法(潘玲,2008)。它的基础是观察到鹿石上一些工具武器的图像写实地反映了蒙古、中国北方地带和中原地区出土的器物。中原地区出土的兽首器物有共存的中国遗物可以明确断代,蒙古的鹿石和器物可以据以断代(图5.8)。

但是任何跨文化的断代都要回答谁是源、谁是流的问题。源头的年代可以早于接受者,反之则不可能。俄国、蒙古、中国、西方的学者在这个问题上讨论了很多年,有一些论证明显缺乏逻辑性。例如,乌恩先生判断,中国应该是这些器物的源头,因为只有中国的发现年代清楚(请注意"清楚"并不等于"年代早",而且中国北方地带的很多发现年代并不清楚,只有藁城台西M112、妇好墓这样与中原器物共存的发现年代比较清楚),境外的发现则年代不明(乌恩,2008:41)。其他学者一般避免这样

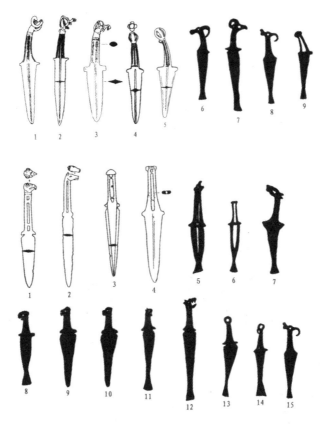

图 5.8 鹿石上图像与实物的比较(据潘玲,2008)

直接的论述,但是在实际操作中似乎持相同的立场:他们并不会坚持鹿石要靠中国的考古发现断代,但是他们通常把鹿石的年代上限定在公元前 13 世纪,换句话说不早于中国境内的考古发现(有的学者倾向于更晚的时间,如公元前 1 千纪初,参看林沄,2003:124),显然这个年代还是基于中国的年代学。为了理解中蒙间的联系,我们需要绝对年代的数据和独立建立的年代学。近年用鹿石和克列克苏尔遗址里发掘的马牙、人骨所做的碳十四测年解决了这个问题。史密森学会与蒙古联合的鹿石项目已积累了 54 个数据,结果是校正前距今 3030—2520 年(Fitzhugh and Bayarsaikhan,2009:附录 2;图 5.9)。Frohlich 提供了 32 个克列克苏尔的 34 个测年数据,结果是校正后距今 3403—2818 年(图 5.10;Frohlich et al.,2009a)。最近 Taylor 等收集了 59 个数据,使用贝叶斯统计将鹿石遗存的上限年代推定为公元前 13 世纪初(校正后 1292—1146BC,68%),克列克苏尔开始的年代还要再早一个多世纪(校正后 1443—1350BC,68%)(Taylor et al.,2017)。由于鹿石的装饰风格一出现就很成熟,已有学者提出鹿石可能是从更早的木雕传统移植而来,因此鹿石艺术的时间肯定还应向前追溯。对比上述年代,中国有可能与早期鹿石同时的兽首器物,明确者只有藁城台西发现的一件羊首匕(图版一二六:3),而这件器物的器形、风格与同时期的中国器物格格不入,很可能直接来自北方草原。

196 贸易网络中的黄土丘陵(BC 1300－1050)

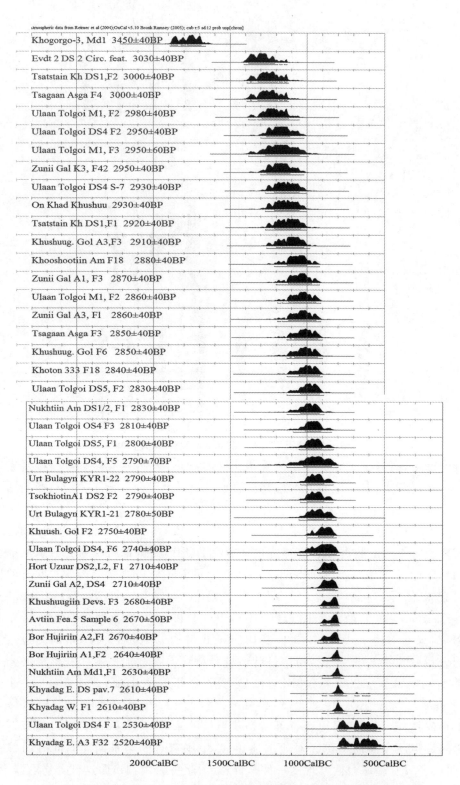

图 5.9 鹿石遗址的碳十四年代(根据史密森学会蒙古鹿石项目数据校正)

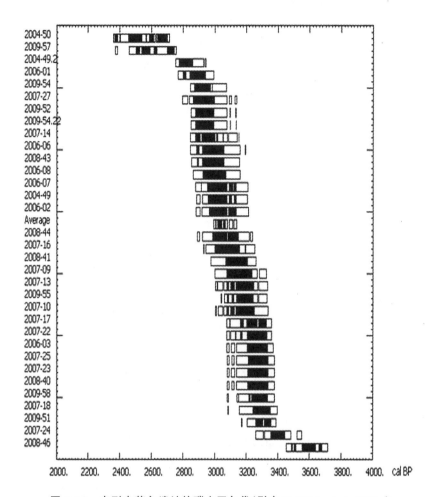

图 5.10　克列克苏尔遗址的碳十四年代(引自 Frohlich et al., 2009a)

如此,鹿石现象的年代已比较清楚,无论鹿石还是鹿石艺术,蒙古境内最早的年代都要早于中国境内发现的兽首器物;我们再也没有理由用中国的发现来决定鹿石的年代。

(二) 鹿石的含义

由于有些鹿石雕刻了人脸,1958 年 N. N. Dikov 就提出过鹿石表现的是系着腰带的武士(Dikov,1958),其后很多研究者也都这样看待鹿石。随着近年工作的深入,鹿石和克列克苏尔不再"漂浮在考古真空中",而是获得了丰富的背景,使学者们能够从不同的角度提出更深刻、多样的解读。

在鹿石的社会功能方面,因为确认了克列克苏尔是墓葬,注意到鹿石和克列克苏尔在空间结构上的相似性,很多学者将鹿石解读为纪念死去领袖的仪式性建筑的一部分。克列克苏尔埋葬尸体,鹿石象征性地代表领袖,两者都是举行祭祀宴饮活动的纪念建筑(Fitzhugh,2009a:191)。克列克苏尔的数量百倍于鹿石,因此 Fitzhugh 指出建造鹿石是不同寻常的事,"一定是为了纪念社会地位最高的人物而建造的"(Fitzhugh,2009a:195)。

除了仪式中的功能，Frohlich 提出鹿石和克列克苏尔是蒙古青铜时代的重要地理景观，有标志边界的作用。蒙古中北部的河谷很宽阔，冬季营地在山脚下，夏季营地在河谷中间靠近河流的地方。当地的降雨量高(可以达到 400 毫米)，草场恢复得很快。所以放牧者在季节营地间只需要迁徙很短的距离(可以在 6 千米以内)，营地的位置也无须每年变动。与居住在更加干旱地区的游牧人相比，蒙古中北部的游牧人与特定草场的密切联系产生了更迫切的土地所有权的问题。在主张领地的需求下，为逝去的领袖建造醒目的纪念建筑可以标志边界(Frohlich et al.,2009a:205)。鹿石和克列克苏尔个性化的特点也增加了辨识度，具有功能意义。

在鹿石的象征含义问题上，Jacobson(1993)在她的著作《古代西伯利亚的鹿女神》(The Deer Goddess of Ancient Siberia)中主张"鹿在鹿石人群的仪式和象征系统中一定有特殊的地位"。自从巴泽雷克的人体纹身发现后，Jettmar(1994)提出鹿石上鹿的纹样代表纹身，Magail(2005)则建议鹿纹是衣服上的纹饰。基于这些意见，Fitzhugh 提出了一个很有启发性的想法。他认为鹿石上"腰带、武器、工具注重细节的处理，说明艺术家试图把每件鹿石雕刻成具体人物写实的人像"。为了支持这个观点，他提出了以下观察：第一，每通鹿石上工具和武器的组合都是独特的，我们从来没有见过两件鹿石雕刻一样数量、种类、形状、大小的用具。第二，鹿纹的数量、大小和排列也都不同，正如人身上的纹身会因人而异。第三，鹿石上从不表现驯化动物(如羊、牛)，表现的大角鹿、野猪、山羊、豹、虎都是野生动物，只有马是例外。它们可能是对个人有重要意义的图腾动物，代表着不同个体生活中的事件，或是个人的保护神(Fitzhugh,2009a:188,193)。除了第二条论据，我认为这个观点很有说服力(很难相信那些僵硬而标准化的鹿纹都是不同人纹身的忠实写照)。不幸的是，实证这个观点的机会很渺茫：因为埋藏环境的关系，在克列克苏尔里不太可能发掘到保存完好的尸体和工具、武器组合，所以无法与特定鹿石上的图像比较。不过，鹿石纹样在一定程度上无疑是写实的，因为鹿石纹样里工具武器的分布和年代与实际发现的工具、武器的分布和年代吻合，这也是过去学者们能够根据纹样与器物的比较做年代学研究的基础。事实上，Fitzhugh 的假说对鹿石的差异是一个很有力的解释，经典型鹿石内部的不同与其说在于风格不如说在于图案内容。

(三) 大规模驯马

在 Khanuy 河谷游牧营地的动物考古记录中，马占畜群的 20%。一个中型的克列克苏尔通常有几十个小石碓，下面大都埋着马骨。Urt Bulagyn 是河谷中第二大的克列克苏尔，它有 1700 多个小石碓，即使按照史密森学会鹿石项目估计的 35% 计算，也有 600 多匹马在这个克列克苏尔的仪式中被消费。蒙古各地近年大量的发掘表明，鹿石和克列克苏尔遗址里普遍存在马的遗骸。由此可见，公元前 2 千纪晚期蒙古的游牧社会已畜养了大量的马匹。

Taylor(2017)研究了 25 匹出土于鹿石和克列克苏尔遗址的马(校正后 1337—769BC,68%)，通过分析死亡年龄结构和马颅骨上的病理痕迹，他发现幼年马匹没有经过役使，埋在外围边缘的石碓内，而成年雄性马匹曾用于驾车或骑乘，并专门埋在遗址东侧显著的石碓内。鹿石和克列克苏尔大都朝向东或东南，特意埋在东侧应解读为随葬役使的马匹，不同于献祭幼年马匹的肉食。公元前1千纪阿尔赞王陵即随葬大量装备马具的役使马匹，可以帮助理解鹿石和克列克苏尔内用马的规律。Taylor等关于颅骨病理的比较研究揭示了成熟马具发明前马匹已被役使的情况，这也是公元前2千纪后期蒙古游牧人已在役使马匹最直接的证据（Taylor et al.，2015）。

驯养马匹会为游牧社会带来重要变化。由于牧人照看牲畜的数量受限于牧人的移动能力，骑上马背的牧人每天移动的距离是步行者的2—3倍，Hamalainen（2003）提出，新的骑马技术的出现促进了畜群规模的扩大，也使放牧范围增加，因而创造了新的财富，进而引起社会分层、以及贸易的可能。具体到蒙古的案例中，大规模的养马至少有三层意义：

（1）它提供了在短时间内远距离旅行的能力，使和中国经常性的联系成为可能。

（2）它提供了一种诱人的货物——马本身是一种财富，尤其是当养马的社会能够与周围定居社会交易的时候，定居社会的上层精英总是渴望得到良马。

（3）大规模养马促进社会不平等和阶层分化，意味着精英阶层的成长，而精英阶层是驱动远距离贸易的动力。

在中国历史上，蒙古一直是良马的主要提供者。当双方不处在敌对状态时，大量的蒙古马匹输入到中国（谢成侠，1959）。唐王朝与回鹘的绢马贸易是一个有详细记录的例子，当时回鹘的衙帐就在蒙古中北部。尽管我们没有公元前2千纪的文献记录，但是考古证据看上去很清楚：驯化的马在前2千纪的中期出现在蒙古草原，一两个世纪之后，马出现在中国的考古记录中[①]。考虑到蒙古是距离华北最近的养马的地区——比起中亚要近得多，而且蒙古与中国的联系有明确的考古证据（详后），这样的时间不是巧合，可能暗示了中国最早的家马的来源。

DNA证据也显示蒙古可能是中国家马的主要来源。蔡大伟（2007）对河南、山东、内蒙古、宁夏9个遗址的46匹先秦古马进行了线粒体DNA分析，发现从世系F的分布频率上看，先秦马（31.4%）与东亚的蒙古马（36.4%）以及韩国Cheju马（32.4%）最接近（中亚马为7%）。从群体间线性FST遗传距离看，先秦马与东亚的蒙古马（0.0334）、韩国Cheju马（0.0177）、图瓦马（0.000）的关系最近。此外，基于不同地理组间遗传结构的AMOVA分析也显示先秦马与东亚组之间的差异最小，仅为2.69%，遗传关系最近（中亚组为5.11%）。文献记载韩国的Cheju马也是在公元1276年由蒙古引入的。蔡大伟等根据以上分析，认为中国先秦马与蒙古马关系最密切（Cai et al.，2009）。

[①] Honeychurch(2015:121)则提出了更短的传播时间。他认为家马在公元前14世纪开始从南西伯利亚和哈萨克斯坦向外扩展。

（四）社会分化

相当于晚商时期,蒙古中北部已经不是一个简单平等的社会。鹿石和克列克苏尔见证了蒙古历史上第一次复杂、分层社会的产生。在蒙古工作的考古学家正在研究复杂的游牧社会为何以及如何形成(Houle,2009;Honeychurch,Wright and Amartuvshin,2009),不过对于我们的研究来说,更重要的是这个社会已经存在。历史和考古证据都表明,远距离贸易通常是由复杂社会的精英阶层驱动的。他们对异域珍奇的追求是远距离贸易的动力;他们能调动的人力物力是远距离贸易的保证。历史上蒙古出现的复杂社会如匈奴、回鹘、蒙古都以蒙古中北部为中心,它们都与中国有密切的联系,从这些晚期的社会我们可以了解马贸易需要的条件是:(1)作为货物的马;(2)远距离旅行的能力;(3)驱动贸易的精英阶层。这些条件在公元前2千纪的晚期都已经出现了,大概也是蒙古历史上的第一次。

三、蒙古与中国的联系:兽首风格器物的产地

传出安阳、鄂尔多斯、米努辛斯克盆地的兽首短剑和刀子存在相似性,这在20世纪30年代已被艺术史家注意并讨论(Rostovzeff,1929)。后来,同类的器物又发现在蒙古、新疆、黄土丘陵、燕山地区。由于这些兽首风格器物的相似程度很高,它们不可能是独立发明、偶然的相似,一定有某种形式的文化接触将蒙古和中国联系起来。

为了理解中蒙间联系的意义,仅仅知道联系的存在是不够的,泛泛的文化传播不能够解释人类的行为和社会机制。我们需要知道这种联系究竟是直接的还是间接的;是某些学者相信的偶然的人群迁徙(Jettmar,1950),还是经常性的人类活动;到底是很多地方在生产相似的器物,还是少数中心分散了它的产品,如果是后者,中心又在哪里。下面我们准备通过研究兽首风格器物的产地来探讨上述问题。尽管现在对兽首器物的科学分析做的还很少,但这个问题已经可以由考古证据来回答。

20世纪50年代以前,已有很多兽首风格铜器被收集于内蒙古的鄂尔多斯等地,而安阳是唯一明确发掘到兽首器物的遗址。那时高本汉相信商的都城是兽首器物的原产地(Karlgren,1945)。但罗越敏锐地指出鄂尔多斯和安阳的青铜器在技术、艺术传统上是根本不同的,鄂尔多斯青铜器不源于安阳,"鄂尔多斯与中原铜器之间的区别比鄂尔多斯与中亚铜器的区别更明显;它不是中原的边地而是草原的飞地"(Loehr,1955)。

随后几十年里,材料不断积累,但学术讨论受到政治氛围、特别是中苏关系的影响,很多研究不能正视商文明中有外来器物的可能。尽管如此,到20世纪80年代,很少再有学者相信安阳是兽首风格器物的起源地。林沄先生提出的"漩涡理论"强调了草原的作用,但把草原周边作为事物的起源地:"中央亚细亚的开阔草原地带,是一个奇妙的历史漩涡所在。它把不同起源的成分在这里逐渐融合成一种相当一致而稳定的综合体,又把这种综合体中的成分,像飞沫一样或先或后地溅湿着四周地区。"(林沄,1987:148—149)乌恩和其他中国学者更明确地把中国的北方地带看

作兽首器物的原产地。他的理由有两个：其一，中国北方地带已报道的数量最大；境外以北和西北地区只有被学者反复引用的几件（其实乌恩先生也承认，从鹿石上的图案来看兽首刀剑在蒙古草原是相当流行的）。其二，鄂尔多斯和燕山地区更接近冶金技术发达的中原地区，更有技术优势制造这些器物（乌恩，1985，2008）。

目前，多数学者把中国、蒙古、外贝加尔的兽首风格器物当作一个广泛的、跨文化的现象，也就是说，很多社会生产了相似的器物。他们对另一种可能不加考虑，即一个社会生产了大多数兽首风格器物，并将成品传播到很大的范围。比如 Legrand (2004)认为米努辛斯克、鄂尔多斯、燕山地区分别是主要、次要、再次的生产中心（蒙古被完全忽略，理由是器物均为采集）。在本研究中，我将基于几项观察论证下述可能：除了少量可辨识的模仿品，中国和蒙古境内发现的多数兽首风格器物都生产于一个地区，即蒙古的中北部[①]。它们或者通过蒙古高原的区域间联系被携带至高原的东、南、北部（外贝加尔地区），再由蒙古东部、南部被交流到燕山地区和鄂尔多斯；或者由经常往返、进行远途贸易的游牧人直接携带到鄂尔多斯和燕山地区。流通到中国北方地带的一部分兽首刀剑又经过黄土丘陵和燕山地区的本地社会中介，进入了发达的文明中心商和先周。在这种方式下，蒙古与中国在历史上第一次被直接连接起来。我的理由如下：

首先，蒙古的中北部是一个被忽略的兽首风格器物的集中出土地。以往研究均从器物分布推测产地，鄂尔多斯和燕山地区都是兽首刀剑的集中出土地，所以被当作原产地（图5.11）。蒙古没有引起注意，是因为只报道了少数发现。然而，蒙古有很多兽首风格的器物过去不为外界所知。实际上，乌恩先生对中国以外发现数量的断言不正确；由于学术交往的阻碍，当年他了解蒙古和外贝加尔只有不到10件兽首刀剑（乌恩，1985，2008），现在随着资料的公布，简单的不完全统计就能发现蒙古公私收藏的另外20多件兽首风格器物（图5.12、图5.13）。这些材料在过去的中、英文著作中都没有被提到过，不为学者所知。很可能蒙古还存在更多没有发表的材料，可以说数量绝不像以往认为的那样少。值得一提的是，世界各地博物馆收藏有数十件兽首风格刀剑，现在通称鄂尔多斯式器物，但出土地并不清楚。它们大多数在1949年以前被收购，考虑到民国时期蒙古与中国仍有密切联系，有一部分北京流散出去的器物可能是在蒙古境内出土，而后进入了这个东亚当时最大的古董市场。

[①] 米努辛斯克盆地发现的兽首风格器物与我们的研究无关，它们与蒙古和中国同类器的差异很容易分辨(Jettmar，1950)。例如，米努辛斯克器物上动物的耳朵总是连接到环上，动物的头没有圆鼓的眼睛、鼻孔、吻部，看上去更圆润而不够"写实"（图5.15：1—5）。因此，与蒙古和中国器物间的高度相似不同，米努辛斯克并没有足够的相似性可以说明当地与中国之间存在直接的联系。以往研究提出的问题"米努辛斯克盆地的卡拉苏克文化是否影响到了中国"应该重新设计为"米努辛斯克与邻近的蒙古之间是什么样的关系"。过去有人以卡拉苏克文化的年代较晚为由，认为兽首器物经蒙古传播到了米努辛斯克。但最近的碳十四数据证明卡拉苏克文化比以往认为的要早(Svyatko et al.，2009)，为卡拉苏克文化设定一个较晚的年代并没有根据。尽管如此，判断卡拉苏克青铜器的年代并不容易，因为它们很少有出土背景信息。取决于它们的实际年代，卡拉苏克兽首器物可能是启发了蒙古同类器的原型，或者是蒙古同类器的仿制品。无论哪种情况，它们都与蒙古和中国之间的联系无关。

蒙古的发现很多只有大致的出土地。根据已知材料,兽首风格器物主要出土在以下几个地区:蒙古中北部,南部的南戈壁省、巴彦洪戈尔省,东部的东戈壁省、肯特省,西部的科不多省,俄罗斯外贝加尔地区(图5.11),以蒙古中北部和南部的发现数量为多。南戈壁省(巴彦达赖、布尔干、汗洪戈尔、呼尔门、赛布莱等地)和巴彦洪戈尔省(特布希山等地)的发现位于特布希文化的分布区,将蒙古中北部和鄂尔多斯地区连接起来。东部和西部的发现数量较少,但可以将蒙古中北部分别与中国燕山以北地区和新疆地区连接起来。外贝加尔与蒙古中北部在生态、文化、历史方面通常是一致的,所以出现相似的兽首风格器物并不奇怪。如果我们把注意力转向鹿石的话,蒙古的中北部则凸显出来。在沃尔科夫发表的215通鹿石上,我们可以看到14通雕刻了兽首短剑或刀子的图像,所有这些鹿石都分布在蒙古中北部的库苏古尔、布尔干、后杭爱、扎不汗、巴彦洪戈尔省(图5.11)。如果我们接受Fitzhugh的观点,以鹿石代表具体的领袖人物,那么可以认为蒙古的中北部曾存在14个使用兽首短剑、刀子的武士。这个数字加上当地实际发现的器物,蒙古中北部实际上是兽首风格器物最多、密度最高的地区。

有人可能会认为,鹿石上不过是流行的图案,不能反映器物的实际分布。但兽首短剑和刀子不是普通流行的器物,而是有身份象征意义的贵重器物。如果仅仅是流行图案,会受到普遍的模仿。这就要谈到我的第二个理由:作为精英的身份象征物,兽首短剑和刀子指示的复杂社会结构在蒙古中北部有丰富证据,但在鄂尔多斯和燕山以北则看不到。兽首短剑刀子与普通短剑刀子的不同在于超乎寻常的体量和精细的装饰。兽首刀剑普遍长度在30厘米以上,已经比普通刀子大很多,有些长50—60厘米,最长的一件有78厘米(图5.12:6),对于一把短剑来说实在巨大。它们不仅装饰以立体的兽首,刀剑柄上有细致的几何纹样,有些还镶嵌了绿松石(例如Bunker et al.,1997:6号),显然是给贵族精英制造的,至少部分的功能是为了展示。在所有的所谓北方系青铜器中,兽首刀剑是数量最少、技术和艺术最复杂的类别,这也支持对它们功能和性质的认识,并暗示它们不是广泛制造的。根据前文所讨论的社会分化情况,与兽首短剑刀子相吻合的复杂社会在公元前2千纪后半的蒙古中北部已经存在。事实上,后来蒙古历史上的复杂社会,诸如匈奴、回鹘、蒙古都以这个区域为中心,这无疑首先是建立在生态环境的基础上的。今天这个地区仍然是蒙古牧民人口密度最高的地方。相比之下,我国内蒙地区尽管考古工作要密集得多,但无论是鄂尔多斯还是赤峰地区都没有发现这一时期存在复杂社会的迹象。克什克腾旗喜鹊沟的发现和阴山地区调查的早期石板墓说明此时已经存在游牧经济,不过石板墓的规模和分化程度显示当地社会比鹿石和克列克苏尔代表的社会要简单得多(马健,2015)。值得一提的是,阴山地区的亚腰形石板墓与南戈壁等地的特布希文化(BC 1500—1000)共性很强,学者多认为属于同一文化(Honeychurch,2015),这也是中蒙间早期联系的证据。

第五章 贸易网络(二):从黄土丘陵到蒙古草原 203

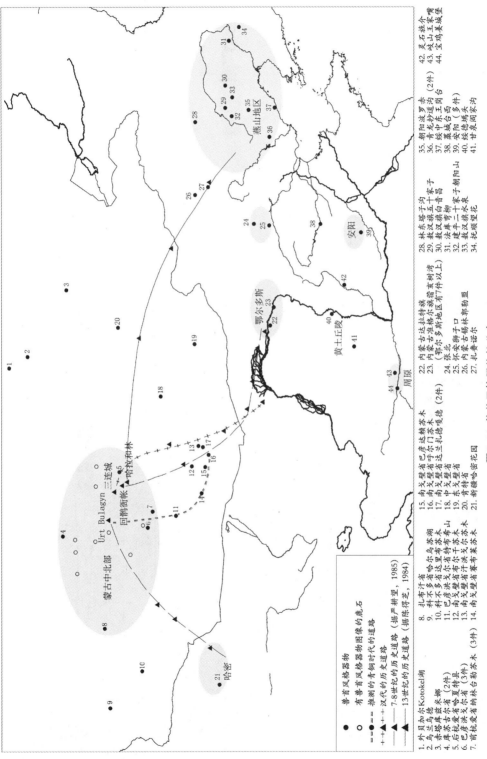

图5.11 兽首风格器物的分布

204　贸易网络中的黄土丘陵(BC 1300－1050)

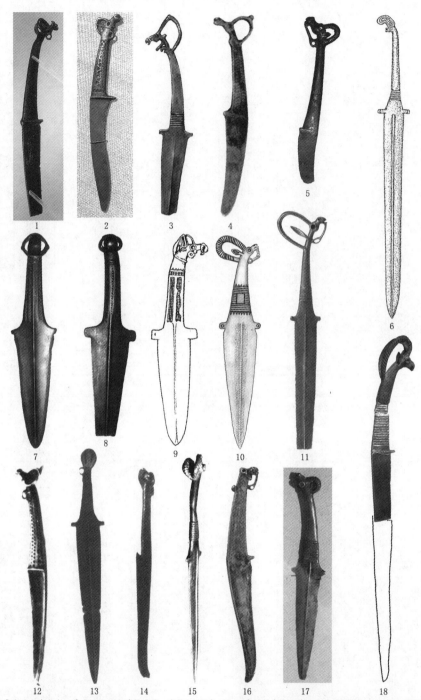

1. 科不多省达里布苏木，蒙古国立历史博物馆藏，残长43.5厘米
2. Zanabazar艺术博物馆藏
3. 外贝加尔Kotokel湖
4. S. Odgerel藏，长17.8厘米（Enkhtuvshin and Sanjmyatav, 2007）
5. 巴彦洪戈尔省，残长17厘米（Tsend, 2004: 30号）
6. Podlopatki村，乌兰乌德博物馆藏，长78厘米
7. 库苏古尔省，长27厘米（Tsend, 2004: 37号）
8. 扎布汗省，残长22厘米（Tsend, 2004: 36号）
9. 南戈壁省巴彦达赖苏木（Volkov, 1961）
10. 巴彦洪戈尔省巴彦洪戈尔市（Erdenechuluun, 2011: 292号）
11. 南戈壁省，Zanabazar艺术博物馆藏，残长56厘米
12. 东戈壁省（Enkhtuvshin and Sanjmyatav, 2007: 79）
13. 库苏古尔省（Enkhtuvshin and Sanjmyatav, 2007: 70）
14. 科不多省哈尔乌苏湖（Enkhtuvshin and Sanjmyatav, 2007: 79）
15. 蒙古国立历史博物馆藏
16. 巴彦洪戈尔省汗洪戈尔苏木（Erdenechuluun, 2011: 341号）
17. 巴彦洪戈尔省，青铜时代与匈奴帝国博物馆藏
18. 南戈壁省莱布莱苏木，南戈壁省博物馆藏

图5.12　蒙古和俄罗斯外贝加尔地区出土的兽首刀剑

第三个理由是一些风格观察。我们首先应注意到,兽首风格器物与鹿石植根于同一艺术传统,这个传统喜欢自然地表现草原动物,例如大角羊、鹿、猫科动物。如果我们假设兽首风格器物起源于鄂尔多斯或者燕山以北(请注意这两个地方都没有鹿石),那么我们就必须相信鄂尔多斯或燕山以北的兽首风格器物启发了蒙古境内的同类器物和鹿石艺术。考虑到蒙古境内的遗存远比鄂尔多斯和燕山以北丰富,这看上去显然不太可能。早期鹿石的绝对年代数据比中国发现的器物年代更早,更加否定了这个可能。事实上,我们在新石器时代和青铜时代的鄂尔多斯、燕山以北地区见不到动物风格的根源;相反,在蒙古及其西北的铜石并用时代遗物里则可以看到兽首器物的先声(Loehr,1949a)。为人熟知的的例子是一种雕刻了羊首的石棒,图5.15中的9号出土于图瓦的库尔干墓葬,10、11号出土于蒙古科不多省曼汗苏木,12号收藏于Zanabazar艺术博物馆(图5.15:9—12)。

蒙古发现的兽首器物的多样性是我把它看作原产地的又一个证据。蒙古发现的兽首风格器物不仅有和中国北方地带相似的短剑、刀子,而且还有其他好几类器物,例如大型的剑、金或铜的羊首别针、装饰有立体动物头的觿形器、乐器构件、以及多种功能不明的器物(图5.13)。相比之下,我国境内的发现主要是中等大小的兽首刀、剑,另有个别乐器构件、别针、兽首匕(图5.14)。因为中蒙发现的这些器物是大体同时的,有丰富多样性的蒙古中北部,显然更可能是兽首器物的原产地,而中国只是获得了部分器类。

铸造技术的特点是我的第五个理由。已有研究者提出兽角非常弯卷的器物可能使用了失蜡法,比一般的刀子、短剑更复杂,这是有道理的。但有些学者认为高超的技术水平只有中国的北方地带才能具备,因为这里更靠近铸造技术发达的中原地区。然而,中原文明擅长的是以复杂块范技术铸造容器,在失蜡法方面并不领先(晚商时期实际上还未见失蜡法铸造的铸件),而且这也低估了北方草原的铸造技术水平。前杭爱省特布希山出土的一对羊首别针用黄金铸造,这在我国境内从未见过,邦克等据此已指出蒙古存在当地的金属工艺传统(Bunker et al.,1997:143)。我曾在蒙古南戈壁省博物馆观察过一件兽首长刀[①]。这件刀的形体硕大,刀柄上的多道平行棱线常见于蒙古出土的大型刀剑,这两点指示刀身应是当地铸造的。同时,这件刀的兽首包裹着刀柄,明显是第二次浇铸的结果(图5.12:18)。如果我们认为兽首只有中国的北方地带能够铸造,那就意味着这件蒙古铸造的长刀来到了中国北方地带,在这里获得了后铸的兽首,然后又回到蒙古,这个过程未免太过曲折。最简单的解释是承认蒙古草原有铸造兽首的能力。

最后也是最重要的一个观察,是蒙古与中国北方地带交流的历史规律。

在第三章中,我们比较了一些发现于燕山地区、但与黄土丘陵非常相似的铜器。对于这些广泛分布又高度相似的铜器,目前有两个模式解释它们。其一是童恩正(1986)提

[①] Novgorodova(1989)曾发表这件器物的线图,并对兽首的补铸有所表现。我看到这件刀子时,断裂的下半部没有被陈列。

206　贸易网络中的黄土丘陵(BC 1300－1050)

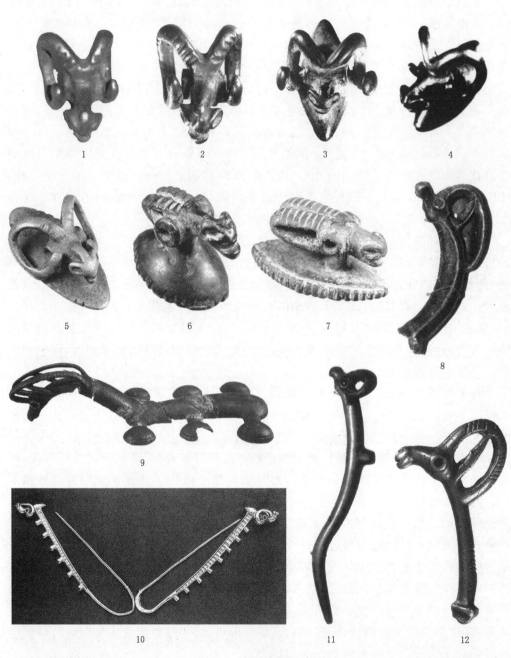

1. 蒙古 (Tsend, 2004: 130号)
2. 南戈壁省达兰扎德嘎德 (Erdenechuluun, 2011: 77号)
3. 前杭爱省纳林台勒苏木 (Erdenechuluun, 2011: 76号)
4. 肯特省 (Enkhtuvshin and Sanjmyatav, 2007: 101)
5. 前杭爱省纳林台勒苏木 (Erdenechuluun, 2011: 79号)
6. 前杭爱省纳林台勒苏木 (Erdenechuluun, 2011: 80号)
7. 南戈壁省布尔干苏木 (Erdenechuluun, 2011: 78号)
8. Zanabazar艺术博物馆藏 (Enkhtuvshin and Sanjmyatav, 2007: 85)
9. 东戈壁省 (Erdenechuluun, 2011: 124号)
10. 前杭爱省博格多苏木特布希山 (Bunker et al., 1997: 图32.1)
11. Zanabazar艺术博物馆藏 (Enkhtuvshin and Sanjmyatav, 2007: 85)
12. 东戈壁省 (Erdenechuluun, 2011: 128号)

图5.13　蒙古出土的兽首风格器物

第五章 贸易网络(二):从黄土丘陵到蒙古草原　207

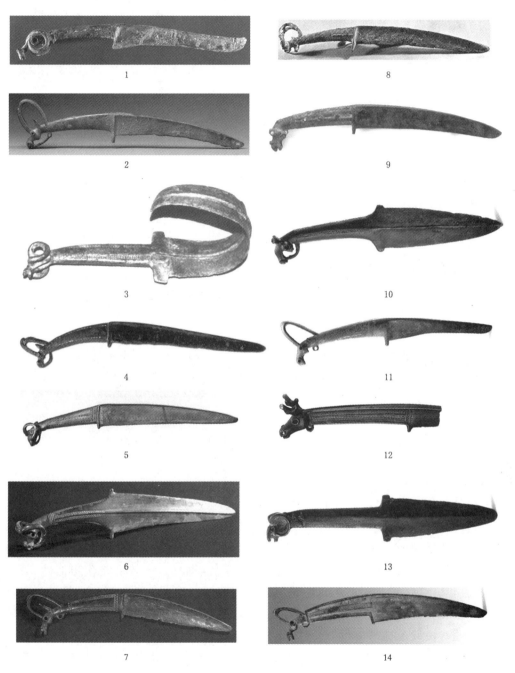

1. 灵石旌介(《全集》15: 38)
2-3. 关中(宝鸡姜城堡;岐山王家嘴)
4. 新疆哈密(哈密,2013)
5-7. 燕山地区(林东塔子沟;青龙抄道沟,《全集》15: 3、15: 37)
8-9. 安阳(妇好墓,考古所,1980;西北岗M1311,李永迪,2009)
10-14. 鄂尔多斯(鄂尔多斯,2006)

5.14　中国境内出土的兽首刀剑举例

208　贸易网络中的黄土丘陵(BC 1300－1050)

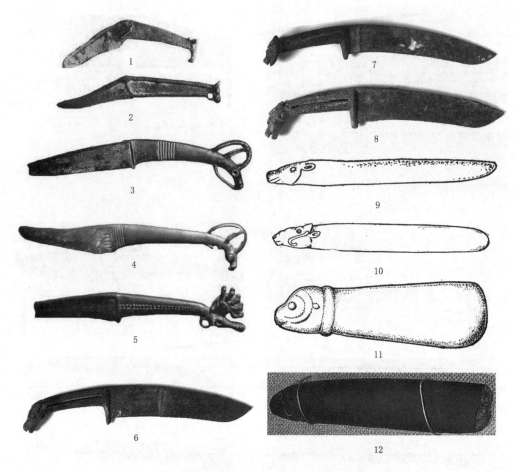

图 5.15　米努辛斯克(1－5)、安阳(6－8)模仿的兽首器物和
蒙古草原铜石并用时代的兽首石棒(9－12)

出的半月形文化传播带,这是文化史、文化传播模式的代表。童先生观察到在一个很长的时间内,从中国东北到西南弧形的广大地域,存在一些相似的文化因素,如细石器、石棚。他认为这可能是由于相似的生态环境——从半湿润到半干旱的过渡地带——导致了相似的生活方式。生态环境和生活方式的近似又方便了技术的传播和人群的迁徙。这个模式可以解释长时间内逐渐形成的、一般的文化相似性,如细石器、放牧、殉牲①。但是我们面临的问题是不同的。在公元前 2 千纪的最后三个世纪内,从新疆到辽宁这样广大的地域共有某些高度相似、基本同时的青铜器。这不能用一两次民族迁徙来解释,而是一定存在某种经常性的交流。对于这种现象,另一种模式——我们可以称之为"游牧人中介"——更有解释力。这种模式认为游牧人可以帮助技术和风格的创新在很大的范围内迅速传播。这在总体上无疑是正确

---

① 童先生所举的一些例子属于短期内特定交流活动造成的相似,并不能支持他的想法。例如辽宁喀左北洞和四川彭县竹瓦街出土的两件罍(童恩正,1986:图 14)既不是辽宁也不是四川的当地社群生产的,而是西周铸铜工场的产品。它们不说明东北与西南有联系,但是说明这两个地方都与中原的西周有联系。

的,但在两个问题上还不够细致。其一,它不解释为什么相似性出现在一些地方而不出现在另一些地方,在我们的案例里,为什么相似的兽首刀剑在鄂尔多斯、燕山地区和新疆出现,而不在这些地方之间的广大区域出现。其二,比起抽象的文化传播它已经转向了人类行为的作用,但是它并没有明确是人类的何种行为,也没有明确社会机制。游牧人的确有强大的移动性,但是他们并不会漫无目的地游动。游牧人的活动是有高度组织和目的性的,我们需要考虑他们的目的是什么。

　　苏芳淑和邦克(So and Bunker,1995:38)曾考虑过游牧人具体的行为。她们看到黄土丘陵和燕山地区发现的兽首刀剑惊人的一致性,推测公元前2千纪晚期游牧人在这两个区域间季节性地移牧。在历史时期,这两个地区没有游牧人季节性移牧的记录,尽管出于特殊原因,一次性的远距离移民偶然会发生。例如鲜卑的王子吐谷浑因为政治斗争从辽宁迁徙至青海,并在那里建立了国家(但这无法造成持续的文化相似性)。从鄂尔多斯到最近的兽首刀剑发现地河北北部,距离超过 300 千米;从鄂尔多斯到最东面辽宁的发现地距离 1100 千米;到最西面新疆的发现地距离 1500 千米。在我国北方地带的环境里,这样的距离内移牧不仅是没有必要的,也是不可能的。因为随着季节变化而东西向的移牧没有意义。以内蒙古为例,牧场返青和枯萎的时间从东部、中部到西部只差 10 天左右(顾润源等,2012)。当季节变换、草场更替时,同一纬度上的牧场改变基本同步。如此看来,一个人群东西向移牧的设想是无法成立的。如果设想器物以手递手的方式由多个人群传播,那么从辽宁到新疆之间几个明显的空白地带则无法解释。总之,北方地带内部的大范围东西向联系,由于缺乏常规性人类行为的支持,在早期通常是比较微弱的。只有在中原国家向北扩张之后,北方地带才因防御体系的存在而有了较多的东西向交通。

　　除了东西向季节移牧的意见,林沄(2003:128—129)曾经提出游牧人应对气候变化南下的假说①。依据中国北方地带的古气候研究,他推测当时有一波波在气候压力下来自北方草原的入侵者。但是他忽略了蒙古和中国属于不同的气候系统。蒙古草原的大部在西风带的控制下,而中国北方地带在太平洋季风区的边缘。与中国北方地带不同,蒙古草原的湿气来自北冰洋。因此两个气候系统之间的戈壁是最干旱的地方(图 5.16)。多项古气候研究的结果表明,公元前 2 千纪晚期中国的北方地带气候干冷,而蒙古的中北部气候冷湿(Peck,2000;Peck et al.,2002;Horiuchi et al.,2000;Stacy,2008)。例如,色楞格省 Gun Nuur 湖芯沉积的研究显示距今 3900 至 3500 年间曾存在干旱导致的低水位,而自 1500BC 开始出现湿润条件(Feng et al.,2013:1726—1728)。库苏古尔湖的孢粉记录显示蒙古中全新世的干旱结束于距

---

① 在此之前,林沄先生提出过一个接近东西向移牧的模式:"在使用和商文化有某种相似性的陶器和生产工具的这种定居的农业人民之外,在北方地区还活动着使用北方系青铜器而因主要采取游动的生活方式(例如流动的牧羊业)故陶器很不发达甚至不用陶器的人群。正是因为他们越来越频繁地往来穿插于邑落尚颇稀疏的农业居民之间,并与定居者发生战争、交易等接触,以及征服、同化等融合过程,才使北方系青铜器在颇大的范围内出现普遍的一致性。"(林沄,1987:150)林先生没有明确说明移动的方式,但由于他设想游牧人活动于定居聚落之间,且北方系铜器分布地带呈东西走向,他大概指的是东西向的移动。

210　贸易网络中的黄土丘陵(BC 1300—1050)

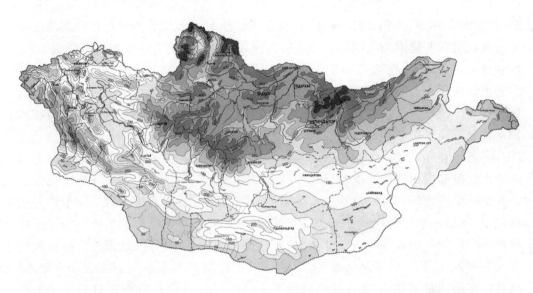

图 5.16　蒙古的年降水量

今 3471 年(校正后约 1500 BC,Propokenko et al.,2007:10)。这些结论说明鹿石和克列克苏尔代表的繁荣游牧社会产生于蒙古气候湿凉的时期,不支持干旱气候带来人群迁徙的假说。

在此我想提出一个不同的理解。我认为高度一致的铜器出现在北方地带的一些地区,一定是几个世纪内某种能够保证经常性联系的活动造成的。但是我所看到的联系主要不是存在于北方地带的社群之间,维系这种联系的也不是东西向季节性移动的人群。我看到的联系是由蒙古的中北部向外放射性地指向北方地带几个地区的定居社群。这种联系不涉及大规模的人群迁徙,由往返旅行的游牧人商旅维持,他们旅行的路线上游牧人的器物集中,他们不经过的地方是发现的空白区域。这个理解的证据,是器物的分布与历史上的贸易路线吻合,它可以在三个层次上观察到:

第一,在中国的北方地带,北方草原青铜器集中被发现的地区与蒙古到中国传统道路的终端吻合,这些地区是牧区和农区的接触地带。北朝成书的地理书《冀州图经》提到从周秦到汉魏,自古出入塞有三道,一是五原塞,即今天鄂尔多斯地区;二是卢龙塞,即今天燕山地区;三是伊吾塞,即今天的新疆哈密:

> 入塞三道,自周秦汉魏以来,前后出师北伐,唯有三道。其中道,正北发太原,经雁门、马邑、云中,出五原塞,直向龙城,即匈奴单于十月大会祭天之所也。一道东北发,向中山,经北平、渔阳,向白檀、辽西,历平冈,出卢龙塞,直向匈奴左地,即左贤王所理之处。一道西北发,自陇西、武威、张掖、酒泉、敦煌,历伊吾塞匈奴右地,即右贤王所理之处。①

---

① 这段记录保存于《太平寰宇记》卷四九云中县下,参看刘纬毅,1997:347。

我们把兽首刀剑的出土地标示在地图上,可以看到与游牧人入塞的三个区域惊人的吻合(图5.11)。《冀州图经》谈论的背景是汉与匈奴的冲突,它继承的知识可以追溯到公元前2世纪。《史记》《汉书》可以证明《冀州图经》所论汉代情况是准确的,匈奴的确几次从这三条路线越过边境袭击汉朝国土和新疆的绿洲国家(还有另两条路线,见后文)。《冀州图经》还声称这些路线能上溯至周秦时期,这虽然没有同时的文献记载可以证明,但并不意味着周秦时代连接蒙古和中国的道路不存在。游牧人使用的道路往往惊人的稳定。一方面,由于草原荒漠地广人稀,游牧人探索道路的知识伴随着风险,所以他们对道路信息的传承、学习特别重视。另一方面,当穿越艰险环境的时候,旅行者的选择很少。在中蒙之间的交通路线中,穿过戈壁的道路很重要,而荒漠里的关键是水源,有限的水源规定了旅行的休息、补给地点和路径。我们在唐代贾耽《边州入四夷道里记》里,看到去回鹘衙帐的中路路线(即参天可汗道,由今鄂尔多斯地区出发穿越戈壁),沿途泉和湖的名字记录得很详细,如鹎鹏泉、山燕子井、达旦泊、野马泊、可汗泉、绵泉、镜泊、盐泊,它们无疑不仅仅是地标,更是实际的水源地(参看严耕望,1985:608)。验之以考古发现,近年在蒙古国南戈壁省瑙木冈苏木发掘的巴彦布拉格古城是戈壁交通的绝佳实证。古城位于 Khurkhiin 山南麓,近旁有五眼泉水出露,每小时涌出量达12500升(蒙语巴彦布拉格意为丰富的泉水),当地现在还能支持一定的种植业。巴彦布拉格古城发现了大量汉代遗物,发掘者推测为汉代受降城遗址(Kovalev et al.,2011)。汉王朝在建城选址时,水源显然是最重要的考虑因素。由于地形、水源等原因,也由于蒙古的中心长期位于中北部,中蒙之间形成了稳定的历史道路。在民国时期的地图上,我们仍能看到从蒙古中北部放射性地指向新疆、内蒙古中南部、燕山地区的几条主要道路(图5.17),与《冀州图经》记载的道路大致相符。事实上,它们穿越国境的地方今天都是中蒙间的陆路口岸。

整个青铜时代,所谓北方系青铜器的主要集中出土地都可以用这个视角很好地理解。例如前文讨论的青铜胄(参看第三章)和后文将涉及的一种放射线纹的铜镜(参看第六章),其分布皆符合这种规律。又如,林沄(2002b)指出"北方系铜器"在公元前2千纪的前半已经出现在中国的北方地带。他特别讨论了一种喇叭形耳环,见于甘肃的四坝文化和内蒙赤峰地区的夏家店下层文化。林先生和一些西方学者认为这种耳环起源于中亚的安德罗诺沃文化,一路向东传播,四坝是中间的一站。但四坝文化和夏家店下层文化是基本同时的农耕文化,这种在两个地方都找不到源头又高度相似的器物,是怎么忽然出现在相隔2000千米的地方呢(请注意四坝和夏家店下层在其他方面没有多少相似性)?其实林沄先生已经注意到蒙古也出土过喇叭形耳环,这类发现提供了一个不同的解释。夏家店下层文化分布于燕山地区,相当于《冀州图经》所述三道的卢龙塞。四坝文化的分布区处在一条《冀州图经》没有提到的历史道路的终端。这条道路可以从酒泉、张掖的农耕地区沿着黑水河到达额济纳,而后穿过巴丹吉林沙漠进入戈壁。它的文献记载可以追溯至汉代,史称"居延道"。汉政府在此建立了一系列烽燧亭障以防止匈奴的入侵。贰师将军李广利有一

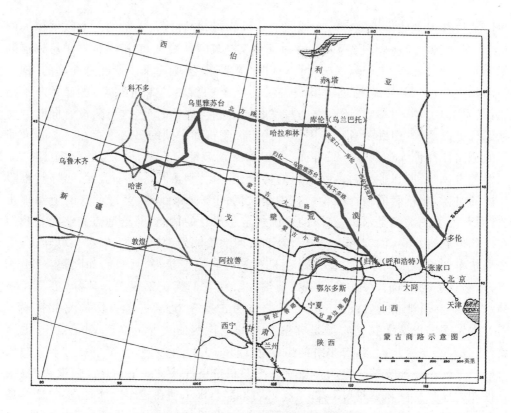

图 5.17　20 世纪初从蒙古到中国的商路
(据 Lattimore,1972,加粗的路线分别至新疆、归化、张家口、多伦诺尔)

次利用这条道路进攻匈奴。这条道路在历史后期一直被使用,并且在回鹘和蒙古时期很重要,而当时蒙古草原的中心也都在蒙古中北部(严耕望,1985:618—628)。额济纳旗绿城子发现的青铜时代墓葬(魏东,2005)和最近发掘的西城驿遗址,说明这条道路在被文献记载之前已经在使用。总之,一旦认识到存在不同的路线将蒙古中北部和甘肃酒泉、内蒙赤峰分别连接,相似的器物出现在被广大地域隔开的地方就容易理解了。

　　东周是另一个"北方系铜器"繁荣的时期。北方地带上的宁夏固原、内蒙鄂尔多斯、河北张家口、内蒙赤峰地区有大量发现,但它们之间的地区发现很少或是完全空白(图 5.18)。以往研究已经发现这些地区的文化在埋葬习俗、陶器群面貌以及多种本地生产的青铜器样式方面都有不同;但同时又有一些高度一致的青铜器类,例如回首鸟纹的短剑和斗兽纹铜牌(杨建华,2004)。为了解释这种相似性,学者们假设一波波的人群迁徙,这次既从北向南又从西向东,造成了一个文化一致的游牧文化带(林沄,2002a;杨建华,2004;不同角度的解读见 Shelach,2009)。但是这样主张的学者也承认,除了一些由生计方式造成的相似性,如动物牺牲、弓箭、马具、带饰,这个"文化带"内高度相似的器物,如短剑和铜牌,恰好在北方草原也有发现(林沄,2003;杨建华,2004;图 5.19)。我认为上述地区之间多方面的差异说明它们之间缺少直接的联系,共同来源的器物和共同来源的风格对区域间的相似性贡献很大。更

第五章 贸易网络(二):从黄土丘陵到蒙古草原 213

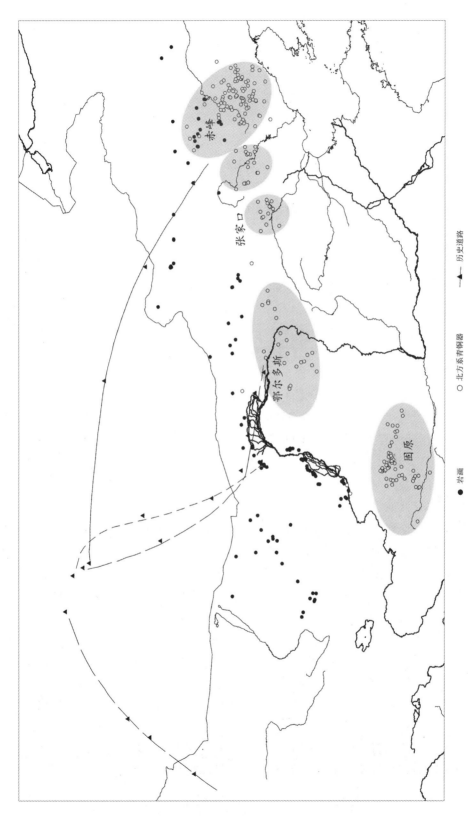

图5.18 青铜时代岩画、北方系铜器的分布与中蒙历史道路

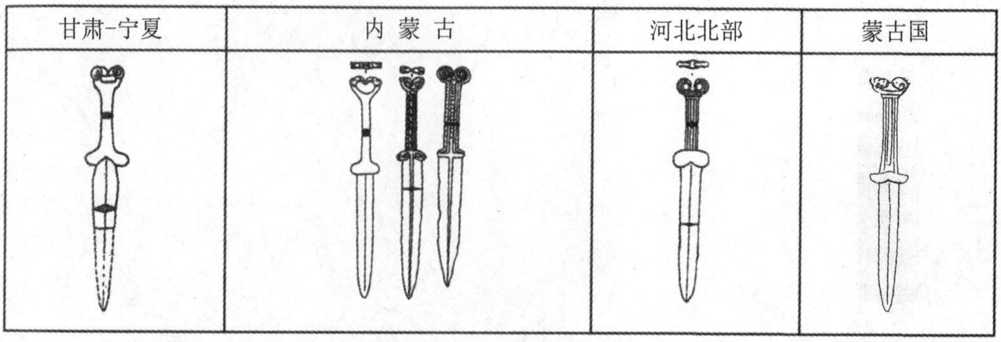

| 甘肃-宁夏 | 内 蒙 古 | 河北北部 | 蒙古国 |

图 5.19　中国北方地带和蒙古短剑的比较(引自杨建华,2004:图 67、72A)

重要的是,以往忽略了一个事实,这个"文化带"并不是连续的,而是由一些彼此隔离的半农半牧地区组成。其实宁夏固原与河北张家口都是历史道路的终端,是牧区的旅行者可以穿越边界、进入农业地区的地方。这两个地区在汉代都曾被匈奴袭击。取固原附近的道路,游牧人可以深入关中盆地边缘,非常接近周秦文明的核心地区(如汉文帝十四年,匈奴入朝那、萧关);取张家口附近的道路,游牧人可以接近华北平原的农耕区(如汉武帝时期匈奴多次入上谷),这条路线在明清时期非常繁忙,当时北京是最重要的城市(图 5.17)。

我国北方地带青铜时代岩画的分布也集中在中蒙间传统道路的终端,能够佐证中蒙间联系的规律。我们将岩画分布的地点标示在地图上,可以看到青铜时代岩画集中在下列地区(自东向西):赤峰北面的翁牛特、克什克腾等旗,张家口西北面的乌兰察布,鄂尔多斯西北面的阴山,固原北面的贺兰山,张掖附近的龙首山(图 5.18)。它们分别对应着卢龙塞、张家口、五原塞、固原、居延道等历史道路的终端,其间则岩画分布密度较低或没有分布。岩画是游牧人留下的遗存,岩画的密度反映着游牧人活动的强度。这样的分布规律与公元前 2 千纪兽首风格器物的分布和公元前 1 千纪北方系青铜器的分布是相同的。

历史道路终端地区在后世往往是中原国家设立互市的地方。例如中古时期的燕山地区有互市为中原输入马和毛皮。《魏书·契丹传》载:"契丹国……各以其名马文皮入献天府,遂求为常。皆得交市于和龙(今辽宁朝阳)、密云(今北京密云东北)之间,贡献不绝。"又《辽史·地理志四》:"遵化县,本唐平州(今河北卢龙)买马监。"互市是正式的国家行为,它无疑有更早自发形成的市场作基础。借助贸易活动,位于历史道路终端的早期社群汇聚来自两个方向的物品,会变得非常繁荣,从而更加醒目地出现在考古记录中(换句话说,不是历史道路终端的地区并非没有人类活动)。

《史记·货殖列传》中乌氏倮的故事记录了早期边地社群,他们与北方草原和南方农业地区的邻居都保持着密切关系,充当交易的中间人:

乌氏倮畜牧,及众,斥卖,求奇缯物,间献遗戎王。戎王什倍其偿,与之畜,畜至用谷量马牛。秦始皇帝令倮比封君,以时与列臣朝请。

秦的边境乌氏地方(今固原、平凉一带)有一个名倮的牧场主,他把自己的牲畜卖掉换成丝织品和其他的奢侈品,然后偷偷卖给戎王,戎王给了他十倍价值的牲畜,要用山谷来计数,乌氏倮变得非常富有,秦王都把他邀请到朝廷。从这个记载里,我们可以看到北方地带特定区域(历史道路终端附近)的社群利用自己的地理位置优势,充当牧区与定居国家贸易的中间人,还可以看到双方贸易的物资品类。

第二,不仅遗物的集中出土地与历史道路的终端吻合,一些遗物出土地分布呈线状,也与历史路线本身是重合的。例如蒙古国巴彦洪戈尔省、南戈壁省、我国内蒙古自治区中南部出土了一系列兽首风格器物,巴彦洪戈尔、纳林台勒、布尔干、呼尔门、巴彦塔拉、达拉特旗、准格尔旗等地点整体上分布呈线状(图5.11)。我们按照汉代鸡鹿塞、近年发现的汉代"受降城"、燕然山、匈奴三连城的位置复原汉代穿越戈壁的路线,同时根据严耕望(1985:607—618)的复原标示出唐代从鄂尔多斯越戈壁到回鹘衙帐的路线,可以发现青铜时代的遗物分布和汉唐时期的路线南段基本吻合,北段循着杭爱山南麓的南北向河谷,但比汉唐时期路线略偏西。汉唐时期路线北段靠东,可能是由于匈奴中心、回鹘衙帐的位置比青铜时代的中心更靠东(图5.11)。

另一个例子是辽西的大凌河谷,那里的考古发现与黄土丘陵类似——中原、北方草原、当地制造的青铜器共存于一个本地文化背景中,沿着河谷散布。以往研究或将青铜器解释为战利品,或把它们看作中原势力占领的证据。我们在第七章中会详细讨论这个问题,在此仅引用历史研究的成果:有史以来,大凌河河谷就是穿越燕山山地(《冀州图经》所说的卢龙塞)主要的走廊(严耕望,1986:1705—1716),是连通农耕世界与草原的重要道路。

第三,一些看上去孤立、令人难以理解的发现,实际上位于历史道路上。例如朝阳大庙据报道发现过两件殷墟文化的铜罍(杨建华,2002)。这是殷墟铜器最北边的发现之一,发现地距离进入草原的关口很近,唐宋文献称之为松径岭(严耕望,1986:1760)。另一个例子是著名的青龙抄道沟的发现。抄道沟的铜器群主要由北方草原风格的工具、武器构成,所以经常被和游牧人联系起来。但抄道沟所处的环境很少引起注意。它位于石质的燕山山脉深处,不是一个适合游牧人生活的地方。后来的调查表明占据青龙地区的不是游牧人,而是当地农耕的魏营子文化(张守义,1997);不过确认当地人的生计方式还不能让我们理解铜器群的发现。在这里历史道路再次提供了一个解释。根据严耕望(1986:1706—1717)的复原,抄道沟正位于穿越卢龙山的一条道路旁边。这条道路在5世纪的《水经注》里叫作青陉。因此抄道沟这个表面上在偏僻山区里孤立的地点,实际上符合器物集中分布于贸易路线的规律。

综合以上观察,蒙古的中北部最可能是大多数兽首风格器物的原产地。在所有兽首器物的集中发现地中,唯有这里有生产它们所需的艺术传统和社会环境,也唯有这里的游牧人商旅有移动性,可以通过长途贸易传播兽首器物。中国北方地带的鄂尔多斯和燕山地区,不具备以上任何条件。

另有一个值得考虑的可能,兽首风格器物发明于草原,但随后被北方地带的定居社群接受并开始生产,再交换给草原的游牧人。公元前1千纪的欧亚草原西部存在定居社群的工匠为游牧人生产金属器的事例(Di Cosmo,2002:40),类似的事情在东周时期的中国北方地带、甚至晋国和秦国也发生过。但在更早的时期,现在还没有证据表明北方地带有能力生产兽首风格器物。鄂尔多斯地区西岔遗址出土的陶范说明那里能够铸造管銎斧、铃首器等北方风格的铜器,但是不包括兽首刀剑这样技术复杂的器物。而且,北方地带发现的兽首风格器物绝大多数是偶然发现,脱离考古遗址,经常没有当地文化的器物共存,这样发现的器物更可能是游牧人遗留的,不属于当地的定居社群。

  游牧人往返于草原与北方地带之间具体做什么,我们很难获得确切的考古证据。不过如前文所讨论的,这个时期与数百年之后的东周时期,在技术上和社会、经济上都没有本质的差别。所以我们可以根据记录清楚的公元前1千纪的情况做出推测:游牧人来贸易和劫掠,尽管具体流通的物品可能会和后世有所不同。良马是游牧人商贾引以为傲的货物;织物,特别是轻而贵重的丝绸,可能是返还的物品。在这两种物资以外,《战国策·赵策》和《盐铁论》等文献还提到了驴、骆驼、兽皮、毛织物、宝石、漆器等。此外,驾驶马车的知识、骑马术、鹰猎可能都是伴随着这种贸易被传入中国的。我们确定具体货物有很大难度,这不仅因为大部分货物都是易腐朽的,而且因为克列克苏尔墓葬基本不放随葬品。兽首风格器物和马的遗存是现在的考古技术条件下仅有的容易获得的证据。

  兽首风格的刀剑尽管很有吸引力,但它不可能是贸易中的首要货物(当然,北方地带和安阳发现的兽首刀剑也不可能都是得自草原游牧人的战利品)。兽首刀剑或许只是一趟货物中的小彩头,相伴随的良马才是更重要的部分。在安阳,很多兽首刀剑出土在车马坑里,或者是一人、一马的墓葬中人的腰部,说明了刀剑的功能始终和车马的使用有关,可能最初就是随着马匹而来的。在很多文化里,交易时在主要货物以外还会有一些物品以酬谢的名义易手,其价值也被考虑在交易内。我国西周时期涉及交易的几篇铭文,如亢鼎、任鼎,都可以看到这样的内容。兽首刀剑在贸易中的角色很小,它们并不是贸易网络存在的原因。但对我们来说,它们是难得的线索,可以指示贸易路线,其分布规律甚至可以显示贸易网络中不同区域扮演的角色。

  图5.11显示了兽首刀剑集中出土于三个地带;在三个地带之间,它们的出土地点呈线性分布。第一个地带是蒙古草原,这里是兽首器物的原产地。这个地带到下一个地带之间,有蒙古南戈壁到中国鄂尔多斯、东戈壁到燕山地区等一系列地点。第二个地带是中国的北方地带,这里是货物转运的地方。大多数兽首刀剑留在这个地带,显示草原的货物在这里转手到当地社群,多数游牧人商贾可能不再往南走了。我们可以设想,这个地带当时形成了某种交换市场,多种货物在这里交易,只不过剩下的证据只有金属材料制成的兽首风格器物。在第二、第三个地带之间,是黄土丘陵聚落(例如绥德墕头)和安阳在汾河谷地的据点(例如灵石旌介),这两类聚落都参与贸易。来自北方草原的马匹等货物必须经过黄土丘陵和安阳据点,才能到达下一

个地带——中原地区,这给了黄土丘陵作为中间人的好处。黄土丘陵凭借与北方的联系,才具备了引起中原很大兴趣的资源。第三个地带是中原的复杂社会商和先周,这是货物的消费地。安阳是当时最大的城市中心,吸纳着各种异域奢侈品,是造成贸易网络的原动力。从这个角度考虑,在先周晚期出现于关中平原的两件兽首刀剑很重要(一件据传出土于宝鸡姜城堡,另一件出土于岐山王家嘴一座被盗的先周贵族墓;此外,扶风刘家的先周时期墓葬还出土了北方草原风格的针线筒、铜铃),因为它们暗示此时关中地区已经有力量扮演了类似安阳的角色。一个新的中心和驱动力的出现势必导致贸易网络的变化,这将是我们下一章的研究内容。

关于蒙古与中国的早期联系,本章的不少观点与以前通行的认识不同。很多中国学者相信公元前2千纪的北方草原青铜器是在中国北方地带的不同地区制造的。蒙古的专家也倾向在蒙古以外寻找来源,例如他们把中国内蒙古东部作为青铜胄的来源地,把南西伯利亚作为兽首器物的产地。这个问题之所以不易解决,主要原因在于我们面临着矛盾的信息:在蒙古,复杂游牧社会的证据很充分,但是出土记录清楚的器物很少;绝大多数出土记录清楚的兽首器物出自中国的北方地带及其以南,但在这里我们没有复杂游牧社会存在的证据。要解释这个矛盾,我们必须注意到中国一侧完善的器物出土记录只是反映了考古活动的密度(以及其他保存和暴露这些器物的人类活动的密度);蒙古一侧考古工作的密度和现代人类活动的强度都要小得多。蒙古境内已经发现了冶金活动的证据,在蒙古工作的学者认为目前的证据指向简单的冶金业,但这可能只说明更复杂器物——身份标志物和贸易货物——的生产是集中的,正如后世的游牧帝国那样。这样的中心遗址尚未发现,已发掘的克列克苏尔墓葬毕竟只有几十座,且大多数不放随葬品或早被盗扰,居住的营地遗址也刚被确认不久。蒙古各博物馆中收藏的采集品数量是发掘品数量的成千上万倍,这可以说明有关蒙古冶金业的考古工作仍十分贫乏。我希望本章的论述已经说明,从目前不令人满意的材料中还是可以得到确定的结论,具体的做法是认真思考器物分布的规律。高度相似的器物广泛分布在互相隔离的地区,最自然的解释是把蒙古视作源头,从那里发散出若干通向中国北方地带的道路。

那么贸易网络的研究对蒙古青铜时代考古有何意义呢?苏联时期以后,欧美学者的研究很少把蒙古与中国的联系这个老话题融入对蒙古的理解中。正相反,有些很重要的研究建立在无视蒙古的外部联系的基础上。举例来说,Houle(2010)在其对游牧社会复杂化途径的研究中试图检验所谓"依赖理论"。他概括说:"驯养动物的人群通过高移动性和大范围的经济利用边缘环境,这种倾向造成了很低的人口密度和不稳定的剩余产品生产。很多学者因此认为,如果没有与已经存在的国家水平的农业社会的常规性交流,游牧既不会带来政治的集中,也不利于制度化的社会分层的出现。"Houle令人信服地论证了在公元前2千纪后半,蒙古中北部已经出现了基于游牧经济的复杂社会。但他随后提出,这个社会的产生过程中没有与中国国家水平社会的常规性接触。他声称:"然而,蒙古的案例在这方面特别使人困惑,因为青铜时代晚期(公元前2千纪中至公元前1千纪中)的仪式和墓葬建筑令人吃惊,它们说明了一个早期复杂社会结构的发展,展现出某种正式的社会分层,而这些的出现早于蒙古与中国的大型定居国家建立常规的联系。"(Houle,2010:9—10)然而,他只是假定蒙古当时与中国没有联系(他认为与中国的联系建立于匈奴时期)。中国的考古发现表明蒙古与中国的联系在公元前2千纪后半已经存在,在公元前1千纪一直持续。现有的年代数据显示,大量马匹消费于鹿石和克列克苏尔遗址始于公元前13世纪中期(Taylor,2017),这个时间正是蒙古与中国发生直接联系不久,马已成为可用于远距离贸易的重要财富。在纪念仪式中消费财富更能彰显逝去者的地位。此时在仪式空间加入这种新的内容应不是偶然的。当然,这并不是说"依赖理论"在没有更深入研究的情况下应该被接受,此问题远超出了本书讨论的范围。不过,在声称蒙古"提供了一个独特而重要的案例挑战传统的方法和解释"之前(Houle,2010:193;2009:359),蒙古考古专家需要从更大的视角来看待蒙古。

第六章
贸易网络（三）：黄土丘陵与关中盆地

在殷墟时期的后段,随着关中盆地的社会变得越来越复杂,它开始积极地参与围绕着黄土丘陵的贸易网络。但新力量的到来没有带来更大的繁荣,而是最终导致了这个网络的崩溃。本章我们将审视关中与黄土丘陵交流的历史。

一、关中盆地的社会发展

如同第一章中所介绍的,公元前2千纪晚期的关中盆地已有大量而细致的研究(参看雷兴山,2010)。但是以往大多数研究都是为了一个问题,并采取了一个路径去解答它:使用陶器类型学来判断若干种考古学文化中哪一个"代表"了纯粹的先周人。基于本研究的目的,我们无需回答这个问题,而是应该关注关中盆地的社会发展。在此我们只会简要地概括这个过程,主要关注聚落分化(包括功能、规模)、社会分层、冶金业的发展。由于以往的基础研究比较单一,这些是目前仅有的可以指征社会复杂化的系统材料。我的描绘将采取区域视角,各个文化不会被单独讨论,因为在我们研究的这个时段内,使用各文化的所有人群都迅速地被纳入正在形成中的先周国家。我们要回答的问题是"关中盆地如何出现了国家水平的社会";与之相较,"哪支考古学文化对应着姬姓周人"不仅在方法论上充满争议,而且也是不重要的。

随着二里岗殖民据点的建立,关中盆地最早的社会复杂化迹象出现在盆地的东端。作为郑州中心直接或间接规划并控制的聚落,这些据点与普通的农业村落有着显著差别,其中之一是居民中很自然地包括二里岗的上层精英。西安老牛坡(刘士莪,2002)和蓝田怀珍坊(樊维岳、吴镇烽,1980)遗址发现的青铜礼器是他们的反映[①]。在这个阶段,老牛坡的规模不很清楚,但是它很快会发展为一个大的殖民中心。怀珍坊是一个只有5万平方米的专业化聚落。半坡博物馆1978年的试掘在该遗址发现了大量的冶炼或铸造残渣及一些铜锭(巩启明,1981)。怀珍坊位于通往秦岭的蓝田谷口,沿着蓝田谷向南,秦岭山脉中有多种丰富资源。距离怀珍坊100千米左右,即存在具有高放射性成因铅特征的铜矿(参看第三章)。怀珍坊的铜锭还没有经过分析,所以这里是否是二里岗高放射性成因铅铜料的来源还不清楚。此时关中盆地西部的情况很不明朗,但目前可以肯定的是,那里既没有发现过规模较大的聚落,也没有出土过代表精英人物的贵重物品。

进入洹北时期,关中东部的老牛坡、耀县北村(徐天进,1994)等殖民聚落仍在延

---

① 关于其他的二里岗据点,可以参看张天恩,2004。

续;二里岗扩张对社会结构的影响在关中西部也开始显现。1972年,岐山京当出土了一组二里岗晚期至洹北时期的青铜器(王光永,1977);近年在岐山王家嘴和双庵又相继发现了三座洹北时期的铜器墓(温峰峰、张天宇,2015)[1],这个区域即后来先周国家的中心所在,也在西周最重要的都邑周原的范围内。几座墓葬出土的斝、瓿、爵、鬲、尊、戈都是典型的中原样式,很可能铸造于郑州和洹北,但它们最终落入京当型文化分布地域内的贵族之手。京当型是在受到二里岗扩张强烈影响的本地文化基础上形成的,情形类似于太原盆地的白燕五期文化。这些发现可以理解为关中的土著首领通过获取作为舶来品的青铜器,试图模仿中原的精英,标榜自己的身份。

稍后,更多的土著首领开始在关中盆地内的不同地区出现。关中中部的武功郑家坡(任周芳、刘军社,1984)、扶风壹家堡(罗西章,1993),关中北部泾河流域的长武碾子坡(考古所,2007b)、礼泉朱马嘴(秋维道、孙东位,1980)都出土了这个时期的青铜容器(图6.1)。除了各地广受欢迎的大圆鼎(参看84页注释1),大多数铜器是小型而简单的中原产品。这使其主人看上去比黄土丘陵和汉中盆地的邻居寒酸很多。关中盆地比黄土丘陵更适合农业发展,比汉中盆地有更广大的耕种土地,但没有明显能吸引中原势力的资源,所以关中的土著首领获取中原的青铜器理应更加困难。实际上,在收获中原青铜器较多的几个地区中(如湖南、黄土丘陵、汉中盆地、燕山地区),关中是唯一没有中原国家所渴望的资源的地方。关中虽然没有什么可供交换,但仍然获得了中原生产的青铜器,由此我们可以猜测当地的首领具有超乎寻常的雄心和手段。关中的农业潜力比起其他地区可以提供更多的剩余产品,支持更大规模的人口,这是一个有利于他们实现雄心的条件。上述所有发现青铜器的遗址似乎都是居住着很多人口的大聚落。武功郑家坡据报道有150万平方米,朱马嘴和碾子坡分别有50万平方米和30万平方米。这些遗址都比黄土丘陵或汉中的遗址大很多倍。

聚落的分化不仅表现于规模,也表现在功能和等级方面。在碾子坡遗址,牛在动物遗存中占53%(可鉴定标本数28090,见周本雄,2007),远超过当时小遗址的水平。根据碾子坡发现的居住遗迹和物质文化,这里生活的人并不是专业化的养牛人。更可能的原因是,作为中心遗址的碾子坡此时已经具备足够的权势可以从周围的小聚落征收牛这种昂贵的牲畜。

到了殷墟时期,关中东部大多数商的殖民点已消失或衰落(例如耀县北村),只有最大的中心老牛坡仍然重要。它的规模此时达到了50万平方米的峰值。西北大学在此发掘了两座夯土建筑基址,规模分别为30米×15米、23米×12米,属于商代常见的中型建筑。它们的主人无疑是聚落的统治者。统治阶层随葬青铜容器的墓葬也发现了多座,并有附葬的车或马坑(刘士莪,2002)。铸造残渣和陶范碎片的发现说明这个聚落有能力铸造铜容器和武器,这在殷墟时期与安阳有联系的聚落中并不常见;不过精美的铜容器显然仍是从安阳输入的。到了这个时候,当初的殖民点

---

[1] 双庵的两座贵族墓葬发现于北京大学考古文博学院2013年的田野实习,资料尚未发表。

图 6.1 二里岗至殷墟早期关中盆地的区域中心

已经存在了 200 年以上，所以埋葬习俗和陶器群代表的物质文化很自然地与母国出现差异。聚落的普通成员大概没有多少与安阳交往的机会，但是安阳生产的青铜容器显示上层人物与安阳保持了密切联系。按照《史记》等后世文献的记载，老牛坡所在地区的首领是商的同盟。接近殷墟末期，老牛坡的聚落明显处在衰落中。

关中盆地的本地社会比中原殖民点更有活力，获得了迅猛的发展。目前相当于殷墟二期的情况不甚明朗，但殷墟三期以后的材料已很丰富。随着泾河流域的人口进入关中盆地，先前多个小区域中心并立的局面不复存在，各区域的竞争中终于出现了一个支配性的力量。先周时期的周原遗址面积已达到 600 万平方米，远远超过同时期任何其他遗址（此地后来是西周的都城之一）。在聚落结构方面，这里凝聚了多个居住区和墓地，很像商的都城殷墟。至少可以分为三级的墓葬等级结构说明社会分化加剧并得到正式确认。遗址内的王家嘴、贺家、礼村一带多次发现铜器墓，较好的铜容器仍来自安阳。1973 年，周原贺家墓地发掘到一座相当于殷墟三期的贵族墓葬，墓口长 4.1 米，宽 2.9 米，与殷墟中等偏小的贵族墓葬相当（戴应新，1976）。虽然这座墓已被严重盗扰，大多数随葬品丢失，但一些置于壁龛中的铜器幸存下来。和洹北时期小而简单的铜器相比，这座墓出土的鼎、簋、两件卣、罍、瓿、斗都是比较精美的安阳产品。最值得注意的随葬品是一件打制的石磬。在第四章中，我们曾推测商代随葬石磬的人是地方的首领，例如石磬只出土于黄陂盘龙城、藁城台西、济南大辛庄、青州苏埠屯、灵石旌介等地富有的墓葬中，墓主人很可能与郑州或安阳保持着正式的政治关系。据《史记》记载，这个时期周王国的政治地位已经得到商的承认。

手工业生产，特别是青铜器制造业的发展也显示了社会的复杂化。这个阶段关中盆地开始了自己的铜器铸造。产品包括简化兽面纹的鼎、乳钉纹盆形簋、戈、钺、大刀、戟（图 6.2）。粗率的乳钉纹盆形簋在关中盆地已经发现了上百件，铜器的数量

1. 簋，宝鸡下马乡旭光村1号墓　　　　2. 戟

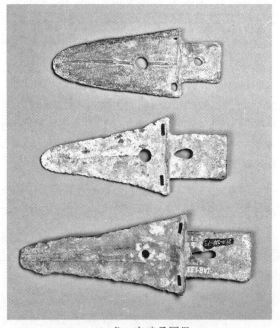
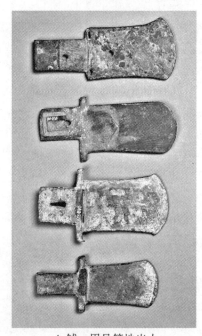

3. 戈，宝鸡桑园堡　　　　4. 钺，眉县等地出土

图 6.2　关中盆地的先周铜器举例（宝鸡青铜器博物馆藏）

说明铸铜工业此时已经有相当的规模,大概是为了满足正在扩大的精英阶层的需要,或许也为了向周边社会(如黄土丘陵)出口。尽管产品仍很粗糙,但是其活力预示着发展的希望,所缺乏的只是技艺精湛的工匠[1]。

像很多国家形成的案例一样,关中盆地先周国家的形成过程进展很快。北京大学等机构进行的周原项目显示,到了公元前11世纪初,一个强有力的国家已经出现。2003年开始,考古学家在关中西部相继发现了一系列大型聚落(图6.3),岐山周公庙、孔头沟、凤翔水沟、劝读,都建立于克商之前的一两代人时间内。每个这样的聚落占地几平方千米,周公庙和水沟都有高大的夯土城墙。调查和发掘中发现了大型的夯土建筑基址、1米长的建筑用空心砖、陶排水管、铸铜作坊遗留的陶范和鼓风管(雷兴山,2010)。由于这些聚落都是在很短时间内建立于此前人口不多的地区,它们被解读为先周国家急剧扩张过程中分配给高级贵族的领地。要建立这些领地,集中并迁移人口、随后的一系列建造工程所需要的组织活动暗示了很强的行政管理能力,这种能力无疑只有国家才具备。在可能为这个国家都城的周原遗址,虽然目前还没有发现大型建筑本身,但只用于大型夯土建筑的空心砖已被发现,推测发现大型建筑只是时间问题。凤雏甲组建筑发现了可以早到先周末期的甲骨文,说明不晚于最后两三世商王时,先周国家已经采用了安阳的书写系统。

如果上面的简短描绘是恰当的,那么我们所看到的是一个典型的次生国家形成的案例。从最初的二里岗殖民据点带来不同的社会组织结构,到京当土著首领使用中原铜器表现自己的身份,再到本地社会学习、掌握青铜容器的铸造,最终又采用安阳的书写系统,来自更复杂的商代国家的影响在关中盆地的国家形成过程中起到了重要作用。当然,关中盆地特别适合国家形成的地理条件也不能忽略(参看第一章)。未来的研究无疑对这个过程会做出更详细的描绘,但对本研究最有意义的是关中盆地社会的发展对贸易网络的影响。下面我们将看到,关中盆地直到成为一个复杂社会后才开始参与到贸易网络中来。

二、黄土丘陵与关中盆地的联系

与黄土丘陵至安阳的艰难道路不同,从陕北一侧的黄土丘陵至关中盆地只有一个地理障碍——子午岭。沿着洛河与石川河河谷,旅行者从陕北进入关中东部的路程只有约170千米,路况也不是很困难。从二里岗至洹北时期,这条通道沿线的考古发现包括铜川三里洞(卢建国,1982)、白水杜康镇的铜器和耀县北村发掘的聚落(徐天进,1994)。到了殷墟时期,更多的地点出土了铜器,例如淳化黑豆嘴(姚生民,1986,1990)、耀县丁家沟(贺梓城,1956)、铜川十里铺、红土镇(卢建国,1982)。黑豆嘴发现的简化兽面纹鼎和红土镇出土的乳钉纹盆形簋与陕北黄土丘陵发现的十分

---

[1] 黄土丘陵有安阳训练的工匠和混合特征的铜器,但关中盆地的产品都是安阳原型的粗率仿品,这说明关中的作坊没有安阳的直接支持。或许能够铸造容器的殖民中心老牛坡在向当地聚落传播铸铜技术方面扮演着关键角色。

相似（见第三章），推测这些地方是关中至黄土丘陵贸易路线上重要的站点，一部分铜器留在了路途中。这里我们再次看到了熟悉的规律：青铜器出土地点呈线状分布；它们被发现于山外两侧，而不出现在山区内。在检视陶片标本时，我发现少数李家崖文化的聚落深入山区的洛川、黄陵、黄龙等县，甚至在越过山区的合阳、澄城也有发现，而关中的高领袋足鬲也发现于陕北甘泉，这些聚落说明两个地区间存在交流，其中一些大概起到了维系黄土丘陵和关中盆地联系的作用（图6.3）。

黄土丘陵与关中盆地的联系仍是一个讨论很少的话题。以往的研究只在提到先周人从泾水流域迁徙到关中盆地时涉及它。有的学者假设黄土丘陵的人群在干冷气候的压力下南迁，引起先周人连动性的迁徙。然而，考古证据虽然显示碾子坡文化从泾水流域发展至关中西部，但先周最晚期之前并没有李家崖文化人群迁徙的证据。关中盆地没有发现过李家崖文化的陶器，黄土丘陵中部李家崖文化的聚落密度甚至比南部要高。这两个现象都不支持李家崖南下的假设。而且，《史记·周本纪》虽然记载古公受戎狄攻击而迁徙，但并没有戎狄本身迁徙南下的记录。

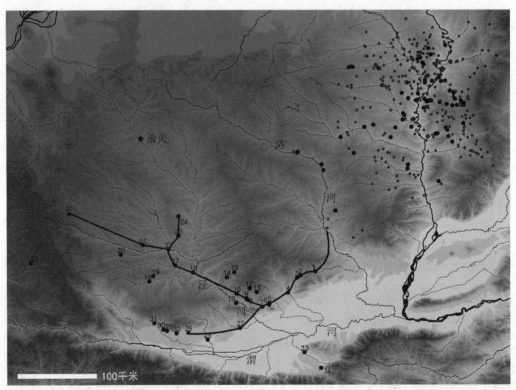

1. 红土镇	5. 陈家咀	9. 西梁家	13. 朱马嘴	17. 刘主河	21. 王寨村	25. 徐家碾	29. 周公庙	33. 老牛坡
2. 三里洞	6. 黑豆嘴	10. 赵家庄	14. 下魏洛	18. 洞山	22. 庄底下	26. 周原	30. 劝读	34. 黄沟
3. 十里铺	7. 史家塬	11. 北坡村	15. 崔家河	19. 姚家河	23. 西沟徐	27. 甘河水库	31. 水沟	35. 姚河塬
4. 丁家沟	8. 郑家村	12. 营房坡	16. 碾子坡	20. 于家湾	24. 韩滩庙	28. 浮沱村	32. 孔头沟	

图6.3 商末周初关中盆地的发展（出土青铜器的主要地点）

其实,黄土丘陵与关中的互动可以理解为类似于它与安阳之间的关系,两者间可能存在网络交换黄土丘陵的牲畜和关中盆地生产的奢侈品,例如青铜器。在殷墟晚期之前,关中地区可见零散的黄土丘陵器物,说明两地已经发生了有限的联系,如蓝田怀珍坊发现过黄土丘陵独具特色的线纹铜斧(巩启明,1981),华县野沃沟出土过黄土丘陵的金项圈和金耳环(渭南,2013)。它们出土于关中盆地东部,不仅因为关中东部距黄土丘陵较近,更是因为这里的殖民聚落结构复杂,上层人物的需求提供了跨地区贸易的动力;此时的关中盆地西部仍缺少精英阶层来驱动远途贸易,那里还没有与黄土丘陵交流的迹象,黄土丘陵也未发现关中生产的产品。

随着殷墟晚期关中盆地西部的发展,它与黄土丘陵的密切联系开始了。关中向黄土丘陵提供自己制造的铜器,包括简化兽面纹鼎、戈、钺,也把安阳和长江流域的产品转手给陕北的当地首领。黄土丘陵则可能向关中提供牲畜和马匹。老牛坡、碾子坡、周公庙遗址都发现了先周时期的马骨骸,这些关中遗址的马可能有一部分来自黄土丘陵。与安阳的案例相似,关中盆地与黄土丘陵的联系可能最终把自己与蒙古草原沟通起来,草原上的兽首短剑、铜针线筒、长管銎斧开始见于周原遗址的王家嘴和刘家墓地(陕西,1979:图版13;尹盛平、王均显,1984)。

淳化黑豆嘴的发现是说明关中盆地与黄土丘陵联系实质的最好证据。这个遗址位于关中盆地的北缘,正当西北向沿泾河河谷的道路与东北向往黄土丘陵的道路的交叉位置。在1980年代,黑豆嘴和附近的几个遗址曾采集到大量青铜器(姚生民,1986,1990)。此外,黑豆嘴被盗的墓葬中还出土了黄土丘陵典型的金项圈和6件金耳环。这些金器曾被认为是黄土丘陵人群向南迁徙的证据,但是近年西北大学在淳化的发掘表明当地的考古学文化独具特色,是与李家崖文化并行的文化(王振、钱耀鹏、刘瑞俊,2013)。以往的研究已经注意到黑豆嘴发现的铜器有多个来源,如简化兽面纹鼎、大刀、钺是关中盆地的产品;爵是安阳的产品;冒首的刀子和线纹铜镜来自北方草原;鸟形扉棱的壶则来自长江流域(图6.4)。这个现象的背后有很重要的意义,但遗憾的是,研究者却把多样性本身视作所谓黑豆嘴文化类型的特征(朱凤瀚,1995;张天恩,2004)。我认为文化史的路径无法解释黑豆嘴的发现,如果我们转向社会一经济视角,就会很容易发现那些集中了广泛来源物资的地方通常是交换中心(Renfrew and Bahn,2004:375)(或行政中心兼交换中心)。黑豆嘴遗址关键的地理位置正适合这个功能。它可能曾将关中盆地的货物转运至黄土丘陵,也将北方草原的货物引进关中,南方和北方来的铜器在这个背景下被交换。这类联系的基础应该是经济关系,因为无论关中还是黄土丘陵此时都不能控制对方。在公元前12世纪的后半,关中盆地仍有包括黑豆嘴在内的若干小政体在相互竞争。由于黑豆嘴发现的李家崖金饰品不是科学发掘所获,我们无法确定它们是否为墓主人的装饰品。如果是的话,那么它们可能暗示着来自黄土丘陵的商旅生活于此;如果不是的话,它们或许只是作为异域的财富随葬。李家崖的金饰品也被发现在黄土丘陵的东缘,如洪洞上村、太谷白燕。几件贵重物品不能说明大规模的人群迁徙。

1. 长江流域　　2. 安阳或关中　　3. 北方草原　　4-5. 关中

图 6.4　淳化黑豆嘴、赵家庄出土的青铜器

关中作为新的力量积极参与贸易网络的同时,旧的力量安阳在从考古记录中淡出。我们在第三章中已指出,黄土丘陵的山西一侧几乎没有殷墟二期之后的铜器,说明这个时间之后山西一侧与安阳的联系已经很少。随着与黄土丘陵山西一侧的联系中断,安阳也不太可能越过山西与陕北一侧保持联系。安阳虽然可以取道关中盆地东部再北行至陕北,但这样不仅路途遥远,而且可以作为沿途补给的中原据点此时大都已经被放弃。简言之,殷墟晚期安阳与黄土丘陵的任何地方都很少有直接联系。陕北发现的少量安阳生产的殷墟三期之后的铜器应是从关中获得的,而不是从安阳直接获得。安阳势力的淡出可以作两种理解,其一,关中首先与安阳竞争,而后将安阳排挤出了贸易网络,这与后来政治史上发生的周灭商相应。其二,安阳放弃了围绕黄土丘陵的贸易网络,将其注意力转移到了其他地方。

我倾向于第二种可能,因为安阳似乎从没有试图与关中竞争。根据灵石旌介、临汾庞杜、闻喜酒务头等遗址的发现,安阳在山西的据点直到殷墟三、四期一直控制着汾河谷地①,这样安阳势力若与黄土丘陵山西一侧联系,交通始终是通畅的。同时,先周晚期之前关中并没能够控制黄土丘陵陕北一侧,对山西一侧更没有什么影响。如果曾发生过竞争,我们应在山西一侧看到更多的殷墟二期之后的铜器,在陕北一侧看到更多的关中铜器,而实际情况是黄土丘陵山西一侧只发现过一两件殷墟二期后的铜器。而且,与安阳生产的铜器在黄土丘陵大幅减少同时,燕山地区发现的安阳铜器却在增加,说明另一个网络在发展(参看第七章)。安阳从围绕黄土丘陵的贸易网络抽身,给了关中一个空白去填补,但是关中似乎并未能够使它以原有规模运行。它与黄土丘陵的联系只限于陕西一侧,且产品的数量、质量与安阳不能相比,这大概不能满足黄土丘陵当地首领们的需求。到了商代晚期,出土于黄土丘陵的青铜器数量稀少,表明这个贸易网络处于衰落中。

三、贸易网络的崩溃

迄今为止,黄土丘陵没有发现过西周时期的青铜器,只在南缘的延长岔口发现过一个窖藏,包含西周早期至春秋早期的铜器(姬乃军、陈明德,1993)。这与殷墟时期铜器的大量发现形成了鲜明对比,也说明曾给黄土丘陵带来许多奢侈品的贸易网络已经终结。

比起黄土丘陵的商代铜器,以往对当地西周铜器的缺乏关注较少,但这显然是一个很重要的问题。无独有偶,黄土丘陵迄今很少西周时期聚落的发现,而这不能归咎于工作不足,因为几十年的工作已在黄土丘陵记录了无数其他时期的聚落。在检视陶器标本的过程中,我对西周时期给予了特别关注,发现除了陕北地区的南缘,整个黄土丘陵都未见西周早期和中期的陶片,西周晚期的陶片也只有零星发现。这有力地说明,黄土丘陵在西周的大部分时间内人口稀少,只是到了西周晚期人口才渐渐恢复。黄土丘陵贸易网络的终结和这个地区的荒废同时发生,可能有着共同的原因。

李家崖遗址的发掘者提出李家崖文化的年代可以晚至西周中期。这种看法的根据是李家崖遗址出土有被认为是西周中期的陶器(主要是陶鬲、豆)(张映文、吕智荣,1988)。我观摩了陶器实物,认为它们是西周晚期至春秋早期的典型周式陶器,与李家崖文化的截然不同,不可能从李家崖陶器发展而来,因此不是李家崖文化的延续;这几件陶器零散地见于几个地层,很可能是发掘中混入的晚期遗物。遗址上的李家崖聚落和周代聚落之间应有中断。

有研究者认为黄土丘陵一些青铜工具、武器的年代属于西周,但没有任何明确西周时期的器物伴存,只是推测(蒋刚,2008a;沃浩伟,2008)。有的学者基于文化分期推测李家崖文化可以晚至西周中期。但由于黄土丘陵特别的堆积形态,目前可资研究的地层关系、陶器资料仍很缺乏,李家崖文化的分期还很不完善。更重要的是,李家崖器物群中从未发现共存中原式的西周早、中期器物,无法通过跨

---

① 庞杜出土的"方簋"腹部有长冠鸟纹,以往认为这种纹饰是西周早期产生的,但从风格一致性来看,它很可能在商代末期出现并流行,西周早期已经衰落。庞杜两座墓葬出土的其他铜器都是商代的,成组的明器化曲内戈也不见于西周初年的墓葬。

文化比较进行交叉断代,针对相对年代的文化分期并不能解决绝对年代问题。不见西周早中期的周文化影响是一个重要现象。西周文化影响力很强。随着西周国家的扩张,遥远地区的土著文化都烙上了明显的西周文化的印记,如东面的山东,东南面的江苏、安徽,南面的湖北,西面的甘肃。如果李家崖文化曾与西周文化并存,必然受到周文化的强烈影响,或是器物面貌发生改变,或是经常共存周式陶器。很难想象距离西周核心地区如此近的黄土丘陵可以与世隔绝,完全没有与周文化发生联系而受到影响的迹象。目前李家崖文化的测年数据最晚的属于商末周初(见第一章)。基于这些考虑,我认为李家崖文化的下限年代虽然可能进入西周初年,但时间不会很长。

也有学者青睐万能的"气候压力—人群迁徙"模式,声称西周时期的黄土丘陵为游牧人群所占据,所以不见考古遗存(沃浩伟,2008;蒋刚,2008a)。这个假设同样值得怀疑。首先,黄土丘陵的中南部与相邻的关中盆地和汾河谷地气候相差不多,这两个地区在西周时期农业人口稠密,可知黄土丘陵不会有很大的气候压力。其次,黄土丘陵的景观和植被并不适合游牧(参看第二章),历史时期这里从来也不是游牧人群的家乡,只是黄土丘陵的北端常受游牧人南下的影响。再次,与这个假设相反,游牧人群在考古记录中并非不可见(Cribb,1991);如果黄土丘陵被游牧人占据,他们自会留下墓葬等物质遗存。

那么究竟是什么力量使得黄土丘陵的人口急剧减少并导致了李家崖文化的终结呢?王立新(2004)提出是西周的征服。我以为黄土丘陵本地社会的崩溃开始的要更早一些,最大的政治变化发生于周推翻商之前,先周国家首先征服、统一了很多邻近地区。在考古记录里,此前关中盆地的多种文化被整合为统一的周文化;陕西南部的汉中地区此时也发生了社会的瓦解(孙华,2011),当地曾与安阳保持交流而大量出土晚商铜器,自商末以后却非常衰落。在文字记录里,《竹书纪年》《史记》等文献记载了周人此时一系列的征伐,例如《竹书纪年》中关于王季时期的征服战争有:

  文丁二年,周人伐燕京之戎,周师大败。
  四年,周人伐余无之戎,克之。周王季命为殷牧师。
  七年,周人伐始呼之戎,克之。
  十一年,周人伐翳徒之戎,捷其三大夫。

在被先周和西周国家征服的人群中,鬼方的命运最有代表性。按照《竹书纪年》的记录,周王国在灭商之前约半个世纪开始大规模攻击鬼方:

  (武乙)三十五年,周王季历伐西落鬼戎,俘二十翟王。

发生战争的"西落"可能是陕西黄土丘陵南部的洛河流域(相对于东洛水而言),"翟"(狄)是东周时期中原对北方人的称谓,为媿姓。在这次征伐中,周一次就俘虏了20个当地首领。

西周早期小盂鼎铭文的信息更加丰富。它记录了目前所知最晚一次对鬼方的战争。这次战争发生于康王二十五年,大约在王朝建立半个世纪之后。作为战斗的

指挥官,盂向周王递交了一份详细的战果报告:

> 告曰:"王令盂以□□伐鬼方,□□□馘□,执嘼三人,获馘四千八百□二馘,俘人万三千八十一人,俘马四□□匹,俘车卅辆,俘牛三百五十五牛,羊廿八羊。"盂或□曰:"亦□□□,乎蔑我征,执嘼一人,俘馘二百卅七馘,俘人□□人,俘马百四匹,俘车百□辆。"

鬼方除了损失超过 130 辆车、140 匹马、355 头牛、28 只羊,还有 5000 多人被杀,4 个首领和 13081 人被俘。这篇铭文最令人惊异的是斩杀和俘虏的数字,在有关早期战争的铜器铭文中,这些数字异乎寻常得大①。如果我们把这些数字都当作战士,那么它们说明鬼方的军队应该数量庞大,因为战斗中被杀和被俘的人通常只是军队的一小部分。即便我们假设鬼方的军队投降、这些数字包括了参战的全部战士,鬼方仍然会有一支庞大的军队。殷墟甲骨文中战争最经常动员的人数是 3000,最大的军队人数是 13000。如果一次战斗中被杀和被俘的 18000 鬼方人都是战士,那么这意味着鬼方可以动员一支超过商人的军队,无论从区域人口的密度还是政体的复杂程度看,这都是不可能的。因此,这些数字应该不仅指战士,也包括平民。如果是这样,那么小盂鼎记载的就不只是一次军事行动,也不仅仅是由于周的扩张而引发的冲突。它应该视为以掠夺人口为目的的征服战争。在早期国家中,迁移、掠夺人口的事例很常见,特别是当他们的土地不值得或不容易控制时(例如多山地区)。成千上万的人口意味着人力和赋税,对于早期国家总是一个巨大的诱惑。

周曾经有迁移鬼方人的政策,这在《左传·定公四年》的记载中可见线索。当周成王分封晋国于临汾盆地时,晋侯被赐予了异族人口"怀姓九宗":

> 分唐叔以大路、密须之鼓、阙巩、沽洗,怀姓九宗,职官五正。命以唐诰而封于夏虚,启以夏政,疆以戎索。

一般认为"怀(媿)姓"是鬼方人的姓(参看陈公柔,1989)。在第四章中我们提到过,汾河谷地在西周征服前是一个人口稀少的地区,所以怀姓九宗并非汾河谷地的土著,而应该是从某个地方迁移来的,很可能是从吕梁山以西的黄土丘陵,那里在晚商时期人口较多,又邻近临汾盆地。近年汾河谷地发现"怀姓九宗"的几处墓地证实了《左传》的记载。在绛县横水(宋建忠等,2006)和翼城大河口(谢尧亭等,2011),山西省考古研究所的考古学家发掘了数千座西周时期墓葬。它们有独特的埋葬习俗,很多贵族墓出土青铜器的铭文表明主人属于媿姓。根据这些发现,研究者提出佣伯和霸伯两个领主是被赐给晋国的怀姓九宗。有意思的是,这两地的发现显示被迁移人群的物质文化很快就与征服者的不易区分。

---

① 西周金文中记载杀、俘、解救人数的铭文较多,试比较以下几例:多友鼎(集成 2835),三次战斗共杀敌 300 人,俘 28 人;虢季子白盘(集成 10173),杀 500 人,俘 50 人;㝬簋(集成 4322),杀 100 人,俘 2 人,解救 114 人;敔簋(集成 4323),杀 100 人,俘 40 人,解救 400 人;晋侯稣钟,四次战斗共杀 481 人,俘 114 人。

鬼方人的命运也可能发生在关中盆地周边其他人群的身上,这对我们理解黄土丘陵的荒废很有帮助①。对于一个迅速成长的国家,控制更多的人口不仅是它关注的主要事情,而且是它扩张的根本动力之一。在周王国克商之前的几十年内,关中盆地似乎出现过人口的急剧增长,借助这次增长关中西部才在此前人口不多的地区新建立了一系列大型聚落。从其他地区迁移的外来人口大概构成了这次增长的主要部分。大量增加的三足瓮在关中没有历史,却是黄土丘陵有特色的储粮器皿,这种器物暗示了黄土丘陵人在关中被安置定居。迁移人口的过程可能持续到周初,因为东方新征服的广大土地也需要大量人口殖民。考虑到这些信息,我认为持续的征伐和人口掠夺导致了黄土丘陵本地社会的崩溃,并可以作为贸易网络终结的一个可能解释。

这里便出现了一个引人思考的问题:作为中原文明边缘的社会,黄土丘陵在不同时期与中原发展出了相似的贸易网络,先是与安阳,后是与关中,为什么两个网络的结局不同?更具体地说,为什么安阳可以维持和平的贸易网络,而关中暴力地终结了贸易网络?要回答这个问题,我们应回顾安阳与关中的差异,其中距离的因素显而易见——关中距离黄土丘陵比安阳要近得多。Stein(1998)曾提出,在中心-边缘关系中,距离是一个重要的平衡器。距离和随之增长的交通成本使得中心对遥远边缘的经济和政治支配减弱,因此中心与这种边缘的关系在很大程度上会是平等的。对安阳来说,遥远而艰难的道路使得征服和控制黄土丘陵成本太高(安阳势力直接控制的极限似乎在临汾盆地),所以通过交换网络来获取所需资源是更实际、更合理的办法。对关中来说,黄土丘陵完全在其容易控制的范围内。当关中出现强有力的国家后,控制相邻地区更多人口的欲望难以抑制(虽然土地本身不一定那么有吸引力),之前建立的交换网络也就成为了牺牲品。

在黄土丘陵的交换网络终结后,必需的北方资源(最重要的当然是良马)在关中盆地似乎并未出现短缺。黄家河(梁星彭、刘随盛,1988)和周公庙遗址都发现了先周时期的马遗存。按照《史记》的记载,当周文王被商囚禁时,周人还能用良马等礼物贿赂商王。那么关中是怎样在没有黄土丘陵作为中介的情况下获取马匹的呢?考古证据提示我们,新建立的联系、新开通的路线可能弥补了黄土丘陵方向的损失,同时使得黄土丘陵变得无足轻重。甘肃东部的崇信(陶容,2008)、宁夏的固原等地都曾发现先周晚期的陶器,说明周王国在先周时期已经开始向西扩张。随着向西的扩张,关中可以从西面的邻居那里获得马匹。庄浪徐家碾寺洼墓地发现的周式铜器、陶器、马遗存证明寺洼社群不仅有马匹,也与关中盆地保持着联系(考古所,2006),寺洼社群此时可以扮演先前黄土丘陵的角色。新近发现的宁夏彭阳姚河塬遗址发现有西周早期的高级贵族墓葬、铸造遗存、刻辞甲骨,并在殉马坑中出土不少幼年马匹。这个地方显然是周王朝在西部设置的重要据点,可以起到获取北方资源的作用。宁夏固原一带在历史上一直是农牧地带互相交流

---

① 自王国维发表《鬼方昆夷猃狁考》以来(王国维,1923),学界一般认为鬼方位于黄土丘陵某地。如果这是对的,鬼方人是黄土丘陵人口的一部分。

的重镇(参第五章)。

泾河河谷也是一条新开辟的线路。在先周晚期到西周早期这段时间,很多出土青铜器或玉器的遗址忽然沿着泾河河谷出现,除了为人熟知的灵台白草坡、崇信于家湾,还有庆阳韩滩庙(许俊臣、刘得祯、李红雄,1985)、野林村(许俊臣,1979)、泾川庄底下(刘玉林,1977)、王寨村、宁县徐家村(许俊臣、刘得祯,1989)、长武刘主河、张家沟(田学祥、张振华,1975)等地点(图6.3)。由于大都没有经过发掘,这些遗址是早已存在的还是由周王朝新建立的不得而知。但无论哪种情况,发现的贵重物品说明这些聚落开始变得重要了,聚落内的某些居民得到了财富。泾河河谷是一条见于历史文献的穿越文化边界的道路(例如公元前166年,匈奴通过这条路线上的萧关进攻汉王朝),关中可以通过在历史道路终端地区建立据点与北方的游牧人接触。沿着这条线路发现过两件放射状线纹的铜镜,一件出土于甘肃平凉(高阿申,1991),另一件出土于淳化赵家庄(姚生民,1986)。这种铜镜是北方草原的典型器物,也发现于蒙古苏赫巴托尔省、东方省(Tsend,2004:43、46号)和中国的北方地带,如新疆哈密、青海湟中、鄂尔多斯、张家口、滦县、青龙、喀左(图6.5,参看宋新潮,1997;吴晓筠,2017)①,暗示先周晚期已经与游牧人存在联系。对关中盆地来说,这条路线一个显见的好处是可以比较直接地与游牧人交易,黄土丘陵这个中间人因此不再必需。

还有一条路线是在周灭商之后开通的。随着燕国的分封,西周继承了商代在东北方向与北方草原的交流。我们把这个问题留在下一章探讨。

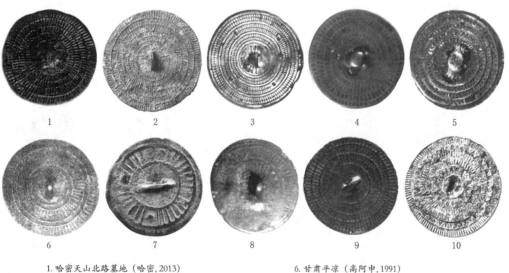

1. 哈密天山北路墓地(哈密,2013)
2. 安阳妇好墓
3. 蒙古国(Erdenechuluun,2011:289号)
4. 蒙古苏赫巴托尔省(Erdenechuluun,2011:286号)
5. 蒙古东方省(Erdenechuluun,2011:287号)
6. 甘肃平凉(高阿申,1991)
7. 淳化赵家庄(姚生民,1986)
8. 青海湟中前营(李汉才,1992)
9. 河北张北(Myrdal,2009:213号)
10. 滦县后迁义(张文瑞、翟良富,2016)

图6.5 蒙古和中国北方地带出土的放射线纹铜镜

---

① 有观点认为这种铜镜自西向东传播(张文瑞,2017),但标本相似度高又出现在地理远隔的历史道路终端,这种铜镜形式应该也是由蒙古草原呈放射状散布出去的。

第七章

结语：理解北方边地社会

在本研究中,我们首先剖析了黄土丘陵的本地社会,又研究了它的外部联系,提出存在一个涉及商、关中、北方草原、黄土丘陵的交换网络。与发达的中原文明相较,黄土丘陵是位于边地较简单的社会。但是它处在有利的地理位置,充当了跨地区联系的枢纽。这个角色可以简短地解释黄土丘陵所展现的最顶级的贵重物品与生态上的困窘之间的反差,这也是最初引起我研究兴趣的问题。

在结束本研究前,仍有一些根本性的问题有待回答:为什么会出现跨地区的联系?换句话说,什么是这个交换网络的根源和原动力?跨地区的联系对中原文明的重要性是什么?它对黄土丘陵本地社会的影响是什么?为了探讨这些问题,我将引入一个比较案例——燕山地区。我们将看到,这两个地区间既有根本的相似,又有有趣的不同。通过比较研究,上述一些问题的答案会浮现出来。

一、燕山地区

在殷墟晚期,围绕黄土丘陵的交换网络衰落了,但安阳并没有停止与北方的联系。大约从殷墟三期开始,一个与黄土丘陵相似的现象在华北平原北端的燕山地区明显起来(这个地区包括今北京、天津、河北北部、辽宁西部及相邻的内蒙古地区):安阳生产的青铜容器与当地的黄金饰品、青铜武器和工具、偶尔也有青铜容器,一起被发现在墓葬或窖藏中;北方草原的短剑和刀子在同一地区也有发现。这样,一个涉及安阳、燕山地区的本地社会、北方草原的跨地区联系网络由考古资料揭示出来。这个网络在西周征服后没有终止,而是在西周早期变得更加频繁。相比黄土丘陵,上述考古发现的文化背景更清楚,因为考古学家已经发掘了很多同时期的遗址(这个地区的遗址比小而分散的黄土丘陵遗址面积更大、更容易被发现)。大体来讲,燕山以南地区被围坊三期文化覆盖(蒋刚,2008b),后继者是西周时期的张家园上层文化;燕山以北地区则被魏营子文化占据(郭大顺,1987;董新林,2000)。(图7.1)

以往研究也采取了文化史或文献学的路径来理解这个现象。前者把不同来源青铜器的共存看作文化交流的结果,注重梳理文化因素和传播(杨建华,2002)。后者把当地发现的安阳青铜器归因于传世文献中记载的一些小国家,不去追问它们为何、如何形成于这些地方而非其他地方(晏琬,1975)。对于发现的西周时期青铜器,由于不少体量较大且有铭文显示它们原本属于燕国的高级贵族,它们或者被视为劫掠自燕国的战利品(林永昌,2007),或者正相反,是燕国曾短期军事占领辽宁西部大凌河流域的证据(陈梦家,1955;张亚初,1993)。这两个想法背后共同的主题是冲突。虽然燕山地区不是本研究关注的中心,这里也没有空间展开详细的讨论,但我

238　贸易网络中的黄土丘陵(BC 1300—1050)

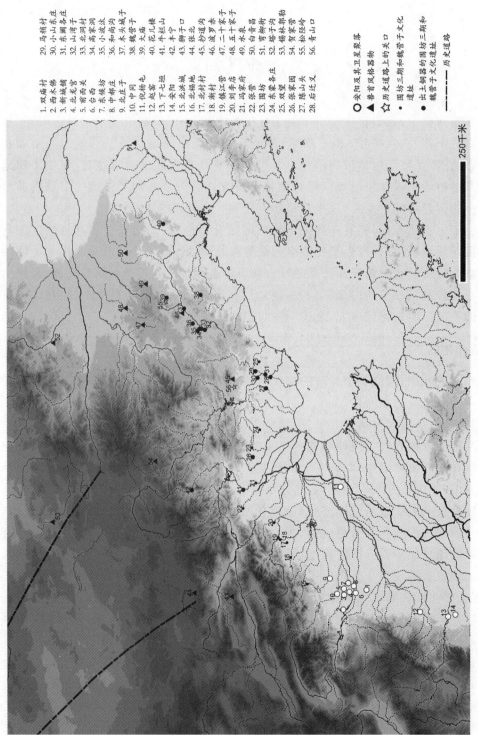

图7.1 商代晚期至西周早期华北平原和燕山地区的遗址

愿意提出另一种可能:这个地区可以与黄土丘陵作相似的理解。

首先,燕山地区与黄土丘陵之间有一些基本的相似性。例如,由于环境的原因,燕山地区比华北平原的农业基础薄弱,但动物驯养和狩猎经济更发达。这里适宜饲养更多的牛、羊,有出自森林的珍贵皮毛,还可以接触到北方草原的马。滦县后迁义遗址出土遗物中很常见燧石等质地的打制石片,应是用于处理动物资源;墓葬中多随葬牛、羊头骨,显示了动物饲养在生计中的重要地位(张文瑞、翟良富,2016)。北京昌平张营遗址出土有虎、豹、熊等猛兽的骨骸,狩猎它们应该不是为了食用,而是看中珍贵皮毛的价值(北京,2007)。内蒙古喀喇沁旗大山前和北京昌平张营遗址发现的家马和驴的骨骸是目前所知中国境内最早的(蔡大伟等,2007;北京,2007)。河北东北部的本地聚落滦县陈山头、后迁义(张文瑞、翟良富,2016)、河北中部的安阳据点定州北庄子(王会民,1992)、灵寿西木佛(刘右恒、程纪中,1981)都曾出土过殷墟时期的车马器,暗示这些地方都在用马。历史文献记载了不少东北民族向中原王朝"贡献"马和皮毛的事例,也有中原人在燕山南北贩马的记录,如《后汉书·吴汉列传》:"王莽末,(吴汉)以宾客犯法,乃亡命至渔阳。资用乏,以贩马自业。往来燕蓟间,所至皆交结豪杰。"安阳据点的马或许也像后世一样,通过与其北面的邻居接触获得。总之,类似于黄土丘陵的情况,燕山地区与其南面的城镇化社会在生计方式和经济类型方面存在差异,有后者渴望得到的良马等资源,造成了交换的有利条件。

在社会复杂程度方面,燕山地区的社群虽然可能比黄土丘陵的规模稍大,但从墓葬分层情况判断,它们的社会发展程度不一定更复杂,与中原文明相比则无疑是更简单的。当燕山地区与安阳打交道时,它们之间的关系可能与黄土丘陵和安阳之间的相似,可以概括为不平衡的中心-边缘关系。

在区位交通方面,燕山地区有几条重要的历史道路可以穿越中国的北方边境进入蒙古草原(参看第五章)。从安阳到蒙古的中北部,这条路线更长,但是比穿过山西和鄂尔多斯的路线更易行,因为路途上大部分是平原和草地,避开了众多的山脉和戈壁荒漠(图5.17)。燕山地区所处的位置可以为它赢得中间人的角色,与我们在黄土丘陵所见相似。

第二,具体的证据,特别是考古发现的分布,指示了一条相似的贸易路线。安阳、本地、北方草原的铜器有规律地分布在以下三个地带:

1. 从安阳到河北保定附近,沿着太行山东麓的一系列遗址发现了典型的安阳青铜器群,如磁县下七垣(罗平,1974)、武安赵窑(陈惠、江达煌,1992)、灵寿西木佛、定州北庄子(图7.1)。这些遗址发现的埋葬习俗和物质文化与安阳十分相似,可以推测青铜器群的主人一定是紧密从属于安阳的社会上层,其聚落也被认为处在商代国家境内(林沄,1987;刘绪,2015)。

2. 今保定以北的广大地区被土著文化围坊三期和魏营子占据,地方的青铜器类、金饰品与安阳的青铜容器经常共存,它们大多发现在两个小区域,即河北东北角的滦县、迁安、卢龙和辽宁的大凌河河谷。从河北东北部,旅行者可以沿着滦河、青龙河进入燕山,然后转入大凌河谷,这里是历史上在中国东北方向穿越边境的主要走廊。也就是说,河北东北部充当着进入山区之前的最后站点,而大凌河谷是主要道路。青铜器发现在这些地方与我们在黄土丘陵所见的规律吻合。与黄土丘陵相比,燕山山地由于地形的限制,安阳青铜器线状的分布规律甚至更加明显,这有力地说明道路沿线的交通是当地首领财富和权势的来源。事实上,贸易路线或许可以解释为什么这些地方会形成比周围更复杂的社会(图7.1:27—31)。

3. 燕山以北有零散发现的兽首风格短剑和刀子,大多数文化背景不明,有可能是游牧人留下的(图7.1)。例如巴林左旗塔子沟发现的羊首刀,据报道出土于一座小山上,因风蚀而暴露于地表(王未想,1994)。少数发现在魏营子文化的分布地域,如青龙抄道沟,证明当地社群与北方草原有联系。还有一些被留在了周边其他定居文化的聚落内,如法库弯柳是高台山文化的聚落(裴跃军等,1990),抚顺望花是新乐上层文化的聚落(抚顺,1981),两者都是比魏营子和围坊三期更简单的社会,也从来没有发现过中原文明的奢侈品,这说明草原边界上不同文化的定居社群都与游牧人有交往,但是只有那些控制着通往南方城镇化社会商路的社群才能将这个关系转化为巨大的利益。

这样燕山地区青铜器发现的分布与黄土丘陵所见的正好相应:保定以南的商聚落对应于山西境内的安阳据点;作为中介的本地文化围坊三期和魏营子与黄土丘陵的李家崖和西坬渠相似;游牧人在燕山地区留下的遗物则与鄂尔多斯铜器相当。

第三,如果我们用长时段的视角,把二里岗至西周时期的燕山地区和黄土丘陵放在一起比较,很容易发现它们虽然在各时期活跃程度不同,但都扮演着中原文明与北方草原联系中间人的相似角色。

中原文明与北方草原最初直接接触的迹象出现在二里岗晚期的黄土丘陵北缘[①]。朱开沟遗址发现的典型二里岗青铜器和陶器墓显示有少量的中原人生活在当地聚落中(参看第四章)。与此同时,北方草原的短剑和环首刀说明这个聚落与草原也有联系(内蒙古,2000:图版30:1、2)。如此,来自中原的二里岗人有充分的机会遇到来自草原的物资和人员,这甚至可能是他们居住在那里的动机[②]。

其后不久的洹北时期,中原在东北方向也开始与草原接触。华北平原北端的平谷韩庄出土过一件洹北时期的中原铜鬲;不远的刘家河则发现了一座围坊三期本地首领的墓葬,随葬金臂钏外还有一组洹北铸铜工场生产的铜器(刘绪、赵福生,2001)。几件洹北时期的鼎和甗出土于内蒙古赤峰地区的西牛波罗、头牌子、天宝同、三山村(图7.2)。根据岩画分布和克什克腾旗喜鹊沟的考古发现(王立新等,2014),这些中原青铜器最东北的出土地点已经深入了游牧人活动的区域,说明游牧

[①] 此前的二里头时期,已经可以看到二里头遗址出土北方系铜器,但还未见中原势力直接深入北方地带边缘的证据。

[②] Linduff(1995)和刘莉、陈星灿(2002:112—114)曾主张二里岗扩张至朱开沟是为了追求金属资源。但最近的铜矿距离该遗址仍有几百千米,甚至超出了朱开沟文化的分布范围,所以这个意见有疑问。不过,他们提出朱开沟可能是一个交换中心很有见地。

1.大圆鼎，翁牛特旗头牌子　　2.大圆鼎，翁牛特旗头牌子　　3.小圆鼎，巴林左旗三山村

4.甗，翁牛特旗头牌子　　5.甗，克什克腾旗天宝同　　6.甗，赤峰西牛波罗

图 7.2　燕山以北地区发现的最初一批中原产青铜器

人与中原发生了联系。北方草原的游牧人虽然对成组的青铜容器缺乏兴趣，但圈足或三足的釜形器是其仪式中所特有的。这几件鼎和甗可能在这种背景下被交易。同一时间，北方草原的羊首匕和燕山地区特色的"啄戈"出现于藁城台西，说明也有北方器物被带回中原(图版一二六:3；河北，1985：图版 91—1)。

　　进入殷墟时期，黄土丘陵和燕山地区的地位发生过一次有趣的转换。起初，大量殷墟早期的青铜器进入黄土丘陵。由此判断，通过那里的贸易很繁荣，而此时的燕山地区只有少量的殷墟铜器(如喀左高家洞墓葬出土的瓿，王成生、辛岩、刘大志，1998)，说明取东北路线的活动强度很有限。但是到了殷墟晚期，在安阳与黄土丘陵的联系减弱后，燕山地区发现的中原铜器数量显著增长，滦县陈山头(孟昭永、赵立国，1994)，后迁义，卢龙东阚各庄(河北，1980)，迁安小山东庄(翟良富、尹晓燕，

1997)、马哨村(李宗山、尹晓燕,1995),喀左和尚沟(辛占山、刘新民、郭大顺,1989)、北洞村(辽宁,1973)等地点均有发现,东北方向似乎成为了安阳主要的贸易伙伴。看来黄土丘陵和燕山地区是安阳与北方草原交往的两条备选路线,当一条繁忙时,另一条就比较沉寂。值得注意的是,燕山地区发现的殷墟晚期铜器数量远比黄土丘陵出土的殷墟早期铜器数量少。由于缺乏文字材料,我们对货物的价值和数量、铜器具体的交换方式不得而知,所以很难判断这究竟意味着什么。或许殷墟晚期的对外贸易在减弱？又或许贸易只是以更低的成本在运行？

　　进入西周时期,黄土丘陵人烟稀少,中原文明与北方草原的联系不通过这里进行。在燕山地区,西周的征服却没有使前朝建立的关系中断。大凌河谷发现了很多精美的西周铜器,魏营子的贵族墓中发现超过20层的丝织品(辽宁,1977),昌平白浮(北京,1976)和燕都琉璃河发现了北方草原的武器,这些都说明东北路线继续畅通。正如黄土丘陵一样,这里发现的青铜器通常被解释为战利品,背后的假设是青铜礼器不会用于交换(林永昌,2007),尽管把燕侯本人的铜器看作礼物交换是很自然的解释。考虑到琉璃河之后的燕国历史晦暗不明,短期内的冲突并非不可能。但大凌河流域也出土大量东周时期产自中原的青铜容器,而且从样式、铭文来看来源广泛,这样长期的现象很难以冲突来解释。正如黄土丘陵一样,燕山地区的考古发现需要重新审视。

　　近年来,燕山地区与黄土丘陵经常被放在一起讨论(杨建华、蒋刚,2008),可能是由于它们在文化上展现的相似性:两个地区都有北方草原的兽首风格刀剑,也都有来自中原的青铜容器。但是研究者们对两地文化相似性的原因解释甚少。术语"北方文化带"的构建似乎表示相似性是因两者都地处北方而自动形成。万能的人群迁徙理论也经常被启用。在我看来,仅靠提出"北方地带""北方系"等概念不能完全解释我们看到的现象。文化的相似性除了环境和生活方式的原因,还反映了这两个地区在社会经济层面相似的角色,更具体的说,是由于两地存在相似的贸易网络。

　　对这两个贸易网络的理解可以帮助我们解答以下问题。

二、贸易网络的作用

　　围绕北方边地社会的贸易网络有多方面的影响。例如,马和马车引入中国在文化、技术、军事方面都有重要意义,但这不是本研究的主题。在这里我们关注的是贸易网络对中原和北方边地经济、社会方面的影响。

　　贸易网络对商文明的影响可以从它输出和输入货物的性质推论。安阳向外输出青铜器、玉器、漆器、织物、金属原料,这些绝大多数是高价值的制成品,有复杂的生产流程。安阳从黄土丘陵输入的货物可能包括马、牛、羊、皮、毛,从燕山地区输入的应基本相似,或许还有珍贵动物的毛皮,这些货物都有原材料的性质。输入的马是象征身份的动物,毛皮是奢侈品,需要进一步的照料或加工;牛羊需要饲养、屠宰、肉食加工;骨和皮会成为制骨和皮料产业的原材料。综合起来,安阳与北方的贸易会带来奢侈品和原材料;会为本已多样的经济增加新的形式,如养马业、马车制造业;会扩大一些产业的规模,如动物饲养、肉食加工、骨器和皮毛生产;还会为其制成品找到新的消费者,从而刺激进一步的生产活动。

如果我们回顾一下第四章中讨论的安阳对外贸易,其基本的模式都是如此。安阳从各地贸易对象输入的原料可能不同,例如从南方输入的可能是金属原料、香料、龟甲、象牙、生漆等,但主要都是需要一系列后续加工才能使用的货物;同时,输出的主要是需要投入大量人力、分工合作才能生产出来的货物。这些加工和生产活动需要完善机构来管理;生产后需要存储、分配货物,也需要专业化的组织管理;此外,发动贸易远征、建立和维持遥远的据点也需要组织人员、发展交通和通信系统,所以贸易会提升中原的经济复杂性和社会分工、分化。此外,贸易的发展会增加贵重物品消费阶层的规模(青铜器和马车使用者群体的扩展是最明显的例子——金属原料和良马都需要贸易获得),使得作为国家统治基础的精英阶层得到强化,这反过来又会进一步扩大贸易的规模。总之,跨地区的贸易网络会促使中原的城镇化社会蓬勃成长。以往研究只注意到商文明输入的物品可以维护政治权威和合法性,输出的物品可以对周边政体施加影响(Liu and Chen,2012:389－390)。这片面强调了政治因素,忽视了经济和社会领域。有的研究者可能会认为,远途贸易只涉及奢侈品和精英阶层,对社会整体的作用有限。诚然,远途贸易主要涉及宫廷和贵族,但这部分经济的复杂结构是自然经济无法比拟的。结构复杂的经济领域会随着时间逐步扩展,大量文化和技术的创新都在这种环境下首先发生,因此对社会的改变作用是不容忽视的。

对于黄土丘陵和燕山地区,贸易网络最显著的影响是当地出现更复杂的社会－政治结构。土著社群的首领可以通过控制资源的渠道加入贸易网络,随后利用身为交换组织者和中介者的地位来扩展自己的势力。他们可以展示异域得来的精美铜器、玉器、织物,或者用进口的金属自己铸造新的铜器,再分配给追随者,以增强自己的社会地位。位于陆路交汇和水路渡口的聚落会在运输、后勤、市场上变得专门化,促使聚落间的分化加剧。

回顾具体的考古材料,黄土丘陵在龙山时期曾经非常繁荣,发展出了芦山峁、石峁这样大型而高度分层的社会。但是到了二里头、二里岗时期,兴盛一时的本地社会明显衰落,社会发展进入低谷。再次的社会复杂化迹象首先出现在黄土丘陵北端,约当二里岗晚期。朱开沟遗址出土了来自中原的铜容器,同时也出现了随葬贵重物品的墓葬,说明这次社会分化和与中原发生接触有关。在随后的洹北和殷墟时期,黄土丘陵发生了有力的社会复杂化。不仅很多当地首领借助进口的安阳铜器来展示他们增强的社会地位,有些人甚至在安阳铸造工人的帮助下开始了自己的铸造活动。需要控制相当人口才能建造的大型夯土建筑也出现在李家崖、高红、辛庄等地。辛庄的夯土长排房子在建筑形式上与中原的高等级建筑很相似,房子内还出土有模仿安阳铜鼎制造的陶鼎、大型的石质权杖首。对建筑和铜器的模仿显然已深入观念层面。模仿者只能是那些在与中原的跨区域联系中受益的本地社会上层。同时,数量庞大、可能来自周围聚落供奉的储粮用三足瓮,也说明当地的政治、经济结构正变得更加复杂。

在燕山地区，我们可以看到相似的发展。当洹北时期中原开始与燕山地区发生接触时，发达的夏家店下层文化已经衰落，当地的社会发展情况不明，没有证据显示一定程度的社会复杂化。进入殷墟早期，留在当地的少量殷墟铜器说明这里已经与安阳建立了联系，尽管不像黄土丘陵那样频繁。到了殷墟晚期，河北东北部的墓葬等级结构说明当地已经出现了明显分层的社会。滦县后迁义的土著社群随葬数量不等的牛羊头骨、肢骨以代表财富，并有金质、铜质的装饰品。在99M4、99M5、2001M2等最大、最富有的墓葬内，墓主随葬安阳生产的青铜容器和北方风格的铜镜、管銎斧（张文瑞、翟良富，2016），这些人显然通过充当跨区域联系的中间人增加了财富、提高了地位，是日趋分化的社会中获益的当地首领。

黄土丘陵和燕山地区都出现的一个有趣现象可能与当地社会的复杂化密切相关。当中原最初与北方边地社会接触时，它选择与最北端的社群直接打交道，在黄土丘陵是与鄂尔多斯地区，在燕山地区是与内蒙古的赤峰一带（图7.3）。可是在后来的殷墟时期，安阳的贸易伙伴向南面转移。黄土丘陵中部和冀北、辽西接受了大量安阳产品，而此时最北边的社群已经没有丰富的贸易机会。这个规律在两地是一致的，但目前还没有令人信服的解释。

我认为这个变化大概和本地社会在与中原发生联系后的复杂化过程有关。当中原势力初次踏足北方地带，当地的社群小而简单，对中原商贾没有什么影响力。它们可能从贸易中获益，但是参与程度很有限。对于中原来的商贾，要想获得北方草原的货物，他们必须一路旅行至北方地带北缘稀疏的社群，亲自与来自草原的人接触。为了赢得当地人的支持（如允许驻留、后勤补给、安全保护等），他们带来了各种货物，其中就有青铜容器。在这种方式下，黄土丘陵的北缘和燕山以北地区首先从贸易中获利，并在贸易网络中比南面的邻居率先留下考古印记。以后，与中原的交流促使黄土丘陵中部和冀北、辽西的社会变得更复杂，当地有雄心的首领变得更有权势。他们随后充当了中间人，并阻挡了中原与更北面社群的直接联系。它们的人口数量更多、定居程度更高，加之复杂的地形条件，使得南部社群更有优势。无论愿意与否，此后安阳的商旅都不必亲自到达最北面的社群；他们带来的货物和礼品都落入黄土丘陵中部和冀北、辽西首领的手中，最北缘稀疏的定居社群不再能收到铜器。

黄土丘陵和燕山地区中间人的先后兴起改变了贸易路线上的距离和交通条件，这或许可以解释安阳为何在黄土丘陵和燕山地区之间转换了注意力。根据黄土丘陵发现铜器的年代和数量，它在洹北时期至殷墟早期开始积极地参与贸易网络。这时为了与黄土丘陵的中间人碰面，安阳的商贾需要旅行大约350千米的山路到达汾河谷地。与此相比，到达内蒙古东南部（燕山地区的北缘）的旅程有900千米，其中有近300千米山路。这解释了黄土丘陵在殷墟早期为何受到青睐，并较早地出现了繁荣。然而，随着围坊三期和魏营子社会在殷墟晚期的发展，安阳东北方向的旅程

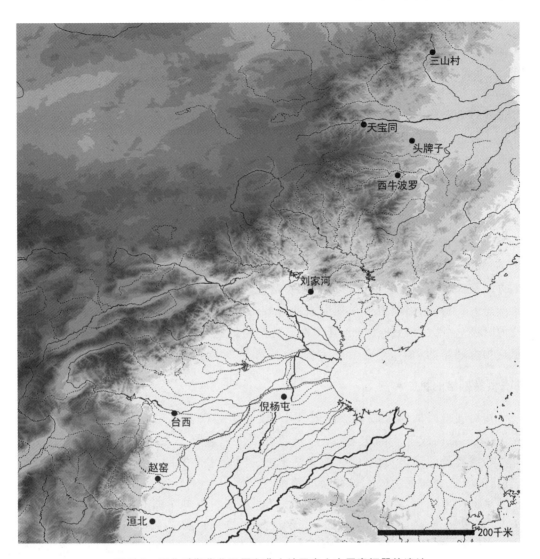

图 7.3 洹北时期华北平原和燕山地区出土中原青铜器的遗址

也大大缩短。安阳的商贾到河北东北部需要在华北平原旅行 600 千米,考虑到平原地区和山区道路的难易程度不同,这与前往山西的旅程大致相当。如果是到商和围坊三期的边界,大约只有 300 千米。这解释了为何殷墟晚期贸易路线被吸引至东北方向,山西的线路则被放弃。

三、贸易网络的根本动力

很显然,贸易网络的根本动力既不在于黄土丘陵,也不在于北方草原,而在于中原的复杂社会。虽然马的驯化和北方草原的参与是远距离联系的前提条件,但它们不是左右网络的力量。二里岗晚期,由于上层精英对奢侈品的需求,中原建立了与黄土丘陵的联系,并在此之后维持了贸易网络的运行。殷墟时期,是安阳的关注与否导致了贸易网络的繁荣或衰落。商末周初,是关中的干涉终结了围绕黄土丘陵的贸易网络。

相似的历史在南方也曾发生。二里岗早期，由于精英阶层对异域物资的需求，中原国家在湖北、安徽两个方向与长江流域发生了联系，建立了黄陂盘龙城、荆州荆南寺、黄州下窑嘴、九江荞麦岭等一系列据点。由于南方土著社会的结构此时尚比较简单，二里岗的扩张采取了直接侵入交通要点的形式。但二里岗聚落并没有进入矿山等资源产地，当地社群仍是资源的实际控制者。很多研究强调二里岗扩张依靠军事手段。然而短期内的强制或许可能，但从长期来看，少数中原据点能够获取资源必需当地社群的合作。洹北时期，随州淅河、岳阳铜鼓山、阜南台家寺等遗址的发现说明跨地区的交换网络仍在继续。殷墟时期，随着本地社会的发展，更多的中原青铜器发现在湖北、湖南和安徽南部非中原文化的考古背景中，说明中原国家调整了交换网络的具体形式，以更多的交易代替了中原力量直接驻扎。商末周初，中原社会发生王朝更替，中心由华北平原转移至关中—洛阳，安徽一线的联系趋于沉寂，但随州叶家山、黄陂鲁台山等西周高等级聚落的设立则再度增强了经由随枣走廊与南方的联系。上述过程中都可见中原复杂社会的驱动作用。

总之，贸易网络植根于早期国家社会。对早期国家社会来说，吸纳、利用邻居的资源，供养、壮大自己的经济是其本性。这是跨地区互动关系的动力，被文化史和文献视角都忽略的动力。

四、贸易网络的机制和意义

在对殷墟时期跨区域交流的看法上，以往多数研究采取王朝－方国的叙事体系，政治关系构成唯一的主题，社会－经济维度被忽视。在这种视角下，一个政体（方国）或者是向商进贡的从属，或者是被冲突关系主导的商的敌人。然而历史研究表明，国家社会与周边较简单社会的跨地区联系开始于以经济为主的非正式关系，这对早期国家来说是成本最低的方式。只有在以后这种关系无以为继时，才会发展为正式的政治关系。正如本研究所揭示的，黄土丘陵的政体很难简单地用商的盟友或敌人定义。安阳在山西设置了国家控制的据点与黄土丘陵交易，但它没有试图在政治上控制整个黄土丘陵。安阳派遣职业商贾与黄土丘陵的首领们打交道，高级贵族与黄土丘陵也有自己的生意。黄土丘陵作为中间人积极地参与贸易网络，有些可能向北旅行至鄂尔多斯，向南至汾河谷地、甚至安阳。但没有证据说明黄土丘陵与安阳之间有什么正式的政治关系。两者的关系虽然可能有政治因素，但首先、主要是经济的。

考古证据显示安阳与相距遥远的其他地区间也有类似的交流，例如湖南和汉中，两个地区出土过很多安阳生产的青铜器，王朝－方国模型对于解释如此远距离的直接交流没有意义，它所能做的只是给湖南和汉中贴上取自后世文献的标签（楚或越、蜀或巴）。"劫掠说"在这些案例里也同样不敷使用，很难相信湖南和汉中能够从中原掠夺铜器。从古代贸易的视角来看，得到很多安阳铜器的地方一定对安阳有某种重要性，不难发现湖南和汉中都有安阳所没有、但十分渴望获得的资源。湖南的金属资源铜和锡很丰富；由于产地不多，锡特别珍贵。当湖南与安阳有密切联系的时候，安阳的铸铜工匠在为高级贵族制作的铜器中慷慨地添加锡料。汉中盆地不仅有金属资源,也出产品质最好的大漆(陕西南部的秦岭山区是野生漆树的原生地,因此是品种多样性最丰富、品质最好的地方)。这里在历史上一直是中国主要的漆产地。可以推想,安阳生产的青铜器作为货物或礼品的一部分抵达湖南和汉中,是为了交换南方各种珍贵的原材料。换句话说,这些铜器可能透露了另两个交换网络。

事实上,我相信贸易是安阳获得它所没有的资源的最通常的方式。在此前的二里岗时期,中原兴起的城镇化社会造成了对各种资源的需求,其中很多在中原无法获得。复杂社会和相邻较简单社会间不平衡的经济、政治关系,使得二里岗向中原以外扩张不可避免。由于边缘的社群大都小而简单,二里岗的扩张倾向于采取直接的方式——在资源产地附近建立殖民中心(例如关中盆地的老牛坡)或是土著聚落内的小站点(例如黄土丘陵北端的朱开沟)。

在各地社会发展后,当地社群开始控制通往资源的渠道。特别是有些社群已经经历着向更复杂社会整合的内部压力,它们可能自身也开始向外扩张(例如长江中游的吴城)。二里岗的支配性地位可能足以强迫它的邻居,但在洹北时期强制变得更困难(Liu and Chen,2012:389)。这一阶段中原生产的铜器数量不多,可能暗示着原有的金属原料获取方式效率降低。到了殷墟时期,二里岗时期曾深入土著社会的殖民中心或被放弃或变得独立,策略的调整成为必需。安阳保持了道路沿线的据点,也新设置了一些据点与土著社会接触,从而建立了贸易网络;中原生产的青铜器作为货物或礼品更多地落入地方首领的手中(二里岗时期则很少如此),暗示安阳与他们进行着平等的交易。殷墟时期广泛的贸易是符合逻辑的策略调整,是对各地土著社会发展的反应。从商文明的繁荣来看,这个调整是非常成功的。众多繁忙的贸易网络保证了中原王朝社会、经济的增长。王朝—方国模型认为内部的政治混乱使安阳从二里岗的领土撤退,这无疑太过简单化了。

自20世纪80年代以来,贸易在早期文明生长中所扮演的角色是世界范围内很多考古学家的研究兴趣。正如研究者们指出的,对贸易的研究提供了一个从社会和经济层面研究社会组织的切实途径(Renfrew,1975)。然而,中国考古学对古代贸易的研究仍很贫乏。最近的一本全面探讨中国早期文明的考古学著作中,刘莉和陈星灿尽管在具体讨论中涉及了贸易,但在总体上仍重复着一些拒绝贸易的旧论断,并相信这些论断正确概括了中国文明的独特性:"政治而非技术和贸易是社会变迁的主要动力""市场相对不重要""中国缺乏广泛的贸易网络"(Liu and Chen,2012:393—394)。这些判断背后的比较对象是两河流域和爱琴海文明。在我看来,早期中国并不比其他文明缺乏反映贸易的考古材料,中国缺乏的是记载经济活动的出土文书,而这只是由于书写材质的偶然。

希望本研究已经阐明,在解释公元前2千纪的跨区域互动时,中国考古学中仍盛行的文化史和文献的路径并不适用;相比之下,聚焦交换网络可以帮助我们理解早期社会的发展变迁。希望我们所做的能够使贸易问题在中国考古学中受到应有的重视。

参考文献

中文部分

安静平、郭荣臻、靳桂云,2017
　　安静平、郭荣臻、靳桂云,《山东地区青铜时代农业考察——基于植物考古的证据》,中国社会科学院考古研究所夏商周考古研究室编,《三代考古(七)》,北京:科学出版社,2017年,561—599页。

安明
　　许进雄,《明义士收藏甲骨》,多伦多:皇家安大略博物馆,1972年。

安塞,1993
　　安塞县地方志编纂委员会编,《安塞县志》,西安:陕西人民出版社,1993年。

安阳,1990
　　安阳县志编纂委员会编,《安阳县志》,北京:中国青年出版社,1990年。

保利,1999
　　《保利藏金》编辑委员会编,《保利藏金:保利艺术博物馆精品选》,广州:岭南美术出版社,1999年。

北京,1976
　　北京市文物管理处,《北京地区的又一重要考古收获——昌平白浮西周木椁墓的新启示》,《考古》1976年第4期,246—258页。

北京,1978
　　北京市文物管理处,《北京市新征集的商周青铜器》,文物编辑委员会编,《文物资料丛刊(2)》,北京:文物出版社,1978年,14—21页。

北京,2002
　　《北京文物精粹大系》编委会、北京市文物局编,《北京文物精粹大系·青铜器卷》,北京:北京出版社,2002年。

北京,2007
　　北京市文物研究所、北京市昌平区文化委员会编著,《昌平张营:燕山南麓地区早期青铜文化遗址发掘报告》,北京:文物出版社,2007年。

蔡大伟,2007
　　蔡大伟,《古DNA与家养动物的起源研究》,吉林大学博士学位论文,2007年。

蔡大伟等,2007
　　蔡大伟、韩璐、谢承志、李胜男、周慧、朱泓,《内蒙古赤峰地区青铜时代古马线粒体 DNA 分析》,《自然科学进展》2007 年第 3 期,385—390 页。

曹大志,2016

曹大志,《甲骨文中的束字与商代财政》,《中国国家博物馆馆刊》2016 年第 11 期,86—97 页。

曹大志,2018

曹大志,《"族徽"内涵与商代的国家结构》,北京大学中国考古学研究中心、北京大学震旦古代文明研究中心编,《古代文明(第 12 卷)》,上海:上海古籍出版社,2018 年,71—122 页。

曹大志,2019a

曹大志,《论商代的粮储设施——廪、亩、京》,北京大学中国考古学研究中心、北京大学震旦古代文明研究中心编,《古代文明(第 13 卷)》,上海:上海古籍出版社,2019 年,169—200 页。

曹大志,2019b

曹大志,《李家崖文化遗址的调查及相关问题》,《中国国家博物馆馆刊》2019 年第 7 期,42—75 页。

曹大志、张剑葳,2020

曹大志、张剑葳,《商周时期的庐》,北京大学震旦古代文明研究中心编,《古代文明研究通讯(第八十五期)》,2020 年 6 月,内部资料。

曹建恩、胡晓农,2001

曹建恩、胡晓农,《清水河县西岔遗址发掘简报》,内蒙古自治区文物考古研究所编,《万家寨水利枢纽工程考古报告集》,呼和浩特:远方出版社,2001 年,60—78 页。

曹建恩、孙金松,2004

曹建恩、孙金松,《内蒙古清水河县西岔遗址发掘取得重要成果》,《中国文物报》2004 年 11 月 19 日,第 1 版。

曹玮,2006

曹玮主编,《汉中出土商代青铜器》,成都:巴蜀书社,2006 年。

曹玮,2009

曹玮主编,陕西省考古研究院编著,《陕北出土青铜器》,成都:巴蜀书社,2009 年。

长治,2003

长治县志编纂委员会编,《长治县志》,北京:中华书局,2003 年。

陈得芝,1984

陈得芝,《元岭北行省诸驿道考》,南京大学历史系元史研究室编,《元史论集》,北京:人民出版社,1984 年,681—697 页。

陈芳,2006

陈芳,《西汉三十六牧苑考》,《人文杂志》2006 年第 3 期,124—127 页。

陈芳妹,1998

陈芳妹著,台北故宫博物院编辑委员会编辑,《故宫商代青铜礼器图录》,台北:台北故宫博物院,1998年。

陈公柔,1989

陈公柔,《说媿氏即怀姓九宗》,中国古文字研究会、中华书局编辑部编,《古文字研究(第十六辑)》,北京:中华书局,1989年,211—217页。

陈惠、江达煌,1992

陈惠、江达煌,《武安赵窑遗址发掘报告》,《考古学报》1992年第3期,329—364页。

陈剑,2007

陈剑,《金文"彖"字考释》,《甲骨金文考释论集》,北京:线装书局,2007年。

陈坤龙、梅建军,2006

陈坤龙、梅建军,《山西灵石县旌介村商墓出土铜器的科学分析》,山西省考古研究所、海金乐、韩炳华编著,《灵石旌介商墓》,北京:科学出版社,2006年,209—228页。

陈梦家,1955

陈梦家,《西周铜器断代(二)》,《考古学报》1955年第2期,69—142页。

陈微微、张居中、蔡全法,2012

陈微微、张居中、蔡全法,《河南新密古城寨城址出土植物遗存分析》,《华夏考古》2012年第1期,54—62页。

陈文华,1994

陈文华编著,《中国农业考古图录》,南昌:江西科学技术出版社,1994年。

陈雪香、史本恒、方辉,2010

陈雪香、史本恒、方辉,《济南大辛庄遗址139号商代墓葬》,《考古》2010年第10期,3—6页。

成璟瑭、孙建军、孟玲,2016

成璟瑭、孙建军、孟玲,《辽宁绥中东王岗台发现商周窖藏铜器》,《文物》2016年第3期,67—75页。

种建荣、孙战伟,2019

种建荣、孙战伟,《陕西清涧县辛庄遗址》,河南省文物考古研究院等编著,《黄淮七省考古新发现(2011—2017年)》,郑州:大象出版社,2019年,221—224页。

磁县,2000

河北省磁县地方志编纂委员会编,《磁县志》,北京:新华出版社,2000年。

崔剑锋、吴小红,2008

崔剑锋、吴小红,《铅同位素考古研究:以中国云南和越南出土青铜器为例》,北京:文物出版社,2008年。

大宁,1990

大宁县志编纂委员会编纂,《大宁县志》,北京:海潮出版社,1990年。

戴应新,1976

戴应新,《陕西岐山贺家村西周墓葬》,《考古》1976年第1期,31—38页。

戴应新,1993

戴应新,《陕北和晋西北黄河两岸出土的殷商铜器及有关问题的探索》,石兴邦主编,《考古学研究——纪念陕西省考古研究所成立三十周年》,西安:三秦出版社,1993年,219—235页。

丁清贤、汪秀锋、尚振明,1984

丁清贤、汪秀锋、尚振明,《河南孟县西后津遗址发掘简报》,《中原文物》1984年第4期,1—8页。

东研

松丸道雄编,《东京大学东洋文化研究所藏甲骨文字》,东京:东京大学出版会,1983年。

董珊,2005

董珊,《任鼎新探——兼说亢鼎》,陕西师范大学、宝鸡青铜器博物馆主办,《黄盛璋先生八秩华诞纪念文集》,北京:中国教育文化出版社,2005年。

董新林,2000

董新林,《魏营子文化初步研究》,《考古学报》2000年第1期,1—30页。

杜耀西,1982

杜耀西,《珞巴族农业生产概况》,《农业考古》1982年第2期,144—151页。

杜正胜,1993

杜正胜,《欧亚草原动物文饰与中国古代北方民族之考察》,中研院史语所集刊第64本第2分,1993年,231—408页。

鄂尔多斯,2006

鄂尔多斯博物馆编,《鄂尔多斯青铜器》,北京:文物出版社,2006年。

鄂尔多斯,2013

鄂尔多斯博物馆编著,《农耕 游牧 碰撞 交融 鄂尔多斯通史陈列》,北京:文物出版社,2013年。

樊维岳、吴镇烽,1980

樊维岳、吴镇烽,《陕西蓝田县出土商代青铜器》,文物编辑委员会编,《文物资料丛刊(3)》,北京:文物出版社,1980年,25—27页。

方辉等,2004

方辉、陈雪香、党浩、房道国,《济南市大辛庄商代居址与墓葬》,《考古》2004年第7期,25—33页。

方稚松,2009

方稚松,《殷墟甲骨文五种记事刻辞研究》,北京:线装书局,2009年。

方稚松,2012
    方稚松,《谈谈甲骨金文中的"肇"字》,《中原文物》2012年第6期,52—59页。

府谷,1994
    府谷县志编纂委员会编,《府谷县志》,西安:陕西人民出版社,1994年。

抚顺,1981
    抚顺市博物馆,《辽宁抚顺市发现殷代青铜环首刀》,《考古》1981年第2期,190页。

甘枝茂等,2004
    甘枝茂、岳大鹏、甘锐、刘啸、裴新富,《陕北黄土丘陵沟壑区乡村聚落分布及其用地特征》,《陕西师范大学学报(自然科学版)》第32卷第3期,2004年,102—106页。

高阿申,1991
    高阿申,《甘肃平凉发现一件商代铜镜》,《文物》1991年第5期,96页。

藁城,1994
    藁城市地方志编纂委员会编,《藁城县志》,北京:中国大百科全书出版社,1994年。

巩启明,1981
    巩启明,《陕西蓝田怀珍坊商代遗址试掘简报》,《考古与文物》1981年第3期,48—54页。

故宫,1999
    故宫博物院编,《故宫青铜器》,北京:紫禁城出版社,1999年。

顾颉刚,1963
    顾颉刚,《"周道"与"周行"》,《史林杂识初编》,北京:中华书局,1963年,121—124页。

顾润源等,2012
    顾润源、周伟灿、白美兰、李喜仓、邸瑞琦、杨晶,《气候变化对内蒙古草原典型植物物候的影响》,《生态学报》第32卷第3期,2012年,767—776页。

郭宝钧,1951
    郭宝钧,《一九五〇年春殷墟发掘报告》,《中国考古学报(第五册)》,1951年,1—62页。

郭大顺,1987
    郭大顺,《试论魏营子类型》,苏秉琦主编,《考古学文化论集(一)》,北京:文物出版社,1987年,79—98页。

郭大顺,1993
    郭大顺,《辽河流域"北方式青铜器"的发现与研究》,《内蒙古文物考古》1993年第1期,23—28页。

郭俊峰、房振、李铭,2016

郭俊峰、房振、李铭,《济南市刘家庄遗址商代墓葬 M121、M122 发掘简报》,《中国国家博物馆馆刊》2016 年第 7 期,81—119 页。

郭沫若,1933

郭沫若,《卜辞通纂》,东京:文求堂,1933 年;北京:科学出版社,1983 年重印。

郭鹏,2004

郭鹏,《殷墟青铜兵器研究》,刘庆柱主编,《考古学集刊(第 15 集):纪念殷墟发掘七十周年论文专集》,北京:文物出版社,2004 年,129—173 页。

郭勇,1980

郭勇,《山西长子县北郊发现商代铜器》,文物编辑委员会编,《文物资料丛刊(3)》,北京:文物出版社,1980 年,198—201 页。

国博,2015

中国国家博物馆、山西省考古研究所、长治市文物旅游局编著,《浊漳河上游早期文化考古调查报告》,北京:科学出版社,2015 年。

国家文物局,1998

国家文物局、山西省考古研究所、吉林大学考古学系编著,《晋中考古》,北京:文物出版社,1998 年。

哈密,2013

哈密博物馆编,《哈密文物精粹》,北京:科学出版社,2013 年。

韩茂莉,2003

韩茂莉,《论中国北方畜牧业产生与环境的互动关系》,《地理研究》第 22 卷第 1 期,2003 年,89—95 页。

河北,1980

河北省博物馆、文物管理处编,《河北省出土文物选集》,北京:文物出版社,1980 年。

河北,1985

河北省文物研究所编,《藁城台西商代遗址》,北京:文物出版社,1985 年。

河北,2016

河北博物院编,《石器时代的河北 河北商代文明》,北京:文物出版社,2016 年。

合补

彭邦炯、谢济、马季凡编著,《甲骨文合集补编》,北京:语文出版社,1999 年。

合集

郭沫若主编,中国社会科学院历史研究所编,《甲骨文合集》,北京:中华书局,1978—1983 年。

河南,1972

河南省博物馆、洛阳市博物馆,《洛阳隋唐含嘉仓的发掘》,《文物》1972 年第 3 期,49—62 页。

河南,1981

《河南出土商周青铜器》编辑组编,《河南出土商周青铜器(一)》,北京:文物出版社,1981年。

河南,1998

河南省文物管理局、水利部小浪底水利枢纽建设管理局移民局编,《黄河小浪底水库文物考古报告集》,郑州:黄河水利出版社,1998年。

河南,1999

河南省文物考古研究所、郑州市文物考古研究所编著,《郑州商代铜器窖藏》,北京:科学出版社,1999年。

河南,2000

河南省文物考古研究所、周口市文化局编,《鹿邑太清宫长子口墓》,郑州:中州古籍出版社,2000年。

河南,2002

河南省文物考古研究所编著,《启封中原文明——20世纪河南考古大发现》,郑州:河南人民出版社,2002年。

河南,2015

河南省文物考古研究院,《河南荥阳小胡村墓地商代墓葬发掘简报》,《华夏考古》2015年第1期,3—13页。

何崝,2007

何崝,《论商代贸易问题》,《中华文化论坛》2007年第1期,37—44页。

贺梓城,1956

贺梓城,《耀县发现一批周代铜器》,《文物参考资料》1956年第11期,73页。

黑光、朱捷元,1975

黑光、朱捷元,《陕西绥德墕头村发现一批窖藏商代铜器》,《文物》1975年第2期,82—87页。

洪猛,2011

洪猛,《中国北方商周时期"弓形饰"再探》,《西域研究》2011年第1期,60—71、143页。

侯艮枝,1991

侯艮枝,《山西屯留县上村出土商代青铜器》,《考古》1991年第2期,177页。

湖北,2001

湖北省文物考古研究所编著,《盘龙城:1963～1994年考古发掘报告》,北京:文物出版社,2001年。

胡厚宣,1944

胡厚宣,《殷代卜龟之来源》,《甲骨学商史论丛初集》,成都:齐鲁大学国学研究所石印本,1944年;石家庄:河北教育出版社,2002年重印。

胡松梅等,2016

胡松梅、杨苗苗、孙周勇、邵晶,《2012～2013年度陕西神木石峁遗址出土动物遗存研究》,《考古与文物》2016年第4期,109—121页。

胡松梅、孙周勇,2005

胡松梅、孙周勇,《陕北靖边五庄果墚动物遗存及古环境分析》,《考古与文物》2005年第6期,72—84页。

胡松梅、张鹏程、袁明,2008

胡松梅、张鹏程、袁明,《榆林火石梁遗址动物遗存研究》,《人类学学报》第27卷第3期,2008年,232—248页。

花东

中国社会科学院考古研究所编著,《殷墟花园庄东地甲骨》,昆明:云南人民出版社,2003年。

怀特

许进雄,《怀特氏等收藏甲骨文集》,多伦多:皇家安大略博物馆,1979年。

黄昌庆等,2009

黄昌庆、冯兆东、马玉贞、郭兰兰、王维,《巴汗淖孢粉记录的全新世环境变化》,《兰州大学学报(自然科学版)》第45卷第4期,2009年,7—12页。

黄铭崇,2007

黄铭崇,《商代的"銮铃"及其相关问题》,中研院历史语言研究所《古今论衡》编辑小组编,《古今论衡(17)》,台北:中研院历史语言研究所,2007年,3—40页。

黄铭崇,2015

黄铭崇,《畜牧者与农耕者之间——早期鄂尔多斯文化群与商文明》,李永迪主编,《"周边"与"中心":殷墟时期安阳及安阳以外地区的考古发现与研究》,台北:中研院历史语言研究所,2015年。

黄天树,2017

黄天树,《殷代的情报及其相关问题》,李宗焜主编,《古文字与古代史(第五辑)》,台北:中研院历史语言研究所,2017年,27—42页。

黄蕴平,1996

黄蕴平,《内蒙古朱开沟遗址兽骨的鉴定与研究》,《考古学报》1996年第4期,515—536页。

黄蕴平,2001

黄蕴平,《石虎山Ⅰ遗址动物骨骼鉴定与研究》,内蒙古文物考古研究所、日本京都中国考古学研究会编著,田广金、秋山进午主编,《岱海考古(二):中日岱海地区考察研究报告集》,北京:科学出版社,2001年,489—513页。

黄蕴平,2003

黄蕴平,《庙子沟与大坝沟遗址动物遗骸鉴定报告》,内蒙古自治区文物考古研究所编,魏坚编著,《庙子沟与大坝沟:新石器时代聚落遗址发掘报告》,北京:中国大百科全书出版社,2003年,599—611页。

姬乃军、陈明德,1993

姬乃军、陈明德,《陕西延长出土一批西周青铜器》,《考古与文物》1993年第5期,8—13页。

吉县,1992

吉县志编纂委员会编,《吉县志》,北京:中国科学技术出版社,1992年。

集成

中国社会科学院考古研究所编,《殷周金文集成》,北京:中华书局,1984—1994年。

贾耀锋、庞奖励,2003

贾耀锋、庞奖励,《关中盆地东部李湾剖面全新世高分辨率气候研究》,《干旱区资源与环境》第17卷第3期,2003年,39—43页。

江西,1997

江西省博物馆、江西省文物考古研究所、新干县博物馆,《新干商代大墓》,北京:文物出版社,1997年。

蒋刚,2008a

蒋刚,《南流黄河两岸出土青铜器的年代与组合研究》,杨建华、蒋刚主编,《公元前2千纪的晋陕高原与燕山南北》,北京:科学出版社,2008年,68—84页。

蒋刚,2008b

蒋刚,《商末周初:围坊三期文化与张家园上层文化》,杨建华、蒋刚主编,《公元前2千纪的晋陕高原与燕山南北》,北京:科学出版社,2008年,174—197页。

蒋宇超,2017

蒋宇超,《龙山时代北方地区的农业与社会》,北京大学博士学位论文,2017年。

焦鹏、孔德铭、申明清,2017

焦鹏、孔德铭、申明清,《河南安阳刘家庄北地商代遗址墓葬2009～2010年发掘简报》,《文物》2017年第6期,4—30页。

金正耀,1990

金正耀,《晚商中原青铜的矿料来源》,杜石然主编,《第三届国际中国科学史讨论会论文集》,北京:科学出版社,1990年,287—291页。

金正耀,2004

金正耀,《论商代青铜器中的高放射成因铅》,刘庆柱主编,《考古学集刊(第15集):纪念殷墟发掘七十周年论文专集》,北京:文物出版社,2004年,269—278页。

金正耀等,1998

金正耀、平尾良光、杨锡璋、齐思、马渊久夫、三轮嘉六,《中国两河流域青铜文明之间的联系——以出土商青铜器的铅同位素比值研究结果为考察中心》,中国社会科学院考古研究所编,《中国商文化国际学术讨论会论文集》,北京:中国大百科全书出版社,1998年,425—433页。

金正耀等,2006

金正耀、赵丛苍、陈福坤、朱炳泉、常向阳、王秀丽,《宝山遗址和城洋部分铜器的铅同位素组成与相关问题》,西北大学文博学院、陕西省文物局编,赵丛苍主编,《城洋青铜器》,北京:科学出版社,2006年,250—259页。

近出

刘雨、卢岩编著,《近出殷周金文集录》,北京:中华书局,2002年。

菊地大树,2019

菊地大树著,刘羽阳译,袁靖校,《中国古代家马再考》,《南方文物》2019年第1期,136—150页。

考古所,1980

中国社会科学院考古研究所编著,《殷墟妇好墓》,北京:文物出版社,1980年。

考古所,1982

中国社会科学院考古研究所实验室,《殷墟金属器物成分的测定报告(一)——妇好墓铜器测定》,《考古》编辑部编辑,《考古学集刊(第2集)》,北京:中国社会科学出版社,1982年,181—193页。

考古所,1985

中国社会科学院考古研究所编著,《殷墟青铜器》,北京:文物出版社,1985年。

考古所,1987

中国社会科学院考古研究所编著,《殷墟发掘报告1958—1961》,北京:文物出版社,1987年。

考古所,1989

中国社会科学院考古研究所山西工作队,《晋南考古调查报告》,《考古》编辑部编辑,《考古学集刊(第6集)》,北京:中国社会科学出版社,1989年。

考古所,1996

中国社会科学院考古研究所编著,《大甸子——夏家店下层文化遗址与墓地发掘报告》,北京:科学出版社,1996年。

考古所,2006

中国社会科学院考古研究所编著,《徐家碾寺洼文化墓地——1980年甘肃庄浪徐家碾考古发掘报告》,北京:科学出版社,2006年。

考古所,2007a

中国社会科学院考古研究所编著,《安阳殷墟花园庄东地商代墓葬》,北京:科学出版社,2007年。

考古所,2007b

中国社会科学院考古研究所编著,《南邠州·碾子坡》,北京:世界图书出版公司北京公司,2007年。

昆明,2008

中国社会科学院考古研究所、安阳市文物考古研究所编著,《殷墟新出土青铜器》,昆明:云南人民出版社,2008年。

雷生霖,2011
雷生霖,《浊漳河流域2010年夏季考古调查》,《中国国家博物馆馆刊》2011年第9期,58—67页。

雷兴山,2010
雷兴山,《先周文化探索》,北京:科学出版社,2010年。

李伯谦,1988
李伯谦,《从灵石旌介商墓的发现看晋陕高原青铜文化的归属》,《北京大学学报(哲学社会科学版)》1988年第2期,15—29页;收入《中国青铜文化结构体系研究》,北京:科学出版社,1998年,167—184页。

李殿福,1983
李殿福,《库伦、奈曼两旗夏家店下层文化遗址分布与内涵》,文物编辑委员会编,《文物资料丛刊(7)》,北京:文物出版社,1983年,98—114页。

李发,2011
李发,《有关商与舌方关系的甲骨刻辞之整理与研究》,《语言、文字与文学诠释的多元对话》,台中:东海大学,2011年。

李刚,2005
李刚,《中西青铜矛比较研究》,《中国历史文物》2005年第6期,19—28页。

李汉才,1992
李汉才,《青海湟中县发现古代双马铜钺和铜镜》,《文物》1992年第2期,16页。

李济、万家保,1964
李济、万家保,《殷虚出土青铜觚形器之研究》,台北:中研院历史语言研究所,1964年。

李济、万家保,1966
李济、万家保,《殷虚出土青铜爵形器之研究》,台北:中研院历史语言研究所,1966年。

李济、万家保,1968
李济、万家保,《殷虚出土青铜斝形器之研究》,台北:中研院历史语言研究所,1968年。

李济、万家保,1970
李济、万家保,《殷虚出土青铜鼎形器之研究》,台北:中研院历史语言研究所,1970年。

李济、万家保,1972
李济、万家保,《殷虚出土五十三件青铜容器之研究》,台北:中研院历史语言研究所,1972年。

李敏生、黄素英、季连琪,1984
李敏生、黄素英、季连琪,《殷墟金属器物成分的测定报告(二)——殷墟西区铜器和铅器测定》,《考古》编辑部编辑,《考古学集刊(第 4 集)》,北京:中国社会科学出版社,1984 年,328—333、341 页。

李晓峰、杨冬梅,2001

李晓峰、杨冬梅,《济南刘家庄商代青铜器》,《东南文化》2001 年第 3 期,22—26 页。

李晓丽等,2010

李晓丽、张成君、杨奇丽、刘艳、郭方琴、殷树鹏,《定西鲁家沟全新世以来的气候变迁及人地关系演化研究》,《干旱区资源与环境》第 24 卷第 11 期,2010 年,88—93 页。

李学勤,1959

李学勤,《殷代地理简论》,北京:科学出版社,1959 年。

李学勤,1984

李学勤,《兮甲盘与驹父盨——论西周末年周朝与淮夷的关系》,人文杂志编辑部编辑,《西周史研究》,1984 年,266—277 页。

李学勤,1989

李学勤,《鲁方彝与西周商贾》,《李学勤集——追溯·考据·古文明》,哈尔滨:黑龙江教育出版社,1989 年,193—199 页。

李永迪,2009

李永迪编,《殷墟出土器物选粹》,台北:中研院历史语言研究所,2009。

李志鹏,2009

李志鹏,《殷墟动物遗存研究》,中国社会科学院研究生院博士论文,2009 年。

李宗山、尹晓燕,1995

李宗山、尹晓燕,《河北省迁安县出土两件商代铜器》,《文物》1995 年第 6 期,88—89 页。

梁思永、高去寻,1960

梁思永、高去寻,《侯家庄第五本 1004 号大墓》,台北:中研院历史语言研究所,1960 年。

梁思永、高去寻,1962

梁思永、高去寻,《侯家庄第二本 1001 号大墓》,台北:中研院历史语言研究所,1962 年。

梁星彭、刘随盛,1988

梁星彭、刘随盛,《1982—1983 年陕西武功黄家河遗址发掘简报》,《考古》1988 年第 7 期,601—615 页。

辽宁,1973

辽宁省博物馆、朝阳地区博物馆,《辽宁喀左县北洞村发现殷代青铜器》,《考古》1973 年第 4 期,225—226、257 页。

辽宁,1977

辽宁省博物馆文物工作队,《辽宁朝阳魏营子西周墓和古遗址》,《考古》1977年第5期,306—309页。

辽宁,1983

辽宁省博物馆文物工作队,《辽宁林西县大井古铜矿1976年试掘简报》,文物编辑委员会编,《文物资料丛刊(7)》,北京:文物出版社,1983年,138—146页。

临汾,2012

临汾市文物局编著,《临汾文物集萃》,太原:三晋出版社,2012年。

林永昌,2007

林永昌,《辽西地区铜器窖藏性质再分析》,北京大学震旦古代文明研究中心编,《古代文明研究通讯(第三十四期)》,16—30页,2007年9月,内部资料。

林沄,1979

林沄,《从武丁时代的几种"子卜辞"试论商代的家族形态》,吉林大学古文字研究室编,《古文字研究(第一辑)》,北京:中华书局,1979年,314—336页。

林沄,1987

林沄,《商文化青铜器与北方地区青铜器关系之再研究》,苏秉琦主编,《考古学文化论集(一)》,北京:文物出版社,1987年,129—155页。

林沄,2002a

林沄,《从张家口白庙墓地出土的尖首刀谈起》,中国钱币学会编,《中国钱币论文集(第四辑)》,北京:中国金融出版社,2002年,94—105页。

林沄,2002b

林沄,《夏代的中国北方系青铜器》,吉林大学边疆考古研究中心编,《边疆考古研究(第1辑)》,北京:科学出版社,2002年,1—12页。

林沄,2003

林沄,《中国北方长城地带游牧文化带的形成过程》,燕京研究院编,《燕京学报(新十四期)》,北京:北京大学出版社,2003年,95—146页。

刘东生等,1994

刘东生、郭正堂、吴乃琴、吕厚远,《史前黄土高原的自然植被景观——森林还是草原?》,《地球学报》1994年第3—4期,226—234页。

刘建宇,2015

刘建宇,《陕北地区出土商周时期青铜器的科学分析研究——兼论商代晚期晋陕高原与安阳殷墟的文化联系》,北京科技大学博士学位论文,2015年。

刘莉、陈星灿,2002

刘莉、陈星灿,《中国早期国家的形成——从二里头和二里岗时期的中心和边缘之间的关系谈起》,北京大学中国考古学研究中心、北京大学震旦古代文明研究中心编,《古代文明(第1卷)》,北京:文物出版社,2002年,71—134页。

刘清泗、汪家兴、李华章,1990

刘清泗、汪家兴、李华章,《北方农牧交错带全新世湖泊演变特征》,北京师范大学地理系编,赵济、徐振溥主编,《区域·环境·自然灾害地理研究》,北京:科学出版社,1990年,1—7页。

刘士莪,2002

刘士莪编著,《老牛坡 西北大学考古专业田野发掘报告》,西安:陕西人民出版社,2002年。

刘纬毅,1997

刘纬毅辑,《汉唐方志辑佚》,北京:北京图书馆出版社,1997年。

刘笑春,1961

刘笑春,《河南孟县涧溪遗址发掘》,《考古》1961年第1期,33—39页。

刘绪,2015

刘绪,《商文化在北方的进退》,李永迪主编,《"周边"与"中心":殷墟时期安阳及安阳以外地区的考古发现与研究》,台北:中研院历史语言研究所,2015年。

刘绪、赵福生,2001

刘绪、赵福生,《围坊三期文化的年代与刘家河M1的属性》,宿白主编,《苏秉琦与当代中国考古学》,北京:科学出版社,2001年,146—152页。

刘一曼、曹定云,2004

刘一曼、曹定云,《殷墟花东H3卜辞中的马——兼论商代马匹的使用》,《殷都学刊》2004年第1期,6—13页。

刘永生,2004

刘永生,《灵石旌介发现商周及汉代遗迹》,《文物》2004年第8期,29—37页。

刘右恒、程纪中,1981

刘右恒、程纪中,《河北灵寿县西木佛村出土一批商代文物》,文物编辑委员会编,《文物资料丛刊(5)》,北京:文物出版社,1981年,117—119页。

刘玉林,1977

刘玉林,《甘肃泾川发现早周铜鬲》,《文物》1977年第9期,92—94页。

刘源,2004

刘源,《商周祭祖礼研究》,北京:商务印书馆,2004年。

刘钊,1989

刘钊,《卜辞所见殷代的军事活动》,中国古文字研究会、中华书局编辑部编,《古文字研究(第十六辑)》,北京:中华书局,1989年,67—140页。

刘忠伏、孔德铭,2006

刘忠伏、孔德铭,《安阳殷墟殷代大墓及车马坑》,国家文物局主编,《2005中国重要考古发现》,北京:文物出版社,2006年,59—62页。

卢建国,1982

卢建国,《陕西铜川发现商周青铜器》,《考古》1982年第1期,107、102、116页。

吕雪妍,2018

吕雪妍,《清涧辛庄遗址植物遗存研究》,北京大学学年论文,2018年。

吕智荣,1989

吕智荣,《试论李家崖文化的几个问题》,《考古与文物》1989年第4期,75—80页。

吕智荣,1991

吕智荣,《朱开沟古文化遗存与李家崖文化》,《考古与文物》1991年第6期,47—52页。

吕智荣,1993

吕智荣,《李家崖文化的社会经济形态及发展》,石兴邦主编,《考古学研究——纪念陕西省考古研究所成立三十周年》,西安:三秦出版社,1993年,356—359页。

吕智荣,1998

吕智荣,《李家崖古城址AF1建筑遗址初探》,《周秦文化研究》编委会编,《周秦文化研究》,西安:陕西人民出版社,1998年,116—123页。

吕智荣,2007

吕智荣,《陕西安塞县西坬渠村遗址试掘简报》,《华夏考古》2007年第2期,10—17、161页。

罗琨,2010

罗琨,《商代战争与军制》,北京:中国社会科学出版社,2010年。

罗平,1974

罗平,《河北磁县下七垣出土殷代青铜器》,《文物》1974年第11期,90—94页。

罗西章,1993

罗西章编著,《扶风县文物志》,西安:陕西人民教育出版社,1993年。

罗运兵,2007

罗运兵,《中国古代家猪研究》,中国社会科学院研究生院博士论文,2007年。

马健,2015

马健,《内蒙古阴山地区早期石板墓的初步调查与研究》,内蒙古博物院、内蒙古自治区文物考古研究所编,《中国北方及蒙古、贝加尔、西伯利亚地区古代文化》,北京:科学出版社,2015年,278—286页。

马娟、武吉华,1995

马娟、武吉华,《晋西北粮食生产特点和农业自然灾害》,《北京师范大学学报(自然科学版)》第31卷第4期,1995年,542—548页。

马明志,2009

马明志,《"西岔文化"初步研究》,《考古与文物》2009年第5期,38—45页。

马昇、王京燕,2007

马昇、王京燕,《对柳林高红商代夯土基址的几点认识》,《中国文物报》2007年1月12日,第7版。

孟庆香等,2006

孟庆香、刘国彬、常庆瑞、杨勤科,《陕北黄土高原农牧交错带土地生产潜力及人口承载力》,《西北农林科技大学学报(自然科学版)》第34卷第12期,2006年,135—141页。

孟昭永、赵立国,1994

孟昭永、赵立国,《河北滦县出土晚商青铜器》,《考古》1994年第4期,376页。

南普恒等,2008

南普恒、秦颖、李桃元、董亚巍,《湖北盘龙城出土部分商代青铜器铸造地的分析》,《文物》2008年第8期,77—82页。

内蒙古,2000

内蒙古自治区文物考古研究所、鄂尔多斯博物馆编著,《朱开沟:青铜时代早期遗址发掘报告》,北京:文物出版社,2000年。

内蒙古,2009

内蒙古自治区文物考古研究所、宁城县辽中京博物馆编著,《小黑石沟:夏家店上层文化遗址发掘报告》,北京:科学出版社,2009年。

宁景通,1993

宁景通,《河南伊川县发现商墓》,《文物》1993年第6期,61—64页。

欧潭生,1986

欧潭生,《罗山天湖商周墓地》,《考古学报》1986年第2期,153—197页。

潘玲,2008

潘玲,《论鹿石的年代及相关问题》,《考古学报》2008年第3期,311—336页。

裴跃军等,1990

裴跃军、许志国、曹桂林、周向永,《法库县弯柳街遗址试掘报告》,《辽海文物学刊》1990年第1期,31—41页。

彭邦炯,1981

彭邦炯,《并器、并氏与并州》,《考古与文物》1981年第2期,50—53页。

彭柯、朱延石,1999

彭柯、朱延石,《中国古代所用海贝来源新探》,考古杂志社编,《考古学集刊(12)》,北京:中国大百科全书出版社,1999年,119—147页。

彭立平,1993

彭立平,《围场县博物馆收集一件青铜兽首弯刀》,《文物春秋》1993年第3期,88页。

偏关,1994

山西省偏关县志编纂委员会编,牛儒仁主编,《偏关县志》,太原:山西经济出版社,1994年。

蒲县,1992

蒲县县志编纂委员会编,张世贤主编,《蒲县志》,北京:中国科学技术出版社,

1992 年。

齐思和,1941

齐思和,《牛耕之起源》,《经济研究季报》第 1 卷第 1 期,1941 年。收入《中国史探研》,北京:中华书局,1981 年,85—94 页。

桥北,2006

桥北考古队,《山西浮山桥北商周墓》,北京大学中国考古学研究中心、北京大学震旦古代文明研究中心编,《古代文明(第 5 卷)》,北京:文物出版社,2006 年,347—394 页。

青海,1994

青海省文物处、青海省文物考古研究所编著,《青海文物》,北京:文物出版社,1994 年。

清涧,2001

清涧县志编纂委员会编,《清涧县志》,西安:陕西人民出版社,2001 年。

秋维道、孙东位,1980

秋维道、孙东位,《陕西礼泉县发现两批商代铜器》,文物编辑委员会编,《文物资料丛刊(3)》,北京:文物出版社,1980 年,28—32 页。

裘锡圭,1979

裘锡圭,《说"弜"》,吉林大学古文字研究室编,《古文字研究(第一辑)》,北京:中华书局,1979 年,121—125 页。

裘锡圭,1980

裘锡圭,《"畀"字补释》,北京大学中文系《语言学论丛》编委会编,《语言学论丛(第六辑)》,北京:商务印书馆,1980 年,137—147 页。

裘锡圭,1989a

裘锡圭,《甲骨文中所见的商代农业》,华南农业大学农业历史遗产研究室主编,《农史研究(第八辑)》,北京:农业出版社,1989 年,12—41 页。

裘锡圭,1989b

裘锡圭,《从殷墟甲骨卜辞看殷人对白马的重视》,殷墟博物苑、中国殷商文化学会编,《殷墟博物苑苑刊(创刊号)》,北京:中国社会科学出版社,1989 年,70—72 页。

裘锡圭,1993

裘锡圭,《说殷墟卜辞的"奠"——试论商人处置服属者的一种方法》,《中研院历史语言研究所集刊》第 64 本第 3 分,1993 年,659—686 页。

全集

中国青铜器全集编辑委员会编,《中国青铜器全集》,北京:文物出版社,1996 年。

任周芳、刘军社,1984

任周芳、刘军社,《陕西武功郑家坡先周遗址发掘简报》,《文物》1984 年第 7 期,1—15、66 页。

容庚,2008

容庚,《商周彝器通考》,上海:上海人民出版社,2008年。

山东,1989

山东省文物考古研究所、青州市博物馆,《青州市苏埠屯商代墓地发掘报告》,张学海主编,《海岱考古(第一辑)》,济南:山东大学出版社,1989年,254—273页。

山西,1996

山西省考古研究所,《侯马陶范艺术》,普林斯顿:普林斯顿大学出版社,1996年。

山西,1999

山西省史志研究院编,《山西通志·第六卷·人口志》,北京:中华书局,1999年。

山西,2006

国家文物局主编,《中国文物地图集·山西分册》,北京:中国地图出版社,2006年。

山西,2008

山西省考古研究所,《山西黎城黎国墓地》,国家文物局主编,《2007中国重要考古发现》,北京:文物出版社,2008年,40—45页。

山西等,2006

山西省考古研究所、海金乐、韩炳华编著,《灵石旌介商墓》,北京:科学出版社,2006年。

陕西,1979

陕西省考古研究所、陕西省文物管理委员会、陕西省博物馆编,《陕西出土商周青铜器(一)》,北京:文物出版社,1979年。

陕西,1995

陕西省地方志编纂委员会编,《陕西省志·第五卷·黄土高原志》,西安:陕西人民出版社,1995年。

陕西,2006

陕西省考古研究所编著,《西安北郊秦墓》,西安:三秦出版社,2006年。

陕西,2013

陕西省考古研究院编著,《李家崖》,北京:文物出版社,2013年。

石鼓山,2013

石鼓山考古队,《陕西宝鸡石鼓山西周墓葬发掘简报》,《文物》2013年第2期,4—54页。

石楼,1972

石楼县人民文化馆,《山西石楼义牒发现商代铜器》,《考古》1972年第4期,29—30页。

石楼,1994

石楼县志编纂委员会编,《石楼县志》,太原:山西人民出版社,1994年。

石璋如,1947

石璋如,《殷墟最近之重要发现——附论小屯地层》,夏鼐等编辑,《中国考古学报(第二册)》,上海:商务印书馆,1947年,1—81页。

石璋如 1953

石璋如,《河南安阳小屯殷墓中的动物遗骸》,《台大文史哲学报》1953年第3期,1—14页。

史家珍、黄吉军,2000

史家珍、黄吉军,《洛阳五女冢西周早期墓葬发掘简报》,《文物》2000年第10期,4—11页。

史念海,1981

史念海,《河山集(二集)》,北京:生活·读书·新知三联书店,1981年。

四川,1999

四川省文物考古研究所编,《三星堆祭祀坑》,北京:文物出版社,1999年。

宋建忠等,2006

宋建忠、吉琨璋、田建文、李永敏,《山西绛县横水西周墓发掘简报》,《文物》2006年第8期,4—18页。

宋建忠、石卫国、杨林中,1996

宋建忠、石卫国、杨林中,《长治小常乡小神遗址》,《考古学报》1996年第1期,63—110页。

宋新潮,1997

宋新潮,《中国早期铜镜及其相关问题》,《考古学报》1997年第2期,147—169页。

宋艳波,2009

宋艳波,《济南大辛庄1984年发掘动物遗存分析》,山东大学东方考古研究中心编,《东方考古(第5集)》,北京:科学出版社,2009年,346—355页。

宋艳波等,2009

宋艳波、燕生东、佟佩华、魏成敏,《桓台唐山、前埠遗址出土的动物遗存》,山东大学东方考古研究中心编,《东方考古(第5集)》,北京:科学出版社,2009年,315—345页。

宋镇豪,1994

宋镇豪,《夏商社会生活史》,北京:中国社会科学出版社,1994年。

苏赫,1982

苏赫,《从昭盟发现的大型青铜器试论北方的早期青铜文明》,《内蒙古文物考古》1982年第2期,1—4页。

苏志珠等,1999

苏志珠、董光荣、李小强、陈惠忠,《晚冰期以来毛乌素沙漠环境特征的湖沼相沉积记录》,《中国沙漠》第19卷第2期,1999年6月,104—109页。

孙爱芝等,2008

孙爱芝、冯兆东、唐领余、马玉贞,《13kaBP 以来黄土高原西部的植被与环境演化》,《地理学报》第 63 卷第 3 期,2008 年 3 月,280—292 页。

孙华,2011

孙华,《试论城洋铜器存在的历史背景》,《四川文物》2011 年第 3 期,33—45 页。

谭刚毅,2008

谭刚毅,《两宋时期的中国民居与居住形态》,南京:东南大学出版社,2008 年。

唐兰,1973

唐兰,《弓形器(铜弓柲)用途考》,《考古》1973 年第 3 期,178—185 页。

唐晓峰,2000

唐晓峰,《鬼方:殷周时代北方的农牧混合族群》,《中国历史地理论丛》2000 年第 2 期,15—24 页。

唐晓峰,2003

唐晓峰,《先秦时期晋陕北部的戎狄与古代北方的三元人文地理结构》,《地理研究》第 22 卷第 5 期,2003 年,618—624 页。

陶容,2008

陶容,《甘肃崇信香山寺先周墓清理简报》,《考古与文物》2008 年第 2 期,25—28 页。

天津,2018

天津博物馆编,《天津博物馆藏青铜器》,北京:文物出版社,2018 年。

田广金、郭素新,1998

田广金、郭素新,《中国北方畜牧—游牧民族的形成与发展》,中国社会科学院考古研究所编,《中国商文化国际学术讨论会论文集》,北京:中国大百科全书出版社,1998 年,310—322 页。

田广金、史培军,1997

田广金、史培军,《中国北方长城地带环境考古学的初步研究》,《内蒙古文物考古》1997 年第 2 期,44—51 页。

田建文,2009

田建文,《灵石旌介商墓与山西商代晚期考古学文化》,《中原文物》2009 年第 1 期,39—44、61 页。

田学祥、张振华,1975

田学祥、张振华,《陕西长武县"文化大革命"以来出土的几件西周铜器》,《文物》1975 年第 5 期,89—90 页。

童恩正,1986

童恩正,《试论我国从东北至西南的边地半月形文化传播带》,文物出版社编辑部编,《文物与考古论集》,北京:文物出版社,1986 年,17—43 页。

屯南
　　中国社会科学院考古研究所编著，《小屯南地甲骨》，北京：中华书局，1980—1983年。

王瑃瑜、孙湘君，1997
　　王瑃瑜、孙湘君，《内蒙古察素齐泥炭剖面全新世古环境变迁的初步研究》，《科学通报》第42卷第5期，1997年，514—518页。

王成生、辛岩、刘大志，1998
　　王成生、辛岩、刘大志，《辽宁喀左县高家洞商周墓》，《考古》1998年第4期，39—41、86页。

王光永，1977
　　王光永，《陕西省岐山县发现商代铜器》，《文物》1977年第12期，86—87页。

王贵民，1988
　　王贵民，《试论贡、赋、税的早期历程——先秦时期贡、赋、税源流考》，《中国经济史研究》1988年第1期，13—29页。

王国维，1923
　　王国维，《鬼方昆夷猃狁考》，《观堂集林》卷第十三，1923年。收入王国维著，彭林整理，《观堂集林（外二种）》，石家庄：河北教育出版社，2001年，369—382页。

王会民，1992
　　王会民，《定州北庄子商墓发掘简报》，《文物春秋》1992年第3期，230—240页。

王进、南普恒，2018
　　王进、南普恒，《山西隰县庞村出土殷商青铜器再认识》，《中原文物》2018年第1期，95—100页。

王进先，1982
　　王进先，《山西长治市拣选、征集的商代青铜器》，《文物》1982年第9期，49—52页。

王进先、杨晓宏，1992
　　王进先、杨晓宏，《山西武乡县上城村出土一批晚商铜器》，《文物》1992年第4期，91—93页。

王京燕、高继平，2007
　　王京燕、高继平，《山西柳林高红商代夯土基址发掘取得重要收获》，《中国文物报》2007年1月5日，第2版。

王立新，2004
　　王立新，《试论长城地带中段青铜时代文化的发展》，吉林大学边疆考古研究中心编，《庆祝张忠培先生七十岁论文集》，北京：科学出版社，2004年，365—385页。

王立新等，2014
　　王立新、李延祥、曹建恩、付琳、赵俊杰、陈建立、吴小红，《内蒙古克什克腾旗喜鹊沟遗址发掘简报》，《考古》2014年第9期，3—15页。

王明珂,1994

王明珂,《鄂尔多斯及其邻近地区专化游牧业的起源》,《中研院历史语言研究所集刊》第 65 本第 2 分,1994 年,375—434 页。

王明珂,2008

王明珂,《游牧者的抉择:面对汉帝国的北亚游牧部族》,桂林:广西师范大学出版社,2008 年。

王培潮,2000

王培潮编著,《中国的龟鳖》,上海:华东师范大学出版社,2000 年。

王祁等,2018

王祁、唐际根、岳洪彬、岳占伟,《安阳殷墟刘家庄北地、大司空村、新安庄三个遗址点出土晚商植物遗存研究》,《南方文物》2018 年第 3 期,124—131 页。

王树芝、岳洪彬、岳占伟,2016

王树芝、岳洪彬、岳占伟,《殷商时期高分辨率的生态环境重建》,《南方文物》2016 年第 2 期,148—157 页。

王未想,1994

王未想,《内蒙古林东塔子沟出土的羊首铜刀》,《北方文物》1994 年第 4 期,31 页。

王晓毅、杨林中,2009

王晓毅、杨林中,《山西屯留西李高遗址发掘》,《文物春秋》2009 年第 3 期,14—25 页。

王一成、韦苇,1990

王一成、韦苇编著,《陕西古近代对外经济贸易研究》,西安:陕西人民出版社,1990 年。

王永刚、崔风光、李延丽,2007

王永刚、崔风光、李延丽,《陕西甘泉县出土晚商青铜器》,《考古与文物》2007 年第 3 期,11—22 页。

王玉哲,1986

王玉哲,《鬼方考补证》,《考古》1986 年第 10 期,926—929、890 页。

王云刚、王国荣、李飞龙,1996

王云刚、王国荣、李飞龙,《绥中冯家发现商代窖藏铜器》,《辽海文物学刊》1996 年第 1 期,51—55 页。

王振、钱耀鹏、刘瑞俊,2013

王振、钱耀鹏、刘瑞俊,《陕西淳化枣树沟脑遗址 2007 年发掘简报》,《文物》2013 年第 2 期,55—66 页。

王子今,2003

王子今,《说"上郡地恶"——张家山汉简〈二年律令〉研读札记》,陕西历史博物馆编,周天游主编,《陕西历史博物馆馆刊(第十辑)》,西安:三秦出版社,2003 年,

302—307 页。

渭南, 2013
渭南市文物保护考古研究所编,《渭南文物精粹》,西安:三秦出版社,2013 年。

魏东, 2005
魏东,《额济纳旗绿城青铜时代墓葬出土的人骨研究》,吉林大学边疆考古研究中心编,《边疆考古研究(第 3 辑)》,北京:科学出版社,2005 年,284—292 页。

魏国锋, 2007
魏国锋,《古代青铜器矿料来源与产地研究的新进展》,中国科技大学博士学位论文,2007 年。

魏文萃, 2009
魏文萃主编,《安阳市博物馆馆藏文物精品图录》,北京:中国画报出版社,2009 年。

温峰峰、张天宇, 2015
温峰峰、张天宇,《岐山县周原博物馆近年新入藏青铜器选介》,《中国国家博物馆馆刊》2015 年第 11 期,16—21 页。

温县, 1991
温县志编纂委员会编,《温县志》,北京:光明日报出版社,1991 年。

文物报, 2001
《山西临汾破获文物案 缴获商晚期"先"族青铜器》,《中国文物报》2001 年 6 月 3 日,第 1 版。

沃尔科夫, 2007
B. B. 沃尔科夫著,王博、吴妍春译,《蒙古鹿石》,北京:中国人民大学出版社,2007 年。

沃浩伟, 2008
沃浩伟,《晋陕高原商周时期青铜器分群研究》,杨建华、蒋刚主编,《公元前 2 千纪的晋陕高原与燕山南北》,北京:科学出版社,2008 年,56—67 页。

乌恩, 1985
乌恩,《殷至周初的北方青铜器》,《考古学报》1985 年第 2 期,135—185 页。

乌恩, 2007
乌恩岳斯图,《北方草原考古学文化研究:青铜时代至早期铁器时代》,北京:科学出版社,2007 年。

乌恩, 2008
乌恩岳斯图,《北方草原考古学文化比较研究:青铜时代至早期匈奴时期》,北京:科学出版社,2008 年。

吴登茹, 1992
吴登茹,《农业自然资源利用方式的马尔可夫链模型——以山西省吕梁地区为例》,《干旱地区农业研究》第 10 卷第 3 期,1992 年,82—89 页。

吴慧,1985

吴慧,《中国历代粮食亩产研究》,北京:农业出版社,1985年。

吴旗,1991

吴旗县地方志编纂委员会编,《吴旗县志》,西安:三秦出版社,1991年。

吴文婉、张继华、靳桂云,2014

吴文婉、张继华、靳桂云,《河南登封南洼遗址二里头到汉代聚落农业的植物考古证据》,《中原文物》2014年第1期,109—117页。

吴晓筠,2011

吴晓筠,《马车在早期东西交流中的地位与交流模式:西元前2000—1200年》,《故宫学术季刊》第二十八卷第四期,2011年,95—132页。

吴晓筠,2017

吴晓筠,《商周时期铜镜的出现与使用》,《故宫学术季刊》第三十五卷第二期,2017年,1—66页。

夏瑚,1908

夏瑚,《怒俅边隘详情》,1908年。收入吴光范校注,《怒江地区历史上的九部地情书校注》,昆明:云南人民出版社,2014年,1—30页。

谢成侠,1959

谢成侠,《中国养马史》,北京:科学出版社,1959年。

谢尧亭等,2011

谢尧亭、王金平、杨及耘、李永敏、李建生,《山西翼城县大河口西周墓地》,《考古》2011年第7期,9—18页。

辛占山、刘新民、郭大顺,1989

辛占山、刘新民、郭大顺,《喀左和尚沟墓地》,《辽海文物学刊》1989年第2期,110—115页。

新疆,2018

吐鲁番市文物局、新疆文物考古研究所、吐鲁番学研究院、吐鲁番博物馆编著,《新疆洋海墓地》,北京:文物出版社,2018年。

新收

钟柏生、陈昭容、黄铭崇、袁国华编,《新收殷周青铜器铭文暨器影汇编》,台北:艺文印书馆,2006年。

信阳,2018

信阳博物馆编著,《信阳博物馆藏青铜器》,北京:文物出版社,2018年。

徐天进,1988

徐天进,《陕西绥德薛家渠遗址的试掘》,《文物》1988年第6期,28—37页。

徐天进,1994

徐天进,《陕西耀县北村遗址1984年发掘报告》,北京大学考古系编,《考古学研究(二)》,北京:北京大学出版社,1994年,283—342页。

徐治亚、赵振华,1981

徐治亚、赵振华,《洛阳战国粮仓试掘纪略》,《文物》1981年第11期,55—64、50页。

许俊臣,1979

许俊臣,《甘肃庆阳发现商代玉戈》,《文物》1979年第2期,93页。

许俊臣、刘得祯、李红雄,1985

许俊臣、刘得祯、李红雄,《甘肃庆阳韩家滩庙嘴发现一座西周墓》,《考古》1985年第9期,853—854、809页。

许俊臣、刘得祯,1989

许俊臣、刘得祯,《甘肃宁县焦村西沟出土的一座西周墓》,《考古与文物》1989年第6期,24—27页。

许清海等,2002

许清海、孔昭宸、陈旭东、阳小兰、梁文栋、孙黎明,《鄂尔多斯东部4000余年来的环境与人地关系的初步探讨》,《第四纪研究》第22卷第2期,2002年,105—112页。

许清海等,2003

许清海、肖举乐、中村俊夫、阳小兰、杨振京、梁文栋、井内美郎、杨素叶,《孢粉资料定量重建全新世以来岱海盆地的古气候》,《海洋地质与第四纪地质》第23卷第4期,2003年,99—108页。

许伟、杨建华,1989

许伟、杨建华,《山西太谷白燕遗址第一地点发掘简报》,《文物》1989年第3期,1—21页。

薛祥煦、李永项、于学峰,2005

薛祥煦、李永项、于学峰,《神木新华遗址中的动物遗骸》,陕西省考古研究所、榆林市文物保护研究所编著,《神木新华》,北京:科学出版社,2005年,355—367页。

延川,1999

延川县志编纂委员会编,《延川县志》,西安:陕西人民出版社,1999年。

严耕望,1985

严耕望,《唐代交通图考·第二卷·河陇碛西区》,台北:中研院历史语言研究所,1985年。

严耕望,1986

严耕望,《唐代交通图考·第五卷·河东河北区》,台北:中研院历史语言研究所,1986年。

阎向东,1998

阎向东,《论忻定及太原盆地夏时期考古学文化》,北京大学硕士学位论文,1998年。

晏琬,1975

晏琬,《北京、辽宁出土铜器与周初的燕》,《考古》1975 年第 5 期,274—279、270 页。

杨春,2007

杨春,《内蒙古西岔遗址动物遗存研究》,吉林大学硕士学位论文,2007 年。

杨升南,1999

杨升南,《甲骨文中所见商代的贡纳制度》,《殷都学刊》1999 年第 2 期,27—32 页。

杨升南、马季凡,2010

杨升南、马季凡,《商代经济与科技》,北京:中国社会科学出版社,2010 年。

杨建华,2002

杨建华,《燕山南北商周之际青铜器遗存的分群研究》,《考古学报》2002 年第 2 期,157—174 页。

杨建华,2004

杨建华,《春秋战国时期中国北方文化带的形成》,北京:文物出版社,2004 年。

杨建华,2008

杨建华,《商周时期中国北方冶金区的形成——商周时期北方青铜器的比较研究》,杨建华、蒋刚主编,《公元前 2 千纪的晋陕高原与燕山南北》,北京:科学出版社,2008 年,221—255 页。

杨建华、蒋刚,2008

杨建华、蒋刚主编,《公元前 2 千纪的晋陕高原与燕山南北》,北京:科学出版社,2008 年。

杨建华、Linduff,2008

杨建华、Katheryn M. Linduff,《试论"勺形器"的用途——兼论晋陕高原商周时期青铜器的武装化与移动化》,杨建华、蒋刚主编,《公元前 2 千纪的晋陕高原与燕山南北》,北京:科学出版社,2008 年,85—92 页。

杨清秀、傅山泉,1988

杨清秀、傅山泉,《河南省新乡市博物馆收藏的铜鼎》,《文博》1988 年第 3 期,3—4 页。

杨锡璋、高炜,2003

杨锡璋、高炜主编,中国社会科学院考古研究所编著,《中国考古学·夏商卷》,北京:中国社会科学出版社,2003 年。

杨锡璋、杨宝成,1986

杨锡璋、杨宝成,《商代的青铜钺》,《中国考古学研究》编委会编,《中国考古学研究——夏鼐先生考古五十年纪念论文集》,北京:文物出版社,1986 年,128—138 页。

杨志荣,1998

杨志荣,《大青山调角海子地区全新世低温波动研究》,《地理研究》第 17 卷第 2

期,1998年,138—144页。

姚生民,1986
姚生民,《陕西淳化县出土的商周青铜器》,《考古与文物》1986年第5期,12—23页。

姚生民,1990
姚生民,《陕西淳化县新发现的商周青铜器》,《考古与文物》1990年第1期,53—58页。

姚萱,2006
姚萱,《殷墟花园庄东地甲骨卜辞的初步研究》,北京:线装书局,2006年。

叶祥奎,2003
叶祥奎,《河南安阳殷墟花园庄东地出土的龟甲研究》,中国社会科学院考古研究所编著,《殷墟花园庄东地甲骨》第六分册,昆明:云南人民出版社,2003年,附录一,1904—1910页。

尹盛平、王均显,1984
尹盛平、王均显,《扶风刘家姜戎墓葬发掘简报》,《文物》1984年第7期,16—29页。

英藏
李学勤、齐文心、艾兰编,《英国所藏甲骨集》,北京:中华书局,1985—1992年。

永和,1999
永和县志征编领导组编纂,《永和县志》,北京:学苑出版社,1999年。

于省吾,1955
于省吾,《殷代的交通工具和驲传制度》,《东北人民大学人文科学学报》1955年第2期,78—114页。

于省吾,1957
于省吾,《从甲骨文看商代社会性质》,《东北人民大学人文科学学报》1957年第2—3期,97—136页。

于省吾,1979
于省吾,《甲骨文字释林》,北京:中华书局,1979年。

臧嵘,1997
臧嵘,《中国古代驿站与邮传》,北京:商务印书馆,1997年。

翟良富、尹晓燕,1997
翟良富、尹晓燕,《河北迁安县小山东庄西周时期墓葬》,《考古》1997年第4期,58—62页。

张秉权,1968
张秉权,《祭祀卜辞中的牺牲》,《中研院历史语言研究所集刊》第38本,1968年,181—233页。

张长寿,1977

张长寿,《山东益都苏埠屯墓地和"亚醜"铜器》,《考古学报》1977年第2期,23—34页。

张长寿,1979

张长寿,《殷商时代的青铜容器》,《考古学报》1979年第3期,271—300页。

张守义,1997

张守义,《青龙县青龙河流域考古调查简报》,《文物春秋》1997年第2期,3—7页。

张天恩,2004

张天恩,《关中商代文化研究》,北京:文物出版社,2004年。

张文瑞,2017

张文瑞,《滦县后迁义遗址商代铜镜探源》,《文物春秋》2017年第2期,16—19、75页。

张文瑞、翟良富,2016

张文瑞、翟良富主编,《后迁义遗址考古发掘报告及冀东地区考古文化研究》,北京:文物出版社,2016年。

张希舜,1994

张希舜,《山西文物馆藏珍品:青铜器》,太原:山西人民出版社,1994年。

张信宝、安芷生,1994

张信宝、安芷生,《黄土高原地区森林与黄土厚度的关系》,《水土保持通报》第14卷第6期,1994年,1—4页。

张亚初,1993

张亚初,《燕国青铜器铭文研究》,中国社会科学院考古研究所编著,《中国考古学论丛》,北京:科学出版社,1993年,323—330页。

张映文、吕智荣,1988

张映文、吕智荣,《陕西清涧县李家崖古城址发掘简报》,《考古与文物》1988年第1期,47—56页。

张忠培、朱延平、乔梁,1994

张忠培、朱延平、乔梁,《晋陕高原及关中地区商代考古学文化结构分析》,内蒙古文物考古研究所编,李逸友、魏坚主编,《内蒙古文物考古文集(第一辑)》,北京:中国大百科全书出版社,1994年,283—290页。

赵诚,2003

赵诚,《二十世纪金文研究述要》,太原:书海出版社,2003年。

赵春燕,2002

赵春燕,《安阳殷墟出土铜器的化学组成再研究》,中国社会科学院考古研究所编著,《21世纪中国考古学与世界考古学》,北京:中国社会科学出版社,2002年,632—638页。

赵春燕,2004

赵春燕,《安阳殷墟出土青铜器的化学成分分析与研究》,考古杂志社编辑,《考古学集刊(第15集)》,北京:文物出版社,2004年,243—268页。

赵春燕、李志鹏、袁靖,2015

赵春燕、李志鹏、袁靖,《河南省安阳市殷墟遗址出土马与猪牙釉质的锶同位素比值分析》,《南方文物》2015年第3期,77—80、112页。

赵平安,2002

赵平安,《甲骨文"舌"即"曷"字说——兼谈羯的族源》,张政烺先生九十华诞纪念文集编委会编,《揖芬集——张政烺先生九十华诞纪念文集》,北京:社会科学文献出版社,2002年,229—236页。

赵志军、徐良高,2004

赵志军、徐良高,《周原遗址(王家嘴地点)尝试性浮选的结果及初步分析》,《文物》2004年第10期,89—96页。

赵志明、梁育军,1999

赵志明、梁育军,《山西省博物馆近年征集的部分商代青铜器》,《文物季刊》1999年第2期,86—88页。

郑杰祥,1994

郑杰祥,《商代地理概论》,郑州:中州古籍出版社,1994年。

郑绍宗,1973

郑绍宗,《河北藁城县商代遗址和墓葬的调查》,《考古》1973年第1期,25—29页。

郑州,1993

安阳市文物工作队、安阳市博物馆编著,《安阳殷墟青铜器》,郑州:中州古籍出版社,1993年。

志丹,1996

志丹县地方志编纂委员会编,《志丹县志》,西安:陕西人民出版社,1996年。

钟柏生,1989

钟柏生,《殷商卜辞地理论丛》,台北:艺文印书馆,1989年。

钟华等,2018

钟华、李素婷、李宏飞、赵志军,《河南省郑州市小双桥遗址浮选结果及分析》,《南方文物》2018年第2期,163—169页。

周本雄,2007

周本雄,《碾子坡遗址的动物遗骸鉴定》,中国社会科学院考古研究所编著,《南邠州·碾子坡》,北京:世界图书出版公司,2007年,490—492页。

周德芳,1992

周德芳,《黄土丘陵区土地资源特征及其人口承载力初步研究——以三川河流域为例》,赵济、高起江主编,《晋西黄土高原地区遥感应用研究》,北京:北京师范大学出版社,1992年,106—116页。

朱凤瀚,1995

朱凤瀚,《古代中国青铜器》,天津:南开大学出版社,1995年。

朱凤瀚,2004

朱凤瀚,《商周家族形态研究》,天津:天津古籍出版社,2004年。

朱凤瀚,2007

朱凤瀚,《武丁时期商王国北部与西北部之边患与政治地理——再读有关边患的武丁大版牛胛骨卜辞》,中国国家博物馆编,《中国国家博物馆馆藏文物研究丛书·甲骨卷》,上海:上海古籍出版社,2007年,269—281页。

朱华,1989

朱华,《山西洪洞县发现商代遗物》,《文物》1989年第12期,90—91页。

朱华平等,2005

朱华平、李虹、张汉成、张德全,《陕西柞山地区穆家庄铜矿铅同位素地球化学与成矿物质来源》,《中国地质》第32卷第4期,2005年,634—640页。

竺可桢,1972

竺可桢,《中国近五千年来气候变迁的初步研究》,《考古学报》1972年第1期,15—38页。

朱志诚,1994

朱志诚,《黄土高原森林草原的基本特征》,《地理科学》第14卷第2期,1994年,152—156页。

缀集

蔡哲茂,《甲骨缀合集》,台北:乐学书局,1999年。

子长,1993

子长县志编纂委员会编,《子长县志》,西安:陕西人民出版社,1993年。

子洲,1993

子洲县志编纂委员会编,《子洲县志》,西安:陕西人民教育出版社,1993年。

邹衡,1964

邹衡,《试论殷墟文化分期》,《北京大学学报(人文科学)》,1964年第4期,37—58页;1964年第5期,63—90页。收入《夏商周考古学论文集》,北京:文物出版社,1980年,31—92页。

邹衡,1980

邹衡,《关于夏商时期北方地区诸邻境文化的初步探讨》,《夏商周考古学论文集》,北京:文物出版社,1980年,253—294页。

外文部分

平尾良光、榎本纯子, 2005

平尾良光、榎本纯子,《铅同位体比から见た古代中国北方民族の青铜器》,东京国立博物馆编,《东京国立博物馆所藏中国北方系青铜器》,东京:东京国立博物馆, 2005年,307—318页。

东京, 1997

东京国立博物馆编,《大草原の骑马民族:中国北方の青铜器》,东京:东京国立博物馆, 1997年。

梅原末治, 1964

梅原末治,《殷墟》,东京:朝日新闻社, 1964年。

Allard and Erdenebaatar, 2005

Allard, Francis and Diimaajav Erdenebaatar. "Khirigsuurs, Ritual and Mobility in the Bronze Age of Mongolia." *Antiquity*, vol. 79, issue 305, 2005: 547—563.

Allard, Erdenebaatar and Houle, 2006

Allard, Francis, Diimaajav Erdenebaatar and Jean-lue Houle. "Recent Archaeological Research in the Khanuy River Valley, Central Mongolia." In D. L. Peterson, L. M. Popova, A. T. Smith eds., *Beyond the Steppe and the Sown: Proceedings of the 2002 University of Chicago Conference on Eurasian Archaeology*. Leiden and Boston: Brill, 2006, pp. 202—224.

Bagley, 1987

Bagley, Robert W. *Shang Ritual Bronzes in the Arthur M. Sackler Collections*. Washington, D. C.: Arthur M. Sackler Foundation; Cambridge, Mass.: Arthur M. Sackler Museum, Harvard University: Distributed by Harvard University Press, 1987.

Bagley, 1999

Bagley, Robert W. "Shang Archaeology." In Michael Loewe and Edward L. Shaughnessy eds., *The Cambridge History of Ancient China: from the Origins of Civilization to 221 B. C.* Cambridge, UK; New York: Cambridge University Press, 1999.

Bendrey, Hayes and Palmer, 2009

Bendrey, R., T. E. Hayes and M. R. Palmer. "Patterns of Iron Age Horse Supply: an Analysis of Strontium Isotope Ratios in Teeth." *Archaeometry*, vol. 51, issue 1, 2009: 140—150.

Bentley et al., 2003

Bentley, R. A., R. Krause, T. D. Price and B. Kaufmann. "Human Mobility at the Early Neolithic Settlement of Vaihingen, Germany: Evidence from Strontium Isotope Analysis." *Archaeometry*, vol. 45, issue 3, 2003: 471—486.

Bunker et al., 1997

Bunker, Emma C., Trudy S. Kawami, Katheryn M. Linduff and Wu En. *Ancient Bronzes of the Eastern Eurasian Steppes from the Arthur M. Sackler Collecitons*. New York: the Arthur Sackler Foundation, 1997.

Cai et el., 2009

Cai, D., Z. Tang, L. Han, C. F. Speller, D. Y. Yang & X. Ma. "Ancient DNA provides new insights into the origin of the Chinese domestic horse," *Journal of Archaeological Science* 36 (2009): 835—842.

Campbell et al., 2011

Campbell, Roderick B., Li Zhipeng, He Yuling and Yuan Jing. "Consumption, Exchange and Production at the Great Settlement Shang: Bone-working at Tiesanlu, Anyang." *Antiquity*, vol. 85, issue 330, 2011: 1279—1297.

Chase and Douglas, 1997

Chase, W. T. and J. G. Douglas, "Technical Studies and Metal Compositional Analyses of Bronzes of the Eastern Eurasian Steppes from the Arthur M. Sackler Collections." In Emma C. Bunker, Trudy S. Kawami and Katheryn M. Linduff, *Ancient Bronzes of the Eastern Eurasian Steppes from the Arthur M. Sackler Collections*. New York: the Arthur Sackler Foundation, 1997, Appendix 2.

Chen et al., 2009

Chen Kunlong, Thilo Rehren, Mei Jianjun and Zhao Congcang. "Special Alloys from Remote Frontiers of the Shang Kingdom: Scientific Study of the Hanzhong Bronzes from Southwest Shaanxi, China." *Journal of Archaeological Science*, vol. 36, issue 10, 2009: 2108—2118.

Chlenova, 1972

Chlenova, N. L. *Khronologiia Pamiatnikov Karasukskoi epokhi* 卡拉苏克遗存的年代学. Moskva: Nauka, 1972.

Cribb, 1991

Cribb, Roger. *Nomads in Archaeology*. New York: Cambridge University Press, 1991.

Di Cosmo, 2002

Di Cosmo, Nicola. *Ancient China and Its Enemies: The Rise of Nomadic Power in East Asian History*. New York: Cambridge University Press, 2002.

Dikov, 1958

Dikov, Nikolaĭ Nikolaevich. *Bronzovyj vek Zabajkal'ja* 外贝加尔的青铜时代. Ulan-Ude: Siberian Division of the Academy of Sciences, 1958.

Enkhtuvshin and Sanjmyatav, 2007

Enkhtuvshin, B. and T. Sanjmyatav. *Nomadic Civilization and Mongolian Bronze*

Age Monuments. Ulaanbaatar: Arvaiprint Printing House, 2007.

Erdenebaatar, 2004

Erdenebaatar, Diimaajav. "Burial Materials Related to the History of the Bronze Age in the Territory of Mongolia." In Katheryn M. Linduff ed., *Metallurgy in Ancient Eastern Eurasia from the Urals to the Yellow River*. New York: the Edwin Mellen Press, 2004, pp. 189—222.

Erdenechuluun, 2011

Erdenechuluun, Purevjav and Erdenebaatar Diimaajav. *The Sword of Heaven: Culture of Bronze Artefacts of the Bronze Age and Hunnu Empire*. Ulaanbaatar: Sunny Mongolia Today, 2011.

Eregzen, 2016

Eregzen, Gelegdorj. *Ancient Funeral Monuments of Mongolia*. Ulaanbaatar: Mongolian Academy of Sciences, 2016.

Feng et al., 2013

Feng, Z. D., Ma, Y. Z., Zhang, H. C., Narantsetseg, Ts, and Zhang, X. S., "Holocene Climate Variations Retrieved from Gun Nuur Lake-sediment Core in the Northern Mongolian Plateau." *Holocene*, vol. 23, no. 12, 2013: 1721—1730.

Fitzhugh, 2009a

Fitzhugh, William W. "The Mongolian Deer Stone-Khirigsuur Complex: Dating and Organization of a Late Bronze Age Menagerie." In J. Bemmann, H. Parzinger, E. Pohl, D. Tseveendorch eds., *Current Archaeological Research in Mongolia: Papers from the First International Conference on "Archaeological Research in Mongolia" Held in Ulaanbaatar, August 19 th-23 rd, 2007*. Bonn: Vor-und Fruhgeschichtliche Archaologie, Rheinische Friedrich-Wilhelms-Universitat, 2009, pp. 183—199.

Fitzhugh, 2009b

Fitzhugh, William W. "Pre-Scythian Ceremonialism, Deer Stone Art, and Cultural Intensification in Northern Mongolia." In Bryan K. Hanks and Katheryn M. Linduff eds., *Social Complexity in Prehistoric Eurasia: Monuments, Metals, and Mobility*. New York: Cambridge University Press, 2009, pp. 378—412.

Fitzhugh and Bayarsaikhan, 2009

Fitzhugh, WilliamW. and Jamsranjav Bayarsaikhan. *American-Mongolian Deer Stone Project: Field Report 2009*. Washington, D. C.: The Arctic Studies Center, National Museum of Natural History, Smithsonian Institution, 2009.

Frohlich et al., 2009a

Frohlich, Bruno, Tugsuu Amgalantugs, Judith Littleton, Galdan Ganbat, David Hunt, Elizabeth Nittler, Sarah Karstens, Thomas Frohlich and Erdene Batchatar. "Theories and Hypotheses Pertaining to Mongolian Bronze Age Khirigsuurs in Hovsgol Aimag,

Mongolia." In William W. Fitzhugh and Jamsranjav Bayarsaikhan eds. ,*American-Mongolian Deer Stone Project: Field Report 2009* . Washington, D. C. : The Arctic Studies Center, National Museum of Natural History, Smithsonian Institution, 2009.

Frohlich et al. , 2009b

Frohlich, Bruno, Tsend Amgalantögs, Judith Littleton, David Hunt, Janine Hinton, Kellyn Goler. "Bronze Age Burial Mounds in the Khövsgöl Aimag, Mongolia." In J. Bemmann, H. Parzinger, E. Pohl, D. Tseveendorch eds. ,*Current Archaeological Research in Mongolia: Papers from the First International Conference on "Archaeological Research in Mongolia" Held in Ulaanbaatar, August 19th-23rd, 2007*. Bonn: Vor-und Fruhgeschichtliche Archaologie, Rheinische Friedrich-Wilhelms Universitat, 2009, pp. 99—116.

Garrard, Colledge and Martin, 1996

Garrard, Andrew, S. Colledge and L. Martin. "The Emergence of Crop Cultivation and Caprine Herding in the 'Marginal Zone' of the Southern Levant." In D. R. Harris ed. , *The Origins and Spread of Agriculture and Pastoralism in Eurasia*. London: University College of London, 1996, pp. 204—226.

Gledhill and Larsen, 1982

Gledhill, J. , and Larsen, M. "The Polanyi Paradigm and a Dynamic Analysis of Archaic States." In Renfrew, C. M. , Rowlands, M. J. , and Segraves, B. A. eds. ,*Theory and Explanation in Archaeology: The Southampton Conference*. New York: Academic Press, 1982, pp. 197—229.

Hamalainen, 2003

Hamalainen, P. "The Rise and Fall of Plains Indian Horse Cultures." *Journal of American History*, vol. 90, issue 3, 2003: 833—862.

Head, Zhou and Zhou, 1989

Head, M. J. , W. J. Zhou and M. F. Zhou. "Evaluation of 14C Ages of Organic Fractions of Paleosols from Loess-Paleosol Sequences Near Xi'An, China."*Radiocarbon*, vol. 31, no. 3, 1989: 680—696.

Holmes and Harbottle, 1991

Holmes, Lore L. and Garman Harbottle. "Provenance Study of Cores from Chinese Bronze Vessels." *Archeomaterials*, vol. 5, issue 2, 1991: 165—184.

Honeychurch and Amartuvshin, 2006

Honeychurch, William and Chunag Amartuvshin. "Survey and Settlement in Northern Mongolia: the Structure of Intra-regional Nomadic Organisation." In D. L. Peterson, L. M. Popova and A. T. Smith eds. , *Beyond the Steppe and the Sown: Proceedings of the 2002 University of Chicago Conference on Eurasian Archaeology*. Leiden and Boston: Brill, 2006, pp. 183—201.

Honeychurch, Wright and Amartuvshin, 2009

Honeychurch, William, Joshua Wright and Chunag Amartuvshin. "Re-writing Monumental Landscapes as Inner Asian Political Process." In Bryan K. Hanks and Katheryn M. Linduff eds. , *Social Complexity in Prehistoric Eurasia: Monuments, Metals, and Mobility*. New York: Cambridge University Press, 2009, pp. 330—357.

Honeychurch, 2015

Honeychurch, William. *Inner Asia and the Spatial Politics of Empire: Archaeology, Mobility, and Cultral Contact*. New York: Springer, 2015.

Horiuchi et al. , 2000

Horiuchi, K. , K. Minoura, K. Hoshino, T. Oda, T. Nakamura and T. Kawai, "Paleoenvironmental History of Lake Baikal during the last 23000 years."*Palaeogeography, Palaeoclimatology, Palaeoecology*, vol. 157, issue 1—2, 2000: 95—108.

Houle, 2009

Houle, Jean-Luc. "Socially Integrative Facilities and the Emergence of Societal Complexity on the Mongolian Steppe." In Bryan K. Hanks and Katheryn M. Linduff eds. , *Social Complexity in Prehistoric Eurasia: Monuments, Metals, and Mobility*. New York: Cambridge University Press, 2009, pp. 358—377.

Houle, 2010

Houle, Jean-Luc. "Emergent Complexity on the Mongolian Steppe: Mobility, Territoriality, and the Development of Early Nomadic Polities." PhD diss. , University of Pittsburgh, 2010.

Jacobson, 1993

Jacobson, Esther. *The Deer Goddess of Ancient Siberia*. Leiden: Brill, 1993.

Jettmar, 1950

Jettmar, Karl. "The Karasuk Culture and the South-eastern Affinities."*Bulletin of the Museum of Far Eastern Antiquities*, no. 22, 1950: 83—126.

Jettmar, 1994

Jettmar, Karl. "Body-Painting and the Roots of the Scytho-Siberian Animal Style." In B. Genito ed. , *The Archaeology of the Steppes: Methods and Strategies. Papers from the International Symposium Held in Naples 9-12 November 1992*. Napoli: Istituto Universitario Orientale, 1994, pp. 3—15.

Karlgren, 1945

Karlgren, Bernhard. "Some Weapons and Tools of the Yin Dynasty." *Bulletin of the Museum of Far Eastern Antiquities*, no. 17, 1945: 101—144.

Karlgren, 1948

Karlgren, Bernhard. "Bronzes in the Hellström Collection." *Bulletin of the Museum of Far Eastern Antiquities*, no. 20, 1948: 1—38.

Khazanov, 1994

Khazanov, A. M. *Nomads and the Outside World*. 2nd edtion. Madison: University of Wisconsin Press, 1994.

Kovalev et al., 2011

Kovalev, Alexei A., Diimaazhav Erdenebaatar, Sergei S. Matrenin and Ivan Iu. Grebennikov. "The Shouxiangcheng Fortress of the Western Han Period: Excavations at Baian Bulag, Nomgon Sum, Omnogov' Aimag, Mongolia." In Ursula Brosseder, Bryan K. Miller ed., *Xiongnu Archaeology: Multidisciplinary Perspectives of the First Steppe Empire in Inner Asia*. Bonn: Vor-und Fruhgeschichtliche Archaologie, Rheinische Friedrich-Wilhelms-Universitat Bonn, 2011.

Lattimore, 1972

Lattimore, Owen. *Desert road to Turkestan*. New York: AMS Press, 1972.

Legrand, 2004

Legrand, Sophie. "Karasuk Metallurgy: Technological Development and Regional Influence." In Katheryn M. Linduff ed., *Metallurgy in Ancient Eastern Eurasia from the Urals to the Yellow River*. New York: The Edwin Mellen Press, pp. 139—156.

Linduff, 1995

Linduff, Katheryn M. "Zhukaigou: Steppe Culture and the Rise of Chinese Civilization." *Antiquity*, vol. 69, issue 262, 1995: 133—145.

Linduff, 2002

Linduff, Katheryn M. "At the Eastern Edge: Metallurgy and Adaptation in Gansu (PRC) in the 2nd millennium BC." In Karlene Jones-Bley and D. G. Zdanovich eds., *Complex Societies of Central Eurasia from the 3rd to the 1st Millennium BC*. Washington, D. C.: Institute for the Study of Man Inc., pp. 595—611.

Linduff, 2006

Linduff, Katheryn M. "Why *Have Siberian* Artifacts *been Excavated* within Ancient Chinese Dynastic Borders?" In D. L. Peterson, L. M. Popova, A. T. Smith eds., *Beyond the Steppe and the Sown: Proceedings of the 2002 University of Chicago Conference on Eurasian Archaeology*. Leiden and Boston: Brill, 2006.

Liu and Chen, 2012

Liu, Li and Chen, Xingcan. *The Archaeology of China: From the Late Paleolithic to the Early Bronze Age*. New York: Cambridge University Press, 2012.

Loehr, 1949a

Loehr, Max. "Weapons and Tools from Anyang, and Siberian Analogies." *American Journal of Archaeology*, vol. 53, issue 2, 1949: 126—144.

Loehr, 1949b

Loehr, Max. "Ordos Daggers and Knives. New Material, Classification and Chronology. First Part: Daggers."*Artibus Asiae*, vol. 12, no. 1−2, 1949: 23−82.

Loehr, 1953

Loehr, Max. "The Bronze Styles of the Anyang Period (1300−1028 B. C.)." *Archives of the Chinese Art Society of America*, vol. 7, issue 1, 1953: 42−53.

Loehr, 1955

Loehr, Max. "The Stag Image in Scythia and the Far East." *Archives of the Chinese Art Society of America*, vol. 9, 1955: 63−76.

Magail, 2005

Magail, J. "L'art des pierres a cerf de Mongolie 蒙古鹿石艺术." *Arts Asiatigues*, vol. 60, 2005: 172−180.

Malinowski, 1922

Malinowski, Bronislaw. *Argonauts of the Western Pacific: an Account of Native Enterprise and Adventure in the Archipelagoes of Melanesian New Guinea*. London: G. Routledge & Sons, ltd.; New York: E. P. Dutton & Co., 1922.

Mei, 2009

Mei, Jianjun. "Early Metallurgy and Socio-cultural Complexity: Archaeological Discoveries in Northwest China." In Bryan K. Hanks and Katheryn M. Linduff eds., *Social Complexity in Prehistoric Eurasia: Monuments, Metals, and Mobility*. Cambridge, U. K.: Cambridge University Press, 2009, pp. 215−232.

Montgomery, Budd and Evans, 2000

Montgomery, J., P. Budd and J. A. Evans. "Reconstructing the Lifetime Movements of Ancient People: a Neolithic Case Study from Southern England." *European Journal of Archaeology*, vol. 3, issue 3, 2000: 370−385.

Myrdal, 2009

Myrdal, Evaeds. *The Museum of Far Eastern Antiquities Bulletin No. 77: Shang Period Bronzes*. Stockholm: The Museum of Far Eastern Antiquities, 2009.

Novgorodova, 1989

Novgorodova, E. A. *Drevniaia Mongoliia-nekotorye problemy khronologii i etnokul'turnoi istorii* 古代蒙古:年代学与民族文化史的一些问题. Moscow: Nauka, 1989.

Oka and Kusimba, 2008

Oka, Rahul and Chapurukha M. Kusimba. "The Archaeology of Trading Systems, Part 1: Towards a New Trade Synthesis." *Journal of Archaeological Research*, vol. 16, no. 4, 2008: 339−395.

Park, Honeychurch and Chunag, 2011

Park, Jang-Sik, William Honeychurch and Amartuvshin Chunag. "Ancient Bronze Technology and Nomadic Communities of the Middle Gobi Desert, Mongolia." *Journal of Archaeological Science*, vol. 38, issue 4, 2011: 805−817.

Peck, 2000

Peck, John A. "Mongolian Lake Systems Record Past Climate Change."*Maritimes*, vol. 42, no. 3, 2000. http://www.gso.uri.edu/maritimes/Back_Issues/00%20Fall/Text%20(htm)/fall_00.html

Peck et al., 2002

Peck, John A., P. Khosbayar, S. J. Fowell, R. B. Pearce, S. Ariunbileg, B. C. S. Hansen and N. Soninkhishig. "Mid to Late Holocene Climate Change in North Central Mongolia as Recorded in the Sediments of Lake Telmen."*Palaeogeography, Palaeoclimatology, Palaeoecology*, vol. 183, issue 1, 2002: 135—153.

Postgate, 1994

Postgate, J. N. *Early Mesopotamia: Society and Economy at the Dawn of history*. London and New York: Routledge, 1994.

Postgate, 2003

Postgate, J. N. "Learning the Lessons of the Future: Trade in Prehistory through a Historian's Lens." *Bibliotheca Orientalis*, vol. 60, issue 1—2, 2003: 5—26.

Price, Burton and Bentley, 2002

Price, T. D., J. H. Burton and R. A. Bentley. "The Characterization of Biologically Available Strontium Isotope Ratios for the Study of Prehistoric Migration."*Archaeometry*, vol. 44, issue 1, 2002: 117—135.

Propokenko et al., 2007

Propokenko, A., G. Khursevich, E. Bezrukova, M. Kuzmin, X. Boes, D. Williams, S. Fedenya, N. Kulagina, P. Letunova and A. Abzaeva. "Paleoenvironmental Proxy Records from Lake Hovsgol, Mongolia, and a Synthesis of Holocene Climate Change in the Lake Baikal Watershed." *Quaternary Research*, vol. 68, no. 1, 2007: 2—17.

Renfrew, 1975

Renfrew, Colin. "Trade as Action at a Distance: Questions of Integration and Communication." In J. Sabloff and C. C. Lamberg-Karlovsky eds., *Ancient Civilization and Trade*. Albuquerque: University of New Mexico Press, 1975, pp. 3—59.

Renfrew and Bahn, 2004

Renfrew, Colin and Paul Bahn. *Archaeology: Theories, Methods and Practice*. 4th edition. London: Thames & Hudson, 2004.

Rostovzeff, 1929

Rostovzeff, M. *Animal Style in South Russia and China*. Princeton: Princeton University Press, 1929.

Shaughnessy, 1988

Shaughnessy, Edward L. "Historical Perspectives onthe Introduction of the Chariot into China." *Harvard Journal of Asiatic Studies*, vol. 48, issue 1, 1988: 189—237.

Shelach, 2009

Shelach, Gideon. *Prehistoric Societies on the Northern Frontiers of China: Archaeological Perspectives on Identity Formation and Economic Change during the First Millennium BCE.* London: Equinox Publishing, 2009.

Simpson and Pankova, 2017

Simpson, St John and Svetlana Pankova eds. *Scythians: Warriors of Ancient Siberia.* London: Thames & Hudson, 2017.

So and Bunker, 1995

So, Jenny F. and Emma C. Bunker. *Traders and Raiders on China's Northern Frontier.* Seattle: Arthur M. Sackler Gallery, Smithsonian Institution, in association with University of Washington Press, 1995.

Song, 2011

Song, Jixiang. "TheAgriculture Economy during the Longshan Period: an Archaeobotanical Perspective from Shandong and Shanxi." PhD thesis, University College London, 2011.

Stacy, 2008

Stacy, Erin M. "Stable Isotopic Analysis of Equid (Horse) Teeth from Mongolia." Bachelor paper, University of Pittsburgh, 2008.

Stein, 1998

Stein, G. "World Systems Theory and Alternative Modes of Interaction in the Archaeology of Culture Contact." In J. Cusick ed., *Studies in Culture Contact: Interaction, Culture Change, and Archaeology.* Carbondale: Southern Illinois University Press, 1998, pp. 220—255.

Subramanian and Viswanathan, 2007

Subramanian, Shinoj and R. Viswanathan. "Bulk Density and Friction Coefficients of Selected Minor Millet Grains and Flours." *Journal of Food Engineering*, vol. 81, issue 1, 2007: 118—126.

Svyatko et al., 2009

Svyatko, Svetlana V., James P. Mallory, Eileen M. Murphy, Andrey V. Polyakov, Paula J. Reimer and Rick J. Schulting. "New Radiocarbon Dates and a Review of the Chronology of Prehistoric Populations from the Minusinsk Basin, Southern Siberia, Russia." *Radiocarbon*, vol. 51, no. 1, 2009: 243—273.

Taylor, 2017

Taylor, William Timothy Treal. "Horse Demography and Use in Bronze Age Mongolia." *Quaternary International*, vol. 436, 2017: 270—282.

Taylor et al., 2015

Taylor, William Timothy Treal, Jamsranjav Bayarsaikhan and Tumurbaatar Tuvshinjargal. "Equine Cranial Morphology and the Identification of Riding and Chariotry in Late Bronze Age Mongolia." *Antiquity*, vol. 89, no. 346, 2015: 854—871.

Taylor et al., 2017

Taylor, William Timothy Treal, Burentogtokh Jargalan, K. Bryce Lowry, Julia Clark, Tumurbaatar Tuvshinjargal and Jamsranjav Bayarsaikhan, "A Bayesian Chronology for Early Domestic Horse Use in the Eastern Steppe," *Journal of Archaeological Science*, vol. 81, 2017: 49—58.

Tsend, 2004

Цэндийн Батсайхан (Tsend, Batsaikhan). 《Монгол нутгаас олдсонэртний нүүдэлчдийнурлагийн дурсгал》蒙古国发现的古代游牧民族文物. Ulaanbaatar: ADMON, 2004.

Volkov, 1961

Volkov, V. V. "Bronzovyi kinzhal iz Gobi 戈壁出土的青铜短剑." *Sovetskaia Arkheologiia*, no. 4, 1961: 260—262.

Volkov, 1995

Volkov, V. V. "Early Nomads of Mongolia." In J. Davis-Kimball, V. A. Bashilov and L. T. Yablonski eds., *Nomads of the Eurasian Steppes in the Early Iron Age*. Berkeley: Zinat Press, 1995, pp. 319—332.

Wang, 2014

Wang Haicheng. *Writing and the Ancient State: Early China in Comparative Perspective*. New York: Cambridge University Press, 2014.

White, 1956

White, William Charles. *Bronze Culture of Ancient China: an Archaeological Study of Bronze Objects from Northern Honan, Dating from about* 1400 B.C. - 771 B.C. Toronto: University of Toronto Press, 1956.

Yu, 1967

Yu Yingshi. *Trade and Expansion in Han China: a Study in the Structure of Sino-Barbarian Economic Relations*. Berkeley: University of California Press, 1967.

附录一 黄土丘陵出土青铜器的铅同位素比值和合金成分

黄土丘陵出土青铜器的铅同位素比值和合金成分

器名	出土地	$^{207}Pb/^{206}Pb$	$^{208}Pb/^{206}Pb$	$^{206}Pb/^{204}Pb$	$^{207}Pb/^{204}Pb$	$^{208}Pb/^{204}Pb$	风格	Cu	As	Sn	Pb	图像
刀子	柳林高红						北方	91.01	0.43	3.10	5.43	图版五七:1号
刀子*	柳林高红	0.8866	2.1609	17.514	15.527	37.845	北方	83.44		8.86	6.00	图版五七:2号
刀子*	柳林高红	0.8342	2.0815	18.755	15.645	39.039	北方	91.59		4.20	2.40	图版五七:3号
短剑	柳林高红						本地	89.23	0.22	5.13	5.40	图版五八:5号
钺*	柳林高红	0.8225	2.0654	19.156	15.755	39.564	本地	74.24	0.5—	13.02	10.78	图版六五:23号
管銎斧	柳林高红	0.8757	2.1465	17.792	15.580	38.189	本地	78.57	0.00	7.35	13.89	图版六八:20号
矛	柳林高红	0.8319	2.0758	18.831	15.664	39.087	北方	94.74	1.20	1.65	2.21	图版六八
胄	柳林高红	0.8594	2.1159	18.105	15.559	38.309	北方	86.93	4.27	6.51	1.72	图版六九:1号
铃	柳林高红	0.8525	2.1093	18.334	15.630	38.672	北方/本地	95.04	0.21	2.28	2.44	图版七一:1号
靴型器	柳林高红	0.8011	2.0314	19.696	15.779	40.011	北方		有			图版七七:9号
锥首	柳林高红	0.8379	2.0875	18.706	15.674	39.048	北方/本地	88.48	1.16	6.16	4.14	图版七七:5号
套头*	柳林高红	0.8009	2.0355	19.774	15.837	40.252	北方/本地	94.49	>1	3.50	3.51	图版七七:1号
鼎	保德林遮峪	0.7398	1.9382	21.674	16.034	42.007	安阳	77.64	0.00	10.79	10.55	图版四七:13号
鼎	保德林遮峪						安阳	98.30	0.03	0.13	0.27	图版七:23号
卣	保德林遮峪	0.7323	1.9170	21.821	15.979	41.831	安阳	81.24	0.04	13.35	5.22	图版四一:3号
甗*	保德林遮峪	0.9553	2.2801	15.977	15.262	36.429	安阳	70.63		19.51	6.68	图版四七:10号
甗	保德林遮峪	0.6815	1.8703	24.285	16.550	45.420	安阳	66.65	0.00	10.90	22.43	图版四八:13号

续表

器名	出土地	$^{207}Pb/^{206}Pb$	$^{208}Pb/^{206}Pb$	$^{206}Pb/^{204}Pb$	$^{207}Pb/^{204}Pb$	$^{208}Pb/^{204}Pb$	风格	Cu	As	Sn	Pb	图像
豆	保德林遮峪						本地	93.55	0.63	4.69	1.10	图版三四:1号
豆	保德林遮峪	0.8182	2.0484	19.123	15.647	39.171	本地	91.37	0.58	5.97	1.85	图版三四:2号
短剑	保德林遮峪	0.7613	1.9688	20.888	15.902	41.125	本地	88.03	0.29	10.12	1.39	图版五八:6号
管銎斧*	保德林遮峪	0.7823	1.9959	20.203	15.805	40.324	本地	86.46		9.34	1.64	图版六六:1号
管銎斧*	保德林遮峪	0.8568	2.1062	18.120	15.526	38.165	本地		有			图版六六:9号
舆栏饰*	保德林遮峪	0.8706	2.1333	17.794	15.492	37.960	本地/北方	94.35	0.47	3.27	1.89	图版七一:3号
舆栏饰*	保德林遮峪	0.8966	2.1669	17.149	15.376	37.160	本地/北方	90.50	有	4.17	2.92	图版七一:3号
舆栏饰*	保德林遮峪	0.8741	2.1377	17.706	15.476	37.848	本地/北方	90.82	1.00	4.80	1.03	图版七一:3号
舆栏饰	保德林遮峪	0.8741	2.1360	17.662	15.439	37.726	本地/北方	95.18	1.00	2.40	1.07	图版七一:3号
单球铃	保德林遮峪	0.7511	1.9504	21.186	15.912	41.321	本地/北方	84.54	0.20	6.89	8.20	图版七一:1号
单球铃	保德林遮峪						本地/北方	77.34	0.05	11.11	11.42	图版七一:1号
双球铃	保德林遮峪	0.8006	2.0266	19.621	15.708	39.764	本地/北方	88.28	1.07	6.62	3.78	图版七一:2号左
双球铃	保德林遮峪						本地/北方	89.64	0.85	6.03	3.25	图版七一:2号右
车軎	保德林遮峪						本地	91.56	0.61	5.38	1.25	图版七一:4号
车軎	保德林遮峪	0.8605	2.1147	18.085	15.562	38.245	本地	93.49	0.60	4.27	1.58	图版七一:4号
铃	保德林遮峪	0.7369	1.9345	21.795	16.061	42.163	本地/北方	88.70	0.14	5.88	5.15	图版七二:2号
铃	保德林遮峪	0.7643	1.9718	20.789	15.889	40.991	安阳	86.85	0.37	6.02	6.60	图版七二:3号
泡	保德林遮峪						本地	78.18	0.00	13.20	8.58	图版七二:1号
泡	保德林遮峪						本地	93.96	1.19	1.57	2.88	图版七二:3号
泡	保德林遮峪	0.7820	2.0166	20.313	15.885	40.964	本地	87.89	0.13	10.30	1.46	图版七二:4号

续表

器名	出土地	$^{207}Pb/^{206}Pb$	$^{208}Pb/^{206}Pb$	$^{206}Pb/^{204}Pb$	$^{207}Pb/^{204}Pb$	$^{208}Pb/^{204}Pb$	风格	Cu	As	Sn	Pb	图像
泡*	保德林遮峪						本地/北方	77.60		13.37	6.99	图版七二:15号
竿	保德林遮峪	0.8357	2.0797	18.682	15.613	38.853	北方	90.23	0.21	7.12	2.24	图版七一:3号
管	保德林遮峪	0.8287	2.0708	18.888	15.653	39.114	北方	94.01	0.91	2.52	2.50	图版七七:2号
贝	保德林遮峪	0.7287	1.9138	21.965	16.005	42.036	本地/北方	87.57	1.75	8.21	2.39	图版七七:3号
钩	保德林遮峪	0.8435	2.0900	18.443	15.557	38.545	北方	81.28	>1	13.54	2.29	图版七七:4号
觿形器	保德林遮峪	0.7330	1.9210	21.858	16.022	41.990	本地/北方	72.08	0.00	15.34	11.91	图版七七:6号
篦*	永和榆林	0.8628	2.1304	17.977	15.511	38.299	本地	73.95		18.31	3.92	图版一一:3号
鼎	离石公安局	0.7020	1.9062	23.384	16.416	44.575	安阳					图版三:10号
鼎足补铸												
刀子	离石公安局	0.8423	2.0786	18.459	15.548	38.369	北方/本地	80.25	0.00	11.65	7.40	图版五七:7号
戈*	离石公安局	0.8075	2.0374	19.551	15.788	39.835	本地	97.62	0.47	0.58	1.27	图版六一:35号
大刀	离石公安局	0.8072	2.0293	19.507	15.746	39.586	本地	83.01	>1	9.25	4.86	图版六九:3号
箭镞	离石公安局	0.8195	2.0484	19.178	15.717	39.285	本地	89.98	2.19	5.76	1.92	图版七〇:45号
箭镞*	离石公安局						本地	96.59	>1		1.13	图版七〇:46号
斧	离石公安局	0.8028	2.0249	19.656	15.779	39.802	本地	98.17	0.64	0.01	1.18	图版七四:21号
凿*	离石公安局	0.7931	2.0136	19.959	15.830	40.190	本地	95.02	0.43	3.26	1.20	图版七五:9号
管銎斧	延长	0.8650	2.1260	18.027	15.594	38.326	本地	94.31	0.50	2.10	1.59	图版七六:2号
蛇首匕	陕西历史博物馆	0.8248	2.0539	19.020	15.688	39.066	本地	84.60	0.06	10.91	4.42	图版六六:12号
	石楼会坪	0.7993	2.0156	19.671	15.724	39.649	本地	97.99	0.57	0.48	0.93	图版五六:10号
铖*							本地	85.97		6.37	4.84	图版六四:16号

续表

器名	出土地	$^{207}Pb/^{206}Pb$	$^{208}Pb/^{206}Pb$	$^{206}Pb/^{204}Pb$	$^{207}Pb/^{204}Pb$	$^{208}Pb/^{204}Pb$	风格	Cu	As	Sn	Pb	图像
箭镞*	石楼岔坪	0.7411	1.9359	21.603	16.010	41.822	本地	93.34		2.58	2.69	图版七〇
勺	石楼曹家垣	0.8013	2.0323	19.630	15.730	39.895	北方	91.85	0.28	3.84	4.03	图版五四:5号
勺	石楼曹家垣						北方	85.10	0.04	12.46	2.19	图版五四:6号
短剑	石楼曹家垣	0.8900	2.1673	17.450	15.531	37.820	本地	80.77	0.01	9.68	9.53	图版五八:4号
管銎斧	石楼曹家垣	0.8025	2.0389	19.639	15.761	40.041	北方	86.56	0.32	7.60	4.85	图版六七:16号
铜条	石楼曹家垣						本地/北方	96.19	0.71	1.15	1.94	图版六八:2号
针线筒*	石楼曹家垣	0.8491	2.1009	18.369	15.590	38.581	北方/本地	72.26		21.07	3.99	图版七七:7号
响器	石楼曹家垣						北方/本地	92.80	0.48	4.83	1.78	图版五一:2号
响器*	石楼指南	0.8064	2.0406	19.503	15.728	39.798	北方/本地	79.93	>0.5	16.83	2.57	图版五一:1号
刀子	石楼	0.8010	2.0227	19.714	15.792	39.874	北方	98.07	0.35	0.24	1.12	图版五七:4号
管銎斧*	石楼	0.8369	2.0685	18.595	15.562	38.464	本地	63.93		21.76	10.62	图版六七:3号
管銎斧	石楼塔子上	0.8167	2.0622	19.332	15.788	39.867	本地	85.99		9.01	3.24	图版六六:4号
管銎斧*	石楼义牒	0.7751	2.0074	20.492	15.883	41.135	本地	81.95	1.16	13.74	2.10	图版六六:5号
觚*	石楼琵琶垣	0.7352	1.9202	21.719	15.968	41.704	安阳	73.52		16.36	8.56	图版一八:10号
觚*	石楼琵琶垣						安阳	70.30		16.84	11.88	图版二六:25号
爵*	石楼琵琶垣	0.7374	1.9273	21.662	15.973	41.750	安阳	83.63		11.85	3.03	图版三一:10号
戈	石楼琵琶垣	0.8386	2.0783	18.645	15.635	38.750	安阳	85.37	0.04	14.20	0.36	图版六三:44号
大刀*	石楼琵琶垣	0.8549	2.1114	18.239	15.592	38.509	本地	45.19		30.33	21.00	图版六九:4号
箭镞	石楼琵琶垣	0.7398	1.9366	21.711	16.061	42.045	本地	88.91	6.01	0.04	3.24	图版七〇:67号
铧	石楼琵琶垣	0.7508	1.9576	21.344	16.025	41.783	安阳	85.62	0.13	11.85	1.87	图版七四:5号

续表

器名	出土地	$^{207}Pb/^{206}Pb$	$^{208}Pb/^{206}Pb$	$^{206}Pb/^{204}Pb$	$^{207}Pb/^{204}Pb$	$^{208}Pb/^{204}Pb$	风格	Cu	As	Sn	Pb	图像
盔*	石楼琵琶垣	0.7506	1.9506	21.239	15.942	41.429	本地	84.38		12.45	1.43	图版七六:11号
钺*	石楼义牒	0.8061	2.0258	19.489	15.710	39.481	本地	96.09	>1	1.39	1.62	图版六五:22号
钺	石楼义牒	0.8291	2.0597	18.858	15.636	38.841	本地	94.99	0.84	0.03	4.07	图版六五:24号
斧*	石楼义牒	0.7826	1.9996	20.308	15.893	40.609	本地	76.73		19.61	1.54	图版七四:25号
蛇首匕*	石楼义牒	0.7427	1.9531	21.643	16.074	42.272	本地	80.24		16.29	2.30	图版五六:7号
戈*	石楼义牒	0.8475	2.0838	18.329	15.534	38.194	安阳	80.24		15.12	2.92	图版六二:43号
戈	石楼圪堵坪	0.7531	1.9575	21.214	15.977	41.525	安阳	74.07	0.17	23.28	2.42	图版六〇:17号
管銎斧	石楼圪堵坪	0.8412	2.0783	18.516	15.576	38.482	本地	95.69	0.05	3.94	0.26	图版六七:14号
大刀	石楼南沟	0.7137	1.8970	22.808	16.279	43.267	本地	97.04	0.04	1.65	1.27	图版六九:10号
爵*	石楼义牒	0.7694	1.9960	20.689	15.917	41.295	安阳	74.40		22.18	0.77	图版二九:3号
戈	石楼义牒	0.7393	1.9349	21.656	16.011	41.902	本地	94.17	0.13	3.29	2.40	图版六一:39号
大刀	石楼义牒	0.7580	1.9636	21.012	15.927	41.259	本地	81.02	0.15	12.66	5.66	图版六九:2号
瓠*	石楼褚家峪						安阳	69.32		16.22	12.48	图版一六:5号
蛇首匕	石楼褚家峪	0.7535	1.9486	21.259	16.018	41.425	本地	84.00	0.00	9.00	7.01	图版五六:8号
刀子*	石楼褚家峪	0.7334	1.9569	22.018	16.147	43.088	本地/北方	72.49		11.23	10.83	图版六七:12号
戈	石楼褚家峪	0.7594	1.9634	20.990	15.940	41.212	安阳	86.95	0.04	10.96	1.54	图版六〇:26号
戈*	石楼褚家峪	0.7586	1.9582	21.072	15.985	41.264	安阳	78.89		16.59	2.40	图版六〇:27号
戈	石楼褚家峪	0.7873	2.0089	20.109	15.832	40.396	安阳	84.76	0.09	14.88	0.20	图版六一:38号
项圈	石楼褚家峪	0.7555	1.9781	21.252	16.056	42.038	本地	79.23	0.10	8.14	12.32	图版七一:2号
斧*	石楼褚家峪	0.7447	1.9492	21.553	16.051	42.011	本地	88.59		7.82	2.09	图版七四:26号

续表

器名	出土地	$^{207}Pb/^{206}Pb$	$^{208}Pb/^{206}Pb$	$^{206}Pb/^{204}Pb$	$^{207}Pb/^{204}Pb$	$^{208}Pb/^{204}Pb$	风格	Cu	As	Sn	Pb	图像
铃*	石楼褚家峪	0.7603	1.9744	21.030	15.990	41.521	本地	86.02		11.29	0.76	图版七四:3号
簋*	石楼褚家峪	0.7434	1.9495	21.669	16.108	42.245	本地	88.20		8.20	1.48	图版七六:9号
瓠*	石楼后兰家沟	0.8068	2.0315	19.576	15.793	39.768	安阳	75.46		21.30	1.67	图版一五:4号
爵*	石楼后兰家沟	0.7629	1.9806	20.873	15.923	41.342	安阳	74.86	0.5—	23.26	0.38	图版三二:11号
斝	石楼后兰家沟						安阳	76.78	0.49	21.68	0.93	图版三八:7号
甗*	石楼后兰家沟	0.7085	1.8753	23.124	16.384	43.363	安阳	69.38		25.11	3.35	图版四六:6号
斗*	石楼后兰家沟	0.7164	1.8835	22.702	16.263	42.759	本地	86.49	0.52	11.41		图版五五:3号
蛇首匕*	石楼后兰家沟						本地	78.47	>1	7.10	12.43	图版五六:9号
刀子	石楼后兰家沟	0.7545	1.9771	21.299	16.070	42.110	本地/北方	86.12	0.11	11.46	2.31	图版五七:13号
箭镞*	石楼后兰家沟	0.8685	2.1254	17.807	15.465	37.847	安阳	91.16		6.23	0.57	图版七○:44号
箭镞*	石楼后兰家沟	0.8359	2.0824	18.713	15.642	38.968	安阳	71.92		14.03	10.51	图版七○:43号
箭镞*	石楼后兰家沟	0.7412	1.9377	21.764	16.132	42.172	本地	81.60		9.56	7.08	图版七二:41号
泡*	石楼后兰家沟	0.8526	2.0920	18.182	15.502	38.037	本地	80.76		16.40	0.80	图版七二:2号
泡*	石楼后兰家沟	0.8463	2.1019	18.527	15.680	38.942	本地	82.68		14.47	1.22	图版七二:5-13号
泡*	石楼后兰家沟						本地	83.67		14.38	0.75	图版七二:5-13号
泡*	石楼后兰家沟	0.7616	1.9870	21.061	16.040	41.847	本地	82.33		13.13	3.23	图版七二:5-13号
项圈*	石楼后兰家沟	0.7392	2.0121	21.791	16.107	43.845	本地	66.51		7.51	22.47	图版七一:1号
斧*	石楼后兰家沟	0.7455	1.9433	21.451	15.991	41.685	本地	93.53	1.91		1.15	图版七四:27号
铃*	石楼后兰家沟						本地	86.91	0.95	9.47	1.21	图版七四:4号
簋*	石楼后兰家沟	0.7205	1.8997	22.610	16.290	42.951	本地	91.69	0.13	7.01	1.14	图版七六:1号

附录一 黄土丘陵出土青铜器的铅同位素比值和合金成分

续表

器名	出土地	$^{207}Pb/^{206}Pb$	$^{208}Pb/^{206}Pb$	$^{206}Pb/^{204}Pb$	$^{207}Pb/^{204}Pb$	$^{208}Pb/^{204}Pb$	风格	Cu	As	Sn	Pb	图像
戈*	石楼肖家塌	0.7360	1.9217	21.684	15.959	41.670	本地	87.98		8.67	1.21	图版六一:40号
戈	石楼郝家畔	0.7191	1.9042	22.579	16.236	42.994	安阳	78.47	0.00	15.99	5.47	图版六〇:16号
戈*	石楼	0.8067	2.0353	19.470	15.706	39.627	安阳	83.20		12.75	1.37	图版五九:1号
鼎	石楼下庄	0.6906	1.8897	23.880	16.490	45.125	安阳	69.59	0.00	8.62	21.47	图版三:9号
爵	石楼下庄	0.7559	1.9789	21.122	15.966	41.798	安阳	63.68	0.00	11.38	24.70	图版二九:1号
斝	石楼下庄	0.7499	1.9778	21.426	16.067	42.377	安阳	75.26	0.00	8.80	15.87	图版三五:1号
瓿	石楼下庄	0.7065	1.8993	23.000	16.250	43.685	安阳	74.24	0.00	14.23	11.48	图版四六:8号
斗	石楼下庄	0.7941	2.0245	19.894	15.798	40.275	本地	90.25	0.01	6.16	3.56	图版五五:4号
鼎*	石楼二郎坡	0.8074	2.0362	19.473	15.723	39.650	安阳	76.28		20.49	1.01	图版六:19号
鼎	石楼二郎坡	0.8180	2.0456	19.141	15.658	39.155	安阳	98.71	0.14	0.30	0.18	图版七:22号
甗	石楼二郎坡	0.8465	2.0887	18.446	15.614	38.528	安阳	96.48	0.08	0.06	0.29	图版一〇:4号
瓿*	石楼二郎坡	0.7258	1.9094	22.087	16.031	42.174	安阳	72.89		19.41	5.41	图版一六:6号
瓿*	石楼二郎坡	0.7334	1.9214	21.797	15.987	41.880	安阳	68.04		16.86	11.38	图版一七:7号
瓿*	石楼二郎坡	0.7236	1.9030	22.143	16.022	42.139	安阳	62.64		24.36	9.86	图版一八:8号
卣*	石楼二郎坡	0.7246	1.9064	22.140	16.043	42.207	安阳	69.33		16.53	11.00	图版一九:9号
卣盖*	石楼二郎坡	0.8177	2.0547	19.261	15.749	39.576	安阳	77.62		17.20	0.73	图版四一:1号
刀子	石楼二郎坡							74.93		14.60	8.43	图版四一:1号
戈	石楼二郎坡	0.7630	1.9724	20.907	15.952	41.238	本地	86.42	0.07	12.29	0.84	图版五七:14号
戈	石楼二郎坡	0.7480	1.9468	21.334	15.958	41.532	安阳	80.55	0.06	15.26	3.98	图版五九:6号
钺	石楼二郎坡	0.8666	2.1363	17.992	15.592	38.436	安阳	88.69	0.04	11.01	0.19	图版六四:11号

续表

器名	出土地	$^{207}Pb/^{206}Pb$	$^{208}Pb/^{206}Pb$	$^{206}Pb/^{204}Pb$	$^{207}Pb/^{204}Pb$	$^{208}Pb/^{204}Pb$	风格	Cu	As	Sn	Pb	图像
钺	石楼二郎坡	0.7454	1.9512	21.592	16.095	42.131	安阳	82.53	0.04	16.85	0.34	图版六四:12号
鼎*	石楼桃花者	0.7091	1.8893	22.983	16.297	43.421	安阳	67.35		15.81	15.49	图版二:6号
鼎	石楼桃花者	0.7066	1.8780	23.110	16.329	43.400	安阳	73.04	0.00	18.45	8.35	图版二:8号
三足盘	石楼桃花者	0.7739	1.9950	20.611	15.950	41.118	本地	86.67	0.12	12.97	0.09	图版九
瓿	石楼桃花者						本地	99.74	0.03	0.13	0.08	图版一〇:2号
簋*	石楼桃花者	0.7187	1.9003	22.655	16.282	43.052	本地	70.63		23.70	0.77	图版一一:1号
觚*	石楼桃花者	0.7744	2.0067	20.496	15.873	41.129	安阳	67.48		23.84	5.97	图版一四:1号
觚*	石楼桃花者	0.7817	2.0095	20.262	15.838	40.717	本地	77.87		18.20	2.65	图版二八
爵*	石楼桃花者	0.6954	1.8561	23.628	16.431	43.857	安阳	65.77		25.68	6.08	图版三三:13号
斝*	石楼桃花者	0.7287	1.9001	22.164	16.151	42.113	安阳	78.08		12.28	7.02	图版三七:6号
壶*	石楼桃花者	0.8467	2.0821	18.352	15.538	38.211	安阳	77.21	0.02	18.38	2.17	图版四四:7号
壶*	石楼桃花者	0.7034	1.8758	23.257	16.358	43.626	安阳	81.73	0.05	15.90	2.24	图版四四:8号
瓯	石楼桃花者						安阳	85.57	0.09	14.25	0.08	图版四五:1号
盘	石楼桃花者	0.7723	2.0032	20.643	15.943	41.354	安阳	79.96		17.67	2.25	图版四九:1号
觥*	石楼桃花者	0.7528	1.9677	21.182	15.945	41.680	安阳	69.83		24.89	3.09	图版五二
勺*	石楼桃花者	0.7415	1.9333	21.528	15.962	41.620	本地	78.71		15.63	4.20	图版五四:2号
铲*	石楼桃花者	0.8461	2.0788	18.348	15.524	38.142	本地	77.13		19.00	1.46	图版五四:1号
斗*	石楼桃花者	0.8294	2.0629	18.818	15.607	38.820	本地	86.07		9.64	2.82	图版五五:5号
钺*	石楼桃花者	0.7437	1.9486	21.584	16.052	42.059	安阳	75.65		19.83	1.78	图版六三:6号
箭镞	石楼桃花者	0.8565	2.1187	18.177	15.568	38.511	安阳	83.99	0.12	12.76	2.41	图版七〇:62-66号

附录一 黄土丘陵出土青铜器的铅同位素比值和合金成分

续表

器名	出土地	$^{207}Pb/^{206}Pb$	$^{208}Pb/^{206}Pb$	$^{206}Pb/^{204}Pb$	$^{207}Pb/^{204}Pb$	$^{208}Pb/^{204}Pb$	风格	Cu	As	Sn	Pb	图像
箭镞*	石楼桃花者						安阳	66.76		28.39	1.58	图版七〇:62—66号
箭镞*	石楼桃花者	0.7802	1.9946	20.229	15.783	40.348	安阳	71.81		25.84	0.06	图版七〇:62—66号
泡*	石楼桃花者	0.7205	1.9214	22.358	16.109	42.957	本地	86.22		7.55	4.78	图版七二:38号
项圈*	石楼桃花者	0.7788	2.0028	20.385	15.875	40.828	本地	74.82	0.5	23.08	0.47	图版七七:3号
笄*	石楼桃花者	0.7847	2.0005	20.219	15.865	40.448	安阳	81.81	—	12.42	2.82	图版七七:1号
饼*	石楼桃花者	0.7868	1.9987	20.129	15.838	40.231	本地	82.19		14.63	1.39	图版七五:13号
带铃铜环*	石楼桃花者	0.8331	2.0715	18.752	15.622	38.845	北方/本地	86.11		12.93	0.09	图版七七:10号
佩饰*	石楼桃花者						本地	73.67		21.57	1.84	图版七七:14号
鼎	忻州牛子坪	0.7561	1.9845	21.173	16.009	42.017	安阳	86.61	0.06	8.19	4.97	图版七三:3号
爵*	忻州牛子坪	0.7518	1.9559	21.284	16.001	41.629	安阳	73.01		21.86	1.39	图版三二:7号
人首笄*	忻州牛子坪	0.7924	2.0278	19.955	15.811	40.463	本地/安阳	78.70		15.99	1.03	图版七七:2号
鼎*	忻州羊圈坡						安阳	75.28		15.69	7.50	图版一:4号
鼎	忻州羊圈坡	0.7380	1.9496	21.809	16.094	42.519	安阳	90.20	0.00	5.81	3.67	图版二:7号
觚*	忻州羊圈坡	0.7253	1.9247	22.306	16.178	42.932	安阳	70.71		24.78	2.89	图版一五:3号
爵	忻州羊圈坡						安阳	78.62	0.07	19.01	0.78	图版三二:14号
戈	永和下辛角	0.7676	1.9817	20.738	15.919	41.097	安阳	87.77	0.10	10.50	1.36	图版六〇:23号
斝	洪洞上村	0.9033	2.1767	16.924	15.288	36.838	安阳	79.06	0.05	12.05	8.77	图版九:1号
瓢	清涧解家沟	0.8371	2.0788	18.670	15.629	38.813	安阳	99.34	0.07	0.40	0.12	图版一〇:1号
簋	清涧解家沟	0.7273	1.9125	22.071	16.051	42.210	安阳	79.00	0.15	12.63	6.71	图版一二:10号
簋底补铸		0.7420	1.9360	21.564	16.001	41.748		92.70	0.00	4.66	2.60	

续表

器名	出土地	$^{207}Pb/^{206}Pb$	$^{208}Pb/^{206}Pb$	$^{206}Pb/^{204}Pb$	$^{207}Pb/^{204}Pb$	$^{208}Pb/^{204}Pb$	风格	Cu	As	Sn	Pb	图像
壶	清涧解家沟	0.7510	1.9754	21.321	16.012	42.116	安阳	79.85	0.17	10.63	9.30	图版四四:6号
斗	清涧解家沟	0.7255	1.9097	22.114	16.044	42.231	本地	79.87	0.16	11.64	8.09	图版四五:6号
鼎	绥德墕头	0.7873	2.0523	20.219	15.919	41.497	安阳	87.09	0.08	12.46	0.23	图版三:11号
簋	绥德墕头	0.7623	1.9698	20.957	15.976	41.281	安阳	80.84	0.12	15.37	1.17	图版一二:8号
觚	绥德墕头	0.7316	1.9230	22.174	16.223	42.640	安阳	69.26	0.07	13.17	17.08	图版一九:11号
爵	绥德墕头	0.8312	2.0813	18.966	15.763	39.473	安阳	86.60	0.26	12.71	0.29	图版三〇:5号
爵足补1	绥德墕头	0.8033	2.0303	19.609	15.753	39.811		99.18	0.14	0.16	0.45	
爵足补2	绥德墕头	0.7586	1.9719	21.080	15.991	41.567		92.61	0.05	4.57	2.63	
壶	绥德墕头	0.6977	1.8532	23.559	16.437	43.659	安阳	73.71	0.09	13.21	12.95	图版四四:9号
瓿	绥德墕头	0.8403	2.0733	18.582	15.614	38.526	安阳	85.97	0.03	13.71	0.28	图版四五:2号
瓿羊首桿	绥德墕头	0.7543	1.9577	21.162	15.963	41.430	安阳	89.24	0.11	9.47	1.16	
蛇首匕	绥德墕头	0.7316	1.9329	22.045	16.128	42.611	本地	87.39	0.07	9.31	3.20	图版五六:3号
刀子	绥德墕头	0.8749	2.1481	17.828	15.598	38.296	北方	88.82	0.09	9.16	1.86	图版五五:16号
戈	绥德墕头	0.7701	1.9816	20.619	15.880	40.858	安阳	87.12	0.07	11.22	1.60	图版五九:2号
钺	绥德墕头	0.8301	2.0676	18.883	15.675	39.043	本地	86.25	0.06	12.66	0.58	图版六三:7号
钺	绥德墕头	0.7248	1.9271	22.344	16.195	43.061	安阳	77.09	0.00	18.36	4.37	图版六四:13号
泡	绥德墕头	0.7894	2.0030	20.042	15.821	40.143	本地/北方					图版七二:35号
泡	绥德墕头	0.8145	2.0349	19.350	15.761	39.377	本地/北方					图版七二:36号
泡	绥德墕头	0.8577	2.1173	18.249	15.651	38.639	本地/北方	81.52	0.22	15.39	2.82	图版七二:37号
铧	绥德墕头	0.8117	2.0456	19.416	15.760	39.718	安阳	82.90	0.14	10.69	6.13	图版七五:14号

续表

器名	出土地	207Pb/206Pb	208Pb/206Pb	206Pb/204Pb	207Pb/204Pb	208Pb/204Pb	风格	Cu	As	Sn	Pb	图像
凿	绥德墕头	0.8060	2.0367	19.580	15.781	39.877	安阳	84.71	0.07	8.52	6.44	图版七六:12号
簋	清涧张家圪	0.8424	2.0873	18.567	15.642	38.756	本地	88.00	0.06	11.56	0.30	图版一一:2号
瓿	清涧张家圪	0.7082	1.8666	23.013	16.298	42.958	安阳	87.33	0.10	12.06	0.52	图版四七:9号
瓿朴铸	清涧张家圪	0.7274	1.9169	22.292	16.215	42.732		83.18	0.08	9.44	7.13	
戈	绥德后任家沟	0.7576	1.9721	21.122	16.003	41.655	安阳	77.05	0.09	8.12	14.51	图版五三:5号
簋	延川华家原	0.8454	2.0874	18.453	15.599	38.518	本地	89.43	0.13	9.88	0.33	图版一一:4号
觚	延川华家原	0.7266	1.9114	22.088	16.048	42.219	安阳	84.56	0.12	10.71	4.47	图版二三:20号
爵朴铸	延川华家原	0.7758	1.9923	20.485	15.892	40.813	安阳	88.38	0.04	10.67	0.89	图版三三:17号
盘	延川华家原	0.7280	1.9170	22.161	16.133	42.483	安阳	85.25	0.12	9.65	4.86	图版五一:6号
斗	延川华家原	0.7401	1.9376	21.615	15.996	41.882	安阳	84.98	0.05	6.60	8.25	图版五五:2号
戈	延川华家原	0.8264	2.0568	19.019	15.717	39.118	安阳	88.69	0.11	10.98	0.16	图版六二:51号
铍	延川华家原	0.7461	1.9449	21.487	16.031	41.790	本地	85.05	0.23	10.67	3.99	图版六四:15号

以上为自测数据

器名	出土地	207Pb/206Pb	208Pb/206Pb	206Pb/204Pb	207Pb/204Pb	208Pb/204Pb	风格	Cu	As	Sn	Pb	图像
戈	绥德薛家渠						本地/安阳	87.69	0.97	10.39	0.96	图版六二:46号
蛇首匕	绥德						本地	84.20	2.35	12.73	2.77	图版五六:5号
刀子	绥德沟口						本地	88.39	7.33	1.39	图版五七:6号
刀子	清涧						本地/北方	89.94	9.31	0.75	图版五七:9号
鼎*	隰县庞村						安阳	60.90	13.30	25.70	图版一:1号
觚	隰县庞村						安阳	85.60	0.20	11.60	图版一四:2号
爵	隰县庞村						安阳	81.80	4.20	11.50	图版二九:2号

续表

器名	出土地	$^{207}Pb/^{206}Pb$	$^{208}Pb/^{206}Pb$	$^{206}Pb/^{204}Pb$	$^{207}Pb/^{204}Pb$	$^{208}Pb/^{204}Pb$	风格	Cu	As	Sn	Pb	图像
罍	隰县庞村						安阳	85.6		0.1	11.800	图版三六:3号
戈*	隰县庞村						安阳	82.30		15.80	1.80	图版五九:3号
觚	子洲夫王岔	0.725	1.91	22.218	16.101	42.444	安阳	75.70	0.04	19.40	4.30	图版二四:21号
尊	子洲夫王岔	0.732	1.929	21.959	16.075	42.357	安阳	74.40	0.01	15.10	9.50	图版四〇:1号
甗	子洲夫王岔	0.851	2.094	18.261	15.543	38.236	安阳	76.10	0.01	23.50	0.40	图版四八:15号
盘	子洲夫王岔	0.726	1.91	22.085	16.035	42.177	安阳	87.90	0.09	10.15	1.20	图版五一:5号
斧	绥德	0.791	2.017	20.019	15.835	40.376	本地	84.60	0.26	12.10	3.20	图版七三:2号
斧	绥德	0.779	1.988	20.366	15.858	40.490	本地	99.51	0.49			图版七三:8号
斧	清涧樊家岔	0.728	1.914	22.107	16.091	42.313	本地	97.10	0.00	2.10	0.80	图版七三:9号
斧	子长宋家坪	0.835	2.062	18.762	15.669	38.691	本地	96.90	0.40	0.30	2.80	图版七三:14号
斧	子洲尚家沟	0.783	2.003	20.251	15.862	40.553	本地/北方	99.00	0.47	0.40	0.60	图版七三:4号
短剑	子洲尚家沟	0.754	1.96	21.223	15.996	41.594		96.60	0.11	3.40		图版五八:1号
大刀	子洲尚家沟	0.815	2.039	19.295	15.724	39.340	安阳	89.60	1.14	5.70	4.70	图版六九:7号

说明：

加＊器物的合金成分使用 p-XRF，为多点平均值。其余器物取样测试，使用 ED-XRF。

非自测数据分别引自曹玮，2009；王迪、南普恒，2018；刘建宇，2015。

附录二 黄土丘陵出土青铜器的图像资料

1号 隰县庞村出土，洹北时期，安阳组

2号 永和可托出土，洹北时期，安阳组

3号 忻州连寺沟牛子坪出土，
洹北时期，安阳组

4号 忻州连寺沟羊圈坡出土，
洹北时期，安阳组

图版一 黄土丘陵出土铜鼎（一）

5号 永和榆林出土，洹北时期，安阳组　　6号 石楼桃花者出土，洹北晚—殷墟早，安阳组

7号 忻州连寺沟羊圈坡出土，
洹北晚—殷墟早，安阳组

8号 石楼桃花者出土，
洹北晚—殷墟早，安阳组

图版二 黄土丘陵出土铜鼎（二）

9号 石楼下庄出土，洹北晚—殷墟早，安阳组　　10号 离石公安局追缴，洹北晚—殷墟早，安阳组

11a　　　　　　　　　　　　　　　　11b

11号 绥德墕头出土，洹北晚—殷墟早，安阳组

图版三　黄土丘陵出土铜鼎（三）

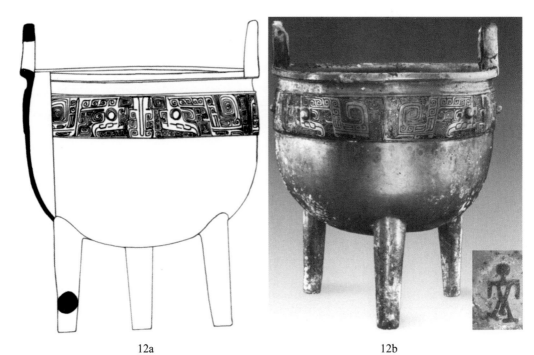

12a　　　　　　　　　　　　　12b

12号 子洲关王岔出土，殷墟二期，安阳组

13号 保德林遮峪出土，殷墟二期，安阳组　　　14号 子长李家塌出土，殷墟二期，安阳组

图版四 黄土丘陵出土铜鼎（四）

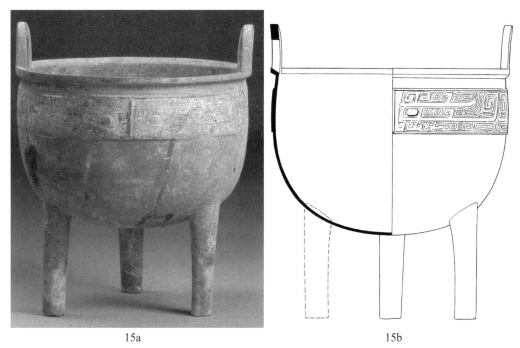

15a 15b

15号 清涧解家沟出土，殷墟二期，安阳组

16号 甘泉阎家沟出土，殷墟三期，安阳组　　17号 甘泉寺峁出土，殷墟四期，安阳组

图版五 黄土丘陵出土铜鼎（五）

18号 清涧解家沟出土，殷墟二期，安阳组

19号 石楼二郎坡出土，殷墟二期，安阳组

20号 绥德后任家沟出土，殷墟三期，关中组

21号 延川用斗出土，殷墟三期，关中组

图版六 黄土丘陵出土铜鼎（六）

22号 石楼二郎坡出土，殷墟二期，安阳组　　23号 保德林遮峪出土，殷墟二期，安阳组

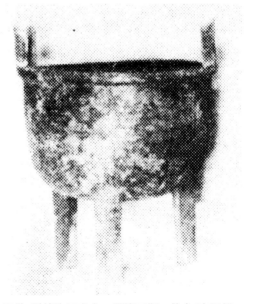

24号 甘泉阎家沟出土，殷墟三期，关中组　　25号 绥德沟口出土，殷墟三期，关中/安阳组

图版七 黄土丘陵出土铜鼎（七）

26号 清涧寨沟出土，殷墟三期，关中/安阳组　　27号 绥德沟口出土，殷墟三期，关中/安阳组

28号 甘泉阎家沟出土，殷墟三期，关中/安阳组　29号 甘泉阎家沟出土，殷墟三期，关中/安阳组

图版八　黄土丘陵出土铜鼎（八）

30号 绥德高家川出土，殷墟四期（？）　　　　三足盘，石楼桃花者出土，本地组

1号 洪洞上村出土，洹北时期，安阳组　　　　2号 大宁太德村出土，洹北时期，安阳组

图版九 黄土丘陵出土铜鼎、三足盘、鬲

1号 清涧解家沟出土，殷墟三期，安阳组

2号 石楼桃花者出土，洹北晚—殷墟早，安阳组

3号 甘泉阎家沟出土

4号 石楼二郎坡出土，殷墟二期，安阳组

图版一〇 黄土丘陵出土铜甗

1号 石楼桃花者出土，本地组

2号 清涧张家圪出土，本地组

3号 永和榆林出土，本地组

4号 延川华家原出土，本地组

图版一一 黄土丘陵出土铜簋（一）

5号 清涧解家沟出土，殷墟三期，安阳组　　6号 吴堡冯家墕出土，殷墟三期，安阳组

7号 子长李家塌出土，殷墟三期，安阳组　　8号 绥德墕头出土，殷墟三期，安阳组

9号 右玉大川出土，殷墟三期，安阳组　　10号 清涧解家沟出土，殷墟三期，安阳组

图版一二　黄土丘陵出土铜簋（二）

12号 甘泉闫家沟出土，关中本地组

14号 甘泉闫家沟出土，关中本地组

11号 甘泉闫家沟出土，关中本地组

13号 甘泉闫家沟出土，关中本地组

图版一三 黄土丘陵出土铜簋（三）

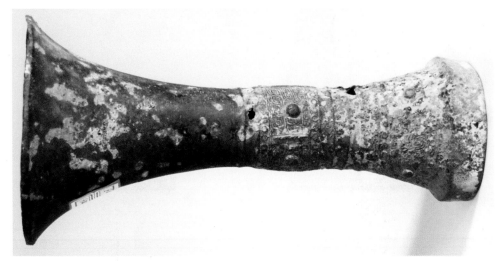

2号 隰县庞村出土，洹北时期，安阳组

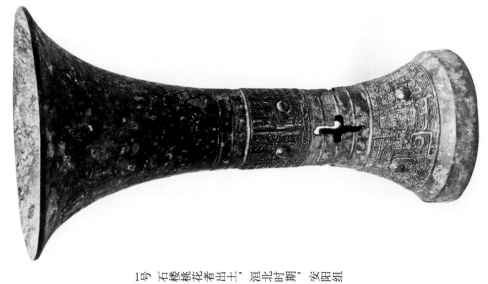

1号 石楼桃花者出土，洹北时期，安阳组

图版一四 黄土丘陵出土铜觚（一）

3a 4a

3b 4b

3号 忻州连寺沟羊圈坡出土， 4号 石楼后兰家沟出土，
洹北晚—殷墟早，安阳组 殷墟二期，安阳组

图版一五 黄土丘陵出土铜觚（二）

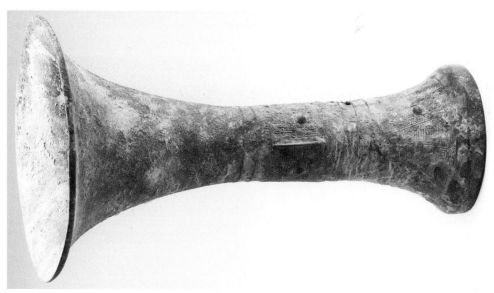

6号 石楼郎坡出土，殷墟二期，安阳组

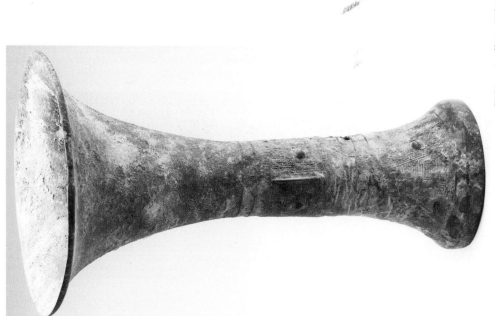

5号 石楼褚家峪出土，殷墟二期，安阳组

图版一六 黄土丘陵出土铜觚（三）

8号 石楼二郎坡出土，殷墟二期，安阳组

7号 石楼二郎坡出土，殷墟二期，安阳组

图版一七 黄土丘陵出土铜觚（四）

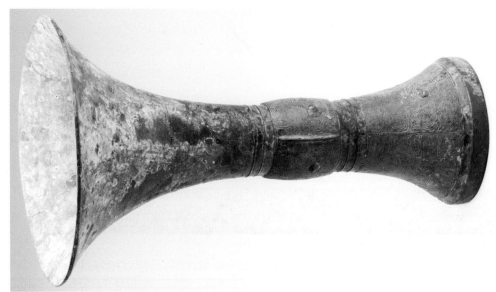

10号石楼琵琶垣出土,殷墟二期,安阳组

9号石楼二郎坡出土,殷墟二期,安阳组

图版一八 黄土丘陵出土铜觚(五)

12号 绥德后任家沟出土，殷墟三期；安阳组

11号 绥德墕头出土，殷墟三期；安阳组

图版一九 黄土丘陵出土铜觚（六）

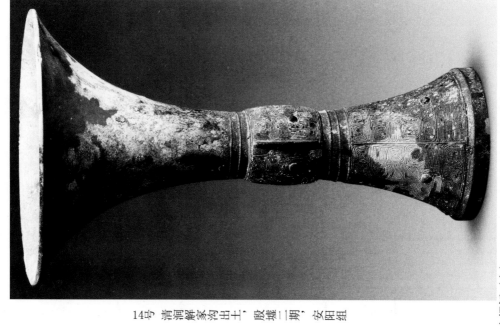

14号 清涧解家沟出土，殷墟三期，安阳组

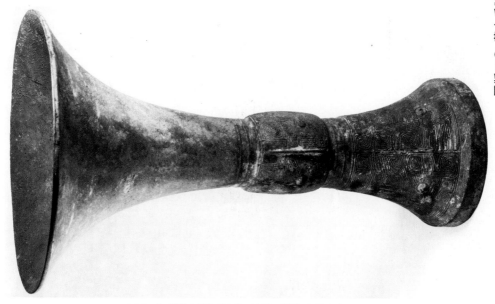

13号 子长李家畔出土，殷墟三期，安阳组

图版二〇 黄土丘陵出铜觚（七）

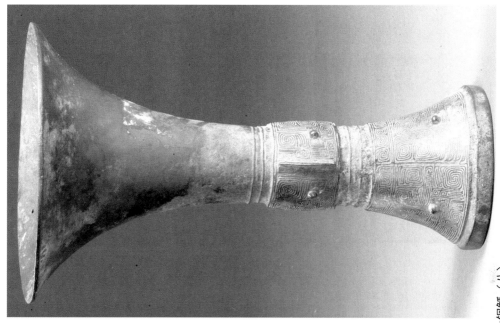

16号 清涧张家坬出土，殷墟二期，安阳组

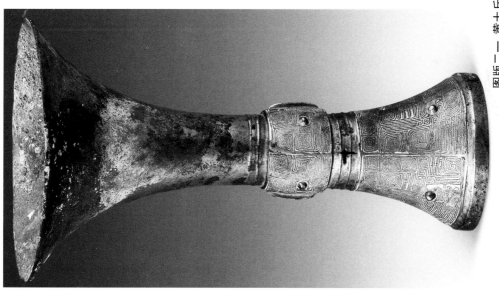

15号 清涧解家沟出土，殷墟二期，安阳组

图版二一 黄土丘陵出土铜觚（八）

18号 延川华家原出土，殷墟三期，安阳组

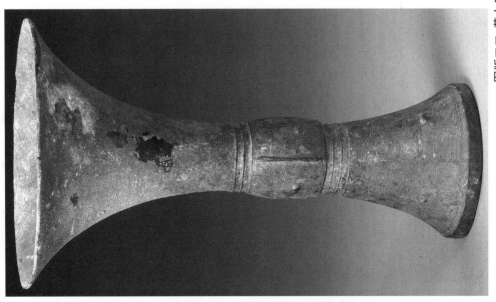

17号 子长李家塌出土，殷墟三期，安阳组

图版二二 黄土丘陵出土铜觚（九）

20号 延川华家塬出土，殷墟二期，安阳组

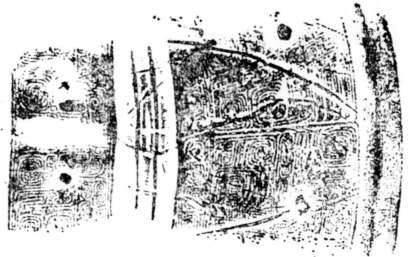

图版二三 黄土丘陵出土铜觚（十）

19b

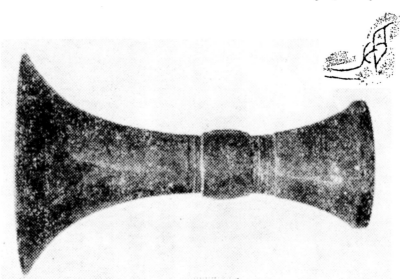

19a

19号 永和下辛角出土，殷墟二期，安阳组

22号 延川用斗出土，殷墟三期，安阳组

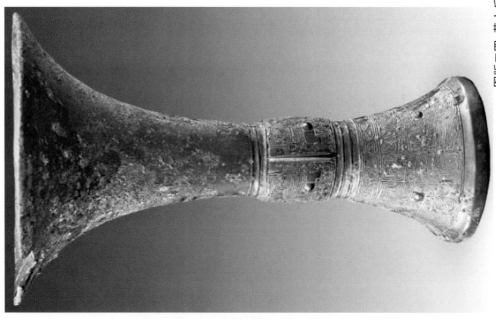

21号 子渊关王岔出土，殷墟三期，安阳组

图版二四 黄土丘陵出土铜觚（十一）

24号 永和郑家垤出土，殷墟二期，安阳组

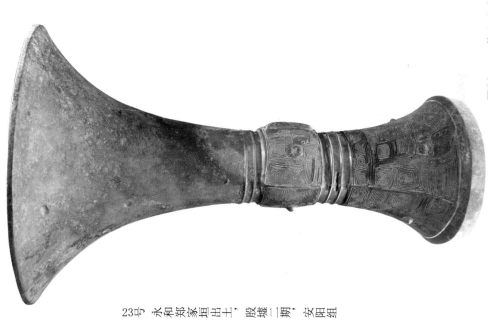

23号 永和郑家垤出土，殷墟二期，安阳组

图版二五 黄土丘陵出土铜觚（十二）

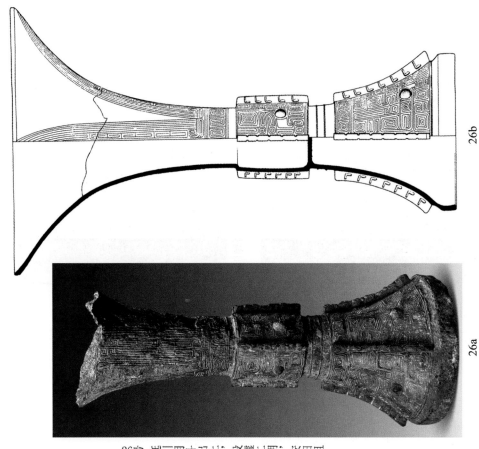

26b

26a

26号 延川用斗出土，殷墟二期，安阳组

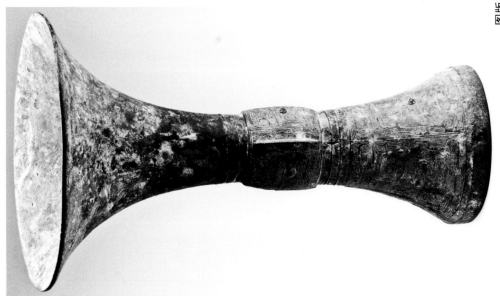

25号 石楼琵琶垣出土，殷墟二期，安阳组

图版二六 黄土丘陵出土铜觚（十三）

27号 忻州连寺沟出土，洹北时期，安阳组

28号 清涧解家沟出土（？），殷墟三期，安阳组

29号 甘泉阎家沟出土，殷墟三期，本地/安阳组

29a 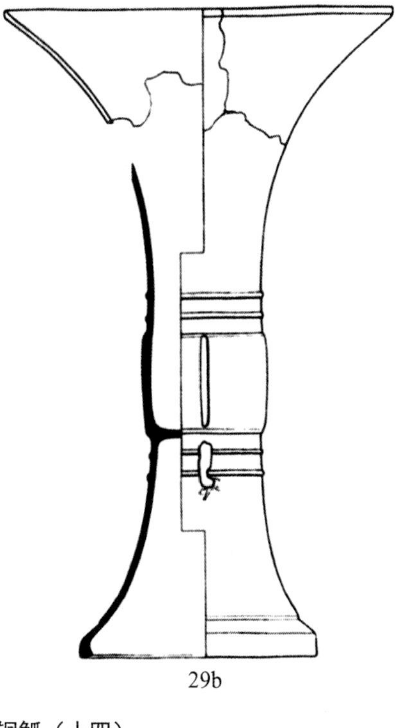　　29b

图版二七 黄土丘陵出土铜觚（十四）

30号 石楼桃花者出土,洹北晚—殷墟早,本地组

图版二八 黄土丘陵出土铜觚(十五)

1号 石楼下庄出土，洹北时期，安阳组　　2号 隰县庞村出土，洹北时期，安阳组

3号 石楼义牒出土，洹北晚—殷墟早，安阳组　　4号 延长土岗出土，洹北晚—殷墟早，安阳组

图版二九 黄土丘陵出土铜爵（一）

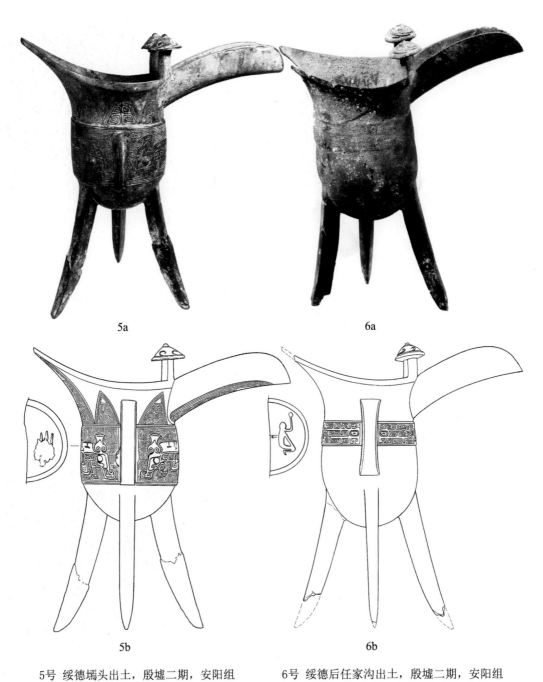

5号 绥德墕头出土,殷墟二期,安阳组　　6号 绥德后任家沟出土,殷墟二期,安阳组

图版三〇　黄土丘陵出土铜爵（二）

7号 忻州连寺沟牛子坪出土，安阳组　　　8号 隰县出土，殷墟二期，安阳组

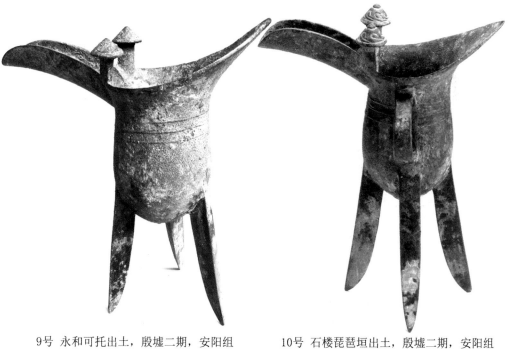

9号 永和可托出土，殷墟二期，安阳组　　10号 石楼琵琶垣出土，殷墟二期，安阳组

图版三一 黄土丘陵出土铜爵（三）

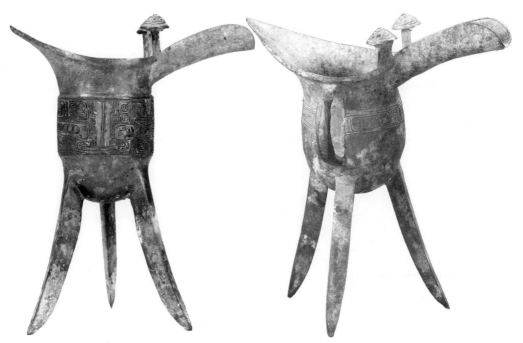

11号 石楼后兰家沟出土，殷墟二期，安阳组　　12号 延川用斗出土，殷墟二期，安阳组

13号 石楼桃花者出土，
洹北晚—殷墟早，安阳组

14号 忻州连寺沟羊圈坡出土，
洹北晚—殷墟早，安阳组

图版三二 黄土丘陵出土铜爵（四）

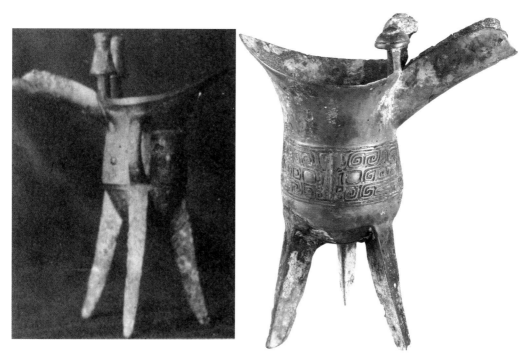

15号 子长李家塌出土，殷墟二期，安阳组　　16号 洪洞上村出土，洹北时期，安阳组

17号 延川华家原出土，殷墟二期，安阳组　　18号 永和下辛角出土，殷墟二期，安阳组

图版三三 黄土丘陵出土铜爵（五）

19号 永和郑家垣出土，殷墟二期，安阳组　　20号 永和郑家垣出土，殷墟二期，安阳组

1a　　2a

1b　　2b

1号 保德林遮峪出土，本地组　　2号 保德林遮峪出土，本地组

图版三四　黄土丘陵出土铜爵、豆

2号 子长李家崖出土，殷墟二期，安阳组

1号 石楼下庄出土，洹北时期，安阳组

图版三五 黄土丘陵出土铜斝（一）

4号墓川用斗出土，洹北时期，安阳组

3号墓庞村出土，洹北时期，安阳组

图三六 黄土丘陵出土铜斝（二）

6号 石楼桃花者出土,洹北晚一殷墟早,安阳组

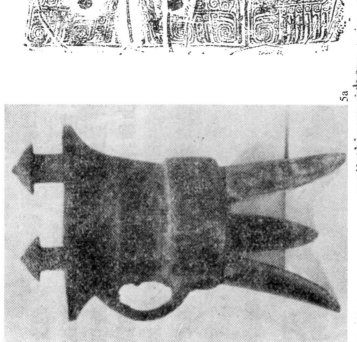

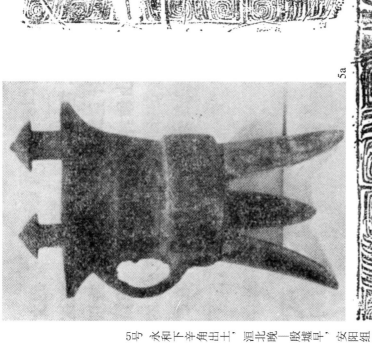

5a 5b 5c

5号 永和下辛角出土,洹北晚一殷墟早,安阳组

图版三七 黄土丘陵出土铜斝(三)

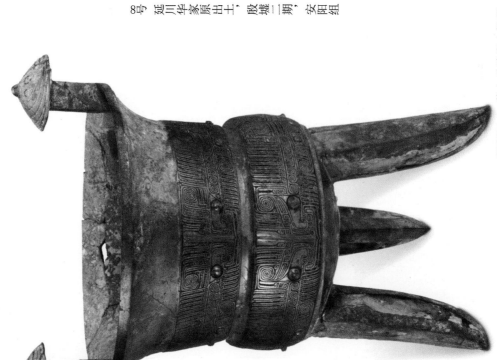

8号 延川华家原出土，殷墟二期，安阳组

7号 石楼后兰家沟出土，洹北晚—殷墟早，安阳组

图版三八 黄土丘陵出土铜斝（四）

8号 延川华家原出土，原铸和后配的足

8b

8c

9号 石楼二郎坡出土，殷墟二期，安阳组

10号 忻州连寺沟牛子坪出土，洹北晚—殷墟早，安阳组

图版三九 黄土丘陵出土铜斝（五）

2号 清涧张家圪出土，南方组

1号 子洲夫王岔出土，殷墟二期，安阳组

图版四〇 黄土丘陵出土铜尊

1号 石楼二郎坡出土，殷墟二期，安阳组

3号 保德林遮峪出土，殷墟三期，安阳组

2号 隰县出土，殷墟二期，安阳组

4号 甘泉阎家沟出土，殷墟三期，安阳组

图版四一 黄土丘陵出土铜卣

1号 延川华家原出土，殷墟二期，安阳组

图版四二 黄土丘陵出土铜壶（一）

2号 子洲关王岔出土，殷墟二期，安阳组

3号 清涧解家沟出土，殷墟二期，安阳组

4号 永和山坪里出土，殷墟二期，安阳组

5号 永和郑家垣出土，殷墟二期，安阳组

图版四三 黄土丘陵出土铜壶（二）

6号　清涧解家沟出土，殷墟二期，安阳组

7号　石楼桃花者出土，洹北晚—殷墟早，安阳组

8号　石楼桃花者出土，洹北晚—殷墟早，安阳组

9号　绥德墕头出土，殷墟二期，安阳组

图版四四　黄土丘陵出土铜壶（三）

图版四五 黄土丘陵出土铜甗（一）

1号 石楼桃花者出土，洹北晚，安阳组

2号 绥德墕头出土，洹北晚一殷墟早，安阳组

3号 永和榆林出土，洹北晚一殷墟早，安阳组

4号 清涧解家沟出土，洹北晚一殷墟早，安阳组

7号 隰县出土，洹北晚—殷墟早，安阳组

8号 石楼下庄出土，洹北晚—殷墟早，安阳组

5号 延川用斗出土，洹北晚—殷墟早，安阳组

6号 石楼后兰家沟出土，洹北晚—殷墟早，安阳组

图版四六 黄土丘陵出土铜瓿（二）

10号 保德林遮峪出土,洹北晚一段墟早,安阳组

12号 永和郑家垣出土,洹北晚一段墟早,安阳组

9号 清涧张家坬出土,洹北晚一段墟早,安阳组

11号 忻州连寺沟牛子坪出土,洹北晚一段墟早,安阳组

图版四七 黄土丘陵出土铜瓿(三)

14号 延川华家原出土,洹北晚一殷墟早,安阳组

罍,清涧张家坬出土,殷墟二期,安阳组

13号 保德林遮峪出土,洹北晚一殷墟早,安阳组

15号 子洲关王岔出土,洹北晚一殷墟早,安阳组

图版四八 黄土丘陵出土铜瓶、罍

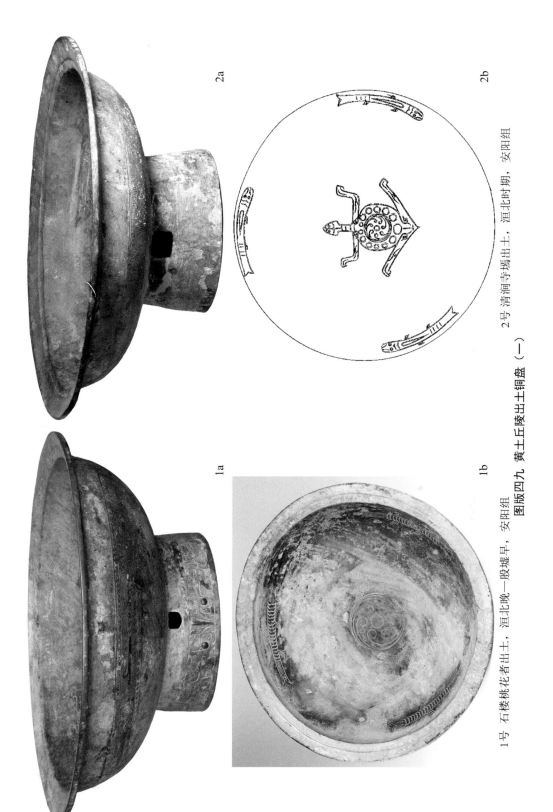

1号 石楼桃花者出土,洹北晚—殷墟早,安阳组　2号 清涧寺塔出土,洹北时期,安阳组

图版四九 黄土丘陵出土铜盘(一)

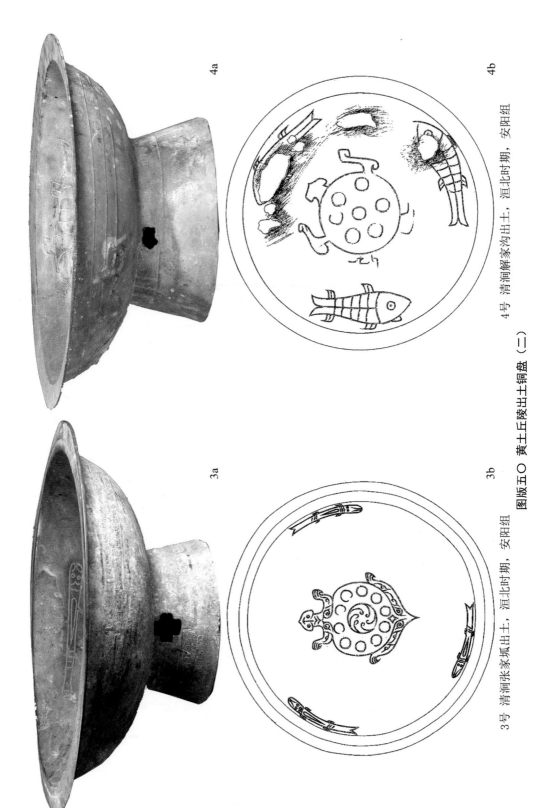

3号 清涧张家圪崂出土，洹北时期，安阳组

4号 清涧解家沟出土，洹北时期，安阳组

图版五〇 黄土丘陵出土铜盘（二）

2号 石楼曹家垣出土,北方本地组

1号 石楼指南出土,北方本地组

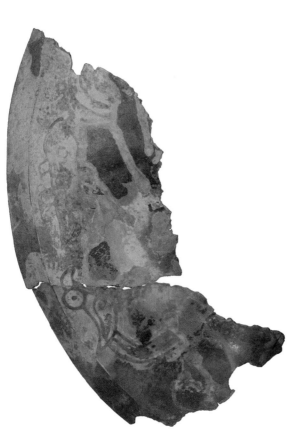

5号 子洲关王岔出土,洹北晚一期早,殷墟安阳组

6号 延川华家原出土,殷墟二期,安阳组

图版五一 黄土丘陵出土铜盘、响器

图版五二 石楼桃花者龙形觥（一）

图版五三 石楼桃花者龙形觥（二）

2号 石楼桃花者出土，本地组

5号 石楼曹家垣出土，北方组

6号 石楼曹家垣出土，北方组

1号 清涧解家沟出土，安阳组

3号 吉县上东村出土，北方组

4号 吉县上东村出土，北方组

1号 石楼桃花者出土，本地组

2号 延川用斗出土，本地组

图版五四 黄土丘陵出土铜勺、铲

1号 绥德墕头出土，殷墟二期，安阳组

2号 延川华家原出土，殷墟二期，安阳组

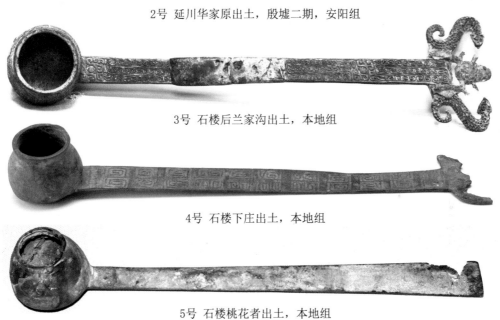

3号 石楼后兰家沟出土，本地组

4号 石楼下庄出土，本地组

5号 石楼桃花者出土，本地组

6号 清涧解家沟出土，本地组

图版五五 黄土丘陵出土铜斗

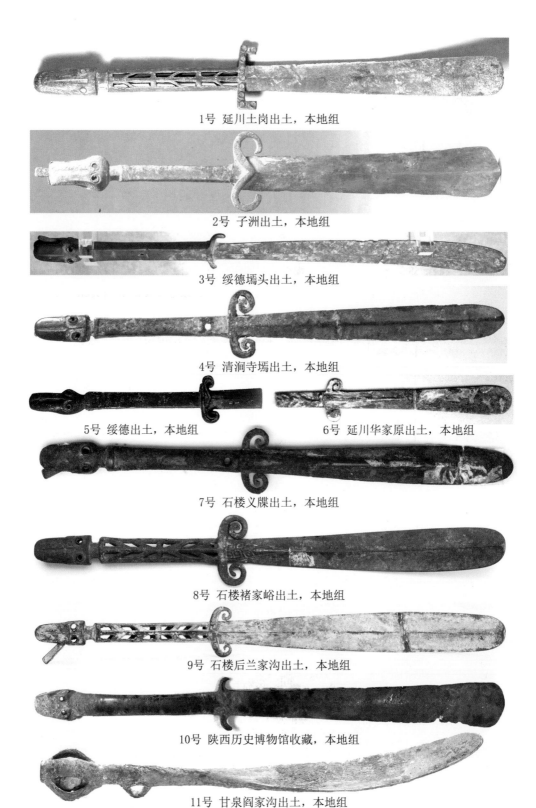

1号 延川土岗出土,本地组

2号 子洲出土,本地组

3号 绥德墕头出土,本地组

4号 清涧寺墕出土,本地组

5号 绥德出土,本地组　　　6号 延川华家原出土,本地组

7号 石楼义牒出土,本地组

8号 石楼褚家峪出土,本地组

9号 石楼后兰家沟出土,本地组

10号 陕西历史博物馆收藏,本地组

11号 甘泉阎家沟出土,本地组

图版五六 黄土丘陵出土铜蛇首匕、铃首匕

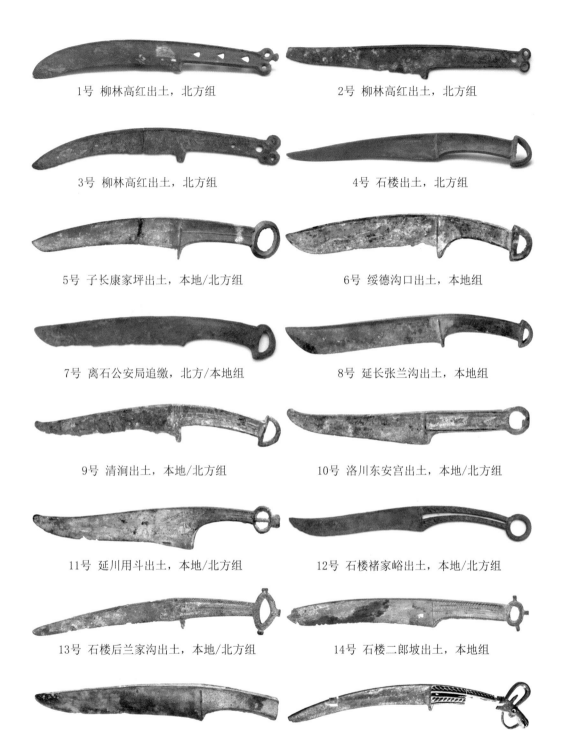

图版五七 黄土丘陵出土铜刀子

图版五八 黄土丘陵出土铜短剑

1号 子洲尚家沟出土,本地/北方组

2号 甘泉闫家沟出土,北方组

3号 吉县上东村出土,本地组

4号 石楼曹家垣出土,本地组

5号 柳林高红出土,本地组

6号 保德林遮峪出土,本地丘组

7号 延川去头村出土,本地组

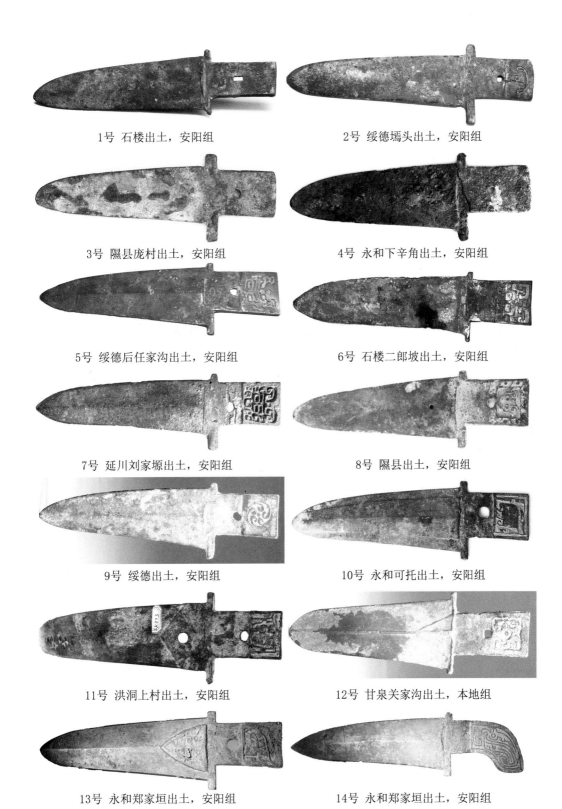

1号 石楼出土，安阳组　　　　　　　2号 绥德墕头出土，安阳组
3号 隰县庞村出土，安阳组　　　　　　4号 永和下辛角出土，安阳组
5号 绥德后任家沟出土，安阳组　　　　6号 石楼二郎坡出土，安阳组
7号 延川刘家塬出土，安阳组　　　　　8号 隰县出土，安阳组
9号 绥德出土，安阳组　　　　　　　　10号 永和可托出土，安阳组
11号 洪洞上村出土，安阳组　　　　　　12号 甘泉关家沟出土，本地组
13号 永和郑家垣出土，安阳组　　　　　14号 永和郑家垣出土，安阳组

图版五九 黄土丘陵出土铜戈（一）

15号 清涧寺墕出土，殷墟二期，安阳组　　16号 石楼郝家畔出土，殷墟二期，安阳组

17号 石楼圪堵坪出土，安阳组　　18号 子长李家塌出土，殷墟二期，安阳组　　19号 甘泉阎家沟出土，安阳组

20号 洪洞出土，安阳组　　21号 甘泉寺峁出土，安阳组

22号 绥德出土，安阳组　　23号 永和下辛角出土，安阳组

24号 洪洞上村出土，安阳组　　25号 石楼后兰家沟出土，安阳组

26号 石楼褚家峪出土，安阳组　　27号 石楼褚家峪出土，安阳组

28号 子长李家塌出土，安阳组　　29号 洛川居德村出土，安阳组

图版六〇　黄土丘陵出土铜戈（二）

30号 延长张兰沟出土，安阳组

31号 隰县出土，本地组

32号 绥德出土，安阳组

33号 清涧樊家岔出土，本地组

34号 绥德出土，安阳组

35号 离石公安局追缴，本地组

36号 清涧折家坪出土，安阳组

37号 洪洞出土，本地组

38号 石楼褚家峪出土，安阳组

39号 石楼义牒出土，本地组

40a

41号 米脂出土，本地组

40b

40号 石楼肖家塌出土，本地组

42号 延安甘谷驿出土，本地组

图版六一 黄土丘陵出土铜戈（三）

43号 石楼义牒出土，安阳组

44号 石楼琵琶垣出土，安阳组

45号 陕西历史博物馆收藏，安阳组

46号 绥德薛家渠出土

47号 甘泉关家沟出土

48号 宜川出土

49号 延长芙蓉村出土

50号 延长前河村出土

51号 延川华家原出土

52号 石楼下庄出土

53号 甘泉阎家沟出土

54号 洪洞出土

1号 甘泉阎家沟出土

2号 甘泉阎家沟出土

图版六二 黄土丘陵出土铜戈、剑鞘

1号 清涧李家崖出土，安阳/本地组

2号 延川土岗出土，安阳/本地组

3号 清涧寺墕出土，本地组

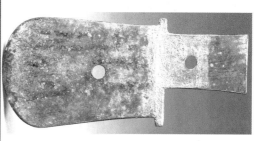
4号 延川土岗出土，本地组

5号 清涧李家崖出土，本地组

6号 石楼桃花者出土，本地组

7号 绥德墕头出土，本地组

8号 延川刘家塬出土，本地组

9号 绥德出土，本地组

10号 延安常兴庄出土，本地组

图版六三 黄土丘陵出土铜钺（一）

11号 石楼二郎坡出土，殷墟二期，安阳组

12号 石楼二郎坡出土，殷墟二期，安阳组

13号 绥德墕头出土，殷墟二期，安阳组

14号 甘泉阎家沟出土，本地组

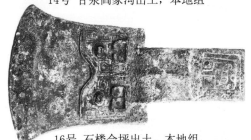
16号 石楼会坪出土，本地组

15号 延川华家原出土，本地组

18号 子长南沟岔出土，本地组

17号 延长张兰沟出土，本地组

19号 绥德杨家峁出土，本地组

图版六四 黄土丘陵出土铜钺（二）

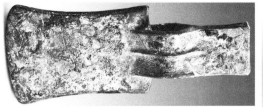
20号 清涧出土，本地组

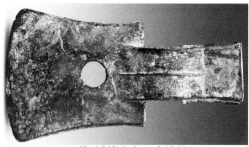
21号 绥德出土，本地组

22号 石楼义牒出土，本地组

23号 柳林高红出土，本地组

24号 石楼义牒出土，本地组

25号 宜川殿头村出土，本地组

26号 清涧出土，本地组

27号 清涧樊家岔出土，本地组

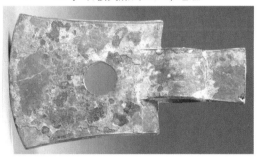
28号 绥德出土，本地组

29号 绥德出土，本地组

图版六五 黄土丘陵出土铜钺（三）

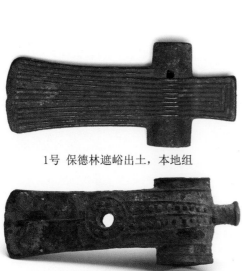

1号 保德林遮峪出土，本地组

2号 临汾出土，本地组

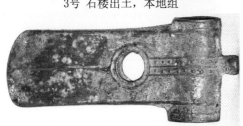

3号 石楼出土，本地组

4号 石楼塔子上出土，本地组

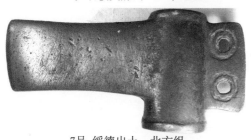

5号 石楼义牒出土，本地组

6号 清涧双庙河出土，本地组

7号 绥德出土，北方组

8号 绥德黄家坡出土，本地组

9号 保德林遮峪出土，本地组　　10号 绥德出土，本地组

图版六六 黄土丘陵出土铜管銎斧（一）

11号 延长出土，本地组

12号 延长出土，本地组

13号 绥德出土，本地组

14号 石楼圪堵坪出土，本地组

15号 延川去头村出土，本地/北方组

16号 石楼曹家垣出土，北方组

图版六七 黄土丘陵出土铜管銎斧（二）

17号 清涧李家崖出土，本地组

18号 清涧惠家园出土，本地组

19号 清涧李家崖出土，本地组

20号 柳林高红出土，本地组

22号 永和郑家垣出土，本地组

矛，柳林高红出土，北方组

21号 吉县上东村出土，北方组

1号 延川去头村出土，本地/北方组

2号 石楼曹家垣出土，本地/北方组

图版六八 黄土丘陵出土铜管銎斧、矛、条形器

1号 延长张兰沟出土，本地组

2号 石楼义牒出土，本地组

3号 离石公安局追缴，本地组

4号 石楼琵琶垣出土，本地组

5号 甘泉阎家沟出土，本地组

6号 子长涧峪岔出土，本地组

7号 子洲尚家沟出土，安阳组

8号 永和郑家垣出土，本地组

9号 子长宋家坪出土，本地组

10号 石楼南沟出土，本地组

11号 子长涧峪岔出土，本地组

1号 柳林高红出土，北方组

2号 太原电解厂拣选，北方组

图版六九 黄土丘陵出土铜"大刀"、胄

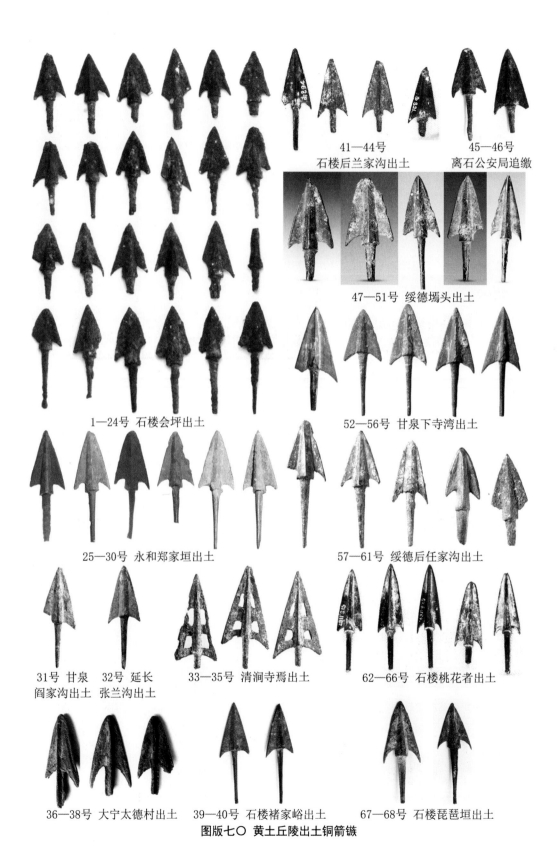

图版七〇 黄土丘陵出土铜箭镞

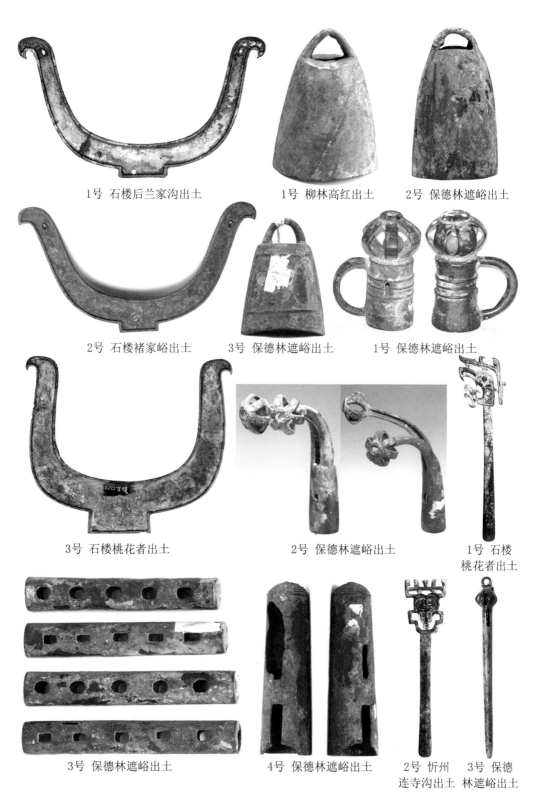

图版七一 黄土丘陵出土铜项圈、铃、车马器、笄

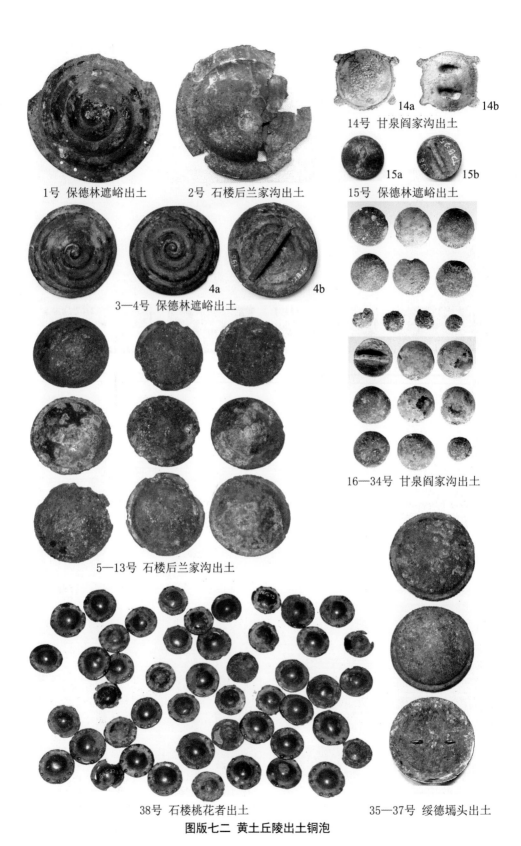

图版七二 黄土丘陵出土铜泡

1号 绥德出土　2号 绥德出土　3号 绥德出土　4号 子洲尚家沟出土

5号 绥德薛家渠出土　6号 绥德出土　7号 绥德出土　8号 绥德出土

9号 清涧樊家岔出土　10号 清涧出土　11号 绥德出土　12号 清涧寺墕出土

13号 绥德周家沟出土　14号 子长宋家坪出土　15号 延川刘家塬出土　16号 延川用斗出土

图版七三 黄土丘陵出土铜斧（一）

图版七四 黄土丘陵出土铜斧、锛

6号 洛川东安宫出土　　7号 清涧寺墕出土　　8号 延川刘家塬出土　　9号 离石公安局追缴

10号 榆林出土　　11号 清涧惠家圪崂出土　　12号 延川用斗出土　　13号 石楼桃花者出土

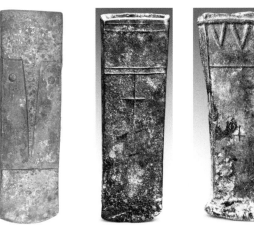

14号 绥德墕头出土　　15号 子长出土　　16号 宜川太吉村出土　　17号 子长宋家坪出土

图版七五　黄土丘陵出土铜锛（二）

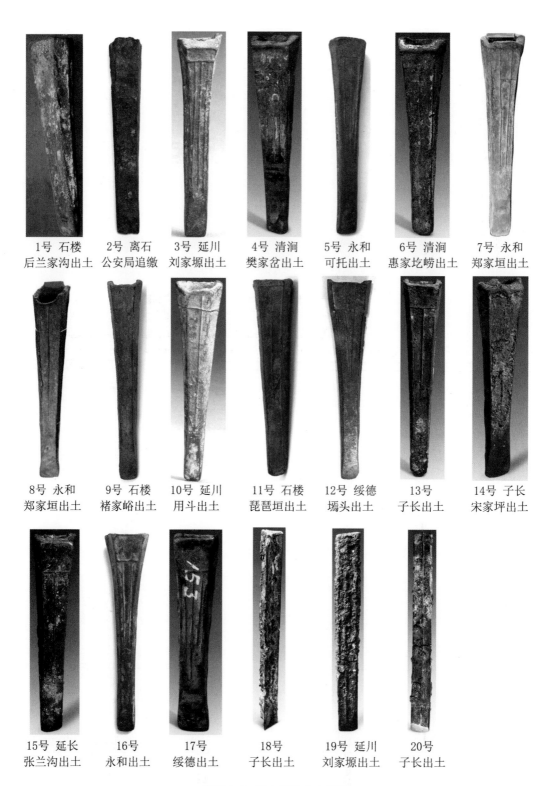

图版七六 黄土丘陵出土铜凿

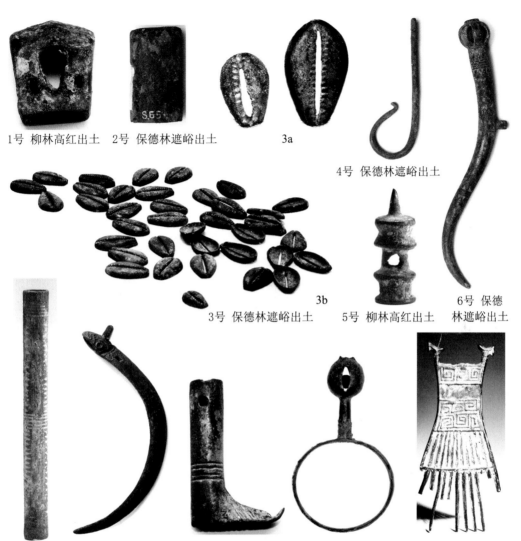
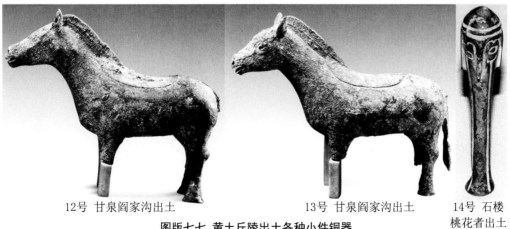

1号 柳林高红出土　2号 保德林遮峪出土　3a
4号 保德林遮峪出土
3b 3号 保德林遮峪出土　5号 柳林高红出土　6号 保德林遮峪出土
7号 石楼曹家垣出土　8号 大宁太德村出土　9号 柳林高红出土　10号 石楼桃花者出土　11号 石楼琵琶垣出土
12号 甘泉阎家沟出土　13号 甘泉阎家沟出土　14号 石楼桃花者出土

图版七七　黄土丘陵出土各种小件铜器

附录三 黄土丘陵出土青铜器的风格与产地

1. 1号鼎，隰县庞村

3. 2号鼎，永和可托

2. 藁城台西

4. 洹北董王度，引自郑州，1993：9号

图版七八　1号鼎的比较（1-2）；2号鼎的比较（3-4）

3. 长子北高庙，引自《全集》1:43

6. 洹北三家庄，引自郑州，1993:1号

2. 安阳侯家庄M1001，引自梁思永、高去寻，1962:图版253-2

5. 长子北高庙

1. 3号鼎，忻州连寺沟牛子坪

4. 4号鼎，忻州连寺沟羊圈坡

图版七九　3号鼎的比较（1-2）；4号鼎的比较（3-6）

1. 郑州铭功路，引自河南，1981：39号　　2. 灵宝东桥，引自河南，1981：123号

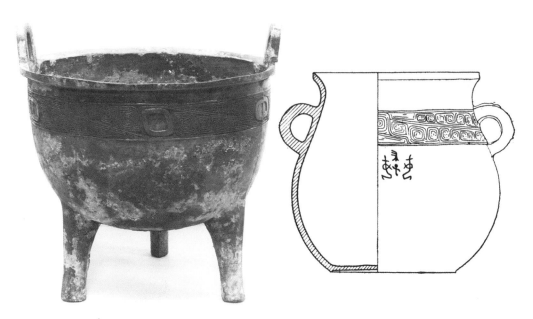

3. 6号鼎，石楼桃花者　　4. 安阳妇好墓，引自考古所，1985：图23-3

图版八〇　斜角雷纹鼎的比较

4. 安阳，引自河南，1981：328号

8. 旧金山亚洲艺术博物馆藏

3. 郑州白家庄M3，引自河南，1981：27号

7. 安阳花园庄M54，引自昆明，2008：55号

2. 上海博物馆藏

6. 武安赵窑

1. 7号鼎，忻州连寺沟羊圈坡

5. 岳阳铜鼓山

图版八一 勾云纹鼎的比较

1. 安阳花园庄M60，引自昆明，2008：4号　　2. 西安老牛坡，引自刘士莪，2002

3. 安阳小屯南地H13，
   引自考古所，1985：89号

4. 安阳武官北地M1，
   引自河南，1981：261号

图版八二　殷墟早期流行的几何纹饰小圆鼎

3. 武安赵窑，引自陈惠，江达煌，1992

6. 安阳武官北地M1435，引自《全集》2:63

2. 安阳武官村，引自河南，1981：276号

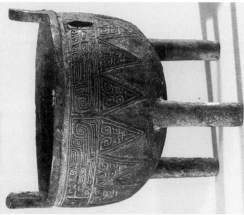

5. 安阳妇好墓，引自《全集》2:7

1. 8号鼎，石楼桃花者

4. 13号鼎，保德林遮峪

图版八三　8号鼎鼎的比较（1-3）；13号鼎鼎的比较（4-6）

3. 济南大辛庄

6. 哈佛大学藏方彝，盖上的兽面倒置

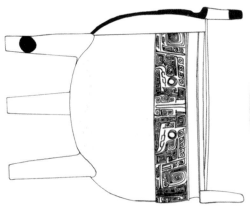

2. 12号鼎倒视，子洲关王岔

5. 安阳西北岗M1885，鸮尊胸前的兽面倒置，引自李永迪，2009

1. 12号鼎正视，子洲关王岔

4. 上海博物馆藏壶，颈部的兽面倒置，引自《全集》3:89

图版八四 误倒纹饰的12号鼎与适应装饰空间倒置纹饰的安阳铜器

1. 14号鼎，子长李家塌

2. 安阳西北岗HPKM11333，引自李济、万家保，1970：图版7

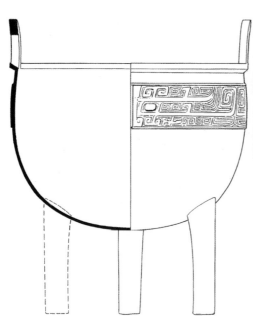

3. 15号鼎，清涧解家沟

4. 安阳刘家庄M793，引自昆明，2008：95号

图版八五 14号鼎的比较（1-2）；15号鼎的比较（3-4）

1. 19号鼎,石楼二郎坡　　　　　2. 上海博物馆藏,引自《全集》2:61

3. 旧金山亚洲艺术博物馆藏　　　4. 安阳武官村,引自河南,1981:267号

图版八六　19号鼎的比较

4. 安阳花园庄M85，引自考古所，2007a：图版2-2　　5. 安阳戚家庄M63，引自郑州，1993：62号

3. 安阳西北冈HPKM1550，引自李济、万家保，1970：图版5

1. 安阳武官北地M229，引自《全集》2：14　　2. 安阳西北冈HPKM1768，引自李济、万家保，1972：图版31

图版八七　安阳的简化风格铜器及简化风格鼎的形制变化

5. 27号鼎，绥德沟口　　　　　　6. 扶风美阳，引自陕西，1979：42号

3. 23号鼎，保德林遮峪　　　　　4. 安阳小屯M18，引自考古所，1985：149号

图版八八　简化风格鼎的比较

1. 22号鼎，石楼二郎坡　　　　　2. 安阳小屯M17，引自考古所，1985：164号

1. 30号鼎，绥德高家川
3. 安阳郭家庄北M6，引自郑州，1993：76号

2. 30号鼎纹饰
4. 赛克勒藏品，引自Bagley，1987：44号

图版八九　30号鼎的比较

5. 1号甗，清涧解家沟　　　6. 安阳郭家庄M160，引自《全集》2:79

3. 4号甗，石楼二郎坡　　　4. 安阳郭家庄M26，引自昆明，2008:14号

1. 2号甗，石楼桃花者　　　2. 安阳小屯M18，引自《全集》2:74

图版九〇　甗的比较

1. 1号鬲，洪洞上村

2. 郑州小双桥出土，引自河南，2002：91

3. 2号鬲，大宁太德

4. 武安赵窑，引自陈惠、江达煌，1992

图版九一 鬲的比较

1. 4号簋，延川华家原　　　2. 瑞典远东博物馆藏，引自Myrdal，2009：65号

3. 国家博物馆藏　　　　　　4. 陶簋，柳林高红

图版九二　4号高圈足簋的比较

1. 10号簋，清涧解家沟

2. 安阳花园庄M54，引自昆明，2008：53号

3. 2号壶，子洲关王岔

4. 安阳武官村，引自河南，1981：275号

图版九三 10号簋的比较（1-2）；2号壶的比较（3-4）

1. 安阳范家庄M4，引自昆明，2008：76号

2. 安阳新安庄M225，引自昆明，2008：229号

3. 罗山天湖，引自河南，2002：103

4. 济南刘家庄，引自郭俊峰、房振、李铭，2016

5. 青州苏埠屯

6. 定州北庄子，引自河北，2016：166

图版九四 安阳及商的地方中心出土的盆形乳钉纹簋

1. 武功浮沱村　　2. 扶风吕宅，引自陕西，1979：50号　　3. 宝鸡下马乡旭光村M1

4. 14号簋，甘泉阎家沟　　5. 安阳M764，引自河南，1981：233号　　6. 陶簋，绥德薛家渠，引自陕西，2013

图版九五　关中输入和仿制的盆形乳钉纹簋比较（1-3）；14号素面簋盘的比较（4-6）

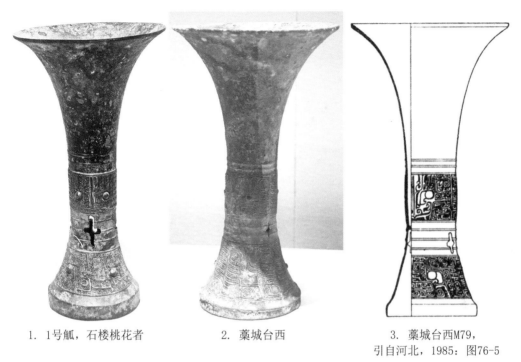

1. 1号觚，石楼桃花者
2. 藁城台西
3. 藁城台西M79，引自河北，1985：图76-5

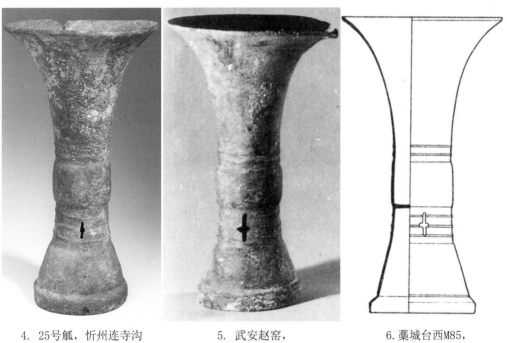

4. 25号觚，忻州连寺沟
5. 武安赵窑，引自陈惠、江达煌，1992
6. 藁城台西M85，引自河北，1985：图76-6

图版九六 1号觚的比较（1-3）；25号觚的比较（4-6）

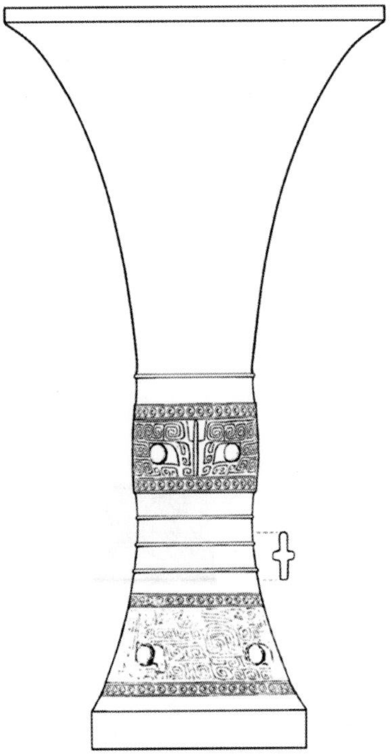

1. 2号觚，隰县庞村

2. 阜南月牙河

3. 3号觚，忻州连寺沟羊圈坡

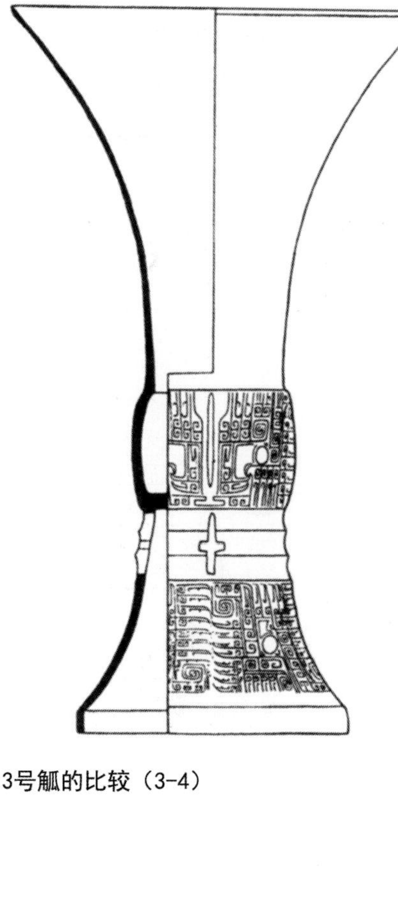

4. 济南大辛庄M72，引自方辉等，2004

图版九七 2号觚的比较（1-2）；3号觚的比较（3-4）

1. 4号觚，石楼后兰家沟

2. 传出安阳，引自White, 1956: 图版3

3. 7号觚，石楼二郎坡

4. 安阳郭家庄南M1，引自昆明，2008: 89号

图版九八 4号觚的比较（1-2）；7号觚的比较（3-4）

1. 25号觚，石楼琵琶垣
2. 安阳西北岗HPKM1400，引自李济、万家保，1964：图版25
3. 28号觚，清涧解家沟
4. 安阳AGM354，引自河南，1981：215号

图版九九 25号觚的比较（1-2）；28号觚的比较（3-4）

1. 30号觚，石楼桃花者

2. 安阳YM238，引自李济、万家保，1964：图版36

3. 台北故宫博物院藏，引自陈芳妹，1998：30号

4. 台北故宫博物院藏，引自陈芳妹，1998：36号

图版一〇〇 30号觚的比较

1. 1号爵，石楼下庄　　　　2. 洹北三家庄，引自郑州，1993：8号

3. 3号爵，石楼义牒　　　　4. 武安赵窑，引自陈惠、江达煌，1992

图版一〇一　1号爵的比较（1-2）；3号爵的比较（3-4）

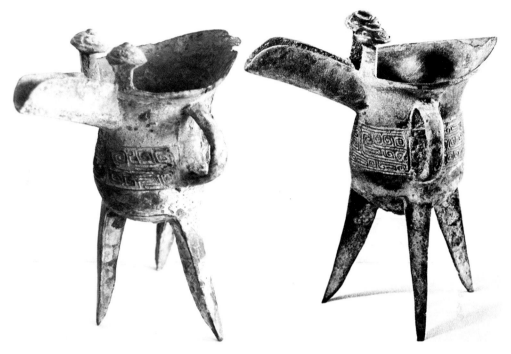

1. 2号爵，隰县庞村　　　　　　2. 灵宝东桥，引自河南，1981：124号

3. 13号爵，石楼桃花者　　　　　4. 安阳侯家庄西M1885，引自李济、万家保，1966：图版29

图版一〇二　2号爵的比较（1-2）；13号爵的比较（3-4）

1. 10号爵，石楼琵琶垣　　2. 安阳郭家庄M5，引自昆明，2008：87号

3. 17号爵，延川华家原　　4. 瑞典远东博物馆藏，引自Karlgren，1948

图版一〇三　10号爵的比较（1-2）；17号爵的比较（3-4）

1. 1号斝，石楼下庄

2. 藁城台西，引自河北，1985：图版82-1

3. 6号斝，石楼桃花者

4. 安阳小屯M331，引自李济、万家保，1968：图版8

图版一〇四 1号斝的比较（1-2）；6号斝的比较（3-4）

1. 2号斝,子长李家塌　　　　2. 安阳高楼庄M8,引自河南,1981:283号

3. 7号斝,石楼后兰家沟　　　4. 安阳小屯M188,引自李永迪,2009:34号

图版一〇五　2号斝的比较(1-2);7号斝的比较(3-4)

1. 8号斝，延川华家原
2. 新乡博物馆藏，传出安阳，引自《全集》3：45
3. 9号斝，石楼二郎坡
4. 安阳妇好墓，引自《全集》3：40

图版一〇六　8号斝的比较（1-2）；9号斝的比较（3-4）

1. 1号尊,子洲关王岔

2. 安阳小屯M18,引自《全集》3:97

3. 1号罍,清涧张家圪

4. 安阳小屯M18,引自《全集》3:79

图版一〇七 1号尊的比较(1-2);1号罍的比较(3-4)

1. 2号尊，清涧张家圪

2. 玫茵堂藏，
引自Bagley，1987：127页图185

3. 湖南岳阳出土罍，
引自Bagley，1987：551页图104.27

4. 大都会博物馆藏，
引自Bagley，1987：543页图104.5

图版一〇八 2号尊的比较

3. 荥阳小胡村, 引自河南, 2015:彩版六

引自李济, 万家保, 1972:图版40
6. 安阳小屯M388

2. 安阳苗圃北地M229, 引自昆明, 2008:39号

5. 武安赵窑

1. 1号卣, 石楼二郎坡

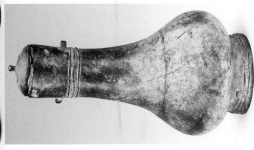

4. 7号壶, 石楼桃花者

图版一○九 1号卣的比较 (1-3); 7号壶的比较 (4-6)

1. 3号卣，保德林遮峪

2. 安阳刘家庄北M1，引自《全集》3：126

3. 4号卣，甘泉阎家沟

4. 安阳高楼庄M8，引自河南，1981：287号

图版一一〇 3号卣的比较（1-2）；4号卣的比较（3-4）

1. 3号壶，清涧解家沟

2. 安阳高楼庄M8，引自河南，1981：286号

3. 4号壶，永和山坪里

4. 安阳西北岗HPKM1005，
引自李济、万家保，1972：图版28

图版一一一 3号壶的比较（1-2）；4号壶的比较（3-4）

引自《全集》3:91
3. 弗利尔美术馆藏，传出安阳。

引自李济，万家保，1972:图版43
6. 安阳西北岗HPKM1022。

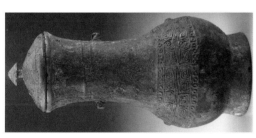

引自陈芳妹，1998:57号
2. 台北故宫博物院藏。

引自陈雪香，史本恒，方辉，2010:图4
5. 济南大辛庄M139。

引自《全集》3:92
1. 科隆东亚艺术博物馆藏，传出安阳。

4. 6号壶，清涧解家沟。

图版一一二 6号壶的比较

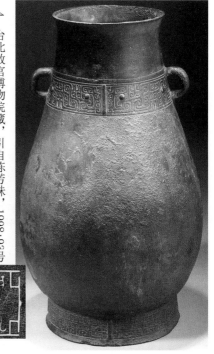

1. 9号壶，绥德墕头
2. 郑州向阳回民食品厂，引自《全集》1:136
3. 国家博物馆藏，传出安阳
4. 台北故宫博物院藏，引自陈芳妹，1998:93号

图版一一三 9号壶的比较

3. 辽宁喀左小波汰大圆鼎足部

2. 平陆前庄大圆鼎足部

5. 出光美术馆藏卣

1. 8号壶，石楼桃花者

4. 安阳妇好墓亚弜鼎足部

图版一一四　8号壶拉长兽面纹的比较

1. 1号瓿，石楼桃花者

2. 平谷刘家河，引自北京，2002：54页图12

3. 3号瓿，永和榆林

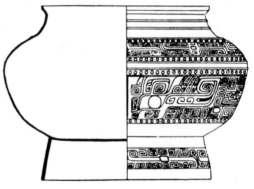
4. 藁城台西，引自郑绍宗，1973：28页图8-4

5. 7号瓿，隰县出土

6. 安阳武官北地M1，引自《全集》3：72

图版一一五 1号瓿的比较（1-2）；3号瓿的比较（3-4）；7号瓿的比较（5-6）

1. 15号瓿，子洲关王岔

2. 8号壶，石楼桃花者

3. 安阳西北岗HPKM1001的木雕印痕，
引自梁思永、高去寻，1962：彩版1

4. 安阳西北岗HPKM1001出土大理石雕，
引自李永迪，2009：121号

图版一一六 15号瓿纹饰的比较

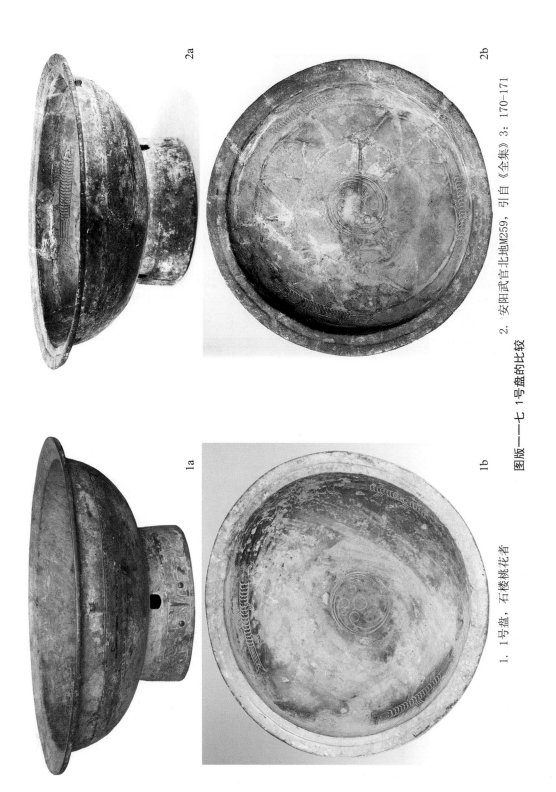

1. 1号盘，石楼桃花者 2. 安阳武官北地M259，引自《全集》3: 170–171

图版一一七 1号盘的比较

1. 3号盘，清涧张家坬

2. 黄陂盘龙城李家嘴M1

3. 6号盘，延川华家原

4. 安阳小屯M232，引自李济、万家保，1972：图版7

图版一一八 3号盘的比较（1-2）；6号盘的比较（3-4）

1. 5号盘,子洲关王岕
2. 引自容庚,2008:图版826
3. 传出安阳,引自梅原末治,1964:图版81

图版一一九 5号盘的比较

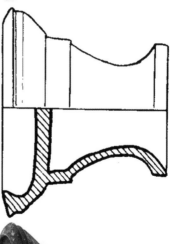

1. 13号瓿，保德林遮峪

2. 安阳西北岗HPKM1001，引自李济、万家保，1972：图版21

3. 安阳，引自河南，1981：333号

4. 2号豆，保德林遮峪

5. 陶豆，汾阳杏花，引自国家文物局，1998：图136-4

6. 安阳郭家庄M1，引自《全集》2：102

7. 陶豆，藁城台西，引自河北，2016

图版一二〇 13号瓿的比较（1-3）；2号豆的比较（4-7）

1. 觥盖上纠缠大小龙纹，石楼桃花者

2. 觥盖上纠缠大小龙纹，传出安阳

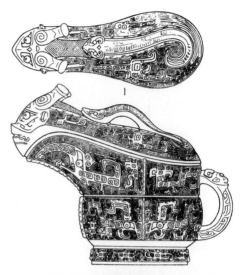

3. 觥盖上纠缠大小龙纹，安阳妇好墓

4. 圆涡纹填补龙身两侧的空白，石楼桃花者

5. 圆涡纹填补龙身两侧的空白，安阳妇好墓

6. 一首双身龙纹，安阳苗圃北地M229

7. 一首双身龙纹，安阳苗圃北地M229

8. 一首双身龙纹，石楼桃花者

9. 不规则空间填补小动物，传出安阳　　10. 不规则空间填补小动物，石楼桃花者

图版一二一　龙形觥上四种设计方案的比较

1. 长尾鸟纹，石楼桃花者

2. 长尾鸟纹，安阳妇好墓

3. 长尾鸟纹，安阳西北岗M1004

4. 鸟纹，石楼桃花者

5. 鸟纹，安阳妇好墓

6. 长吻鱼纹，石楼桃花者

9. 小龙纹，石楼桃花者

7. 长吻鱼纹，安阳西北岗M1004

10. 小龙纹，安阳妇好墓

8. 长吻鱼纹，引自容庚，2008：图版826

11. 大龙纹，石楼桃花者

12. 大龙纹，安阳西北岗M1001

13. 龙蛇纹，石楼桃花者

14. 龙蛇纹，保利博物馆藏盘

图版一二二 龙形觥具体纹样的比较

1. 安阳象牙器，哈佛大学艺术博物馆藏　　2. 龙形觥器形，石楼桃花者

3. 安阳骨雕上的鸟纹，安阳西北岗M1001　　4. 龙形觥上的小龙纹，石楼桃花者

5. 安阳象牙豆上下凹的纹饰，安阳西北岗M1001　　6. 龙形觥上下凹的纹饰

7. 安阳骨雕上弯折身体的蛇纹，安阳西北岗M1001　　8. 龙形觥上弯折身体的蛇纹

9. 安阳骨雕上的鳄鱼纹，安阳西北岗M1001　　10. 龙形觥上的鳄鱼纹

图版一二三　龙形觥与安阳象牙器和骨雕的比较

1. 6号勺，石楼曹家垣

6. 带坠饰的马首铜短棒，鄂尔多斯博物馆藏，引自鄂尔多斯，2006

2. 骨勺（公元前18—前17世纪），蒙古布尔干省呼塔格温都尔苏木，引自Eregzen，2016

7. 带坠饰的马首铜短棒，准格尔旗䅽亥树湾，引自鄂尔多斯，2013

3. 马首勺，鄂尔多斯博物馆藏，引自鄂尔多斯，2013

8. 带坠饰的马首铜短棒，宁城小黑石沟M8061，引自内蒙古，2009

4. 铜勺（公元前1千纪），蒙古国，引自Erdenechuluun，2011：437号

9. 带坠饰的铃首铜短棒，赛克勒藏品，引自Bunker et al.，1997

5. 铜勺（公元前1千纪），鄂尔多斯博物馆藏，引自鄂尔多斯，2006

10. 蒙古族萨满的带坠饰法器，内蒙古博物院藏

11. 1号铲，石楼桃花者

13. 角铲，且末扎滚鲁克M136

12. 台北故宫博物院藏，引自陈芳妹，1998：81号   14. 蒙古族给羊喂药的铜铲，内蒙古博物院藏

图版一二四 带坠饰勺子的比较（1-10）；铲的比较（11-14）

1. 1号斗，绥德墕头

3. 2号斗，延川华家原

2. 安阳小屯YM331，引自《全集》3：162

4. 安阳大司空，引自《考古》1992年第6期

5. 4号斗，石楼下庄

8. 3号斗，石楼后兰家沟

6. 故宫博物院藏，引自故宫，1999：140号

7. 引自容庚，2008：图版816

9. 鄂尔多斯博物馆藏　10. 凌源三官店子　11. 哈萨克斯坦　12. 3号斗兽面纹

13. 6号斗，清涧解家沟

16. 马首木斗（公元前6世纪），图瓦Chinge-Tei四号墓，引自Simpson and Pankova, 2017

14. 铜斗，鄂尔多斯博物馆藏，引自鄂尔多斯，2006

17. 兽首木斗（汉代），洛浦山普拉墓地

15. 铜斗，宁城小黑石沟

18. 马首木斗（近代），蒙古国立历史博物馆藏

图版一二五　1号斗的比较（1-2）；2号斗的比较（3-4）；4号斗的比较（5-7）；3号斗的比较（8-12）；6号斗的比较（13-18）

1. 9号蛇首匕，石楼后兰家沟

6. 木质呼苏尔，蒙古中戈壁省博物馆藏

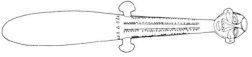

2. 人首匕，朝阳，引自郭大顺，1993：图3-10

7. 木质呼苏尔，蒙古中央省博物馆藏

3. 羊首匕，藁城台西M112

8. 鹈鹕喙制作的呼苏尔，蒙古国立历史博物馆藏

4. 铃首匕，甘泉阎家沟

9. 骨质呼苏尔，蒙古国立历史博物馆藏

5. 铃首匕，鄂尔多斯博物馆藏，引自鄂尔多斯，2006

10. 骨质匕形器（公元前2千纪），蒙古巴彦洪戈尔省，引自Erdenechuluun，2011：290号

11. 蒙古库苏古尔省布林托哥托赫苏木祖翁戈尔鹿石，引自沃尔科夫，2007：图85a

12. 蒙古后杭爱省伊赫塔米尔苏木萨瓦尔蒂阿姆鹿石，引自沃尔科夫，2007：图16

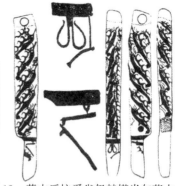

13. 蒙古后杭爱省伊赫塔米尔苏木采采尔莱戈山鹿石，引自沃尔科夫，2007：图8

图版一二六 青铜"匕"与蒙古马汗刮、鹿石"镰形饰"的比较

1. 2号铃，保德林遮峪
2. 鄂尔多斯博物馆藏，引自鄂尔多斯，2006
3. 安阳武官村，引自郭宝钧，1951
4. 3号铃，保德林遮峪
5. 安阳西北岗

6. 石楼曹家垣
7. 和泉市久保惣纪念美术馆藏，引自东京，1997：25号
8. 东京国立博物馆藏，引自东京，1997：26号
9. 东京国立博物馆藏，引自东京，1997：29号
10. 外贝加尔Derestuy，引自Bunker et al., 1997：图A132
11. 哈密五堡，引自哈密，2013
12. 东京国立博物馆藏，引自东京，1997：29号

13. 小黑石沟M8501，引自内蒙古，2009
14. 滦县后迁义，引自张文瑞、翟良富，2016
15. 扶风刘家，引自尹盛平、王均显，1984
16. 灵石旌介M2，引自山西等，2006
17. 鄂尔多斯博物馆藏，引自鄂尔多斯，2006

图版一二七 铃的比较（1-3；4-5）；响器与北方带槽铃的比较（6-17）

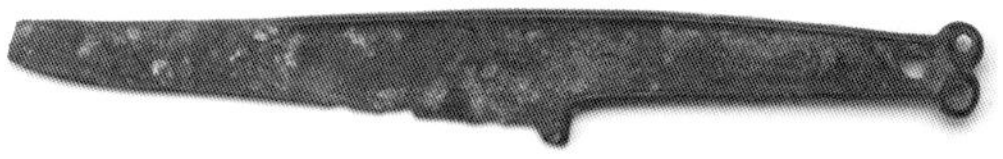

1. 2号刀子，柳林高红
2. 赤峰博物馆藏 
3. 鄂尔多斯博物馆藏，引自鄂尔多斯，2013 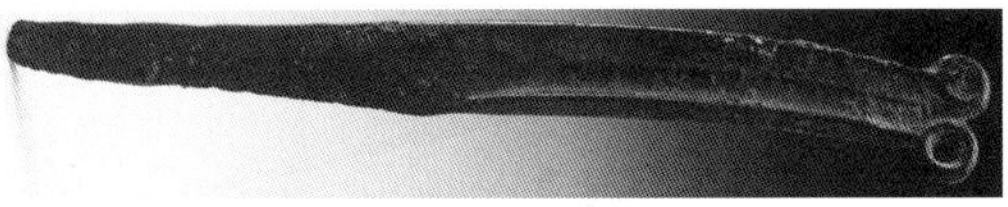
4. 蒙古中戈壁省，引自Tsend，2004：14号 
5. 5号刀子，子长康家坪 
6. 蒙古国 
7. 13号刀子，石楼后兰家沟 
8. 抚顺望花 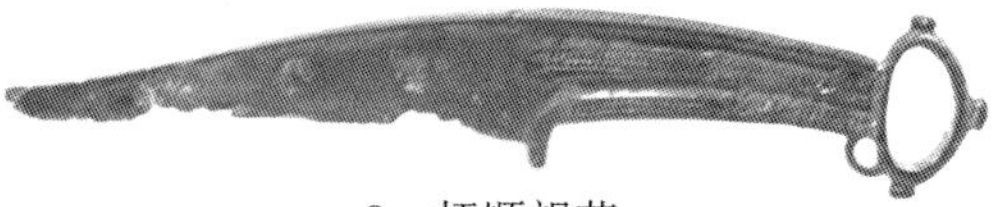
9. 蒙古库苏古尔省，引自Tsend，2004：39号 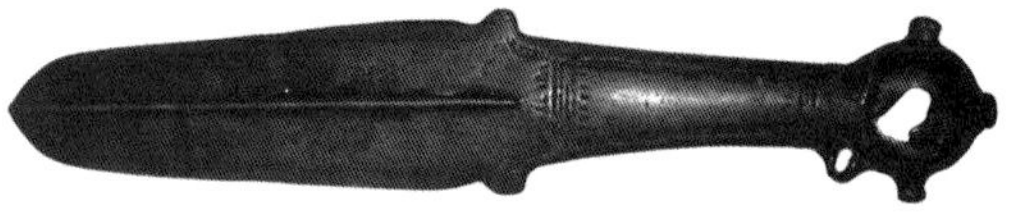
10. 蒙古西部，线图见Novgorodova，1989：图133-10 
11. 柳林高红 
12. 鄂尔多斯博物馆藏 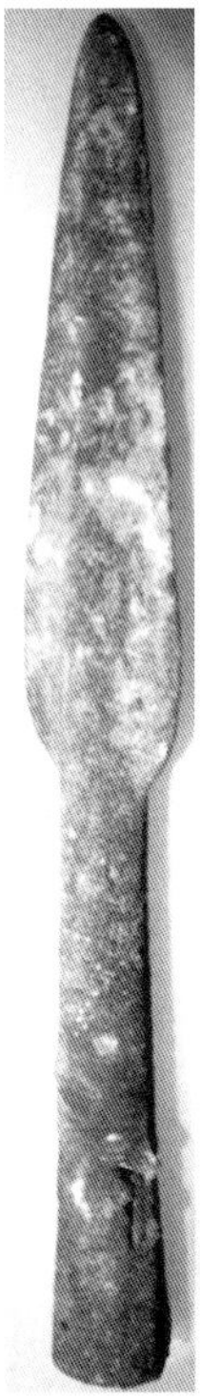
13. 奈曼旗后斑鸠，引自李殿福，1983 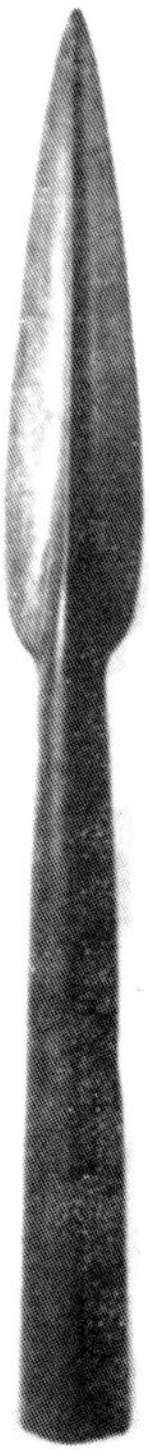
14. 蒙古扎布汗省鄂肋冈苏木，引自Erdenechuluun，2011：430号 
15. 和静县莫呼查汗
16. 奇台县 

图版一二八 刀子的比较（1-10）；矛的比较（11-16）

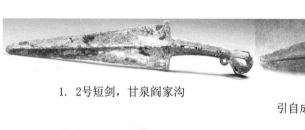

1. 2号短剑，甘泉阎家沟
2. 绥中东王岗台，引自成璟瑭、孙建军、孟玲，2016：图4

3. 内蒙古锡林郭勒
4. 内蒙古达拉特旗

5. 内蒙古敖汉旗水泉
6. 蒙古扎布汗省，引自Tsend, 2004：36号

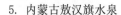

7. 蒙古库苏古尔省，引自Tsend, 2004：37号
8. 鄂尔多斯博物馆藏，引自鄂尔多斯，2006

9. 安阳徐家桥
10. 蒙古库苏古尔省，引自 Enkhtuvshin and Sanjmyatav, 2007：70

11. 4号短剑，石楼曹家垣
12. 1号短剑，子洲尚家沟

13. 鄂尔多斯博物馆藏，引自鄂尔多斯，2006
14. 安阳刘家庄北地M94，引自焦鹏、孔德铭、申明清，2017：图38

15. 安阳大司空AGM3，引自刘忠伏、孔德铭，2006
16. 赛克勒藏品，引自Bunker et al., 1997：3号

图版一二九 2号短剑的比较（1-10）；4号短剑的比较（11-16）

1. 5号钺，清涧李家崖

2. 宝鸡青铜器博物院藏

3. 8号钺，延川刘家塬

4. 宝鸡青铜器博物院藏

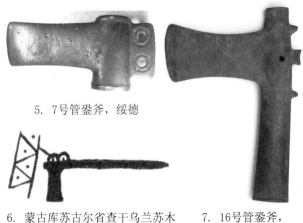

5. 7号管銎斧，绥德

6. 蒙古库苏古尔省查干乌兰苏木阿格雷鹿石上的管銎斧，引自沃尔科夫，2007：图89c

7. 16号管銎斧，石楼曹家垣

8. 蒙古库苏古尔省鹿石上的管銎斧图像，引自Bunker et al., 1997：图9-3

9. 鄯善洋海

10. 3号管銎斧，石楼

11. 辽宁兴城杨河

12. 安阳大司空M539，引自《考古》1992年第6期

图版一三○ 5号钺的比较（1-2）；8号钺的比较（3-4）；7号管銎斧的比较（5-6）；
16号管銎斧的比较（7-9）；3号管銎斧的比较（10-12）

1. 2号胄，太原电解厂拣选

2. 托克托县古城村，内蒙古博物院藏

3. 鄂尔多斯博物馆藏，引自鄂尔多斯，2013

4. 蒙古布尔干省呼塔格温都尔苏木Kholtost nuga遗址1号墓

5. 北京琉璃河，首都博物馆藏

6. 安阳西北岗HPKM1004，引自梁思永、高去寻，1960：图版126

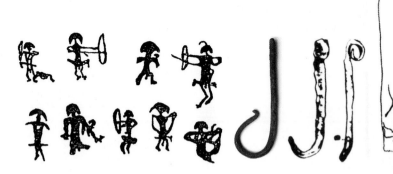
7. 蒙古青铜时代岩画中戴胄的武士，蒙古南戈壁省和后杭爱省，引自Erdenebaatar，2004：图8.4B

8. 铜钩，保德林遮峪

9. 铜钩，蒙古国

10. 鹿石上钩子的图像，蒙古库苏古尔省察干乌尔苏木，引自沃尔科夫，2007：图95c

图版一三一 胄的比较（1-7）；钩子的比较（8-10）

1. 凤首笄，石楼桃花者

2. 凤首笄，伊川坡头寨，引自宁景通，1993

3. 凤首笄，藁城台西，引自河北，2016

4. 铃首笄，保德林遮峪

5. 铃首笄，安阳妇好墓，引自考古所，1980

6. 铃首笄，蒙古巴彦洪戈尔省，
引自Erdenechuluun，2011：368号

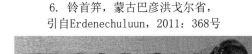

7. 铃首笄，湟源大华，引自青海，1994：63号

8. 铜针线筒，石楼曹家垣

9. 铜针线筒，扶风刘家，引自尹盛平、王均显，1984

10. 骨针线筒，伊金霍洛旗朱开沟，引自鄂尔多斯，2013

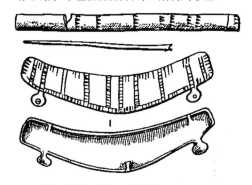

11. 铜针线筒和项圈，俄罗斯Krasnoyarsk，
引自Chlenova，1972：图19-4、19-5

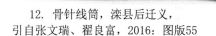

12. 骨针线筒，滦县后迁义，
引自张文瑞、翟良富，2016：图版55

13. 铜针线筒，内蒙古，
引自Erdenechuluun，2011：499号

   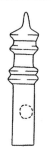  

14. 带扣，　15. 带扣，蒙古中央省色尔格楞苏木，　16. 锥首，　17. 锥首，　18. 铜管，　19. 铜管，
石楼桃花者　引自Erdenechuluun，2011：485号　柳林高红　宁城小黑石沟　保德林遮峪　鄂尔多斯博物馆藏

图版一三二　笄的比较（1-7）；针线筒的比较（8-13）；三种小件器物的比较（14-19）

1. 铃首觿，保德林遮峪

2. 铃首觿，安阳花园庄东地M54，引自考古所，2007a：彩版26-4

3. 铃首觿，宁城小黑石沟，引自内蒙古，2009

4. 马首觿，辽宁朝阳，引自郭大顺，1993：图3-14

5. 角觿，鄯善洋海，引自新疆，2018

6. 马首觿，蒙古Zanabazar艺术博物馆藏

7. 角觿，蒙古中戈壁省博物馆藏

8. 铜贝，保德林遮峪

9. 铅贝，敖汉旗大甸子，引自考古所，1996

10. 铜贝，鄯善洋海，引自新疆，2018

12. 石楼桃花者

13. 蒙古苏赫巴托尔省图布欣希雷苏木，引自Erdenechuluun，2011：455号

11. 金贝，大通上孙家寨，引自青海，1994：77号

14. 蚌泡，蒙古东方省布尔干苏木新石器晚期墓葬，引自Eregzen，2016

15. 绥德墕头

16. 哈密天山北路，引自哈密，2013

17. 蒙古乌兰巴托，引自Erdenechuluun，2011：528号

18. 石楼桃花者

19. 哈密天山北路，引自哈密，2013

20. 蒙古苏赫巴托尔省

图版一三三 觿的比较（1-7）；贝的比较（8-11）；铜棒的比较（12-13）；泡的比较（14-20）